现代管理书库·教材系列

常销十数年，铸造管理学科教材经典

现代管理书库·教材系列
编委会名单

主　编：
　　张玉利　教授，南开大学商学院

成　员（以姓氏笔划为序）：
　　王全喜　教授，南开大学商学院
　　王迎军　教授，南开大学经济与社会发展研究院
　　白长虹　教授，南开大学旅游与服务学院
　　刘志远　教授，南开大学商学院
　　李　莉　教授，南开大学商学院
　　张仁德　教授，南开大学经济学院
　　张金成　教授，南开大学商学院
　　范秀成　教授，复旦大学管理学院
　　周祖城　教授，上海交通大学安泰经济与管理学院
　　周晓苏　教授，南开大学商学院
　　戚安邦　教授，南开大学商学院
　　戴昌钧　教授，上海东华大学商学院

策　划：
　　胡晓清　编审，南开大学出版社

教育部新世纪经济、法学、管理类专业
教学改革项目研究成果
现代管理书库·教材系列

管 理 学

(第3版)

张玉利　主编
李华晶　副主编

南开大学出版社
天　津

图书在版编目(CIP)数据

管理学 / 张玉利主编. —3 版. —天津：南开大学出版社,2013.12（2023.8 重印）
(现代管理书库·教材系列)
ISBN 978-7-310-04354-5

Ⅰ.①管… Ⅱ.①张… Ⅲ.①管理学 Ⅳ.①C93

中国版本图书馆 CIP 数据核字（2013）第 274430 号

版权所有　侵权必究

管理学
GUANLIXUE

南开大学出版社出版发行
出版人：陈　敬
地址：天津市南开区卫津路 94 号　邮政编码：300071
营销部电话：(022)23508339　营销部传真：(022)23508542
https://nkup.nankai.edu.cn

天津泰宇印务有限公司印刷　全国各地新华书店经销
2013 年 12 月第 3 版　　2023 年 8 月第 25 次印刷
230×170 毫米　16 开本　22.25 印张　406 千字
定价:48.00 元

如遇图书印装质量问题,请与本社营销部联系调换,电话:(022)23508339

现代管理书库·教材系列
修订版总序

管理学科是一门新兴学科,同时又是一门发展十分迅速的学科。20世纪初期侧重提高效率的科学管理理论,30年代到60年代的行为科学,70年代的系统管理和思想,80年代的企业文化,90年代的变革热潮等等,都对管理学科的发展起了实质性的推动作用;进入21世纪,知识经济、知识管理理论的发展,金融危机对企业诚信、企业社会责任的挑战,更对管理理论的发展提出了新的更高的要求,也促进了管理理论的新的探索;随着我国改革开放的深入并取得显著成果,"中国模式"、"中国道路"开始为世界所关注,中国管理实践所取得的成果也展现在世人面前,这也为管理学科的发展提供了新契机。著名管理学家彼得·德鲁克曾经说过,对我们的社会来说,管理是一种最显著的创新。在管理领域内部,创新更是推动管理理论与实践不断向前发展的真正动力,并导致新的管理理论、学说层出不穷,使人目不暇接。

管理教育能否跟上甚至超前于时代的发展,这本身就是一种巨大的挑战。为迎接这一挑战,我们与南开大学出版社合作,于20世纪90年代末开始出版"现代管理书库"丛书,该书库包含三个系列:教材系列、管理前沿系列和域外采珍系列。当时的设想,"教材"是核心,"管理前沿"是外围,"域外采珍"是补充。

自1998年该丛书第一本《管理学》出版,至今已经十数年。十数年来,该丛书不断补充新的内容,取得了显著的社会影响,尤其是其中的教材系列,自推出以来,所有品种都是一再重印,其中部分也已经再版。向迈向"经典",走出了坚实的一步。

今天,随着国际经济社会文化环境的变化,管理学科的理论发展面临更大的挑战和机遇。管理教学也在不断创新。此时,我们对"现代管理书库·教材系列"进行全面更新,正是为了适应这种变化。

因此,我们将在以下方面做更多的尝试。

第一,扩展这套教材的容纳范围。当初设计这套教材,我们虽然没有"画地为牢",但总的考虑是以"组织管理"为基本范围的。今天,随着"就组织管理而组织管理"的局限性进一步凸现,如金融危机给整个世界带来的灾难警示着企业社会责任的缺乏、中国经济高速发展过程中个别企业发展带给生态环境的巨大破坏等等,使我们更深地认识到管理学科扩展的必要性。因此,我们将在本套教材的进一步建设中,尝试将范围扩大到社会管理、公共管理等更宽广的领域。

第二,在教材的内容建设上,更加注重实践的意义,尤其注重对中国管理实践及管理教学实践的总结。尽管我们从来没有放弃管理学科教材编写和教学的理论与实践的结合,但不可否认的是,我们在过去的二三十年管理教学尤其是教材建设中,把更多的关注力投向了西方管理学理论的"原汁原味"的引进及其理论的新进展。这是很有必要的,它使我们能更快掌握现代管理理论的基础知识和发展方向;其不足之处就是,我们对自己身边的管理实践的变化的关注度远远不够。很多时候,我们都因"中国企业家还不够成熟"、"中国企业管理不规范"而忽视了这些管理实践。但是,回过头看来,正是这种"不成熟"、"不规范"在国际市场竞争中取得越来越引人注目的成就。

当然,这两个尝试还不可能取得立竿见影的效果。我们将在今后几年内向这方面不断努力,也恳切希望有志于这方面建设的学者、专家提出批评意见。

"现代管理书库·教材系列"的策划和出版是在已故管理学家陈炳富先生的指导下展开的。陈先生在20世纪80年代初期恢复重建管理学系时就提出"古今结合、中外结合、理论实践结合、定性定量结合"的理念,这在今天仍然有指导意义。

教材出版以来,广大读者提出了很多好的意见和建议,在此表示诚挚的感谢。我们一如既往地希望,通过"现代管理书库·教材系列",能使更多的管理学者脱颖而出,能使更多的管理学子得到更多有益的教益,并带动我国管理教育、管理学科研究及管理实践的发展。

第 3 版前言

到 2011 年,弗雷德里克·泰勒的著作《科学管理原理》诞生已整整 100 周年。这不仅仅是一本著作的历史,而且意味着管理学作为一门独立的学科,也已经走过了百年历程。当前,经济社会迅速发展,管理实践日新月异,管理学理论也在不断丰富和发展,理论体系架构和研究视角、知识重点也在不断演变。为了系统梳理和提炼管理学理论体系架构,及时反映和展现管理学理论发展动态,我们开始组织本书第 3 版的修订工作。

本书自第一版以来,已重印 17 次。数十所高等院校选择本书作为本科生教学用书或研究生入学考试参考书,一些企业、专业机构管理培训也选用本书作为教材。很多读者使用此书后,向我们反馈了学习收获和使用体会,并提出了一些修改意见和建议。所有这些,既是对本书的认可与厚爱,也是对我们的鼓舞与鞭策,激励我们尽己所能、聚众之智,认真做好本书的修订工作。

第 3 版的修订,保留了本书通俗、生动、易懂的写作风格和强调实践应用的内容特色,在此基础上,着重在以下几个方面进行了调整和完善,并对相应章节内容进行了不同程度的修改。

第一,进一步突出管理职能主线。本书首先在第一、二章梳理了管理、管理者和管理理论三大基本问题的知识脉络,然后在第三、四章剖析了组织管理两个先决条件——目标与环境,之后在第五章至第十二章则展示了计划、组织、领导、控制四项基本管理职能的要义,最后在第十三章"组织变革与创新"中对管理实践未来发展进行了理论阐述。据此,我们调整了章节安排,删减了部分内容,并充实了一些新的理论知识。

第二,进一步加强知与行的结合,每一章从引例切入,正文穿插专栏文章,章后配合专题讨论,强化对读者管理思维和技能的培养。这些新增添的素材,选取的都是当今具有代表性和启发性的案例资料或观点评析,力图通过多视角引导读者全方位了解相关理论。本书第 2 版的每章导读、每章小结、关键名词、情景练习和思考题,在体例上未做修改,但具体内容和练习进行了调整。

第三,进一步展示管理发展态势,将全球化、信息化、伦理这三个当前管理热点,分别与引例、专栏和专题结合,形成各章内容的三个支撑架构,使得基本知识与前沿动态、已有定论与当前悖论、经验总结与实践探索有机地融合在一起,在帮助读者了解管理最新动态的同时,激发读者创造性学习、研究和应用管理的兴趣。这三个管理热点,曾在第 2 版最后一章"21 世纪管理实践的挑战"进行了介绍,如今自成体系贯穿在第 3 版各章当中,也从一个侧面反映出管理学永不停息的创新与发展。为此,这次修订没有再另辟章节专门列示管理展望,而是将可能的理论演进融入每一篇章,达到启发式学习的目的。

作为本书的主编,我对修订的内容定位、框架设计、素材调整和体例结构等进行了总体安排,对书稿统稿并最后定稿。北京林业大学经济管理学院副教授、南开大学创业管理中心研究员李华晶老师对全书进行了初次修改,在此基础上,我和李华晶老师多次讨论修订方案,目的是使修订后的教材能够反映信息社会管理实践的特点。

参与本次修订的成员还有南开大学商学院企业管理专业部分博士研究生,他们是:朱晓红(第 1、2、13 章)、谢巍(第 5、10 章)、何一清(第 6、9 章)、刘振(第 7、8 章)、庞仙君(第 11、12 章)、秦勇(第 4 章),王秀峰和北京林业大学经济管理学院企业管理专业研究生贾莉、郑娟、李永慧参与了第 1、3 章修订和部分校对工作。在本书各版的形成修订过程中,我们参考借鉴了理论实践界很多成果,得到了许多朋友的帮助。在此,特向这些朋友表示深深的谢意。我们还要特别感谢南开大学出版社胡晓清先生,和胡先生合作多年,他在"现代管理书库·教材系列"的策划和出版方面投入大量精力。还要感谢出版社的编辑老师,他们非常重视管理学教材的建设和完善,在本书的修订过程中给予了辛勤劳动和大力支持。

衷心希望本书第 3 版的出版,能够对高校管理学教学、管理理论研究和管理实践发展有更有益的帮助,我们也将继续与理论实践界的各位朋友和同仁共同努力,为不断提升"管理学"课程价值、推动管理理论发展,做出我们应有的贡献。当然,我们深知,囿于我们的知识水平和精力,书中可能仍存在许多值得改进的地方,期待使用本书第 3 版的读者,能够继续不吝赐教,以便我们今后继续修订完善。

张玉利

2013 年 6 月

目 录

现代管理书库·教材系列　修订版总序……………………………（1）

第3版前言……………………………………………………………（1）

第一章　管理与管理者………………………………………………（1）
 第一节　管理实践…………………………………………………（2）
 第二节　管理者的工作……………………………………………（6）
 第三节　管理思想…………………………………………………（11）

第二章　管理理论与实践的侧重点…………………………………（23）
 第一节　侧重于提高效率的主题…………………………………（25）
 第二节　侧重于效果的主题………………………………………（32）
 第三节　侧重于人的主题…………………………………………（36）

第三章　组织目标……………………………………………………（47）
 第一节　组织目标的特征及目标描述……………………………（49）
 第二节　组织目标体系……………………………………………（52）
 第三节　目标管理…………………………………………………（55）
 第四节　组织使命…………………………………………………（61）

第四章　环境分析……………………………………………………（69）
 第一节　组织与环境………………………………………………（70）
 第二节　组织环境及环境因素的层次性分解……………………（76）
 第三节　环境分析的程序及常用方法……………………………（83）

第五章　决策…………………………………………………………（97）
 第一节　决策原理…………………………………………………（98）
 第二节　决策过程…………………………………………………（103）
 第三节　决策方法…………………………………………………（109）

第四节　程序化决策和非程序化决策……………………(113)
　　第五节　个体决策和群体决策……………………………(115)

第六章　计划………………………………………………………(123)
　　第一节　计划的构成与作用………………………………(124)
　　第二节　日常运营工作计划………………………………(132)
　　第三节　项目管理…………………………………………(136)
　　第四节　标杆瞄准…………………………………………(141)

第七章　组织设计与组织结构……………………………………(149)
　　第一节　组织与组织设计…………………………………(150)
　　第二节　组织设计的影响因素……………………………(154)
　　第三节　组织设计的主要内容……………………………(161)
　　第四节　职权设计…………………………………………(168)
　　第五节　典型的组织结构…………………………………(173)

第八章　人员配备与团队建设……………………………………(183)
　　第一节　人员配备…………………………………………(184)
　　第二节　团队管理…………………………………………(192)
　　第三节　有效沟通…………………………………………(198)

第九章　激励………………………………………………………(207)
　　第一节　激励的内涵………………………………………(208)
　　第二节　内容型激励模型…………………………………(213)
　　第三节　过程型激励模型…………………………………(218)

第十章　领导理论与领导方式……………………………………(227)
　　第一节　领导和领导权力…………………………………(228)
　　第二节　领导理论及其研究………………………………(236)
　　第三节　人性假设理论……………………………………(247)

第十一章　控制工作基础…………………………………………(255)
　　第一节　管理控制及其功能………………………………(256)
　　第二节　有效控制的基本特征……………………………(262)

第三节　控制工作过程……………………………………………(265)
　　第四节　控制工作的类型……………………………………………(270)

第十二章　绩效评价………………………………………………(281)
　　第一节　绩效评价概述……………………………………………(282)
　　第二节　绩效评价的主要工作内容…………………………………(286)
　　第三节　质量管理……………………………………………………(296)
　　第四节　平衡计分卡…………………………………………………(302)

第十三章　组织变革与创新………………………………………(311)
　　第一节　组织变革的内容与过程……………………………………(312)
　　第二节　组织变革的动力与阻力……………………………………(316)
　　第三节　创新及其创新模式…………………………………………(320)
　　第四节　创新过程……………………………………………………(324)
　　第五节　促进组织变革与创新………………………………………(328)

附　录………………………………………………………………(337)

第一章 管理与管理者

本章导读

管理实践自古以来就是人类活动的一部分,管理理论的产生与发展经历了一个不断创新的过程。本章从分析管理实践的由来入手,介绍管理工作的内涵及演变,分析管理者的角色和技能,勾勒管理理论产生与发展脉络,讨论管理学研究对象、属性特征和学习方法。

问题导引

- 管理是什么?
- 谁从事管理?
- 管理者要做什么?
- 人类具有悠久的管理实践,为什么管理学科属于一门新兴的学科?
- 管理学科的研究范畴是什么?
- 与其他学科相比,管理学科具有哪些特点?
- 学习与研究管理学应采用一些什么方法?应注意一些什么问题?

【全球化管理引例】

百年企业与百年管理

在管理学界,人们普遍把美国工程师弗雷德里克·泰勒在1911年出版的《科学管理原理》作为管理学产生的标志。同样是在1911年,还诞生了一家企业。这家企业历经百年,依然屹立全球科技企业前列,始终保持着旺盛的活力和创新精神。这就是"蓝色巨人"IBM。关于IBM基业常青的经验和秘诀,众说纷纭。也许,正在IBM执掌帅印的首席执行官彭明盛(Sam Palmisano)最有发言权。让我们一起来听听彭明盛在 2011 年 IBM 百年华诞系列活动中是怎么说的吧!

"IBM 的发展史教给我们什么?我认为其经验就是如果你想维持长久的成功,你就不得不长远建设管理。当然,每个人都习惯于口惠而实不至,然而如果你认真严肃地看待它——长远地去考虑管理的方法——它自然会产生带来清晰可变的行为和选择。它决定了你如何并在哪里投资和分配资源,它需要企业在研发部门投资并不求回报的耐性。因为如果确实有回报,也会需要数年时间。它会帮助你塑造一种对人才培养发展的观点,那就是培养一代又一代可以胜任公司企业管理的人才是需要金钱、时间和耐心的。这不是仅仅针对于上层高管的培养,而是贯通于整个企业机构的未来管理者人才的培养。它会为你铺就一条道路、一个方式,让你看到你的公司在整个行业和社会中所扮演的角色。"

"就我而言,我每天工作时都会抱有这样一种认知,那就是 IBM 一定会存在得比我更长久,我和我的同事们将会把 IBM 传承给未来一代的 IBM 人,传承给这个世界一个比我们所继承的更优秀的 IBM。事实上,IBM 教会你的一件事就是,领导和管理一个公司时不要把你自己看成是一个企业的船长,而是一个卓越优秀的企业的暂时的舵手。评价任何实体,这里包含任何企业、政府、大学或其他机构,最终标准就是这个实体的影响是什么?由于这个实体的存在给世界带来了什么改变和不同?"

看来,与管理学同龄的百年老店的"独门秘籍"就是成功的管理。那么,这种经验能否复制?谁又会接棒成为第二家百年科技企业?下一个百年,IBM 依然能够引领风骚吗?"管理"到底是一种什么样的力量?

第一节 管理实践

一、管理实践的由来

管理,简单地说,就是"管人理事"。管理工作并不神秘,自古以来就是人类生活的一部分。管理是人类社会活动和生产活动中普遍存在的社会现象。凡是有人群的地方,就有管理问题,就会产生管理实践。在氏族内部,男女之间便有了明确的分工,人们推选出酋长或首领来处理氏族内部的管理工作。从古代埃及的金字塔、中国的万里长城和西安的兵马俑,到现代的 Windows(视窗)软件、火星探测行动,都是伟大的管理实践的产物。

管理实践来自于集体活动,来自于人类为生存和发展而进行的探索和努力。在大自然面前,因为时间、精力、体能等各方面因素的限制,个人的力量是十分渺小的。为了生存,人类一方面发明和改进工具,从使用火到古代的四大发明,到工业革命的蒸汽机,到电灯、电话、飞机,到现代的计算机、航天飞机,人类一直利用自己发明的工具改善生存环境,拓展生存空间;另一方面积极谋求集体活动方式,以便完成个人无法实现的目标。比较而言,集体活动方式更为重要,能够发明出更先进的工具,能够创造出更大的生产力,能够更有效地促进人类的进步与发展。从氏族社会至今,人类一直这样努力着。

集体活动要得以开展,至少需要具备以下两个条件。

首先,是有明确的目标。每个人都有自己的愿望、追求和理想,人们在一起工作,要想产生合力,就必须有统一的、超出个人目标但又能有助于实现个人需求的目标或任务。大家共同朝向一个目标努力、相互依存、共同付出、共同获益,集体才会存在,集体的力量才会显现。

其次,是分工协作。人们之所以用集体的方式生活和工作,是因为个人自身的努力无法实现利益的最大化,这就决定了集体工作必须有分工、有协作。集体活动方式存在的前提是发挥集体中每个成员的长处和积极性,如果集体是自愿组合形成的话,一个对实现集体目标没有任何贡献的人无法成为集体中的一员,一个能力很强但从来不与别人合作的人也无法长期留在集体之中。

人类生活在各种各样、不可计数的集体之中,小到家庭、同乡会、社团、家庭作坊,大到跨国公司、教会、国家,都是集体。集体应有更宏大的目标,为此要拥有或培养出出类拔萃的领导者和领导者集体,要设法使分工协作更有效率,要有顺畅的指挥系统和及时反馈系统;同时更需要拥有高素质的组织成员,且应充分挖掘每个成员的潜能等。认真剖析、揣摩,会发现罗列值得做的事情是无法穷尽的。尽管目前对管理的解释尚没有一个统一的定义,但上述罗列的大部分工作属于管理工作范畴,对此并无疑义。

管理实践自古就有,因为集体活动自古就存在。集体活动在不断地演变,管理工作也随之变得复杂,管理工作的范畴也在不断地延伸。管理实践是人类创造出来的工具,也是生产力。

二、对管理的解释

管理实践普遍存在于人类生活工作之中,可谓无处不在、无时不有。管理范畴的宽泛以及随着环境变化而不断产生的创新,使人们难以用十分精练的语言概括管理工作的全部内涵,这里只能结合一些著名管理学家的论述,尝试概括管理工作的一些主要的具有共性特征的关键要素。

1. 管理是为在集体中工作的人员谋划和保持一个能使他们完成预定目标和任务的工作环境

这是著名管理学家哈罗德·孔茨（Harold Koontz）对管理下的定义。孔茨曾担任过美国管理学会的主席，他和海因茨·韦里克（Heinz Weihrich）等人合作出版的《管理学》成为管理学教材的范本，不断再版。这一定义向人们展示出管理首先要促使人们完成预定的目标和任务，强调管理工作目的性的本质；其次是强调集体和组织，是针对集体和组织开展的工作；第三是强调管理工作的任务是营造工作环境。工作环境的含义很宽泛，包括物质环境也包括精神环境，包括科学的管理制度也包括有效的分工协作系统，具有很强的概括性，也给人们留下了广阔的想象空间。

2. 管理的核心任务是决策

人们做什么和怎么做，往往都涉及决策，有人甚至用抉择来描述决策问题，使人感受到决策的重要性和难度。决策是做出决定，是组织活动开展的前提。决策的种类很多，有战略决策也有战术决策，有初试决策也有跟踪决策；管理人员需要把握和确定组织发展方向，也需要对日常工作遇到的一些具体问题做出选择。随着环境的变化，决策问题变得越来越复杂，如何制定科学的决策，成为管理者工作的核心任务。

3. 管理是通过别人并与别人一起工作，协调集体活动以便取得 $1+1>2$ 的效果

人们经常用这样的比喻描述管理：两个人一起抬一块石头，另外一个人喊号子，喊号子的人喊："一、二、三，起！"抬石头的两个人一同发力，抬起来了一个人根本无法搬动的石头。在这个比喻中，喊号子的人是管理者，指挥和喊号子就是管理工作。管理工作的核心对象是人，管理工作要调动人的积极性并组织协调更多的人共同完成组织目标，取得 $1+1>2$ 的增效效应。这一点对于我国的管理者来说尤其重要。管理者不是具体的工作人员，他们要更多地承担起决策者和领导者的角色，而不是具体地执行事务性工作。从这种角度分析，通过别人完成任务的说法把握了管理工作的本质，也是管理者应该牢记的工作理念。

4. 管理工作表现为由计划、组织、协调、领导、控制等工作组成的不断循环的过程

不管是实施一项工程还是组织召开一次重要会议，不管是开发一种新的产品还是拓展一个新的市场，由人群组织的集体活动都必须回答这样一些问题：我们在一起做什么？怎么做？由谁来做？用什么做？怎样才能做得更好？到底做得怎么样？如何改进以便做得更好？等等。回答和解决这些问题是计划、组织、领导、控制等工作的基本任务，管理学家将这些工作定义为管理职能。1916年，法国管理学者亨利·法约尔（Henri Fayol）首先提出了五大管理职能的观点，即计划、组织、指挥、协调和控制。后来有的学者建议将有些职能合并，如将指挥与

协调合并为领导,有的学者对一些职能予以细化,如激励、沟通、人事等,有的学者提出一些新的职能,如创新、学习等,但管理职能是管理工作的基本内容和体现的观点一直没有变化。借助管理职能,人们更容易理解管理,容易将管理工作落实到实处,因此,围绕职能展开论述管理理论与实践便成为大多数管理学教材的基本写作模式。

5. 管理是变革与创新,是促使组织在动荡环境下得以生存和发展的工具

管理是在特定的环境下展开,再好的管理方法脱离其发挥作用的环境就很可能一无是处。在20世纪80年代,日本的管理经验成为全世界学习的典范,终身雇佣制、集体决策、缓慢晋升等等成为管理学界经常讨论的话题。进入21世纪,在创新、变革、知识等为主题的新的时代,人们的观念开始变化,日本人自己也已经着手进行大幅度的变革了。顺应时代变化,关注内外部环境,有计划地主动变革与创新,已经成为当今时代管理的主旋律。

人类社会发展到今天,管理已不单纯是人类朴素的实践活动,而是成为一种独立的职业,是一门学问,并上升为独立的学科门类。结合上述分析,本书将管理工作解释为:在特定的环境下,运用已有的、可利用的资源,凭借计划、组织、领导、控制等工作,通过别人并与别人一起努力实现组织目标的过程。同时,将管理理解为调动人积极性以便正确地做正确的事情的一门学问。

三、管理的基本职能

组织的日常管理工作是由一系列相互关联、连续进行的活动构成的,这些活动可被归类到一些主要的管理职能中,即计划、组织、领导和控制。

1. 计划

计划的任务主要是制定目标及目标实施途径(即计划方案)。具体来说,计划工作主要包括:①描述组织未来的发展目标,如利润增长目标、市场份额目标、社会责任目标等;②有效利用组织的资源实现组织的发展目标;③决定为实现目标所要采取的行动。计划是管理的首要职能,管理活动从计划工作开始。

2. 组织

再好的计划方案也只有落实到行动中才有意义。要把计划落实到行动中,就必须要有组织工作。组织工作包括分工、构建部门、确定层次等级和协调等活动,其任务是构建一种工作关系网络,使组织成员在这样的网络下更有效地开展工作。通过有效的组织工作,管理人员可以更好地协调组织的人力和物力资源,更顺利地实现组织的目标。

3. 领导

有了计划,构建了合适的组织结构,聘用到了合适的人员之后,就需要开展

领导工作了。有人把领导叫做指导,但不管怎么叫,都是指对组织成员施加影响,使他们对组织的目标做出贡献,领导的工作内容包括激励、采用合适的领导方式、沟通等。

4. 控制

控制工作包括衡量组织成员的工作绩效,发现偏差,采取矫正措施,进而保证实际工作进展情况符合计划要求。

计划、组织、领导和控制是最基本的管理职能,是所有管理者都必须做的事情。管理职能之间不是截然分开的独立活动,它们相互渗透并融为一体。从管理职能在时间方面的逻辑关系来看,它们通常按照一定的先后顺序发生,即先决策计划,继而组织,然后领导,最后控制。对于一个新创建的企业往往更是如此。

然而,这种前后的工作逻辑在实践中并不是绝对的,没有哪个管理者是在周日做出决策,周一制定计划,周二开展组织工作,周三实施领导工作,周四采取控制活动。这些管理职能往往相互融合,同时进行。管理过程是一个各职能活动周而复始的循环过程,而且在大循环中套着小循环。

另外,还存在一些管理职能始终伴随着管理工作的循环过程,并渗透在计划、组织、领导、控制等基本职能中。这些职能有决策、沟通和协调。每项管理职能都要从众多的方案中比较并确定出可供实施的措施,即要形成决策方案。任何一项决策方案都需要在组织内部进行有效的沟通,才有可能变成组织成员的行动;而任何组织在开展工作时都需要在不同的计划目标之间、不同的部门之间、不同的人员之间予以很好地协调,否则便不可能收到 $1+1>2$ 的协同和增效效应。

第二节 管理者的工作

一、管理者技能

管理工作是复杂的。如果要把承担管理工作所需要的各种技能全部列举出来是完全不可能的。在管理者应掌握的一般性管理技能方面,目前人们普遍接受的是美国学者罗伯特·库茨(Robert L. Kutz)于 20 世纪 70 年代提出的管理技能模型[1],他将管理者应该掌握的基本管理技能概括为三大方面,即概念性技能(Conceptual Skill)、人际关系技能(Human Skill)和技术性技能(Technical

---

[1] Robert L. Kutz, Skills of an Effective Administrator, *Harvard Business Review*, October—November, 1974. 该文被译成中文发表在《哈佛管理论文集》(中国社会科学出版社,1985 年版)中

Skill)。

概念性技能包含着一系列的能力,包括能够提出新的想法和新的思想的能力,能够进行抽象思维的能力,能够把一个组织看成是一个整体的能力,以及能够识别在某一个领域的决策对其他领域将产生何种影响的能力。概念性技能主要表现为创新与变革能力、系统分析和解决问题的能力、驾驭全局的能力。

人际关系技能是能够与其他人一起有效开展工作的能力。也可以说是一个人能够以小组成员的身份有效地工作,并能够在他领导的小组中建立起合作的能力。人际关系技能包括沟通、协作、激励、合作等,也包括团队精神和团队工作方式。

技术性技能指能够运用特定的程序、方法、技巧处理和解决实际问题的能力,也就是说,对某一特殊活动,特别是包含方法、过程、程序或技术的技能的理解和熟练程度。例如,工程师、会计师、广告设计师、推销员等,就都掌握有其各相应领域的技术技能,所以被称为专业技术人员。

目前,随着管理教育质量不断提升,管理者技能进一步朝着管理工作职业化的方向发展。职业化包括三个层次的含义:职业素养,从业人员应该体现出一种职业素养,而不是依个人兴趣各行其是;专业技能,从业人员应该掌握相当程度的专业技能;职业行为规范,具有本行业特定的行为规范或行为标准,而且从业人员做事要符合该行为规范或行为标准。管理工作职业化意味着用规范化、科学化的管理替代经验管理,要依照程序和规则运作,而非靠兴趣和感情维持,要具备良好的职业道德。

二、管理者层次

在当今社会,管理者是一个非常宽泛的概念,厂长、经理、企业家、领导者、决策者、部门经理、CEO(首席执行官)、CFO(首席财务官)、CIO(首席信息官)等等都可以泛称为管理者,人们创造这些名词,在于区分不同管理者群体所扮演的角色(或者说承担的责任)和相应的素质要求。

管理者群体是一支数量庞大的队伍,可以从不同角度予以分类,如综合管理人员和专业管理人员、决策者和决策支持者等等,但最基本也是最常见的分类是依据组织层次分类,进而将管理者分为高层、中层和基层管理者。

高层管理人员是指对整个组织的管理负有全面责任的人,他们的主要职责是:制定组织的总目标、总战略,掌握组织的大政方针并评价整个组织的绩效。他们在与外界的交往中,往往代表组织以"官方"的身份出现。

中层管理人员通常是指处于高层管理人员和基层管理人员之间的一个或若干个中间层次的管理人员,他们的主要职责是,贯彻执行高层管理人员所制定的重大决策,监督和协调基层管理人员的工作。与高层管理人员相比,中层管理人员更注意日常的管理事务。

基层管理人员亦称第一线管理人员,也就是组织中处于最低层次的管理者,他们所管辖的仅仅是作业人员而不涉及其他管理者。他们的主要职责是,给下属作业人员分派具体工作任务,直接指挥和监督现场作业活动,保证各项任务的有效完成。

不同层次管理人员的管理工作内容和性质存在着明显差别。不管哪个层次的管理人员都需要从事计划、组织、领导、控制工作,但他们在管理职能实践上的重点、依据的信息、对组织的影响程度等都存在着差异。图 1-1 从时间的角度描述了这种差异。

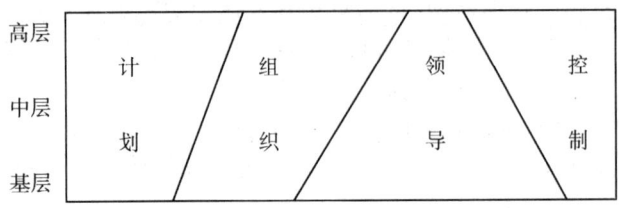

图 1-1 不同层次管理人员在执行不同管理职能所需要的时间

高层管理人员在计划和控制工作上花的时间要比基层管理人员多,而基层管理人员花在领导工作上的时间要比高层管理人员多。即使是同一管理职能,不同层次的管理人员从事的具体管理工作的内涵也并不完全相同。就计划工作而言,高层管理人员关心的是涉及组织整体的战略规划,中层管理人员偏重的是中期、内部的管理性计划,基层管理人员则更侧重于短期作业计划。

不同层次管理人员所需要重点掌握的管理技能也不一样,见图 1-2。

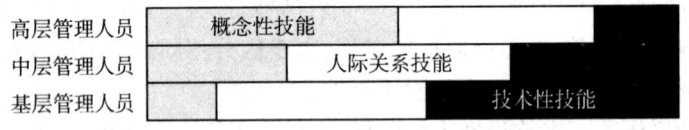

图 1-2 不同层次管理人员应具备的管理技能

处于高层的管理人员,负责制定全局性的决策。他们所做的决策影响范围更广、影响期限更长,因此,他们需要更多地掌握概念性技能,进而把全局意识、系统思想和创新精神渗透到决策过程中。由于他们并不经常性地从事具体的作业活动,所以并不需要全面地掌握完成各种作业活动所需具备的技术性技能。但是,他们也需要对技术性技能有基本的了解,否则就无法与他们所主管的组织内的专业技术人员进行有效的沟通,从而也就无法对他所管辖的业务范围内的各项管理工作进行具体的指导。在现实生活中,对技术性技能一窍不通的人不能成为高层管理者,但那些在某一专业领域是专家而对其他相关领域专业技术知识一无所知的人也绝对不会成为一名称职的最高管理人员。例如,医院的院长不应该是对医疗过程一窍不通的人,但如果他仅仅精于外科手术而不具有基本的财务管理知识,那么他就不应该当院长,而应该在医生的职位上寻求发展。

作为基层管理人员,他们每天大量的工作是与从事具体作业活动的工作人员打交道。他们有责任检查工作人员的工作,及时解答并同工作人员一起解决实际工作中出现的各种具体问题。因此,他们必须全面而系统地掌握与本单位工作内容相关的各种技术性技能。当然,基层管理人员也可能面临一些例外的、复杂的问题,也要协调好所管辖工作人员的工作,制定本部门的整体计划,为了做好这些工作,他们也需要掌握一定的概念性技能。

人际关系技能是组织各层管理人员都应具备的技能。因为不管是哪个层次的管理者,都必须在与上下左右进行有效沟通的基础上,相互合作地共同完成组织的目标。

一个人在组织中的职务、地位和所扮演的角色是会变化的,对管理人员进行分类有助于准确把握自身的工作任务,便于与其他组织成员沟通合作,更好地完成任务,在职务变化时能够尽快转换角色,迅速投入工作。另一方面,一个人可以认真分析自己的长处和志向,有针对性地学习和积累相关知识和经验,谋求能够充分发挥自身能力的工作岗位。

三、管理者的角色

在一家小型制造公司里,有些人操作机器,另有些人打印信件,而总经理似乎只是坐在办公室里,有时签发信件,有时与人谈话。经理到底做些什么?带着这样的问题,加拿大管理学家亨利·明茨伯格(Henry Mintzberg)以对五位总经理的工作的研究为依据,于1968年在麻省理工学院的斯隆管理学院完成了他的博士论文《工作中的经理——由有结构的观察确定的经理的活动、角色和程序》。在博士论文的基础上,《经理工作的性质》一书于1973年出版,这本书成为经理角色学派的代表著作。

亨利·明茨伯格发现,经理一般都要担任十种角色,这十种角色可归纳为三大类,即人际关系方面的角色、信息方面的角色和决策方面的角色。

在人际关系方面,经理人员首先要扮演好挂名首脑的角色,这是一种最基本又最简单的角色。承担这种角色,经理要在所有的礼仪事务方面代表其组织。此外,经理还要扮演联络者和领导者的角色。作为联络者,经理要同组织以外的其他经理和人员相互交往。作为领导者,经理要处理好同其下属的关系,对组织成员做好激励和调配工作。

在信息方面,经理人员主要扮演信息监听者、传播者和发言人的角色。作为监听者,经理要注意接受和收集信息以便对组织和环境有彻底的了解,进而成为组织内外部信息的神经中枢。作为传播者,经理要把外部信息传播给他的组织,并把内部信息从一位下属传播给另一位下属。作为发言人,经理要把组织的有关信息传递给组织以外的人。一方面,要传递给对组织有重要影响的人,如董事会和更上一层次的管理当局;另一方面,要传递给组织之外的公众,包括供应商、同级别的人、政府机构、顾客、新闻媒体以及竞争对手。

在决策方面,经理人员又主要扮演企业家、故障处理者、资源分配者和谈判者的角色,并相应执行四方面的任务:一是寻找机会,指定方案,从事变革,并对某些方案的设计进行监督;二是在组织面临重大的、未曾预料的故障时,采取补救措施;三是负责对组织所有的资源进行分配,事实上就是做出或批准所有重大的组织决定;四是代表组织参加与外界的重要谈判。

这些角色是一个相互连结的整体,虽然各种类型的管理者由于行业、等级和职能的不同,担任每一角色的分量不完全相同,但总的来说,都或多或少地担任着这些角色。

【信息化管理专栏】

社交网络改变管理方式

社交网络(SNS)超过美国汽车行业的复兴,成为 2010 年最重要的商业发展。在这一年,随着社交网络中信息的单向传输发展为双向互动,它也从年轻人喜爱的个人通信媒介,摇身一变为企业领导人手中的新工具,用于改变他们与员工和客户之间的沟通方式。

为什么知名企业家无一不是社交网络的积极使用者?因为这些社交网络为他们提供了一种独特的方式,可以将实时信息广泛传播给他们希望影响的受众。他们可以随时随地编写一条短信,然后分享给对此感兴趣的群体,再也不用让公关人员来指手画脚,请专人为他们撰写演讲稿,也不必借助于飞机旅行、预录视频或语音邮件来发送信息。现在,他们的语言看上去真切多了,而且威力无穷。

社交网络还通过分配对信息的获取权使组织趋向扁平化。因为社交网络是个人人平等的世界,不牵涉层级关系。

社交网络对中层管理者的威胁是最大的,因为当组织再也不需要他们在各个层级之间传递信息时,他们可能就没什么用武之地了。在社交网络时代,成功的关键是授权给从事实际工作(产品的设计和制造、营销创新或服务)的人,让他们多承担一些工作,在没有层级关系的情况下发挥领导作用。

消费者营销公司也紧跟时代，利用这些社交网络发布极其个性化的信息，有针对性地去影响某个特定的消费群体。他们不再花钱到媒体上去做广告，而是投资建立自己的渠道和内容，从而给营销带来了革命性的变化。从领导人的视角来看，社交网络正在使21世纪的领导人趋向"本真式领导"，这既是现实的，也是必要的。当你公开说出自己是谁以及你的真实想法时，你在社交网络上就无法隐藏自己了。在这里，"透明"是最基本的原则。

第三节　管理思想

管理学是在长期管理实践的基础上产生的，18世纪中期的工业革命产生了工厂和企业，企业管理实践开始了。在长期的企业管理实践基础上，一门以研究企业管理理论为主、对其他各种类型组织同样有指导意义的学科——管理学产生了。

一、早期管理思想与实践

早在原始社会，人类为了抵御动物、恶劣的气候和饥饿的侵袭，创造了氏族组织，进行集体劳动和共同生活。在氏族组织中，氏族会议决定重要的事情，被人们推选出的首领负责安排组织活动，进行简单的分工协作。这种维持共同生活的氏族组织活动就是原始的管理。随着生产力的发展，原始社会被奴隶制国家所取代，同时也出现了政府、军队、宗教、手工作坊等新的社会组织。为适应这些组织生存发展的需要和维护统治者的统治地位，人类的管理活动逐渐过渡到了有阶级性的国家行政管理阶段，并积累了很多具有科学意义的管理思想。如中国的国家经济宏观管理思想(《管子》)、战略和权变管理思想(《孙子兵法》)、人治礼治的行政管理思想(《论语》)、无为而治的自然管理思想(《老子》)及大型工程管理思想等，埃及在组织结构、管理幅度等方面的组织管理实践，希腊柏拉图的专业化分工思想，以及苏美尔、巴比伦、印度、罗马等文明古国的管理思想等。这些管理思想对于现代管理仍有极高的研究价值。

公元13世纪以后，西欧在经济、政治、文化、宗教和管理方面经历了一系列自发或有组织的变革。重商主义的兴起、工商业的发展、地理大发现和殖民经济等加速了社会财富的积累和封建自然经济向资本主义商品经济的转化，商业组织和新的国家管理机构不断兴起，进而活跃了管理思想领域。

管理是针对于集体活动而言的，作为集体从事生产经营活动的企业组织是经济发展的基本单位，也是管理的主要对象，而这种组织单位在18世纪60～80年代的工业革命之后才得以产生和快速发展。在此之前，自然经济是经济发展的主要形式,手工劳动是经济发展的主要手段,家庭作坊是经济发展的基本单位,管理学缺乏产生的土壤。另外,长期以来,人们一直认为管理是一种技能,而不是一种科学,只注重实践,轻视对管理理论的研究。甚至历史上的一些伟人也把工商业管理看成一种不正当的生财之道。这种偏见也限制了管理理论的产生和发展。英国的工业革命开创了机器生产的先河。家庭作坊式的手工作业时代结束了。一些先进机器的发明者和富商纷纷在城镇和交通便利的地方开办工厂,招募工人,组织生产经营活动,一种富有革命意义的生产方式——工厂制诞生了。工厂的产生,需要加强管理,需要建立一套科学的管理制度,并采用新的生产技术和方法。这种需要带来了早期科学管理实践的繁荣。

早期的科学管理实践发源于欧洲,主要集中在英国。工业革命初期,小詹姆斯·瓦特(James Watt, Jr.)和马修·博尔顿(Matthew Boulton)于1800年接管了他们父辈创办的索霍工厂,并着手进行管理改革,主要贡献有:①进行市场研究和预测;②有计划地选择厂址和布置机器,使之符合工作流程的要求;③制定生产工艺程序和机器作业标准;④推行职工福利制度等。罗伯特·欧文(Robert Owen),英国的"空想社会主义者",他作为一家大纺织厂的经理,在人事管理方面做出了突出的贡献,并被人们誉为"人事管理之父"。剑桥大学的教授查尔斯·巴贝奇(Charles Babbage)早在泰勒之前就把科学方法应用于管理实践。1822年,他设计了小型差分机,1832年出版了管理理论上的一本重要著作《论机器和制造业的经济》,1833年他又发明了一种"计数机器",计算工人的工作量、原材料的利用率,进而成为科学管理的启蒙者、运筹学和管理科学的鼻祖。

当管理实践在英国繁荣一时之后,其中心又随着工业革命移向了美国,进而在美国出现了许多有名的科学管理实践先驱。例如,美国铁路管理的佼佼者丹尼尔·麦卡勒姆(Daniel C. McCllum)提出了岗位责任制、工作报告制和考核晋级制度等一系列铁路管理制度;长期担任《美国铁路日报》编辑的亨利·普尔(Henry Poor)发展了麦卡勒姆的思想,提出了组织、通信联系(信息报告制度)和资料(记录下的通信联系)等三条基本管理原则;约瑟夫·沃顿(Joseph Wharton),作为一位金融家和企业家,认识到科学管理和管理教育的重要性,并于1881年向宾夕法尼亚大学捐资10万美元,建立了世界上第一所专门从事工商管理人才培训的管理学院——沃顿商学院。

英国的科学管理实践集中于纺织业,而美国则集中于铁路,这充分说明了管理与经济发展的紧密关系。但是,先驱者往往是少数,加之管理理论和实践的沟通、传播速度较慢,使得当时绝大多数企业是凭借领导者个人的经验和能力进行管理,管理实践并没有上升为一般性的、具有普遍意义的管理理论。

二、管理理论的形成与发展

19世纪末20世纪初,美国工程师弗雷德里克·泰勒对前人的管理实践进行了分析总结,同时进行了大量的管理试验。他认为,一切管理问题都应当而且可以用科学的方法加以研究和解决,实行工作的标准化,不能单凭个人经验办事,而应使个人的经验上升为理论。

与泰勒同时代的法国实业家亨利·法约尔对管理理论的形成也做出了开创性的贡献。他把管理活动从企业众多的活动中分离出来,强调管理活动的独立性和重要性,这对管理理论研究的深入和管理实践的繁荣起到了重要的促进作用。同时,较为系统地阐述了管理工作的因素,即管理职能,并提出了一系列管理原则。亨利·法约尔在实践的基础上概括出了管理工作的内涵及应该坚持的基本原则,为管理理论研究构建了基本的框架体系,被人们誉为"经营管理之父"。

管理理论自20世纪初产生以来,发展速度惊人,参与人数之多、涉及范围之广为其他学科发展所少见。从时间顺序角度分析,管理学的发展大体经历了以下几个阶段。

1. 19世纪末20世纪初形成的古典管理理论

这一阶段管理理论主要从工作(包括作业活动和管理工作)的角度研究管理问题,旨在寻找到科学的工作方法和基本的管理运行原则。古典管理理论可进一步分为两大理论体系:一种是以弗雷德里克·泰勒为代表的科学管理理论,其核心是运用动作时间研究方法,透过工作分析提高生产效率;另一种是以法国的亨利·法约尔和德国的马克斯·韦伯(Max Weber)等人为代表的古典组织理论,重点分析管理工作的运行机制和基本原则。

2. 20世纪20年代开始的"人际关系—行为科学"理论

这一阶段管理理论的重点是运用心理学知识研究管理实践中人的问题。主要研究内容包括:人的本性和需求,行为的动机,尤其是生产中的人际关系等。通过对职工在生产中的行为,以及这些行为产生的原因进行分析研究,进而调节组织中的人际关系,提高生产效率。埃尔顿·梅奥(Elton Mayo)、亚伯拉罕·马斯洛(Abraham H. Maslow)、道格拉斯·麦格雷戈(Douglas M. McGregor)等很多具有丰富心理学知识的管理学家都对行为科学理论做出了巨大的贡献。著名的霍桑试验为"人际关系—行为科学"理论奠定了基础,到20世纪60年代,行为科学理论的发展达到了鼎盛时期。

3. "二战"之后形成的管理理论丛林

"二战"以来,管理理论得到了飞速的发展与繁荣。哈罗德·孔茨教授最早提出了管理丛林的概念,并分别于1961年和1980年发表了两篇颇有价值的学术论文《管理理论的丛林》和《再论管理理论的丛林》[①],专门研究管理丛林问题。在论文中,他指出:"现代管理理论在其形成时期的确是缺少学术性的论著。可是现在,学术机构的论著犹如雨后春笋,完全能够弥补以前的不足而有余,并形成了一片各种管理理论和流派盘根错节的丛林。"他进一步指出:"由于社会学家、物理学家、生物学家在管理这个老问题范围内新近都有所发现,由于各类企业管理人员对管理理论的兴趣极大地增长,现在要想穿过我们称之为管理理论的这个丛林会有多么不容易。"孔茨教授把各种管理理论和学说归纳为十一个学派,分别是经验或案例学派、人际关系学派、群体行为学派、合作社会系统学派、社会技术系统学派、决策学派、系统学派、管理科学学派、权变学派、管理角色学派和经营管理学派。这些学派的代表人物和主要思想见表1-1。

在这众多的管理学派中,系统学派和权变学派更加受到人们的重视。系统和权变学派的兴起,标志着管理理论的研究已不再局限于组织内部,而是更多地把组织视为一个开放系统,更多地关注外部环境,注重内外部环境的互动关系。人们对社会责任的重视便是典型的代表。

表1-1 管理学派的代表人物及主要思想简介

学派名称	代表人物	主要思想
经验或案例学派	德鲁克 戴尔	通过分析经验(通常是案例)来研究管理,学生和管理者通过研究各种各样的成功和失败的案例提高分析问题和决策能力,进而有效地进行管理
人际关系学派	梅奥 马斯洛	运用心理学和社会心理学理论研究人与人之间的关系,人们的价值观念、激励、行为修正、领导和沟通等是这一学派研究的重点
群体行为学派	卢因 谢里夫	运用社会学、人类学和社会心理学的理论研究群体中的人的行为,并着重研究群体行为方式
合作社会系统学派	巴纳德	把组织当成人、群体相互作用的合作的社会系统来研究,是对人际关系和群体行为学派的一种修改
社会技术系统学派	特里斯特	重点研究技术系统(机器、方法、技术)和社会系统(态度、价值观念、行为)之间的相互作用
决策学派	西蒙 马奇	强调管理者的主要任务是决策和解决问题,着重研究如何制定决策问题,以及决策对组织管理的影响
系统学派	卡斯特 约翰逊	认为任何事物都是一系列相关要素的组合,组织是由相关的职能部门或子系统组织的系统,应按照系统方法研究管理

---

① 这两篇论文均被译成中文,发表在《外国经济管理》,1981年第5、6期和1984年第4、5期

(续表)

学派名称	代表人物	主要思想
管理科学学派	伯法 鲍曼	开发解决管理问题的数学模型,重视定量分析技术的研究及其在管理工作中的应用
权变学派	莫尔斯 洛希	主要研究管理工作与环境条件之间的关系,认为管理理论和方法是环境的函数
管理角色学派	明茨伯格	通过观察管理者的实际活动来明确和研究管理者的工作内容
经营管理学派	孔茨 穆尼	强调管理职能及与管理职能相关的管理原则的研究,力图把用于管理实践的概念、原则、理论和方法结合起来,形成系统的管理学科

4. 20 世纪 80 年代的管理比较研究

进入 20 世纪 70 年代,特别是"石油危机"之后,美国经济持续增长的势头骤然停滞,经济不景气的事实迫使美国人不得不从一种全新的角度去重新审视世界,冷静自我反思,以寻求重新振兴经济的新对策和新出路。相反,日本作为一个战败国,以其弹丸之地,在资源贫乏和石油几乎全部靠进口的条件下,虽然也经受着"石油危机"的影响,但却仍保持着快速的经济增长,并一跃成为世界第二大经济强国。强烈的反差使美国企业界和管理学界的专家学者们纷纷涌向日本。1973 年,美国管理学教授威廉·大内(W. Ouchi)和理查德·帕斯卡尔(R. T. Pascale)在美国国家生产力委员会的支持下,开始对美国和日本企业的管理方法进行了比较研究,进而引发了一场轰轰烈烈的美、日企业管理比较研究热潮。《Z 理论——美国企业界如何迎接日本的挑战》、《追求卓越——美国优秀企业的成功经验》、《日本企业的管理艺术》、《美国企业文化》等全球性管理畅销著作是这一阶段比较研究成果的代表。

这些著作倡导一个共同的观点,即企业文化建设是企业管理工作的核心内容之一,强有力的企业文化是确保企业竞争力的关键所在。这一时期的比较研究还集中讨论了软管理和硬管理的区别与联系。人们把战略、结构、制度等概括为管理中的硬要素,把人员、技能、作风、崇高目标等概括为管理中的软要素,认为管理不能只重视硬要素,必须同时重视甚至更加关注软要素的作用。此外,关于企业是否应该承担社会责任的讨论也不断深入。

5. 20 世纪 90 年代的管理反思

在 20 世纪即将结束、新的世纪即将到来之际,管理学界一方面更加重视战略问题,哈佛大学教授迈克尔·波特(Michael Porter)教授在 20 世纪 80 年代出版的《竞争战略》、《竞争优势》等著作在管理学界已经产生了巨大的影响,并全面带动起了一股强劲的战略研究热潮。1990 年普拉赫拉德(Prahalad C. K.)和哈默(Hamel G.)在哈佛商业评论上发表文章将人们的视角从竞争优势转向核心竞争力(Core Competence)。20世纪90年代中期,美国学者达维尼教授(D'aveni)提出了超强竞争(Hypercompetition)理论,明确地强调要取得优势,必须先摧毁自己的优势,行事无常、不按牌理出牌才是合理的方法,必须能够快速行动,以建立优势,并瓦解对手的优势等观点,令人耳目一新。1997年法国欧洲工商管理学院的两位教授金昌为(W. Chan Kim)和莫泊奈(Renée A. Mauborgne)在《哈佛商业评论》上撰文,提出了价值创新(Value Innovation)理论,强调打破传统的战略分析逻辑,改变竞争规则的重要性。

另一方面,或许是出于对以往管理理论进行归纳总结的需要,或许更是为新世纪的到来做好准备,进入20世纪90年代以来的管理学界涌现出一股重新思考、重新设计的浪潮,强调公司再造(Reengineering)、组织再造(Restructuring)、再思考(Rethinking)、再设计(Redesign)等的管理著作纷纷出版,一些长期以来对管理理论和实践起主导作用的分工理论和组织原则受到了冲击,面对着环境的巨大变化,管理理论更加突出信息社会、全球化和企业伦理等方面的研究工作。

进入新世纪以来,企业家精神已经突破管理教育项目的层次,成为管理理论与实践的一个核心主题。继20世纪80年代的"卓越"热潮、90年代的"再造和变革"热潮之后,企业家精神一时间成为当前理论界关注的热点,许多管理活动与企业家精神联系在一起,如企业家战略(Entrepreneurial Strategy)、企业家领导、企业家管理、创业营销等。人们从企业家精神的本质出发,重新审视管理理论,谋求创新。

管理理论的产生与发展过程是一个不断创新的过程,一方面人们试图揭示可用于指导各种管理实践的基本原理和方法,另一方面又在不断拓展研究领域,并寻求对原有理论观点的创新。尽管孔茨教授呼吁解决管理丛林问题,但实际上管理丛林现象并没有消失,而且越来越蔓延,新的管理思想和管理方法层出不穷,管理理论已经成为一个十分庞杂的体系。这在我国学科体系分类上也有显示。以前,管理理论仅仅是经济学的一个分支,现在已经上升为与经济学平行的学科门类,下面分出工商管理、管理科学与工程以及企业管理、市场营销等众多的一级、二级、三级学科。以前人们总是强调"大经济"、"小管理",现在则更多地认为是"大管理"、"小经济"。人类刚刚进入21世纪,管理理论与管理实践领域的新事物就让人有一种应接不暇的感觉。美国爆出了"安然事件",大公司的作弊丑闻引发大家再度思考企业伦理问题,并强化公司治理的研究。在我国,物流管理、供应链、服务管理、创业管理等已经形成了理论与实践频繁互动的局面。在动荡复杂的经营环境中,理论工作者与实践领域的管理人员共同探索,大胆创新,管理理论日趋丰富。

三、管理学研究对象

管理学是一个大的学科门类,同时在课程设置上又仅仅是一门课程,一门专业基础课程。在管理教育课程体系中,各教学机构结合自身的特点设置不同的课程,综合起来可以有近千门之多,管理学课程在课程体系设置中主要发挥什么作用,对此,应了解管理学的研究对象。

管理学研究各类组织、各种管理活动中的共性的、基础性问题。管理活动具有普遍性,不同类型组织的管理活动存在差异,也具有共性。差异来自于各自的特点和内外部环境的差异。服务企业与制造企业的管理工作存在差异,小企业与大企业的管理工作存在差异,同样是高等院校,管理工作的重点也可能不同。

即使在同一个组织中,不同部门或业务领域的管理工作也可能存在差异。以制造业的一个企业为例。不管规模大小,都必须开展生产、销售、财务、研究与开发、人员管理等工作,不同领域的管理工作当然都需要管理,进而产生生产管理、销售管理、财务管理、研究与开发管理、人力资源管理等相互关联又各自相对独立的管理工作,但不同管理工作的侧重点乃至管理工作的方式方法都会有差异,不同领域的管理人员之间也经常会因此而产生冲突。对于负责生产的管理人员来说,最为关心的大多是产品质量、制造成本、生产周期等,长期单品种、大批量地生产产品显然有助于降低成本并缩短生产周期,而且由于长期生产,人们的熟练程度会提高,产品质量也会相应改进。随着收入水平的提高,消费者的需求越来越多样化,拿同样的产品来满足不同消费者的需求根本不可能,多品种、小批量甚至是针对消费者需求的"定制"产品更有利于销售工作的开展。

正因为存在客观的差异性,围绕基础管理知识,才会出现企业管理学、行政管理学、建筑管理学、银行管理学、旅游管理学等不同的课程和教材,才会有财务管理、生产管理、销售管理、人力资源管理等不同领域的专业管理课程,也才会有非常庞杂的管理课程体系。但这些差异的背后也存在许多共性。

首先,不管何种组织、何种业务领域,要开展管理工作,都必须开展决策、计划、组织、领导、控制、创新与变革等管理职能工作。尽管生产计划和销售计划的细致程度、制定的频率、弹性的大小、具体的方法会不同,但都要有明确的目标和任务,都要进行预测,都要有具体的工作进程安排,都要有相对明确的分工,都要将任务分解落实到实处,转化为人们的行动。

其次,都必须做好人员激励工作。任何工作都要由人来完成,再高度自动化的设备也需要人给予指令。管理工作必须围绕人来开展,要细致地了解人的需求和行为规律,注重人员的培训和职业发展,充分挖掘人的潜力,最大限度地调动人的工作积极性。

第三,都要坚持基本的管理思想和管理原则。例如,效益原则,效益实际上是一种投入产出比例,投入少产出多就有效益,相反就没有效益,简单地说就是事半功倍还是事倍功半的道理。注重效益原则,不单纯是营利性组织的事情,任何组织、任何工作都需要坚持效益原则。再比如系统原则,任何组织都是相对独立的系统,由不同要素组成的整体,要追求整体利益的最大化,就必须注重要素的质量及要素之间的配合与协调,过分强调局部利益对任何组织来说都是不利的。

管理学就是研究这些共性的基础性的原理、工作程序、方法。掌握这些原理和方法,同时注重剖析具体工作的特点,并做到灵活运用,就可以胜任具体领域的管理工作。反过来说,总结具体管理实践,又可以进一步丰富和完善基本原理和方法,相互促进。

四、管理学特征

管理工作所具有的科学性和艺术性双重特征,最能刻画出管理工作的本质特点。

管理工作首先要注重科学性。管理是一门科学,大量的学者和实业家长期在总结管理工作的客观规律基础上形成了一系列基本的管理原则和管理理论,管理人员如果运用这些原则或以管理理论为指导,并能够根据实际情况行事,就一定能够把管理工作做得更好。高级管理人员如不掌握管理科学,只能是碰运气,凭直觉,或者靠老经验,这将和不掌握医学的巫师没有什么不同。当然,在管理实践中,直觉和经验有时也能获得成功,而且很重要,但违背管理科学规律的直觉和经验就会出问题,至少是结果不理想。

在变化的环境中,科学性不仅仅意味着一种技术,更多地表现为遵守一种规范,管理过程中的一些重要的原则、程序是不可变的,而且越规范越好。如顾客服务的理念、注重职工发展、全面质量管理、决策的制定过程等管理理念和方法已成为几乎所有优秀公司基本的经营实践,是不可或缺的成功要素。这些管理之道没有现代和永恒、东方和西方之分,是跨越国界的,不论在欧洲本土,还是在美洲、亚洲以及非洲的一些发展中国家,它们都是且也应该是一样如鱼得水。

不可否认,指导管理工作的科学还相当粗糙,不够精确,这是因为管理人员要处理的许多变量是极其复杂的。美国管理学家弗雷德·卢桑斯(Fred Luthans)认为管理方法和环境之间存在如下函数关系:管理方法 = f(环境)。其中环境是自变量,管理方法是因变量。这种函数关系可进一步解释为一种"如果—就要"模式,即如果某种环境存在或发生,就要采用某种相应的管理方法和技术,以便更好地达到组织目标。所以,管理人员在注重管理工作的科学性的同时,还必须要体现出很强的艺术性。

在管理实践中,管理工作的艺术性往往体现在截然不同的管理方法会产生同样良好的效果,实施同样管理措施的结果却可能截然不同。管理工作是一种艺术性很强的工作,正如美国电话电报公司(AT&T)的一位管理人员所说,要管理就要领导,要领导他人就需引导他人的情绪,使之接受某种看法并成为自己的观点。如果这不是艺术,那么就没有什么东西算作艺术了。管理工作的艺术性特点要求管理人员在工作中能够做到随机应变,具有灵活性而且富于创新。

管理的科学性与艺术性并不互相排斥而是相互补充。不注重管理的科学性而只强调管理工作的艺术性,这种艺术性将会更多地表现为随意性;不重视管理工作的艺术性,管理科学将会是僵硬的教条。同时,管理工作的科学性和艺术性又体现为一种互相促进的关系。随着时间的推移,管理研究的不断深化,管理理论的不断繁荣,以及环境变化速度的日趋加快,管理工作的科学性和艺术性成分都将会不断增强。

管理学的特征还包括以下几个方面。

管理学是一门软科学。软科学研究的是经济、科学、技术、管理、教育等社会环节之间内在的联系及发展规律,从而为它们的发展提供最优化的方案和决策。软科学研究的范围包括管理科学、系统分析、科学学、预测研究和科学技术论等学科,管理学是最早出现的一门软科学。

管理学是一门边缘科学或称交叉科学。所谓边缘科学,是指在那些学科领域之间的交叉点、面上产生的新学科。管理学是20世纪发展起来的新兴学科,它的内容涉及政治经济学、生产力经济学、技术科学、数学、社会心理学、伦理学、电子计算机等多种学科的技术,管理学是这些学科交叉渗透的结果。例如,经营决策就涉及社会学、心理学、经济学、数学、法学等多种学科;企业的技术开发、生产过程组织、产品质量管理等都涉及许多专门的技术学科。

管理学是一门应用科学。应用科学的特点是研究如何将基础理论和科学技术成就转化为社会生产力,转化为社会的有效财富。管理学是一门应用科学,它的任务是合理地、有效地组织和利用人力、物力、财力、时间、信息等资源,运用管理方法和管理技术来管理这个转化过程,并在过程中起主导作用。管理学的应用性质不仅是管理原则、方法和技术的应用,更重要的是管理思想的应用。管理学来源于管理实践并反过来指导管理实践。

任何一门学科都有其自身的方法论。能够反映管理工作特点的方法主要有以下几种。

权变的方法。权变理论认为没有一成不变的、普遍适用的、最好的管理理论和方法,一切应取决于当时的既定情况。为此,学习管理学时,要分析这种理论产生的历史背景和要解决的主要问题,了解它的主要研究思路和方法,分析其现实应用价值。这样有助于培养理论与实践相结合的能力,在具体从事管理工作时能够灵活地运用基本的管理理论,处理好大量的两难困境问题,并在管理工作中实现创新。

系统的方法。组织是一个系统,是由若干既相互联系又相互区别的要素(子系统)构成的整体。管理工作所要处理的每一个问题都是系统中的问题,管理者不能人为地把系统割裂开来,只有局部与整体、内部与外部、目前与未来统筹兼顾、综合考虑,才能妥善地处理组织中的每一个问题。学习管理,要有系统观念,要能够识别要素内在联系,从而真正认识到作为一名管理者应该做些什么工作,怎样把工作做好,以及应掌握的相关知识有哪些。

案例的方法。案例的方法是指在众多的组织中挑选有代表性的个案,从整体或局部对在管理实践中的成功或失败进行深入个案剖析,进而发现可借鉴的规律和原则。这样可以对不同行业、规模、发展阶段的组织有较好的了解,将所学到的管理理论与实践结合起来,还可以培养独立思考与决策的能力。但是,案例分析并非简单的经验总结,而是鼓励人们思考并依据案例所提供的资料自己做出决策,以提高分析问题和解决问题的能力。

试验模拟的方法。试验方法是帮助管理者发现管理问题的原因并采取有效措施予以解决的有力工具,是保证管理决策科学有效的重要途径,也是创立先进管理理论的重要手段。在管理实践中比较常见的试验方法有:对比试验、可行性试验、模拟试验。由于模拟试验具有较强的经济性、灵活性,风险小,所以成为目前管理领域中十分受重视的管理方法。

比较管理的方法。目前,比较管理研究重心集中在不同国家经营管理特征的比较研究上,注重一般性和特殊性的关系。例如,先考察一国管理的特殊性,然后探讨各国管理的一般性,并特别注意一般性与特殊性的关系,最后在掌握一般性和特殊性的基础上探索每个国家管理的途径。如何把西方的管理理论与中国实际结合起来,是学习管理学的重大课题。

【本章小结】

管理实践自古有之,同时也在不断地发生变化。要成为一名职业管理者,需要时刻关注管理实践活动,经常了解管理工作的差异性,准确地把握自身扮演的角色,掌握开展管理所需要的基本管理技能。管理理论是对管理实践的总结与升华,作为一门新兴学科,管理学科在20世纪取得了快速发展,各种学术观点层出不穷,管理理论丛林继续滋生蔓延。本章按年代的顺序梳理了管理理论产生与发展过程,从历史发展的角度把握管理学课程的研究对象,用动态的眼光审视管理理论的发展与创新。

关键名词： 管理　管理者　管理层次　管理角色　概念性技能　人际关系技能　技术性技能　古代管理思想　管理学　科学性与艺术性　权变理论　管理创新　软科学　应用学科　比较管理研究

【伦理专题】

企业社会责任与竞争优势

如今，在政府、媒体和社会活动人士的压力下，企业社会责任已成了各企业领导者义不容辞的重要任务。但是，许多企业的所谓社会责任活动，仅仅是在做一些表面文章。事实上，我们很少看到企业的社会责任活动存在系统性，更不用说有一个战略性框架了。

企业在考虑社会责任问题时，通常会犯两个错误：其一，把企业和社会对立起来，只考虑两者之间的矛盾，而无视两者之间的相互依存性；其二，只泛泛地考虑社会责任，而不从切合企业战略的角度来思考该问题。这就导致企业内部的各项社会责任行动好似一盘散沙，既不能带来任何积极的社会影响，也不能提高企业的长期竞争力，造成了企业资源和能力的极大浪费。

没有一个企业会有足够的能力和资源来解决所有的社会问题，它们必须选取和自己的业务有交叉的社会问题来解决。其余的社会问题，则留给其他更有优势的组织来处理，比如其他行业的企业、非政府组织或政府机构。而选取标准的关键也不是看某项事业是否崇高，而是看能否有机会创造出共享价值——既有益于社会，也有利于企业。

影响企业的社会问题分为三类：第一类是普通社会问题，这些问题虽然对社会有重要意义，但是既不受企业运营的明显影响，也不影响企业的长期竞争力；第二类是价值链主导型社会问题，这些问题会受到企业经营活动的显著影响；第三类是竞争环境主导型社会问题，这些存在于企业外部运营环境中的问题会对企业竞争驱动力造成巨大影响。某个社会问题具体归属哪个类别，会因业务单元、所处行业和经营地点而异。

而企业社会责任也可以分为两类：一类是反应型的，另一类是战略型的。反应型企业社会责任又分两种形式：做一个良好的企业公民，参与解决普通社会问题，比如进行公益性捐助；减轻企业价值链活动对社会造成的损害，比如妥善处理废物排放。

把承担社会责任视为创造共享价值的机会，而非单纯的危害控制或者公关活动，这需要我们具备全新的思维方式。不过我们相信，未来企业社会责任对于企业的成功将起到越来越重要的作用。

讨论题：
1. 企业社会责任会影响企业管理的经济效益吗？
2. 企业如何选择其承担的社会责任类型呢？
3. 社会责任对企业获取持续竞争优势有什么作用？

【情景练习】

你能从下面的情景中识别出各种管理职能吗？

一家饭店的老板为了在与当地竞争对手竞争过程中占据竞争优势，决定推出新的服务项目。他与饭店的一线管理人员讨论后，决定上一项新的早餐项目，并利用六个月的时间进行试验和完善。做出决定后，老板组织了一个特别任务小组来开发这个新项目。具有不同技能的人员被安排在这个小组中，包括预算人员、领班、负责设备的人员等，其中一个人被任命为这个小组的头头，直接受饭店老板的指挥。在第一次小组会议中，老板向大家解释了目标，回答了大家提出的问题，并强调了新项目对饭店的重要性。会议结束前，老板鼓励大家要富有热情并全力以赴完成目标。之后大家按计划努力工作，当预定结束日期临近时，老板又为这个小组增加了人员并在预算上适当予以放松。项目按原定的时间完成了，在饭店推出这项新的早餐项目的那一天，所有参与该项目开发任务的人员都被请到了现场。

思考题：
1. 对于管理的概念，为什么不存在唯一的定义？你对管理是怎样理解的？
2. 管理的基本职能有哪些？相互之间的关系是什么？
3. 如何理解管理工作的科学性和艺术性？
4. 讨论分析管理者的技能模型，并举例说明概念性、人际关系和技术性技能。
5. 由于管理理论体系比较庞杂，人们往往按照不同的思路梳理管理理论产生与发展的基本脉络。按照时间的先后顺序梳理的做法比较常见，这样做的优缺点是什么？
6. 为什么会产生孔茨教授所说的管理丛林现象？
7. 请论证管理理论与管理实践的互动关系。

第二章 管理理论与实践的侧重点

本章导读

本章按照效率、效果、人三大主题介绍管理领域一些有重大影响的管理思想和经典的管理学说,从中了解管理学的发展脉络,掌握管理理论研究和管理实践的侧重点。

问题导引

- 管理无所不在,管理工作又存在职业化趋势,那么管理工作的重点是什么?
- 管理新思想、新方法层出不穷,如何识别管理创新?
- 因文化等多方面因素的差异,各国或地区的管理工作也会出现差异,有无共性?共性在哪里?

【全球化管理引例】

毛泽东思想与企业管理

很多事情,看似隔行如隔山,但隔行不隔理。比如,闹革命,打天下,建立政权同经营企业看似两件风马牛不相及的事情。但二者内在的道理却有着很多相似之处,因为无论是打天下,还是经营企业,都是一个创业的过程,而这个过程都是由领袖带领追随者完成的。

毛泽东领导的人民革命是一个伟大的创业过程,可彪炳史册。在革命过程中,毛泽东形成的一些思想对于同为创业者的企业家同样具有一定的借鉴意义。毛泽东思想也确实影响了中国很多知名企业家的经营管理理念。

陈天桥最崇拜的人是毛泽东,冯仑敬佩和研究毛泽东,任正非曾是学习毛泽东著作积极分子,张瑞敏、柳传志、宗庆后都是从"文革"中过来的人,有着浓浓的毛泽东情结。马云说:"毛泽东式的管理运动,对于企业管理变革而言是最为有效的。"史玉柱说:"毛泽东思想和搞企业是有共性的。"周鸿祎说:"毛选真的对我帮助很大。"

就拿毛泽东的名篇之一《改造我们的学习》为例,有人读出了如下管理心得:学习力才是企业最核心的竞争能力。没有学习的质量和速度,就没有创新的质量和速度,就没有企业发展的质量和速度。一个人能做到坚持学习,善于学习非常不容易。一个组织能做到坚持学习、善于学习,更是难上难。因为良好的组织学习,需要实事求是、坦诚沟通、相互包容的企业文化作为支撑。而根深蒂固的面子文化和圈子文化窒息了企业开放、包容的沟通氛围。这也导致很多企业提出创建学习型组织的目标,往往也只停留在口号上,而没有落实在行动上。企业如何改造自己的学习?关键是企业家要勤于学习、要善于学习,不断端正自己的学习态度,为员工做出表率和榜样。真正做到"密切联系群众"、"理论联系实际"、"批评、自我批评"。放下自己的身段,心甘情愿当学生,而不是高高在上当领导。

看来,毛泽东在创建和管理人民军队中的成功实践,可以为管理者提供一种有效解决管理难题的思路。这也不难理解,为什么"日本企业之父"涩泽荣一能够"右手论语、左手算盘",把来自中国的儒家精神与效仿欧美的经济伦理合为一体,从而奠定了日本经营思想的基础。

这些古老或抽象的理论之所以能够应用到新兴且生动的管理实践当中,究其原因,在于理论系统组合了相互储存的概念和原则,是一种重要知识的框架结构,可以在管理领域里,提供一种手段,对重要的有关管理知识进行分类和分析。那么,在丛林化的管理理论中,我们应该关注哪些主题呢?

管理实践中要解决的问题很多,解决问题的过程本身往往又孕育出新的问题,即使对同一种问题也需要进行无止境的探索(如提高生产效率问题)。另外,不同国家和地区、不同行业、不同历史发展时期所要解决的问题和解决问题的思路方法等都会存在差异,有的国家已经基本解决的问题在别的国家可能仍然存在。在这种情况下,管理理论的发展便难以形成一条十分清晰的主线,在新的理论与原有的理论体系之间也难以发现明确的内在联系。

效率、效果和人是管理理论与实践领域长期研究的主题。效率与效果是管理工作的主要目的,其中效率(Efficiency)强调在资源不被浪费的方式下开展工作,注重把事情做正确(Do the things right);效果(Effectiveness)强调在正确的时间里,以正确的方式做正确的事情(Do the right things)。效率的提高和效果的改善必然要借助人来实现。

第二章 管理理论与实践的侧重点

第一节 侧重于提高效率的主题

最早的管理理论,实际上是管理思想的主流,关心的是生产效率问题,研究的重点是如何才能生产得更多。

一、分工与生产效率

工业革命初期,亚当·斯密(Adam Smith)通过观察发现,一定数量的专业工人,如果每个人只完成大头针制造过程中的一道工序,则要比每人都负责大头针制造过程的全部工序,能够生产出更多的大头针。他在《国富论》中写道,由一个人拉出铁丝,另一个人把铁丝拉直,第三个人把铁丝切断,第四个人进行削尖,第五个人磨光……这样一来,在他当时参观过的一家小工厂里,仅仅雇用了10个工人,每人只执行大头针生产过程所包含的18个专业任务中的一项或两项,结果10个人一起一天可做48 000多个大头针,如果把这10人分开,又不告诉他们如何完成其他任务,其中没有人能在一天之内做出一个大头针。亚当·斯密坚信分工可提高生产效率,因为分工可增进劳动者的技能熟练程度、可节约由于工作变换而损失的时间、有助于专门从事某项工作的劳动者改进工具和发明新机器。

二、科学管理理论

19世纪末20世纪初产生的科学管理理论,从管理思想到工作方法,形成了系统的理论体系,在提高劳动生产效率方面取得了巨大的成就,因而被公认为管理学产生的标志,该理论的代表人物弗雷德里克·泰勒也被誉为"科学管理之父"。

弗雷德里克·泰勒(1856—1915),美国人,出生于费城。他18岁进入费城一家小机械厂做工,四年后进入米德维尔钢铁厂当技工,很快被提升为工长、总技师。在业余学习的基础上,他于1883年获得机械工程学位,并于1884年被提升为总工程师。他一生中做过大量的科学试验,例如他进行的切削试验前后持续六年,写出报告300多份,切屑达80万磅,费用超过15万美元。在试验的基础上,他提出了大量有关提高生产效率的原则和方法。1891年,他独立创业,免费从事管理咨询工作,推广他的科学管理理论和方法。

泰勒一生致力于提高生产效率的研究工作,是一个乐于观察思考的人。走路时,他计算脚步数,以找出最适当的步幅。他烟酒不沾,甚至不喝咖啡、不饮茶,总是处于不安和高度紧张的状态中,失眠与噩梦终生伴随着他。他害怕仰面躺着,所以只有把自己竖直地支在床上或椅子上时才能睡安稳。他不能容忍看到一台车床闲置或一个人无所事事。他从不偷懒,也不允许别人这样做。

泰勒的著作有:《工厂管理》、《计件工资制》、《科学管理原理》等,其中《科学管理原理》一书被人们视为管理理论产生的里程碑。

20世纪初期,美国等发达国家的企业在不断地扩展,企业所需要的资金也较充足,但劳动力相对短缺。为此,人们通过各种方法尝试有效利用现有劳动力的途径,进而提高劳动生产率。其中弗雷德里克·泰勒、弗兰克·吉尔布雷斯(Frank Gilbreth)、莉莲·吉尔布雷斯(Lillian Gilbreth)、亨利·甘特(Henry Gantt)、哈林顿·爱默森(Harrington Emerson)等人的贡献最大。

弗雷德里克·泰勒首先对生产效率低下的原因进行了分析。他指出,造成生产效率低下的原因主要有两个方面。一是工人方面的主客观原因。主观上的原因是由于劳资矛盾所引起的工人有组织的怠工,客观上的原因是工人工作方法不当,操作熟练程度低而造成的浪费。二是管理方面的落后,如工厂中没有明确的工作定额,没有任何促使工人提高生产效率的激励措施,对工人不进行任何挑选、培训等等。他进一步探索这些问题的深层次根源,并在大量科学试验的基础上,系统地提出了提高生产效率的各种观点和方法。

1. 树立新的管理哲学,进行一场彻底的精神革命

泰勒认为,造成生产效率低下的重要原因是工人的怠工,即"磨洋工"。这是一种看不见、摸不着的浪费,但又是最严重的浪费。这种浪费的根源在于劳资矛盾,在于职工和资本家之间的利益争夺。唐纳利等人在《管理学基础》一书中指出,"一块经济利益的大饼,它的分享者之所以会不断地发生冲突,是因为其中一个分享者的份额如要有所增加,往往会损害到另一个分享者的份额"。但是,这种矛盾是可以消除的。因为"只有在这块经济利益大饼的大小是固定的情况下才会产生这种利益上的互相损害,如果能更加有效地使用资源使得整个经济物质和服务的供应有所增加,那么,大饼的分享者中每个人的份额都可以不用争夺而有所增长",劳资矛盾自然会被弱化。基于这样的分析,泰勒提出要进行一场精神上的革命,其核心是劳资双方必须把精力从利益争夺转向共同合作多创利益上,用合作取代对立。他强调,如果不能用合作与和平的新见解取代旧的对立与斗争的观点,那么科学管理原理就不能发展。

2. 按科学管理原则办事,注重管理和工作的科学性

泰勒认识到劳资双方的对立所带来的严重危害,并提出扩大利益是缓解甚至消除劳资矛盾的关键所在,所以必须找到扩大利益的方法。通过大量的观察、分析和试验工作,他首先提出了科学管理四原则,即:

(1)对工人劳动的每种要素都要制定科学的工作方法并以此来取代陈旧的

凭经验工作的方法；

(2)对工人用科学的挑选、训练和教育来取代工人自选工作和摸索自学，以便提高工人的工作技能；

(3)用与工人合作来取代劳资双方的对立；

(4)用管理者与工人责任共担来取代过分推卸责任给工人。

在上述原则指导下，他进一步摸索出一系列提高生产效率的方法，主要有定额管理、工作研究、标准化管理，以及根据分工和管理职能专业化的原则所提出的计划与执行相分离，等等。

3.重视人的本性，并采取相应科学的管理措施

泰勒认为人的本性属于"经济人"的范畴。"经济人"最早是由亚当·斯密提出的，其基本观点认为人是追求经济利益的动物，人们只图安逸，不思进取，不愿承担责任，一有可能便设法逃避工作。泰勒坚信这一说法，并把这种认识贯穿于他的理论之中。

(1)差别计件工资制度。其基本做法是按照标准的工作任务，即工作定额，确定两种不同的工资率，对完成工作定额的工人，以较高的工资率计件支付工资，对完不成定额的工人，则按较低的工资率支付工资，甚至使他们得不到基本的日工资。这样，通过工人工资上的差别，让工人在竞争和相互憎恨中自发地加强劳动强度，提高劳动生产效率。

(2)职能工长制度。泰勒在工厂的基层管理阶层设立了各种各样的工长，如生产工长、质量工长等，这些工长的任务是负责把科学的工作方法教会给工人，保证工人按科学的工作方法从事工作，更重要的是监督和敦促工人工作，防止工人偷懒和"磨洋工"。

上述科学管理理论和方法之间相互关联，互为补充，构成了一个完整的科学管理体系，见图2-1。

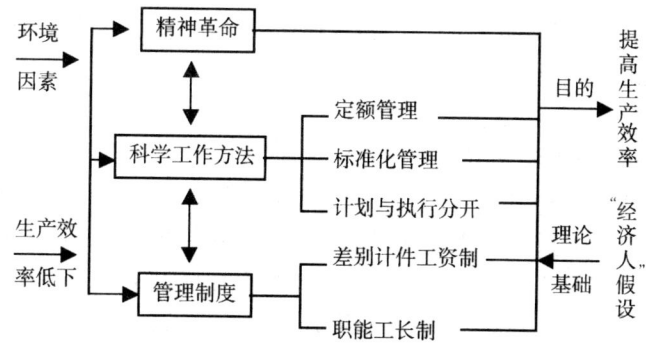

图 2-1 科学管理理论体系

吉尔布雷斯夫妇专注于动作研究。他们用秒表等工具仔细观察熟练砌砖工人的劳动动作，在弄清劳动动作的基本动作过程之后，对工人动作过程中的动作要素进行了科学的分解、取消或合并，从而使劳动过程得以简化，提高了工作效率。

弗兰克·吉尔布雷斯(1868—1924)，美国人，"动时研究之父"。弗兰克生于缅因州。1885年考上麻省理工学院，但因家庭困难放弃了求学机会而当了砌砖工人，其后成为建筑工程师，后又被提升为承包公司主管，不久又成为独立经营的建筑承包商。

莉莲·吉尔布雷斯(1878—1972)，美国人，"管理学的第一夫人"。莉莲毕业于加州大学，是美国第一个获得心理学博士的女性。1904年与弗兰克结婚，共同从事"时间与动作"研究工作。

为提高工作效率，他俩把工人的操作动作分解成17个基本动作，并称之为"动作的基本要素"，简称"动素"。通过分解各种动作，剔出不必要的动作，形成新的工作方法。他俩一生中出版了大量的管理著作。

这对夫妻婚后的17年中生育了12个孩子，为有时间工作，他们把科学管理方法运用于家庭管理之中。例如，为了利用洗澡这段"避免不了的耽搁时间"，弗兰克在浴室里安装了一台留声机，这样孩子们就可边洗边听法语和德语教程了。同时，为了确保孩子们能在唱片放完之前能洗完澡，弗兰克教他们快速洗浴法。他坐在浴盆里，右手拿着肥皂，从左肩一直擦到手指，反过来再从手指擦到腋窝，从那里再向下擦左侧，然后翻过来擦左腿内侧。做完这些，他就把肥皂换到左手，像擦左侧一样擦洗右侧。然后，在身体中部和后部擦几个来回，再把脸和脚洗一下，就钻入水中洗干净，爬出来。他把所有的男孩子叫到浴室里给他们示范。一天，他又穿上衣服，坐在居室的地毯上教女孩们洗浴。此外，他还注重培养孩子们的自我管理能力，假日航海时，他让孩子们叫他"船长"，孩子们按年龄大小被授予官阶，未能执行船长命令的人要受到绳子的抽打。

亨利·甘特的主要贡献在于计划和管理技术方面。他设计了一种生产计划进度表，被称为"甘特图"。即把工作的种类、工作所需设备、工作进度等放置在一张以时间为坐标的图上，进而使对工作计划的检查和控制更加直观、形象。他还提出了"计件奖励工资制"，即除了按日支付有保证的工资外，超额完成定额的部分另给奖金；完不成定额的，也可以得到原定的日工资，不再减少。

哈林顿·爱默森是美国有名的效率专家。他曾提出提高效率的12条原则：①要有明确的目标；②管理人员要有丰富的知识；③要有精明干练的咨询班子；

④严明的纪律;⑤大公无私,平等待人;⑥及时、准确、可靠的信息和会计制度;⑦工作的计划性和迅速敏捷的调度;⑧要规定出工作的标准方法和安排好工作的时间进度;⑨标准化的工作条件;⑩标准化的操作方法;⑪成文的标准工作条例;⑫对效率的报酬,即奖励制度。

三、管理科学理论

在管理理论体系中,管理科学理论构成一个独立的学派。该学派形成于20世纪70年代,代表人物有伯法(E. S. Buffa)等人。管理科学理论以自然科学和技术科学的最新成果为手段,运用数学模型,对管理工作做出最优规划和决策。目前,各个院校管理专业开设的运筹学课程便属于管理科学理论的主要内容。

管理科学理论的产生实际上反映出人们的一种愿望。管理学本身是一门不精确的学问,管理工作具有很强的艺术性,如果能够寻找到合适的数学模型来模拟实际的管理工作,势必会提高管理工作的准确性,降低管理工作的难度。

构建数学模型必须提出相应的假设,并把那些往常只能定性描述的问题设法予以量化,一个数学模型在实践中的应用效果在很大程度上取决于假设和量化工作的科学性。管理实践中不可量化的因素实在是太多了,因此,管理科学理论虽然给人们指出了解决管理问题的新思路,并在生产、库存、作业计划、物质供应以及宏观系统分析等众多的方面取得了显著的成就,但对于涉及因素众多、需要靠经验判断的战略决策等管理问题,其应用范围还是受到了很大的局限。

从提高效率的角度看,管理科学理论和科学管理理论一脉相承。二者都设法寻找到最优的工作方法,都渴望实现对资源的充分利用。所不同的是,管理科学理论更加强调系统思想,充分吸收了数学、计算机科学的新成就,更符合现代管理的要求。

四、改进组织效率

从科学管理之后,效率问题一直是管理学研究的核心问题;但是,效率问题逐渐分解成两大领域:作业活动效率和管理工作效率(也可以说是组织效率)。在作业活动效率方面,人们一直在使用科学管理的方法,同时通过流水线作业、机械化与自动化以及计算机辅助管理等措施使得作业活动的效率大幅度提高,对效率问题的研究逐渐转移到管理工作效率上。随着组织规模的不断扩大,需要越来越多的管理人员从事管理工作,提高管理人员的工作效率比提高作业活动效率要重要得多。涉及这方面的理论成果从早期的组织理论到目前盛行的再造工程均有。

在组织行政管理方面,法国的管理学家亨利·法约尔做了许多开创性的工作。他对管理的突出贡献表现在以下三个方面。第一，把企业的一切活动归纳成六大类，并突出地把管理活动分离出来。这六大类企业活动是技术活动、商业活动、财务活动、安全活动、会计活动和管理活动。由于强调管理活动的独立性和重要性，这对管理理论研究的深入和管理实践的繁荣起到了重要的促进作用。第二，较为系统地阐述了管理工作的因素，即管理职能，认为管理就是计划、组织、指挥、协调和控制。这种观点被人们普遍接受，并成为研究管理职能的基础。第三，提出了著名的十四条管理原则。即分工、权力与责任、纪律、统一指挥、统一领导、个人利益服从整体利益、人员的报酬、集中、等级制度、秩序、公平、人员的稳定、首创精神以及人员的团结。这些原则目前仍被运用于现代管理实践中。亨利·法约尔也因上述贡献而被人们誉为"经营管理之父"。

亨利·法约尔(1841—1925)，法国人，他出生于一个资产阶级家庭。1858年至1860年，他就读于圣艾蒂安国立矿业学院，毕业后作为一名采矿工人进入康门她里—福尔香包采矿冶金公司，1866年被任命为矿井矿长，1872年提升为经理，负责多个矿井。1888年，当公司处于破产边缘时，他被任命为公司的总经理，并按照自己的管理思想和理论改革、整顿公司，到1918年他退休时，他所经营的公司已能在财务上和经营上立于不败之地，至今仍是法国中部最大的采矿和冶金集团的一部分。

由于他长期担任总经理的职务，位于企业最高管理阶层，所以他研究管理是以企业整体为对象的。他的代表作是《工业管理与一般管理》。"这本书对企业主管人员的工作所作的实际而明确的分析，对管理原理的普遍性概念的研究，表明了他对现代管理问题具有非凡的见解"(孔茨语)。"法约尔和泰勒的研究成果是互相补充的"(厄威克语)。

组织行政管理理论的另一位代表人物是德国的马克斯·韦伯。马克斯·韦伯提出了"理想的行政组织体系"理论。他强调，为了实现一个组织的目标，需要把组织中的各种活动划分成基本作业，作为公务分配给每个组织成员；各公职和职位是按照职权的等级原则组织起来的，每个职位有明文规定的权利和义务，进而形成一个指挥体系或层次体系；人员的任用要完全根据职务的要求，通过正式考试录用；管理人员有固定的薪金和明文规定的升迁制度，是"职业的"管理人员；组织靠规则和纪律约束，组织中的人员关系完全以理性的原则为指导。他强调通过组织的精确性、稳定性、纪律性和可靠性来提高生产效率。

马克斯·韦伯(1864—1920)，德国人，"组织理论之父"。出生于爱尔福特的一个富裕家庭。1882年进入海德堡大学读法律,之后又就读于柏林大学和哥丁根大学。曾于1883年至1888年间参加过四次军事训练,对德国的军事生活和组织制度有相当多的了解。他一生中担任过多所大学的教授,1894年开始担任弗赖堡大学政治经济学教授,1896年开始担任海德堡大学经济学教授,1918年开始担任维也纳大学社会学教授,1919年开始担任慕尼黑大学社会学教授等。此外,他还担任过政府顾问、编辑、著作家等。他的著作有《经济和社会》、《社会和经济组织的理论》、《社会学论文集》等。他在管理思想上的最大贡献是提出了所谓"理想的行政组织体系理论"。

组织的规模在不断地扩大,管理人员的数量以更快的速度膨胀,漫长的"公文旅行"、推卸责任、沟通不畅、决策速度缓慢等一系列问题逐渐暴露出来,人们采取了很多措施试图解决这些问题,如通过授权减轻管理人员的负担,通过办公自动化减少对管理人员的需求,等等。到了20世纪80年代,组织效率低下的问题仍然困扰着许多著名的企业,人们纷纷采取措施开展轰轰烈烈的组织变革运动,甚至主张对组织实施再造工程。

1993年,迈克尔·哈默(Micheal Hammer)和詹姆斯·钱皮(James Champy)合作出版的《企业再造工程——管理革命的宣言》[①]一书,当年便被译成十四种文字向世界各国传播。现在大多数组织的运作方式和组织根源都在很大程度上以亚当·斯密的分工理论为基础,即每个人长期集中做专业化的工作,以此提高熟练程度和工作效率。这种工作方式使人们仅仅关心与自身紧密相关的工作和部门,无法也不主动从更大的范围了解工作关系,进而无法了解组织的整体目标,仅仅围绕着个人和局部的目标在很小的范围内开展合作,这种工作方式势必会影响到组织整体的运作效率和组织目标的实现。迈克尔·哈默和詹姆斯·钱皮建议管理者思考这样的问题:"如果现在要重建一个组织,根据已有的知识和技术,该怎么做?"也就是说,一切要从头做起,突破以往的约束(包括成功的经验),从根本上重新思考设计工作过程,追求和保持过程的简化,让多项作业活动结合为一体,让工作在最适当的地方完成,让执行人员决策,减少分歧和争端,提高工作效率改进工作效果。

---

① Micheal Hammer and James Champy:*Reengineering the Corporation*:*A Manifesto for Business Revolution*, Nicholas Brealey Publishing Limited, 1993

【信息化管理专栏】

Web 2.0 是否降低管理效率？

Web 2.0 是供人们相互分享思想、意见、喜欢的音乐以及人际关系的平台，Web 2.0 非常有趣。但是，它对经济中的生产力真的有帮助吗？你是否想过我们的经济有些变得过于"昂贵"了呢？如果我们整天都坐在那里写博客或者使用脸谱网（Facebook）交友，我们又怎样能创造出价值呢？

也许我们可能需要去强调其他更重要的事情。比如，什么样的新产品和新服务会给我们带来更美好的、更健康的生活和人际关系？企业如何才能改善自己的业绩？青少年如何才能提高他们的数学技能和科学技能，而不是发短信的技能？

经历过大萧条的一代似乎把这一点永远铭记在心：要努力工作，要节省，要过保守的经济生活。当然，我并不是要支持这种生活方式。但是，如果当前的危机能够带来刻苦勤奋的经济风尚，这样的结果并不是坏事。聊天和交友固然重要，但是却不是我们的唯一。

很多管理人员担心像 Facebook 和 Twitter 这样的服务会扼杀生产效率，可能会屏蔽员工使用这些工具。但是，这种把头埋到沙子里，无视新兴工具的做法，极有可能是非常短视的。虽然这些应用目前还不是很广泛，但是，许多企业对这些工具很感兴趣，并在积极想办法推进。这将是一个漫长而缓慢的过程。

第二节 侧重于效果的主题

在现实生活中，做正确的事情比仅仅把事情做对要重要得多，而要做正确的事情，重要的是要做好决策，制定正确的战略。

一、《孙子兵法》的战略决策思想

早在二千五百多年前的《孙子兵法》，在今天的管理学者看来，就是一部享誉全球的战略著作。仅有 3 600 字的《孙子兵法》开篇便强调调查研究的重要性。孙子指出："兵者，国之大事，死生之地，存亡之道，不可不察也。""夫未战而庙算胜者，得算多也；未战而庙算不胜者，得算少也。多算胜，少算不胜，而况于无算乎？"对于调查研究的重点，孙子一方面强调环境分析，"故经之以五事校之以计而索其情：一曰道，二曰天，三曰地，四曰将，五曰法。道者，令民与上同意也，故可以与之死，可以与之生，而不畏危。天者，阴阳、寒暑、时制也。地者，远近、险易、广狭、死生也。将者，智、信、仁、勇、严也。法者，曲制、官道、主用也。

凡此五者,将莫不闻,知之者胜,不知者不胜。"同时又特别强调敌我双方的对比分析,"知彼知己,百战不殆;不知彼而知己,一胜一负,不知彼,不知己,每战必殆。"在分析研究的基础上,孙子提出了一系列战略思想,如:"不战而屈人之兵,善之善者也。故上兵伐谋,其次伐交,其次伐兵,其下攻城。""故智将务食于敌",等等。

20 世纪 80 年代以来,中国古代的管理思想,不管是兵家、道家、儒家还是墨家,都受到管理学界的普遍重视。这些中国古代的管理思想是人类宝贵的文化遗产,管理应该植根于文化之中,正如彼得·德鲁克所说,"不论是英国、美国、日本还是巴西,管理者之所为的确是相同的,但具体怎么做却相差甚远。发展中国家的管理者面临的一个根本性的挑战就是去挖掘、确定并利用自己的历史、文化、传统中那些有用的部分"。商战如战场,现代商业竞争与战场上的争斗有一定的相似性,兵法中的一些思想更容易被运用到商业竞争之中,这也是《孙子兵法》受到普遍重视的原因。

二、赫伯特·西蒙的决策理论

在企业管理领域倡导研究决策问题的当属美国管理学家赫伯特·西蒙。赫伯特·西蒙等人把第二次世界大战以后发展起来的系统理论、运筹学理论、计算机科学等综合运用于管理决策问题,形成了一门有关决策过程、决策准则、决策类型和决策方法的较完整的决策理论体系。

赫伯特·西蒙(1916—2001),美国人,决策管理学派的主要代表人物,出生于威斯康辛州。1943 年他在芝加哥大学获博士学位,毕业后在芝加哥大学、伯利克大学和伊利诺伊工业学院任教。1949 年后他一直在卡内基—梅隆大学任教,长期讲授计算机科学和心理学课程,在管理学、组织行为学、经济学、心理学、政治学、社会学、计算机科学等方面都有较深的造诣。1978 年,获得诺贝尔经济学奖。他曾数次来中国访问讲学。

西蒙是决策理论学派的主要代表人物。他认为,决策贯穿于管理的全过程,管理就是决策。他还对决策过程、决策准则、程序化决策和非程序化决策、组织机构的建立与决策过程的联系等做了分析,他的代表作是 1960 年出版的《管理决策新科学》。

赫伯特·西蒙认为,决策贯穿于管理工作的全过程,管理就是决策。成功的管理取决于科学的决策,而科学的决策必须有科学的决策程序予以保证。他突破了以往仅强调方案选择的狭义决策概念,主张从广义的角度理解决策,并把决

策过程分解为四大阶段:①

(1)情报活动阶段,即探查环境,寻求要求决策的条件,也可以说是调查研究阶段;

(2)设计活动阶段,创造、制定和分析可能采取的行动方案;

(3)抉择活动阶段,从可资利用的方案中选出行动方案;

(4)审查活动阶段,对过去所作的抉择进行评价。

按照这样的过程,管理人员需要在环境分析、问题识别、拟定方案、方案的评价与筛选、行动方案的实施调整等各个环节都做好充分而细致的调查研究工作,进而能在很大程度上提高决策的科学性。此外,他还对程序化决策和非程序化决策问题、决策准则问题进行了许多创造性的研究工作,对管理理论的发展做出了巨大的贡献。

三、系统管理理论

系统管理理论强调管理的系统观点,要求管理人员树立全局观念、协作观念和动态适应观念,既不能局限于特定领域的专门职能,也不能忽视各自在系统中的地位和作用。

系统管理理论是由弗里蒙特·卡斯特(Fremont E. Kast)和詹姆斯·罗森茨韦克(James E. Rosenzwig)等人创建的。他们在系统管理理论的代表作《系统理论与管理》(1963)中阐述了系统管理理论,基本要点有以下几点。

1. 企业是一个开放系统

它总是处于同其外部环境的持续的相互作用之中,并通过连续不断的投入—转换—产出的循环过程取得一种稳定状态,即动态的平衡,见图 2-2。

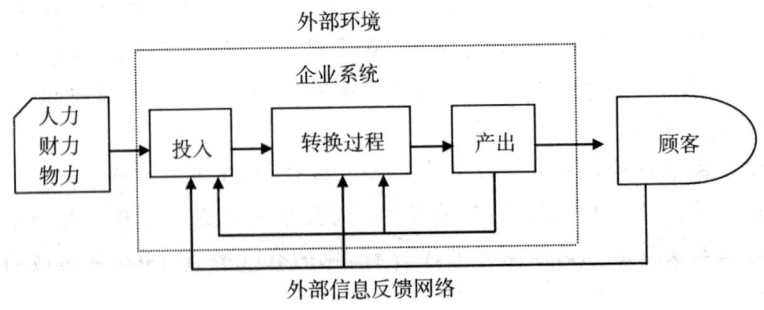

图 2-2 企业开放系统

---

① [美]赫伯特·西蒙.管理决策新科学.中国社会科学出版社,1985:34

2. 企业是由各种子系统组成的整体

企业这个开放系统是由五种不同的子系统构成的,它们分别是:目标与价值子系统——指导企业的决策和其他所有活动的基础,因为企业是为完成特定目标而建立的,企业目标要受到价值观念的影响;技术子系统——为完成组织任务所需的知识、技术、设备等;社会心理子系统——包括组织中的个人行为和动机、个人在社会系统中的地位和作用,以及群体内个人之间的相互关系等;结构子系统——组织的任务分工与协作的方式方法,以组织图、职位工作任务说明书、工作程序图等形式体现出来;管理子系统——组织的中心,它通过制定组织的战略和计划、设计组织结构和控制程序等工作联系和影响组织的各个子系统,并把组织与外部环境联系起来。

3. 企业管理必须坚持系统观点

企业是一个由人、财、物、技术、信息等多种要素和生产、人事、组织、管理等众多子系统所组成的复杂的开放式人造系统,所以要用系统观点来考察企业及其管理活动。这些观点主要有:①整个系统是主要的,而其各个部分是次要的;②整个系统中的各个部分组成一个不可分割的整体,其中某一部分变化势必会影响到其他部分;③各个部分围绕着系统的整体目标的实现而发挥作用;④系统中各个部分的性质和职能由它们在系统中的地位所决定,其行为受整体和部分的关系所制约,并符合分工协作等客观规律的要求;⑤一切都应以整体作为前提条件,然后演变出其各个部分及各部分间的相互关系,进而符合局部服从整体的基本原则要求;⑥整体通过新陈代谢使自己不断更新。整体保持不变和统一,而其组成部分则不断地变化,系统往往集稳定性与动态性于一体。

任何一个组织都离不开环境。系统管理理论注重内外部环境之间的互动关系,强调用系统管理观点来安排企业的生产经营活动,追求企业整体目标的最优化,这种管理思想对科学地制定决策,促进企业健康稳定的发展,十分有益。

四、战略管理与竞争战略理论

战略管理理论研究的焦点是组织的战略决策问题。美国管理史学家阿尔弗雷德·钱德勒(Alfred D. Chandler, Jr.)在 1962 年出版的《战略与结构》一书中,首次把管理决策分为战略决策和战术决策两个层次。其中,战略决策内容包括企业发展的基本目标,从属于基本目标的经营目标和方针以及为实现这些目标进行的资源分配和调整;战术决策的任务则是保证资源的合理使用和日常经营工作的顺利开展。

美国学者安索夫(Igor H. Ansoff)1965 年出版的《企业战略》是最早一部系统阐述战略管理的理论著作。在这部书中,安索夫区分了三种类型的决策:业务决策、管理决策和战略决策。业务决策的目标是在日常工作中最大限度地创造效益,其内容包括成本控制、生产管理、销售管理等;管理决策的主要内容是企业管理结构和工作组织的调整,是中间层次的决策;而战略决策,主要是确定企业的产品——市场领域,确定企业的经营活动将向什么方向发展。

战略决策是在竞争环境中为适应未来的发展变化,求得长期生存与发展而进行的整体性决策,是对发展方向道路做出选择,因此是企业管理者(特别是高层管理者)要解决的首要问题。战略管理成为管理理论研究的重点问题也就成为必然。

战略管理理论产生以来,受到理论实践界人士的普遍重视,并涌现出一大批有影响的战略研究学者,如美国的 K. R. Andrews 和日本的伊丹敬之、大前研一等;但 20 世纪 80 年代以来在战略管理领域最具影响的当属哈佛商学院的迈克尔·波特教授,他的《竞争战略》和《竞争优势》等书已经成为竞争战略理论的经典之作并广为流传。

20 世纪 90 年代兴起的核心能力理论更加关注环境的不确定性,强调通过竞争性的创新和改变游戏规则强化企业的核心竞争力,促使企业在竞争中占据主动和领先。静态环境中,战略是一系列稳定不变的行动,目的在于维持公司的优势;动态环境中采用更动态、更难料的战略,串连一系列的暂时优势并破坏竞争对手,公司的计划要迂回前进,以一连串行动攻打竞争对手,或从几个不同方向同时进攻。

复杂性管理是管理领域新近十分重视的研究课题。环境的动荡性一般从环境因素的多少及其变化程度两个方面来衡量,近二十年来的研究比较多地关注环境因素的变化程度,即关注环境因素的动态性,对环境的复杂性重视得并不够。动态复杂环境下企业生存发展战略问题吸引了越来越多的学者关注。

第三节 侧重于人的主题

不管是管理工作还是作业活动都需要靠人来完成,人是管理工作的核心,也是管理理论研究的重点。有关人性特点、行为规律、开发与激励等方面的理论研究极大地丰富了管理理论。

一、中国古代的管理思想及实践运用

在中国古代,人们围绕着人性而提出的各种管理思想是从事现代管理值得认真研究的知识宝库。

孔子肯定所有人都有追求富贵的欲望。他说,"富而可求,虽执鞭之士,吾亦

为之"(《论语·述而》)。意思是说,追求富贵是人们的正当要求,因此,使人们生活富裕,是统治者的责任。另一方面,孔子强调用"义"制约"利"。他强调,"君子喻于义,小人喻于利"。"富与贵,人之所欲也,不以其道得之,不处也。贫与贱,人之所恶也,不以其道得之,不去也"。意思是说,富贵是每个人所喜欢的,如果不用合乎道德的方式得到它们,君子是不会妄居的。贫贱是每个人所厌恶的,如果用不正当的手段摆脱它们,君子是不会干的。孔子反对不正当的利益,"不义而富且贵,于我如浮云"(《论语·述而》)。他主张,"见利思义"(《论语·宪问》),希望用仁义的思想规范每个人的行为。

孟子认为人本性善良,"仁、义、礼、智,非由外铄也,我固有之也,弗思耳矣"(《孟子·告子》)。这就是说,善良的本性是人们固有的,只是不自觉罢了。对善良的人们要重视启发诱导,而不是强制灌输。孟子倡导"养心"来扩张人的善良本性,并提出"养心"的途径和方法。第一是尽心,"尽其心者,知其性也;知其性,则知天矣。存其心,养其性,所以事天地"(《孟子·尽心》)。第二为反求,就是反躬自问,从自己身上找原因。反求是为了正己,只有身正,天下人才会服。第三为博学深造,"贤者以其昭昭使人昭昭",而不能也不会"以其昏昏使人昭昭"(《孟子·尽心》)。第四要经受各种磨练,"天将降大任于是人也,必先苦其心志,劳其筋骨,饿其体肤,空乏其身,行拂乱其所为,所以动心忍性,曾益其所不能"(《孟子·告子》)。他要求造就一批德高望重、善于管理的人才,也要塑造出能接受管理、德性善良的人民。[①]

荀子认为人性本恶,"人之性恶,其善伪也"(《荀子·性恶》)。这种恶不是邪恶,而是指人生下来就有求生和享受的欲望,"饥而欲食,寒而欲暖,劳而欲息,好利而恶害"(《荀子·荣辱》)。如果任凭人性恶的一面自然发展,就会导致争夺、社会动乱和贫穷,因此,必须以礼义教化和法律强制手段来治理。"人生而有欲,欲而不得,则不能无求;求而无度量分界,则不能不争;争则乱,乱则穷"(《荀子·礼论》)。"明礼义以化之,起法正以治之,重刑罚以禁之,使天下皆出于治,合于善也"(《荀子·性恶》)。

中国古代的这些管理思想对现代管理的影响是深远的。19 世纪末 20 世纪初,我国的一些民族企业家把古代管理思想运用到企业管理中,取得了斐然的成绩。

同仁堂是祖国传统中医药文化的继承者。中医药理论是祖国传统中医药文化的精髓,它吸收了中国古典哲学和儒家、道家思想的精华,特别强调"天人合

---

① 俞文钊.中国的激励理论及其模式.华东师范大学出版社,1993:15

一"、"辨证论治"的理念。同仁堂自创立伊始,就是在中医理论指导下生产和使用中药,收集并研制有效方剂,在实践中不断创新与提高,至清末同仁堂有文字记载的中成药已多达近五百种,以医带药的模式传承至今。

供奉御药使同仁堂中医药文化独具特色。在供奉御药期间同仁堂以身家性命担保药品质量,采用最高标准的宫廷制药技术,磨练出诚实守信的制药道德,使"炮制虽繁,必不敢省人工;品味虽贵,必不敢减物力"的古训得到了进一步升华。形成了"配方独特、选料上乘,工艺精湛、疗效显著"的制药特色,并得以世代弘扬。

同仁堂的价值取向源于"可以养生,可以济人者唯医药为最"的创业宗旨。它所体现的正是儒家思想的核心"仁、德、善"。因此,"患者第一,顾客至上"始终是同仁堂追求的最高境界。[①]

二、霍桑试验及人际关系学说

在西方,重视人同样是企业成功的根本。进入20世纪,科学管理理论成为管理理论和实践的主流,人们把人当作机器一样看待,把分配给工人们的任务和工作设计得非常简单,让工人们仅做简单易懂的工作,同时赋予物质刺激,以此提高生产效率。这样的理论取得了成就,同时也带来了问题。

20世纪20年代,位于美国芝加哥郊外的西方电气公司的霍桑工厂出现了令许多管理工作者感兴趣的现象:这个工厂有比较完善的娱乐设施、医疗制度和养老金制度,良好的工作环境和物质条件本应使该厂的生产效率有较大的提高,但事实上工人并没有良好的精神状态,工作成绩也不佳。这无疑是对科学管理理论提出的巨大挑战。为探明原因,由美国国家科学研究委员会赞助的研究计划于1924年在该厂实施。其目的是考察工作环境与生产效率之间的关系,进一步说是验证科学管理理论的有效性。这就是管理学发展史上非常著名的试验——霍桑试验(Hawthorne Studies)。

霍桑工厂是一家当时拥有25 000名工人的生产电话机和电器设备的工厂,试验主要采用"控制组"与"试验组"对比的方法,从1924年开始,分四阶段进行,到1932年结束,历时九年时间。

试验的初期,西方电器公司的有关人员把12名女工分成两个组,每组为6个人,分别在两个房间里工作。其中一组叫做"控制组",其照明条件始终保持不变;另一组叫做"试验组",照明条件可以变化。两个组的工作性质是一样的,都是单调而高度重复性的工作。开始时,两个组的照明条件一样,以后逐渐把试验

---

① 摘自北京同仁堂官网,http://www.tongrentang.com/brandstory/culture.php

组的照明亮度减弱,并一直减弱到近似月光的程度,两个组的工作条件的差距拉开了,但试验记录表明,两个组的工人产量却相同,并都一直在上升。这表明照明情况与生产效率之间并不存在严格的正相关关系。之后,他们又试验工资报酬、工间休息、每日工作长度、每周工作天数等因素对生产效率的影响。但试验结果也看不出对生产效率的直接影响。至此,试验者认为试验失败了,准备放弃试验。

1927年,哈佛大学教授埃尔顿·梅奥(Elton Mayo)在纽约的哈佛俱乐部给一些公司的人事经理做报告,曾参与第一阶段试验的西方电器公司的人事经理前来听报告,他向梅奥介绍了试验的情况,并邀请埃尔顿·梅奥前去做试验。梅奥对这项试验很感兴趣,于是率领一些人进入了霍桑工厂,开始了第二阶段的试验工作。

埃尔顿·梅奥(1880—1949),美国人,"人际关系理论之父"。出生于澳大利亚的阿得雷德,在当地获得逻辑和哲学硕士学位,后到苏格兰的爱丁堡学习医学,从事精神病理学研究工作。"一战"期间,他首先运用心理疗法治疗伤员。1922年移居美国,1926年到哈佛大学任教,1929年成为哈佛大学工业研究终身教授。

梅奥在参加霍桑试验之前,还做了一项有影响的试验。他在费城附近的一个纺织厂中引进了工间休息这个概念,进而把工人的流动率从250%降低到5%,并提高了工作效率。他认为,工间休息减除了工人的悲观情绪,从而提高了士气和生产率。

埃尔顿·梅奥等人首先挑选了一些继电器装配工人,让他们脱离工头而独立工作,接着试验改变工资支付方式和改善工作条件对生产效率的影响。在试验过程中,生产量一直保持上升趋势。后来梅奥突然取消试验措施恢复到试验前的工作条件,并认为这种剧烈的改变会给职工带来一种极大的消极心理影响而降低产量。然而产量却仍然上升。埃尔顿·梅奥等人运用心理学知识对试验结果进行了分析,认为问题在于人的方面,在于试验组成员精神方面产生了巨大的变化。因为职工由原来工头监督改为由研究人员领导,并受到研究人员的重视和各方面的广泛注意,他们的社会状况发生了变化,并觉得自己很重要。另外,试验小组内部有一种自由而愉快的工作气氛,职工能自由发表意见,职工之间、职工与研究人员之间互相协作,所有这些是促使职工提高生产效率的根本原因。揭开了这一奥秘之后,梅奥等人进一步实施"访谈计划"。研究人员对两万名左右的职工进行了访问和交谈,以便了解职工对公司领导、保险计划、工资报酬等方面的意见和态度。他们采取各种办法让职工"发泄"不满,结果使职工心情舒畅,感到工作条件得到了改善,埃尔顿·梅奥等人则从职工的不满中了解到他们深层次的内在需求。

霍桑试验结束后,埃尔顿·梅奥等人对试验结果进行了总结,并出版了《工业文明中的人类问题》《工业文明中的社会问题》《管理与工人》《管理与士气》等管理著作,他们的理论构成了人际关系学说。该学说强调以下内容。

(1)职工是"社会人"而非"经济人",必须从社会系统的角度来看待职工。职工并不单纯追求金钱收入,他们还有社会方面、心理方面的需求,即追求人与人之间的友情、安全感、归属感和受人尊重的需求,等等。影响职工生产积极性的因素,除了物质因素外还有社会和心理因素,生产率的高低主要取决于职工的工作情绪,即职工的"士气"。

(2)企业中存在着"非正式组织"。企业中除了"正式组织"之外,还存在着"非正式组织"。"非正式组织"是指人们在企业内共同工作过程中,由于情感交流、兴趣爱好相近等原因所组成的一种非正式团体,团体首领是团体成员推选或自然形成的,每个成员都自觉地遵守团体所形成的各种行为规范约束,非正式团体在企业的组织结构图中是找不到的。非正式组织的作用是使组织成员行动一致并互惠互利,携手对付外在的管理人员的干涉。由于非正式组织中的成员之间人际关系很好,使组织活力增强,所以,如果能引导得好的话,非正式组织对企业的发展来说利大于弊。

(3)企业管理者要树立新型的领导方式,注重提高职工的满足感。根据"社会人"和"非正式组织"的观点,企业管理者不能再把职工当成机器的附属品而采取"胡萝卜加大棒"的管理方式,必须把职工看成是有爱有恨有追求的活生生的人,必须了解他们的真实愿望,进而提高他们的工作积极性。要对管理人员进行训练,使他们学会通过同工人交谈来了解其感情的技巧,并能在正式组织的经济需求和非正式组织的社会需求之间保持平衡,进而提高职工的满足感,调动他们的生产积极性。

霍桑试验引发了大量学者研究人的本性和需要,人的行为动机,以及生产过程中的人际关系等问题。1949年在美国芝加哥大学举办的一次有管理学家、心理学家等参加的学术会议上,大家对这门研究人的行为的一般性理论采用什么名称问题进行了讨论,并决定采用"行为科学"这一名词,行为科学管理学派产生了。这一学派的管理理论包括了人际关系学说和之后产生的各种有关人的行为研究方面的理论和学说。

三、企业文化热潮

1981年,对管理的"软"要素早有研究的理查得·T.帕斯卡尔和哈佛大学教授安东尼·阿索斯(A. G. Athos)首先推出《日本企业的管理艺术》。书中以战略(Strategy)、结构(Structure)、制度(System)、人员(Staff)、技能(Skill)、作风(Style)和崇高目标(Superordinate Goals)七个因素(简称为7S模型,见图2-3)为基础,结合美、日一流企业,对国际电话电报公司和松下电器公司作了对比分析,提出了管理中的硬要素(战略、结构、制度)和软要素(人员、技能、作风、崇高目标)的区别,强调了软要素的作用。

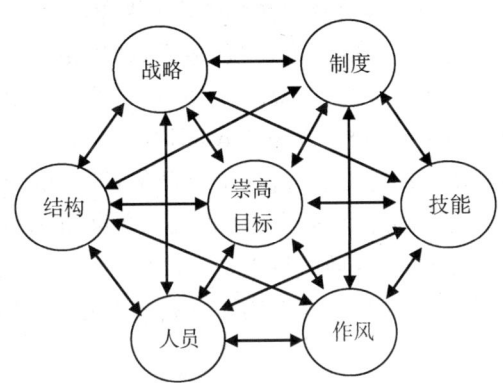

图2-3　7S模型

同在1981年,美籍日裔学者威廉·大内(W. Ouchi)出版了引人瞩目的《Z理论——美国企业如何迎接来自日本的挑战》,该书梳理并比较了美国和日本的管理模式,见表2-1。在此基础上,分析了企业管理与文化的关系,明确指出,一个企业的文化由其传统和风气所构成。此外,文化还包含一个企业的价值观,如进取性、守势、灵活性——即确定活动、意见和行动模式的价值观。经理们从雇员们的事例中提炼出这种模式,并把它传达给后代的工人。

表2-1　日本与美国企业管理模式的对比

日　　本	美　　国
终身雇佣制	短期雇用
缓慢的评价和晋升	迅速的评价和升级
非专业化的经历道路	专业化的经历道路
含蓄的控制	明确的控制
集体的决策过程 集体负责	个人的决策过程 个人负责
整体关系	局部关系

1982年,《追求卓越》一书出版,该书凝聚了小罗伯特·沃特曼(Robert H. Waterman, Jr.)和托马斯·彼得斯(Thomas J. Peters)对四十三家最成功的美国企业的调查研究成果。在书中,作者把7S模型中的崇高目标改为共同价值观(Shared Value),阐明了企业文化的驾驭力和凝聚力是卓越企业成功的主要特征。这些主要特征是:贵在行动、接近顾客、自主创业、以人促产、倡导价值观、不离本行、精兵简政、宽严并济。

同样是在1982年,《美国企业文化》一书出版。该书是美国学者迪尔(T. E. Deal)和肯尼迪(A. A. Kennedy)调查了美国八十多家企业后完成的,是最早论述企业文化的专著。书中指出企业文化的构成要素有:①企业环境,对企业文化的形成与发展具有关键影响的因素;②价值观,即组织的基本思想和信念,它们本身就构成了企业文化的核心;③英雄人物,把企业的价值观人格化,且自身为职工们提供了具体的楷模;④礼节和仪式,即企业日常生活中的惯例和常规,向职工表明对他们所期望的行为模式;⑤文化网络,即组织内部主要的(但非正式的)联系手段,也可以说是企业价值观和英雄人物传奇的"运载工具"。

企业文化理论告诉人们,管理的核心是人,而管理人的方法应该通过文化的微妙暗示和非正式的规则,使人们对自己所做的事情感到满意,并愿意努力工作。

四、人力资源开发与人性化管理

20世纪90年代,人们已经明显地感受到了信息社会的气息。随着工业社会向信息社会转变,人力资本取代了金融资本成为企业战略资源的重点。管理者们已不再把人当作成本单纯予以控制,也已不把人当作物或机器单纯予以规范和约束,而是把人当成战略资源设法予以开发。一些优秀的企业已经进入人性化管理的时代。和人力资源管理有关的畅销管理著作不断涌现,一些著名的管理观点可归纳为以下几个方面。

1. 想方设法开发人的潜能

在理论界,一批旨在挖掘人的潜能的著作相继出版,其中彼得·圣吉(Peter Senge)的《第五项修炼》和斯蒂芬·R. 柯维(Stephen R. Covey)的《高效人员的七种习惯》在全球已经引起了轰动。在实践界,在职培训(On-the-Job Training)也已经掀起了高潮,企业已不再仅仅是利用职工的已有技能,而是通过持续不断的培训,不断提高员工的技能,适应企业竞争和发展的要求。

2. 倡导团队建设(Team Building)

鼓励团队工作方式,让组织成员透过团队的工作方式共同解决问题,分享资源和成绩,共同进步。

3. 开展职业生涯管理(Career Development)

把员工的发展、企业的发展、国家的发展和人类社会的发展融为一体。

4. 更有效的激励

那些成功的企业,包括惠普公司、摩托罗拉公司等,以尊重和体现个人价值为企业的宗旨,在实践中注重授权赋能(Empowerment),为员工营造有助于他们体现甚至创造自身价值的工作环境。

惠普公司"尊重个人价值"的管理方式

(1)弹性工作制度。惠普公司在多年以前就废除了签到制度,实行弹性工作时间制,使职工有机会根据个人生活调整作息时间,充分相信职工。

(2)库房开放政策。公司推行"实验库房开放"政策,工程师们不仅可以自由出入库房取用物品,而且鼓励他们将零部件带回家供个人或家庭使用,理由是不论工程师拿这些零部件做什么,也不论是否与他们的工作有关,只要他们在这些零部件上动脑筋,就会加强公司的技术革新能力。据说有一次,公司的总经理休利特巡视工厂时发现实验室库房上了锁,他亲自把锁打开,并留下一个纸条,上面写着:"永远不要将此门上锁,谢谢!比尔。"从此,库房的门便一直开着。

(3)走动式管理。公司管理人员坚信每个职工都有搞好本职工作的意图,因此很少用"指令式管理方法",而多用目标管理方法。公司创造了一种独特的"周游式管理法",办公室采用"敞开式",即全体人员都在一间敞厅内办公,无论哪级领导者都不设单独的办公室,鼓励领导深入基层,直接接触职工。

(4)呼名道姓。在公司内不称呼职衔,即使对董事长也直呼其名,进而创造无拘束和合作的气氛,倡导职工培养合作的"团队精神"。

(5)"甘居第二"政策。强调在产品研制上可以甘居第二,但在产品质量上则一定要超过第一。每当别的公司有新产品问世时,公司就派工程师趁在用户那里检查本公司装备时顺便向用户探询那种新产品的优缺点,并询问用户有什么具体要求,过不了多久,惠普公司的推销员就登门推销完全符合顾客要求的本公司新产品,结果是"顾客满意,关系牢靠"。

【本章小结】

管理工作的重点在哪里?这一问题与管理的定义一样难以准确地概括。但分析和研究管理的重点,识别管理的共性内在规律,却是非常重要的事情,特别是我们每年有大量新书出现的情况下更是如此。泛泛地讨论管理的重点可以列举很多,如创新、变革、组织学习、竞争优势等等,实在是无法穷尽;但仔细思考,绝大部分重点都可以概括到效率、效果和人三大主题之下。希望读者能够思考这样的问题,以便更好地理解管理的本质,识别管理创新。

关键名词: 科学管理　　组织效率　　开放系统　　动态复杂环境　　竞争战略
　　　　　　企业文化　人性化管理　职业生涯管理

【伦理专题】

阿里巴巴的"刮骨疗毒"

2011年2月21日,阿里巴巴B2B公司宣布,经公司内部调查发现,在公司对外贸易平台上,2009年、2010年两年间分别有1 219家(占比1.1%)和1 107家(占比0.8%)的"中国供应商"客户涉嫌欺诈。为此,该公司首席执行官卫哲和首席运营官李旭晖引咎辞职。

不到一天的时间,铺天盖地的阿里巴巴"诚信门""欺诈门"报道和评论袭来。一个公司内部的自查、辞职事件被表述成为一场公众形象危机,评论有的友善,有的不友善。评论此事的人里,有马云的名人朋友,有马云的草根粉丝,有阿里巴巴的竞争对手,有在淘宝买过假货的人,有不明真相的旁观者。

一种观点认为,阿里巴巴在转型的关键时刻壮士断腕,是极具勇气之举,为未来的健康发展埋下伏笔,同时马云的内部信件展示了中国新兴企业建立商业伦理的努力。

马云的内部信件以短促的语句,表达内心的激情,把清除不诚信的行为称为"刮骨疗毒"。信中称:阿里巴巴从成立第一天起就从没以追逐利润为第一目标,我们决不想把公司变成一家仅仅是赚钱的机器,我们一直坚守"让天下没有难做的生意"的使命!"客户第一"的价值观意味着我们宁愿没有增长,也决不能做损害客户利益的事,更不用提公然的欺骗。这个世界需要的是一家更加开放、更加透明、更加分享、更加负责,也更为全球化的公司。

引述了数语,可以得知整封信的格局。写这封信的人显然想成为百年老店的创始人,成为新兴商业伦理的启蒙者,其志不在小。通过"刮骨疗毒",阿里巴巴以至于整个马云旗下的公司都会尊崇同一种诚信理念。

阿里巴巴集团十年的考核标准中,一个职工好与坏50%是业绩,50%是价值观,诚信、敬业、激情等每一条都要打分。马云说:"价值观不合格,业绩很好,我们称为野狗,杀掉;如果业绩不好,价值观很好,我们给一个机会,我们称为小白兔,也要拿掉。大家如果是这样想的话,我相信你们会理解我们所做的决定(卫哲等人辞职)。"

企业与个人曝光自己的失信,总会为此付出短期代价,但从长期来看,他们将充分享受到客户带来的收益。

讨论题:
1. 阿里巴巴集团处理危机事件的举措,你是否支持?为什么?
2. 在不确定环境下,企业应持有怎样的价值观以促使企业长期发展?

【情景练习】

阅读以下情景案例,分析故事中涉及的管理者在工作中存在的问题,提出对策建议。

鼎立公司是由南方一家私营企业与北方一家国有企业合资的冷饮食品生产企业。公司经理唐旋与生产部经理李凯之间从合作之初就冲突不断,但碍于都是双方公司委派,也只好迁就着。

唐旋先生原来所在的南方这家私营企业成立于1996年,开始靠冷饮食品起家,发展迅速。到2000年,企业成为拥有1 500多名职工、年销售收入近10亿元的企业集团,产品项目也有很大的拓展,在南方冷饮食品行业具有很大的影响力。为了拓展北方市场,企业领导决定在北方设厂,就地生产销售。唐旋在企业创立之初就来这家企业工作,因为懂技术且工作认真负责而很快被提拔为生产部门的负责人,有丰富的现场管理经验,深受企业领导赏识。在与北方企业合资谈判过程中,唐旋也是重要的谈判成员,合资企业成立后,领导就把他留在了北方,总体负责企业的经营管理工作。李凯先生是北方这家企业下属的一家三产企业的经理,该企业100多名职工,主要生产包装品,除了向总公司供货之外,李凯带领大家积极拓展业务,几年下来,产值规模尽管不是很大,但效益却不错,深受职工爱戴。合资企业成立后,领导做了不少工作才说服他到新的企业任职。

唐旋先生工作很勤奋,一有时间就到生产现场巡视,每次巡视,他那犀利的眼光总能发现各种各样的问题,什么生产现场不整洁啦,材料放置的位置不到位啦。一发现问题他就朝陪同他视察的车间主任发火,监督车间主任都记录下来并安排人员立即行动之后,都忘不了补上一句:"这个李凯,怎么管的!"开始,李凯没把这当回事,该怎么做还怎么做,次数多了,别扭劲就来了。有时车间主任向他汇报经理现场巡视情况,李凯带着忍无可忍的表情说:"他不就负责过生产吗,他懂什么是经营吗?"

这次,唐经理又到现场了,车间主任心惊胆战地跟在后面,刚进车间,唐经理的火气就上来了,"机器怎么不响了?"他几乎是在喊。"本月的生产任务刚完成,李经理让大家停机维修机器。"车间主任赶紧回答。"停机维修?真是荒唐!马上就要进入旺季了,本月任务完成了,就不会往前赶点货吗!停机,停机,造成的损失你们承担得起吗？真是乱来！"没等车间主任解释，唐旋转身就走，走出车间，甩了一句话："立即让李凯到我的办公室来，一刻也不能耽误！"车间主任呆在原地好一阵子，心里不停地在想："这次麻烦大了！"

思考题：

1. 讨论效率和效果之间的辩证关系。
2. 科学管理理论的主要内容有哪些？科学管理理论为什么能够成为管理学产生的标志？科学管理理论在现代管理实践中的应用价值如何？
3. 科学管理理论与管理科学理论之间有什么区别和联系？
4. 工作效率与组织效率之间的关系是什么？
5. 如何依靠决策理论来保证做正确的事情？
6. 中国古代有关人员管理的思想对现代管理有什么借鉴和指导意义？
7. 论述霍桑试验在管理理论发展中的重要地位。
8. 企业文化理论的产生对管理实践产生了什么样的影响？
9. 你如何理解动态复杂环境？

第三章　组织目标

本章导读

组织目标是管理过程的始点和重要内容。本章主要从如何认识组织目标开始，重点介绍组织目标的具体描述、目标体系和目标管理。并在此基础上对组织最高层次的目标——组织使命，进行了比较详细的阐述。

问题导引

- 目标对管理工作的重要性体现在哪里？
- 组织目标是如何描述的？
- 目标为什么会形成体系？
- 目标管理对目标的形成、实施起到了什么作用？
- 为什么组织使命是组织的最高目标？如何确定组织使命？

【全球化管理引例】

李宁的国际化道路

自李宁牌运动鞋和运动服装20世纪90年代初期创立以来，凭借低廉的价格和可靠的质量，迅速打开了市场，并处于国内市场销售量的领先地位。

1997年，亚洲金融危机爆发，体育用品行业受到影响。李宁公司选择了拓展海外市场以分散市场风险的战略。李宁公司认为，跨国公司抵抗区域性经济危机的能力更强。

1999年，李宁公司成立国际贸易部，开始试水国际市场，并制定了3年突破10亿元的销售目标。

2001年底，李宁公司营业额为7.3亿元，纯利润为4 960万元。李宁公司的国内外销售额合计未突破10亿元。

2002年，耐克取代李宁成为中国运动品牌市场份额的第一名。此前,李宁品牌在中国市场的领先地位曾经保持了9年。李宁公司内部一致的感叹是:国际化太早了。李宁公司开始更加重视国内市场。

2005年,李宁公司来自国际市场的收入所占比例为1.3%(2004年同期这一数字为2.4%)。李宁公司对国际化策略做出了调整。具体做法是,先将国际销售暂缓,集中力量突破国内市场,做好国内快速增长的体育用品市场后,再走向国际。

随着北京奥运会的成功举办,"中国元素"在国际市场上大热,李宁牌产品把独特的中国元素和现代尖端技术以及时尚潮流的外观结合在了一起,确立了独树一帜的品牌形象。李宁公司2008年中期业绩显示,营业额达30.6亿元人民币,同比增长60.3%。

2009年是李宁公司新一轮国际化战略的开始。2009年至2013年这五年中,李宁公司会从消费者目标、产品目标以及供应链目标三个方面提升品牌和产品的影响力。

为了实现这一远景目标,李宁公司以2010年年中发布新标识为标志,发起了新一轮的营销变革——"90后李宁"。但是,这场"革命"的成果并未达预期。2011年中报显示,上半年净利2.94亿元人民币,比去年同期的5.82亿元减少了49.5%,收入也同比减少4.8%,42.89亿元人民币。

时任公司CEO曾说:"我们的广告创意没能将原来的忠诚消费者的中国情感跟新消费者的串联起来,这是我们最大的问题。我们那个'90后'其实是个创意,不是定位,定位和创意是两个概念,问题也出在这里。""我们觉得对结果不满意,说实话,我也不满意,这个要坦诚地说。但是对公司管理的方向、往哪里走,大家意见一致,非常统一。"

对于当下的李宁,能否从过去几年的弯路里重新找到理想与现实的那个平衡点,需要用更多的耐心和智慧来调和,这将最终决定这家公司最后的命运。不过,危机还没有动摇这家公司的根本,因为在追求国际化的路上,李宁构建起了行业内公认的最为成熟和完善的体系和架构,这使它即便处在动荡之中依旧能够维持正常的运转。

通过李宁公司国际化的进程,我们可以看出,目标对于组织发展具有重要引领作用,同时,目标的实现又离不开扎实有效的管理行动;否则,目标只不过是"看上去很美"的海市蜃楼。

第三章　组织目标

第一节　组织目标的特征及目标描述

一、目标及其作用

目标是组织在一定时期内所要达到的预期成果。每一个组织都有目标：争取在 2010 年 GDP 达到 5 000 亿元，这是某地方政府的目标；三年内打入国际市场，实现出口销售额 6 000 万美元，这是企业的目标；平均每月运送旅客 8 000 人次，保持安全生产日累计 859 天，显然这是运输公司的目标。这些目标成为组织在规定的期限内努力争取的理想成果，尽管组织的性质不同，但是目标所反映的组织美好的愿望是一致的。当然任何组织的目标不只是一个、两个，往往是一组。

以下是某制药公司年度要达到的经营目标，它共有七个目标：

(1) 工业总产值达到 12.5 亿元；

(2) 固定资产投资 2.4 亿元；

(3) 销售收入 12 亿元；

(4) 出口创汇 1.8 亿元；

(5) 主要原料药品种能通过美国 FDA 认证；

(6) 开发新药：一类新药 1 个品种，二类新药 5 个品种，三类新药 18 个品种；

(7) 职工收入 4~6 万元/年。

目标的作用体现在以下几个方面。

1. 为组织确立了明确的方向

管理是为了达到同一目标而协调不同成员行为的活动，目标是管理活动的方向。每一个组织都会在一定时期确定其追求的发展方向，组织目标集中体现了组织的意志，并且通过明确的目标把组织成员联系了起来，使分散的个人力量协调起来共同向着同一方向努力。

2. 组织目标可以调动组织成员的积极性

目标可以激发成员的工作热情、干劲，即目标具有激励人奋斗的作用。只有目标明确，每一个人才能根据目标的要求积极工作，不断学习，提高实现目标的能力。只有完成了既定的目标，每个人才有奋斗的乐趣，才有满足感。当然，要使目标能产生激励的作用，目标应至少符合两个条件：一是目标的内容与成员的需求相一致或密切相关；二是目标对于成员的能力而言，具有一定的挑战性，可以激发人们产生高昂的士气去克服困难。

3. 目标是组织决策的依据和考核的标准

当组织站在一个多岔的路口,面临选择一条正确道路的时候,依据的是组织所需到达的目的地——目标。如果组织目标的方向不同,其决策选择的方案不同;即使方向一致但是目标值高低悬殊,其决策选择的方案也会不同。目标同时还为组织中的管理人员评估工作绩效提供依据,可以说目标是衡量组织和组织成员工作绩效的最基本尺度。绩效优劣之衡量,首先考察工作成员与组织目标的要求和方向是否一致,其次要鉴定工作成果与组织目标要求的程度是否一致。

二、组织目标的特征

组织目标只有具备了以下特征,才会发挥其应有的作用。

1. 目标的先进性

目标是组织的追求,体现了组织成员在一定时期的理想。若目标不具有先进性特征,那么就意味着失去了组织追求的价值。从某种意义上说,组织目标的先进程度决定着组织的先进程度,这意味着先进的组织目标塑造着先进的组织,而落后的目标也往往决定了一个组织的落后。组织只有在追求先进的目标过程中才能够不断进步,才有可能超越竞争对手,才能促进组织变革、发展。

2. 目标的可行性

所谓目标的可行性指组织的目标高低适度,与组织的能力和资源相吻合,与组织的环境状况相适应。若组织的目标定得太高,会造成计划失效,相应的惩罚措施无法落实,组织面临进退两难的尴尬处境;而且更为严重的是会挫伤组织成员的积极性。若组织目标定得太低,很容易实现目标甚至超额完成计划,相应的奖励无法发挥其应有的作用。

3. 目标的时限性

不管是战略目标的长期期限,还是年度计划的短期期限,组织的目标都应当确立一个完成的期限。规定目标完成的统一期限,可以协调成员的统一的行动,有计划地安排工作进度,也便于衡量组织的效率和效益。

4. 目标的多样性

由于组织的构成是复杂的,组织的追求往往也不是单一的,所以组织的目标是多样的。从目标内容来看,有重点目标也有非重点目标;从目标构成来看,有单一目标也有复合目标;从目标表现形式来看,有定性目标也有定量目标;从目标的层次来看,有整体目标、部门目标,也有班组目标、个人目标。

三、目标的具体描述

目标在组织中的作用是通过其具体形态来实现的,目标的具体形态是通过目标的具体描述来完成。目标具体了,才有可操作性,才能够引导组织成员行为。

(一)目标描述的基本要素

1. 目标的名称

根据组织的特定要求,提出一些专门的目标术语,如销售量、营业额、招生人数、产量、合格率等。

2. 目标值

每一目标都应对应一定的数量、比率或定性说明。一般定量目标的目标值是数量或比率,如销售额 1 200 万元、采购洗精煤 22 万吨、回款率 80%;定性目标的目标值一般是定性说明,如市场目标是努力扩大市场覆盖面,打开东北华北地区市场,生产体系实现 ISO9000 认证。

3. 完成的期限

根据组织的要求,对每一目标均规定完成期限,如到 2003 年底完成产量 8 479万件。若把总目标按时间段分成几段具体的完成值,则为工作进度安排,如:2003 年营业额达到 10.2 亿元,其中第一、二、三、四季度分别实现 2 亿元、2.4亿元、2.6 亿元和 3.2 亿元。

> 目标描述的 SMART 原则:
> Specific(具体化)。目标描述得是否具体?如投资多大?何时完成?
> Measurable(可测量)。在多大程度上可以判断出目标是否被实现?
> Achievable(可行性)。在特定的时间和资源条件下目标可以被实现吗?
> Relevant(相关性)。目标的重要性和价值体现在哪里?是优先性目标吗?
> Trackable(可跟踪)。能够跟踪和检查目标实施进程吗?

(二)目标描述应注意的问题

目标能否科学、准确地描述,需要考虑的因素比较复杂,以下是在目标描述中应当注意的几个关键问题。

1. 目标的约束条件

组织的目标大部分受以下因素的约束:一是组织资源条件,如人、财、物、技术等条件;二是时间条件;三是法律、政策、条令、制度、规定的限制性条件;四是人员素质条件如专业、知识、工作能力、思想作风等。这些因素对目标值、目标完成进度的确定都会产生直接的影响。

2. 目标之间的平衡

目标之间存着直接或间接的联系。从层次上看高层组织与中层组织的目标存在联系,中层组织与基层组织的目标存在联系;从因素分析角度看,一个指标是其他几个指标的综合结果,如销售利润率目标受销售额目标和利润目标的直接影响,而利润目标又受成本费用目标的影响,成本费用目标又受产量目标、质量目标等因素的影响。目标之间的这些较为复杂的联系,需要在目标描述时保持平衡;要从基础的目标推测到总体目标,从单一目标推测到综合性目标,避免出现矛盾的现象。

3. 目标的可衡量性

当组织目标具有可衡量性时,目标的描述才具有实际意义。一般说来定量目标相对于定性目标具有可衡量性,但是有的定量目标也很难具有可衡量性,如相对市场占有率[①]的描述实际上往往就不具有可衡量性。由于受保密因素的影响,竞争对手的市场占有率和销售量很难确切了解到,这样该目标就很难具有可衡量性。定性目标尽管难以衡量,但是如果能抓住目标的实质性属性,也可以衡量,如服务态度很难具有可衡量性,如果将顾客的投诉率、回头客数量等作为描述的目标,则具有可衡量性。

第二节 组织目标体系

组织的目标是一组而不只是一个,这些目标可以分为不同的种类,并且在这些目标之间存在着直接或者间接的联系,形成了一个互相关联的目标体系。

一、目标的层次分类与体系

每位管理人员都要制定目标,但处于不同组织层次上的管理人员所关注的目标是不同的,进而可以把目标分成四个层次,其中宗旨和使命是最高层次,由董事会负责制定;高层管理当局主要负责制定战略,战略是指导全局和长远发展的方针,涉及发展方向以及资源分配方针等;中层管理人员主要应制定战术目标;基层管理人员则负责具体作业目标。根据组织由高层到基层的层次性,组织目标与之相对应地形成了如下的目标体系,如图 3-1。

二、目标的时间分类与体系

一个组织的目标也可以按照时间跨度分为长期目标、中期目标和近期目标。其中长期目标一般是指五年及其以上时间内要实现的目标;中期目标一般是指

---

① 相对市场占有率的计算公式为:相对市场占有率=本组织市场占有率÷某竞争对手的市场占有率,或者相对市场占有率=本组织的销量÷某竞争对手的销量

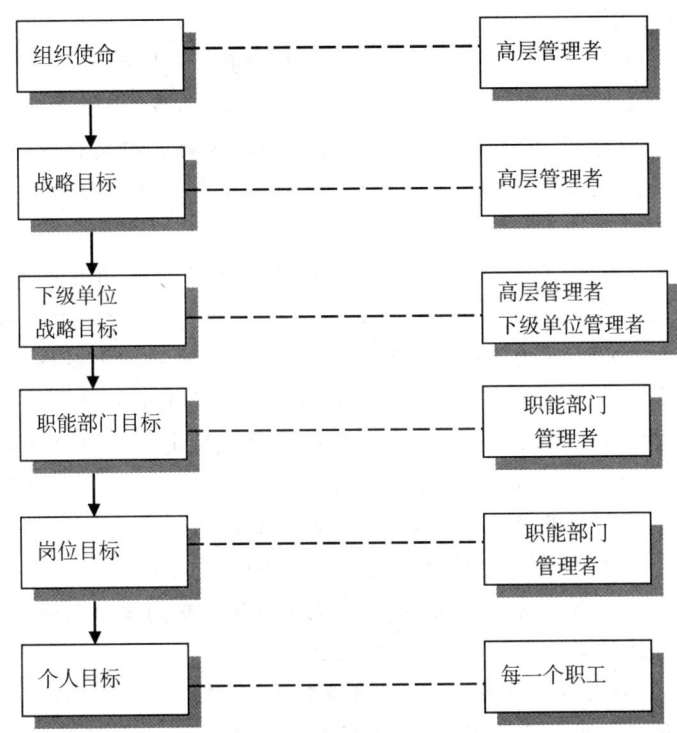

图 3-1 组织层次目标体系

一年以上、五年以内时间内要实现的目标；而近期目标则是指一年以内的时间里要实现的具体目标。按组织目标完成的期限的时间进度，组织目标形成了如下目标体系，如图 3-2。

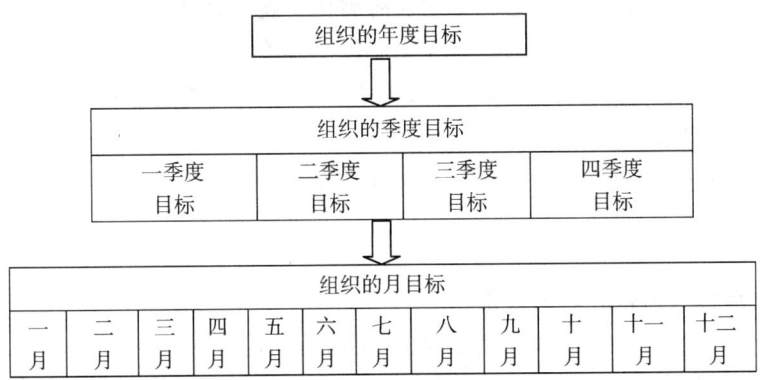

图 3-2 时间进度目标体系

【信息化管理专栏】

张朝阳：不微博就会死

2010年底，张朝阳高调宣布：搜狐要夺回江山，不成功，便成仁。他自信满满地介绍自己的计划：发力Web2.0、游戏、视频、搜索这四大领域，同时狠抓搜狐微博。谈及为何对搜狐微博如此卖力，张朝阳说出这样一句话：不微博会死。以下为张朝阳观点摘录：

微博的突然火爆非一日之功，乃互联网互动产品十年积累之大成。PC互联网产品的左冲右突，演化和普及，手机作为信息工具的流行，十年的功底造就了微博这样一个以个人为中心，兼顾群体关系又近乎即时的互联网互动产品，这是技术进步和用户行为演化从无数个可能性中选择出来的正果。

2007年，搜狐博客就准备朝着关系型社区的道路走。中国的互联网就是如此残酷，就像在非洲的草原上，你如果腿瘸了、受点伤跑不动，就抢不到食物或者被其他野兽吃掉。如果搜狐不爆发，结局就是沉没。

我们起了个大早，赶了个晚集。还是对硅谷的残酷性准备不足，抱憾！本来微博没有新浪什么事儿的，这个机会应该是搜狐的。我们现金充裕，不考虑靠微博赚钱。我要把江山给夺回来，不微博就会死。

"第二次世界大战"（微博大战）就要爆发了，我很兴奋。我已经发飙了，他们（部下）都得跟上。用一年的时间，让搜狐微博能够有一个和新浪微博旗鼓相当的市场份额，同时又有自己的特点，我认为这场仗就算打赢了。我感觉相当好，搜狐还有机会，先猛打一年再说，就算每天只睡三小时也不累。

接下来，这个仗打起来会相当好看。因为我们（张朝阳、曹国伟、丁磊、马化腾、李彦宏、马云、陈天桥）每个人手里都有大量的现金。除了（Web2.0、游戏、视频、搜索）这四大项，我们不会再关注别的领域。我看得很清楚，现在就是要大干快上。

搜狐、新浪微博大战，我们当然还是采取公开战争那种形式，大家在一种比较公平的文明的方式上竞争。

我相信，这次再发飙应该能够把公司带进一个新的阶段。给我两年时间，我一定能再造搜狐。

三、目标的内容分类与体系

一个组织的目标还可以按照组织不同的活动内容进行分类。例如，一个组织可以有利润目标、市场占有量目标、劳动生产率目标、组织发展目标等等。对于国家或一些大型组织来说，其目标可以按照组织不同的活动内容分成政治目标、经济目标、社会发展目标等等。通常不同性质的组织其按照内容分类的目标是不同的。大多数目标的内容也存在密切的关系,甚至目标值之间存在严密的推测关系,从而形成了内容上紧密衔接目标体系,如销售利润率目标与其相关目标所形成的目标体系,见图 3-3。

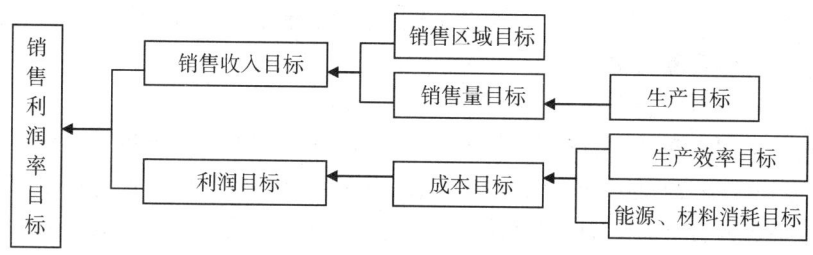

图 3-3 销售利润率目标体系

对于一个组织来说,不同类型的目标不是截然分开的,它们相互关联构成一个整体目标。以目标的层次体系为例。目标体系与组织层次密切联系在一起,下一层的目标是上层目标的措施;在每一层的目标中都包含若干个目标,这些目标与该层次组织的业务性质密切联系在一起;整个目标体系中的每一个目标既区别于其他目标,又与其他目标存在某种联系。组织使命是组织的最高目标,是由组织的最高层确立。组织使命只是对组织的发展方向提出一个基本的要求,是一个比较笼统的目标,这就需要根据组织使命的要求,进一步确定组织的战略目标。战略目标是组织在比较长的一个时期内所要实现的组织业绩目标,一般由高层管理者确定,如果组织存在下级单位,则还需要同时确定下级单位的战略目标,这是由下级单位的高层管理者根据组织的总体战略目标确定的。无论是总体战略目标还是下级单位的战略目标,都需要由组织职能部门共同完成,因此需要把战略目标分解落实到各个职能部门,形成各部门的目标。再由职能部门将本部门的目标与其设置的岗位和职员相结合,制定出岗位目标和个人目标。组织的目标由高到低,越来越具体,与个人结合得也越来越紧密。

第三节 目标管理

一、目标管理的含义

目标管理(Management by Objectives,简称 MBO)是美国著名管理学家彼得·德鲁克(Peter Drucker)于 1954 年在《管理的实践》一书中提出。从此以后,目标管理在学术界和实际工作中均受到了普遍重视,并随之不断得到完善,逐步成为西方许多国家所普遍采用的一种系统地制定目标并进行管理的有效方法。

目标管理是一种鼓励组织成员积极参加工作目标的制定,并在工作中实行自我控制、自觉完成工作目标的管理方法或管理制度。该理论假设所有下属能够积极参加目标的制定,在实施中能够进行"自我控制"。目标管理的重点是让组织中的各层管理人员都与各自的下属围绕工作目标和如何完成目标进行充分沟通。

(一)目标管理的特点

1.实行参与管理

在目标制定与分解过程中,各级组织、部门动员其下属积极参加目标制定和分解,充分发表各自的见解,积极讨论组织目标及个人的目标。这一过程是上下级充分沟通的过程,而不是下属被动服从命令、指示的过程。组织成员通过参与这一活动,可以促进其对环境、目标的全面、深刻认识;有利于协调组织目标与个人之间的关系。

2.重视工作成果而不是工作行为本身

目标管理与其他管理方法的根本区别在于,它并不要求或强硬规定下属如何做,而是以目标为标准考核其工作成果,评价下属的工作成绩。下属可以在保持既定目标情况下,选择适合自己的方式、方法实现目标,从而激发了下属的主观能动性和创造性。当然,由于对下属的行动方式不作统一的要求,管理人员不必把自己精力放在监督员工的行为细节上,可以避免管理人员与员工在完成目标的方法细节上所产生的不必要争执。

3.强调组织成员的自我控制

目标管理以下属的自我管理为中心。下属可以根据明确的目标、责任和奖罚标准,自我评价工作的标准及进度,根据具体情况,自我安排工作进度计划、采取应急措施和改进工作效率。管理者的监督工作量减少了,但并不影响工作目标实现过程中的控制,因为下属可以进行自我控制。

4.建立系统的目标体系

目标管理通过发动群众自下而上地制定各岗位、各部门的目标,将组织的最高层目标与基层目标、个人目标层层联系起来,形成整体目标与局部目标、组织目标与个人目标的系统整合。这使得组织目标在内部层层展开,最终形成相互紧密联系的目标体系。

(二)目标管理的类型

根据组织目标是否最终分解到个人,目标管理可以分为全分解式的目标管理和半分解式的目标管理。

1.全分解式的目标管理

这种目标管理方法一直把目标分解到每一个成员,其特点是:把个人目标与部门乃至整体组织目标结合起来,形成个人、局部和整体三个层次的目标体系;加强了个人之间的竞争,可能导致个人间的协作减少,也可能影响整体组织目标的完成。当组织目标容易分解,组织成员有良好协作意识时,可以采取这种目标管理。

2.半分解式目标管理

这种目标管理方法把目标分解到了科室、车间、工段等基层组织,并不制定十分明确的个人目标,组织成员以所在的基层组织为单位,有着共同的目标。这一目标能否实现,靠整个集体的力量,而不只是个人的努力。其特点是有利于促进组织成员的团结、协作,增强组织凝聚力;个人工作压力较小,易出现"平均主义"、"大锅饭"现象。当目标不易分解,成员之间互补性特点明显时,可以采取这种目标管理。

二、目标管理的过程

目标管理是通过一个过程来实现的。这一过程可以分为三个阶段:目标制定与展开阶段、目标实施阶段和成果评价阶段。这三个阶段形成了一个循环过程,见图3-4。

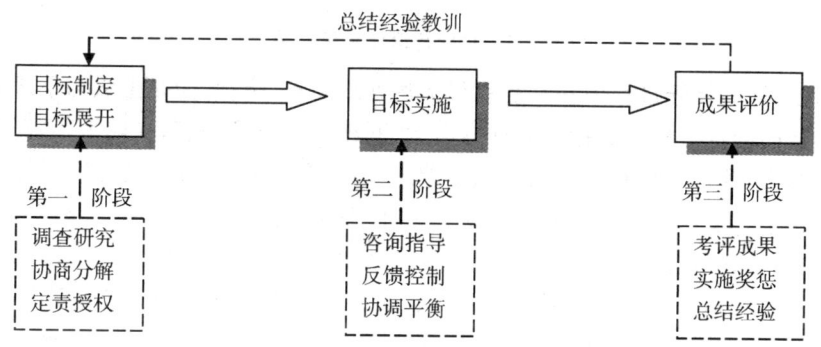

图 3-4 目标管理过程

(一)目标制定与展开阶段

目标的制定与展开是目标管理的第一阶段,在这一阶段的中心任务是上下协调,制定好各级组织的目标,具体工作包括三项。

1.调查研究

制定组织目标要研究组织外部影响因素和内部影响因素。通过对外部影响因素的调研,了解组织在计划期内环境因素变化可能性,把握关键因素以及这些关键因素对组织所产生的可能影响。通过内部因素的调研,主要掌握组织过去的业绩、发展速度、发展中存在问题和优劣势因素。在综合内外部因素分析的基础上,以组织使命为指导、确定组织的整体目标。在确定组织的整体目标过程中,依然需要与基层组织、员工进行沟通,集思广益,使组织目标的确定比较切合实际,符合组织的根本利益和要求,为总体目标的进一步展开奠定基础。

2. 协商分解

目标的展开即把组织的总目标,逐级分解落实到每一部门、岗位、个人。上一级组织的实施目标措施,往往构成下一级组织的目标层层展开,如图3-5。

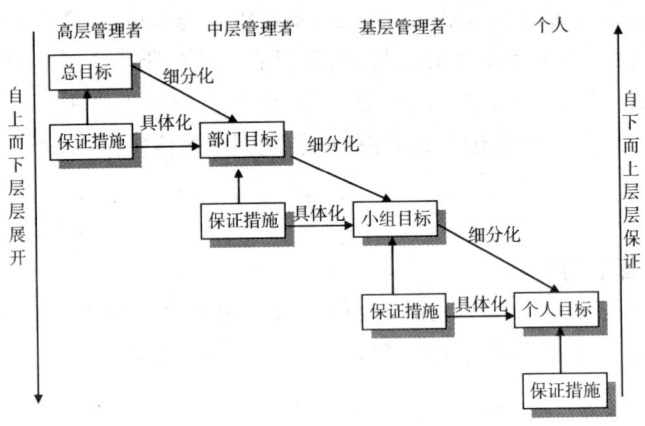

图3-5 目标管理体系示意图

在目标的展开过程中并不是强行下达计划任务、指标,而是上级与下级充分协商,共同确定目标。目标的展开纵向无"断路",一直到"底";横向无"短路",一直到"边"。这一过程有大量的组织协调工作需要完成,因为个别部门目标的调整往往"牵一发而动全身",涉及其他相关部门的目标调整,有时甚至整体目标也随之调整。在目标展开的工作过程中,应当编写目标管理卡,也称"目标责任书"。目标管理卡记载着目标责任人的权限和目标名称、目标值、完成期限,需要上级给予的权限和提供的条件及奖罚办法,见表3-1和表3-2。表3-1所示的目标管理卡,适用于工作标准化程度比较高、工作进度控制比较严格的组织单位、个人。表3-2所示的目标管理卡,适用于工作标准化程度不高、工作进度控制不太严格的事业单位职能部门、个人。由于目标管理卡基本上记载了责任书的全部活动,该卡的填写、保管对目标管理活动十分重要。

表3-1 目标管理卡(一)

责任单位		责任者					签发者	
目标项目	目标值	权限及保障条件	工作进度				奖惩办法	
			一季度	二季度	三季度	四季度		
评价								

表 3-2　目标管理卡(二)

目标项目			
责任者		签发者	
目标要求	权限及保障条件		奖惩办法
评　价			

3. 定责授权

依据目标的大小、难易程度,确定相应权限以便授权执行,保证目标的完成。同样,根据目标的主要特点,预先确定奖惩标准,明确职责和奖罚条件,便于执行。

(二)目标实施阶段

目标确定之后,组织的各部门都会进入一个新的阶段:各自围绕自己的目标因地制宜、因时制宜采取措施,以保证目标顺利完成。在这一阶段应做好以下工作。

1. 咨询指导

由于上级对如何实现目标不做硬性规定,管理者不必对照一些所谓的规则去监督下属行为。但是,这并不等于管理者可以撒手不管,只等结果。管理者应当积极帮助下属,在人力、物力、财力、技术、信息等方面给予支持,尽可能指导下属提高工作效率。特别是对于缺乏工作经验的下属,更应当给予支持、指导。当然这种咨询指导要征得下属的同意,不能强制干涉下属的工作。

2. 反馈控制

管理者在目标的实施中,还应当及时了解如工作进度、存在困难等信息,及时了解整个组织的运行状况,这样既有利于对下属咨询指导,也可以针对普遍存在的问题,依靠组织的力量解决。

3. 协调平衡

在部门之间和岗位之间存在许多协作关系,而在目标的实施中却可能出现为了完成自己的目标而忽略其他部门和岗位目标的"各自为政"现象。这就需要管理者在人、财、物、工作进度等方面,进行必要的协调工作,以平衡各部门、岗位的发展,从而有助于整体组织目标的实现。

(三)成果评价阶段

这是目标管理的最后阶段,根据目标评价完成的成果,并进行奖惩。主要有以下三项工作。

1. 评价工作

按照事先制定的目标值,对照工作成果进行评价。一般实行自我评价与上级评价相结合,共同认定成绩或目标的完成情况。评价工作是进行奖罚的基础,如果评价不公、不实,就会带来奖惩的不公、不实的问题,就会导致挫伤员工积极性的严重后果。

2. 实施奖惩

依据各部门、个人的目标完成情况和预先规定的奖惩制度,进行相应的奖惩,以激励先进、鞭策后进,有利于下一期目标管理的顺利进行。

3. 总结经验

对目标实施中存在的问题和经验进行认真总结,分析原因,吸取教训,以利于今后工作的改进。

三、对目标管理的评价

在目标管理中,由于员工参与目标的设置,并有充分的自主权,下属更愿意投入到实现组织目标的过程中去。目标管理为员工提供了明确的行动目标、自主工作和创新的组织氛围以及明确奖惩标准,使员工对工作的满意程度提高。目标管理有如下主要优点[1]。

(1) 目标管理使员工知道他们所期望的结果。

(2) 目标管理通过使管理人员制定目标及其完成目标的时间帮助计划工作的开展。

(3) 目标管理改善了上下级的沟通。

(4) 目标管理使员工更加清楚地明白组织的目标。

(5) 通过注意对具体业绩的评价,目标管理使评价过程更为公正合理。

(6) 目标管理使员工了解到他们的工作完成直接关系到组织目标的实现。

尽管目标管理有许多优点,在实践中普遍受到重视,但是也存在一些局限性,目标管理主要有以下局限性[2]。

(1) 目标管理看起来简单、实施起来难。在目标管理中,管理者必须向下级详细解释、说明目标管理的理念、制定目标的程序和目标管理的好处等,而且要反复对目标进行讨论,甚至还要对奖惩标准进行争议。没有大量甚至反复的工作,目标管理就不可能达到应有的效果。特别是目标的设置,真正可考核的目标

---

[1] 韦里奇•哈罗德•孔茨著,丁慧平,孙先锦译.管理学精要(亚洲版).机械工业出版社,1999:122

[2] 韦里奇•哈罗德•孔茨著,丁慧平,孙先锦译.管理学精要(亚洲版).机械工业出版社,1999:122—124

是很难确定的。一些目标会随年度不同而变化,一些目标难以量化,制定上下级都能够满意的目标往往很难。在制定目标时,也经常出现讨价还价现象。

(2)易强调短期目标,不利于长期目标的完成。在多数实行目标管理的组织中,管理人员为了便于明确目标,一般都愿意在短期内设置目标,很少超出一年以上。这就导致了员工看重眼前利益的行为,甚至还会产生急功近利的行为,对组织长期目标的实现不利。

(3)目标停滞的危险。在目标管理中,一旦进入目标的实施阶段,目标的改变非常困难。因为改变目标易打乱目标体系,管理人员需重新征求有关部门和员工的意见才能进行;而目标的高低又与奖惩挂钩,涉及部门、下属的切身利益。所以,此时目标的调整,困难往往比较大。为了避免纠缠,尽量不做目标调整,以求目标稳定,员工情绪稳定。

第四节 组织使命

组织使命是组织的最高层次的目标,它对组织其他目标的形成有直接的影响甚至决定性作用,因为组织使命确定了组织发展的基本方向。

一、组织使命(Mission)的内涵

一般认为组织使命是组织存在的目的和理由。"它反映组织管理者的竞争观和组织力图自己树立的形象,揭示本组织与同行业其他组织在目标上的差异,界定组织的主要产品和服务范围,以及组织试图满足的顾客基本需求。"[①]具体地说,组织使命包括两个方面:组织哲学和组织宗旨。

1. 组织哲学

组织哲学是指组织为其经营活动所确立的价值观、信念及行为准则。组织的价值观是组织的选择倾向性,表明的是组织强调什么、崇尚什么、鼓励和提倡什么。

组织的价值观是全体员工共享的价值观念,在组织的战略生成和处理组织的内外利益相关者的关系中发挥着根本性的指导作用。在组织实践中提出的组织信念、信条或精神等,就是组织的哲学。

2. 组织宗旨

组织宗旨是组织准备为什么样的顾客服务,以及将来成为什么样的组织或者期望成为的组织类型是什么。它对拓宽组织的经营思路和开展经营业务具有

[①] 徐二明编著.组织战略管理.中国经济出版社,1998:1

积极的指导作用。

组织宗旨与组织哲学存在着密切的关系,组织宗旨所选择的方向、所追求的理想组织特征一定是组织价值观所看重的、崇尚的、鼓励和提倡的。有什么特色的价值观也就决定了有什么样的组织宗旨,二者相辅相成。这正如一个人有什么样的价值观,就可能有什么样的追求、什么样的理想、什么样的奋斗方向一样。

组织宗旨总体上会涉及两个方面:组织的业务发展方向和组织的规模、地位。组织的业务方向反映的是组织准备为什么样的顾客服务,具体地说也就是组织在什么行业领域发展,在这个行业范围内又具体满足具有什么特征的顾客需求;组织是否同时在几个行业范围内发展,把哪个行业作为重点发展。如艾维斯(Avis)汽车租赁公司的组织宗旨是,"我们希望成为汽车租赁业中发展最快、利润最多的公司"。这一组织宗旨规定了该公司的经营业务只在汽车租赁业务范围内经营,排除了在汽车旅馆、汽车销售等领域的发展。该组织要成为本行业发展最快、利润最多的公司,则反映了组织宗旨的另一个方面,即组织规模、地位。组织规模和地位反映的是组织所希望成为的组织在社会经济发展中所扮演的重要角色和在本行业发展中的竞争地位,有的组织在组织宗旨中明确提出了要成为该行业第几名就是对这方面的表述。组织的规模和地位是以组织的业务方向的正确选择为前提的,如果业务方向选择得不恰当,组织所期望的规模和地位也就没有意义了。

需要说明的是:有的组织使命既包括组织哲学又包括组织宗旨的表述,也有的组织使命只侧重于组织宗旨的表述,前者可以称之为广义组织使命,后者称之为狭义组织使命。例如,某公司的组织使命表述为,"通过旅美科技协会在美国及国际上的众多优秀高新技术项目与国际、国内资本、风险投资的嫁接,将先进的高新技术产业化。联合中国的高新技术组织和优秀人才,以远程孵化平台为工具,在中国培养出一大批以中国留学人员专家、组织专家为核心力量的快速成长的高新技术组织,最大限度地实现投资增值,缩短中国在高新技术领域与国际上的差距"。这一组织使命属于狭义组织使命。

二、组织使命的作用

现在越来越多的公司重视组织使命。"众多的公司确定并定期回顾其组织使命表述,将它作为活的文件和组织文化的一个组成部分,从而得到巨大的收益。"[1]

---

[1] [美]弗雷德·R.戴维著,李克宁译.战略管理.经济科学出版社,1997:100

1. 指导组织经营领域和战略目标的确定

从组织哲学的角度分析,组织的价值取向、信条成为组织战略决策的基本准则。那些以利润最大化为组织价值取向、信条的组织,其经营中的重大决策就会把利润放在第一位,其选择的业务方向、为顾客提供的一切服务都以盈利率最大化为出发点制定方案和选择方案,为了增加利润可以放弃部分顾客。战略目标的确定也会把利润、销售利润率等反映利润最大化的目标作为重点目标。那些以满足顾客需求为组织价值取向、信条的组织则会把顾客的需要放在首位,经营业务的开展以满足顾客的需要为出发点,通过满足顾客的需要获得利润;组织的战略决策坚持首先满足顾客需求,其次考虑组织的盈利目标。经营活动的开展首先为顾客着想,再为组织自己着想,为了赢得市场可以放弃组织的部分利润。战略目标的确定把产品、服务的改进放在第一位,能够把组织的经济效益和社会效益相结合。从组织宗旨的角度分析,组织宗旨明确了组织的基本业务方向,以及未来组织的理想状况,组织的经营业务的发展和战略目标要坚持这一基本方向并组织宗旨具体化。因此,组织使命从根本上指导组织业务的发展和战略目标的制定。

2. 为组织职工提供共同的经营理念

组织哲学和组织宗旨是组织的经营理念的核心。组织经营中长期坚持的经营哲学和宗旨,能够统一组织的各级管理者的思想,也能够统一员工的思想,使大家能够有共同的价值观、行为准则和共同的努力方向以及奋斗理想。共同的奋斗目标和价值观是培育员工拥有共同的精神、文化的重要基础,这样才容易使员工对组织所倡导的行为、反对的行为产生共鸣,从而促进组织文化的建设。从长期看,组织价值观、信念所形成的巨大作用比技术、资金更重要。国际商用机器公司董事长沃森认为,"一个伟大的组织能够长久生存下来,最主要的条件并非结构形式或管理技能,而是我们称之为信念的那种精神力量,以及这种信念对于组织的全体成员所具有的感召力。我坚决相信,任何组织若想生存下去并取得成功,它就必须建立起一系列牢固的信念。这是一切经营和行动的前提。其次,必须始终如一地坚持这些信念,相信它们是正确的。最后,一个组织或组织在自己的整个寿命期内必须随时准备改变自身,以应付环境变化的挑战,但是它的信念却不应当改变。换言之,一个组织与其他组织相比取得何等成就,主要取决于它的基本哲学、精神和内在动力。这些比技术水平、经济资源、组织结构、革新和选择时机等重要得多"。

3. 指导组织的经营资源配置

组织资源积累和配置需要高瞻远瞩、从长计议,避免急功近利的短期经营行为对组织资源所造成的浪费。组织使命从组织未来的长期发展方向指导组织资源的配置和积累,既有利于资源围绕组织方向的优化配置,又有利于资源的长期积累。当然正确的组织使命才能够达到这样的目的,错误的组织使命往往导致组织资源的方向性配置错误和浪费。

4. 调动员工的积极性

组织使命能够使员工感到是未来事业的一部分,他们通过组织使命看到了组织奋斗的目标和组织发展的未来蓝图,从而能够满足他们成就事业的需要,产生积极工作的态度和行为。这种目标激励的作用是物质激励难以达到的。高露洁公司首席执行官鲁本·马克(Reuben Mark)认为组织使命是"当它将每一个员工召集在公司的旗帜下时,重要的是在全球树立统一的形象,而不是在不同的文化中传达不同的信息。其奥妙在于要使公司的形象简单而高大,你不要指望仅仅靠财务目标就能够使每个人都能够冲锋陷阵。你必须提供一些使人们感觉更好,感到自己是某种事业的"。①

三、组织使命的构成要素

组织使命的作用致使更多的组织制定其组织使命,然而构成组织使命内容的要素并没有统一的理论要求。组织使命内容可以不同,只要具备组织使命的主要要素即可。一般认为,有效的组织使命应当包括以下九个方面的要素:

(1)用户(Customers)或者服务对象。组织为谁服务?

(2)产品或者服务(Products or service)。公司的主要产品和服务项目是什么?

(3)市场(Markets)。公司在哪些地域竞争?

(4)技术(Technology)。公司的技术是否是最新的?

(5)对生存、增长和盈利的关切(Concern for survival, growth and profitability)。组织是否努力实现业务的增长和良好的财务状况?

(6)观念(Philosophy)。组织的基本价值观、信念、志向和道德倾向是什么?

(7)自我认识(Self-concept)。组织最独特的能力或者最主要的竞争优势是什么?

(8)对公众形象的关切(Concern for public image)。组织是否对社会、社区和环境负责?

(9)对雇员的关心(Concern for employees)。组织是否视员工为宝贵的资源?

---

① Brian Dumaine. What the Leader of Tomorrow See, Fortune, July 3,1998

四、组织使命的确定程序

组织使命的确定应当有一个比较严密的程序,弗雷德·R.戴维认为,在组织使命的确定过程中,应当尽可能地使管理人员参与。因为,参与可以使管理者对组织更加具有责任感,参与可以让管理者统一思想,甚至可以避免管理者对组织使命产生消极态度。坎贝儿(Campbell)和伊昂(Yeung)认为组织使命制定的过程十分重要,这个过程应当能够在组织与其员工之间建立一种"感情的结合"和使员工树立"使命感"。对实施公司战略的责任和对既定战略的理性协定并不一定能够转变成为感情上的一致性,因此已制定的战略不一定得到有效的实施。只有当组织成员认识到组织的基础价值观和行为方向,进一步将理性协定和对战略的责任转变为使命感时,感情的一致才会出现。

一般来说,组织使命的制定程序有五个阶段,如图 3-6。

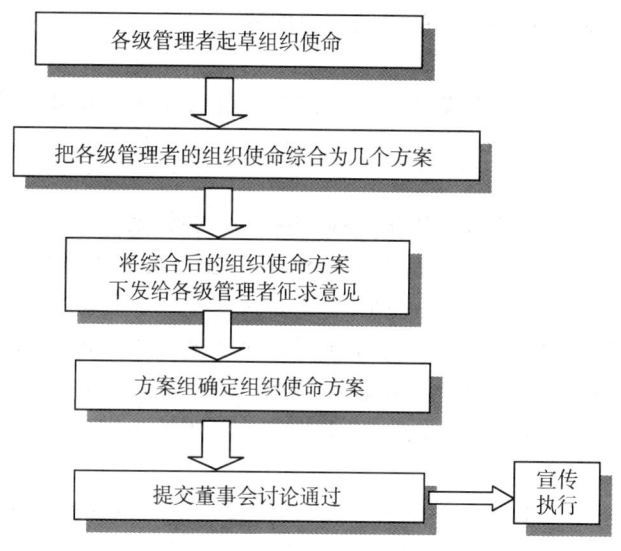

图 3-6 组织使命的制定程序

在组织使命的制定过程中应当注意以下几方面的问题。

(1) 为各级管理者提供的背景材料应当包括组织关键资源与能力分析,组织过去的主要业绩,环境因素分析,以及组织目前存在的重大问题。

(2) 各级管理者对提供的背景材料必须首先认真讨论,并且取得基本意见的统一,以此为基础起草组织使命。

(3) 在制定组织使命过程中,组织可以聘请外部咨询或者专业人员对这一过程进行管理并帮助进行起草文件。有时具有专业知识且不带有偏见的外部人员,能够有效地帮助组织制定组织使命。

(4) 组织使命确定后,应当对所有管理者、员工,甚至对用户、公众进行宣传、传播。由于组织使命的制定一般都力求精练,所以在宣传时应当有必要的解释、说明。

【本章小结】

组织目标为组织确立了明确的方向,可以加强成员的凝聚力和调动组织成员的积极性,是组织决策的依据和考核的标准。目标管理是一种鼓动组织成员积极参加工作目标的制定,并在工作中实行自我控制、自觉完成工作目标的管理方法或管理制度。目标管理的重点是让组织中的各层管理人员都与各自的下属围绕工作目标和如何完成目标进行充分沟通。目标管理的特点是实行参与管理、重视工作成果而不是工作行为本身、强调组织成员的自我控制和建立系统的目标体系。组织使命可以指导组织经营领域和战略目标的确定,为组织成员提供共同的经营理念,指导组织的经营资源配置。

关键名词: 目标体系　目标管理　组织使命　组织哲学　组织宗旨

【伦理专题】

营利与公益:企业管理的"两难"选择

近年来,我国企业公益意识不断提升,参与公益热情不断高涨。作为公益事业最重要的参与主体之一——企业,究竟如何参与公益活动?

相比于国外,国内企业公益事业受到法律法规配套滞后、企业公民意识薄弱等因素影响,还处于相对初期的阶段。一项有关中国企业公益活动的调查显示,国内企业公益事业尚处在起步阶段,企业公益指数得分仅为44.0分,处于"不及格"状态。

调查发现,从公益事业关注的广度上看,国内企业公益投入领域多集中在扶贫、救灾与教育援助领域。与国外相比,国内企业对环保、健康等领域关注还偏低。我国企业公益事业不仅规模过小,而且从事公益活动的广度和深度上都还存在不足。具体表现为企业缺乏公益战略部署,缺少系统、固定的公益计划;企业公益行为的组织化程度不高,与公益慈善组织缺乏合作。

调查还发现,国内大部分企业都无法根据自身组织结构和经营特点,制定较为系统、完善的企业公益战略。企业的公益行为往往以临时应对为主,只有少数企业有制定年度公益投入计划的惯例。国内企业公益活动具有明显的事件性、临时性的特点,企业参与往往与一些突发事件和自身经营业绩有关。

由于国内企业公益活动的关注深度不够,大量公益事业的功能都停留在"输血"这个层次,"造血"功能严重不足。资金的使用效率偏低,效果的可持续性差。

对此,有学者认为,国内企业对公益活动参与的广度和深度普遍不够,主要问题并不在企业,公众并不能苛求企业,因为企业的主业是做好自己的经营,而社会的分工则要求公益事业主要应由专业化的公益组织来完成。

讨论题:
1. 你认为企业从事公益事业与企业经济目标间的关系如何?
2. 你认为企业是否有义务承担公益事业?管理者应如何面对公益事业?

【情景练习】

比较惠普公司在工业电子时代和工业信息时代组织使命的明显差异,分析可能影响组织使命制定的内外部因素。

惠普公司在工业电子时代的组织使命是:设计、制造、销售和支持高精密电子产品和系统,以收集、计算、分析资料、提供信息作为决策的依据,帮助全球用户提高其个人和组织的效能。

惠普公司在工业信息时代的组织使命:创造信息产品,以便加速人类知识的进步,并且从本质上改善个人及组织的效能。

惠普公司组织使命变化主要有以下四点。①经营领域的扩大,即由原来的"电子产品和系统"变为"信息产品",并且将顾客从"个人和企业"变为"个人和组织"。这一变化适应了20世纪90年代以来全球信息产业快速发展和顾客变化等环境特征。②自我意识的变化,即由原来的"生产、制造、销售和支持"的角色变为"创造"者,这种变化体现了惠普市场地位的改变及通过创新争取市场领先的雄心。③激励性的提高,惠普在新使命中明确提出要"加速人类知识的进步",既体现出其承担的社会责任,又增强了对员工的激励。④对员工的重视增加,即不仅要帮助"用户"提高其效能,而且要"根本上改善个人和组织的效能",这就将惠普员工本身也包括在内。

思考题:
1. 如何认识组织使命以及组织目标的关系?举例说明。
2. 如何理解组织使命的构成要素?
3. 如何制定组织使命?
4. 如何理解组织目标?
5. 如何确定组织目标?
6. 目标管理的特点有哪些?
7. 如何进行目标管理?

第四章 环境分析

本章导读

本章在探讨组织管理与环境之间关系的基础上,归纳并分析了组织管理面临的宏观环境、微观环境及内部环境,并对不同层面的环境分析方法进行了较为详尽的阐述。

问题导引

- 组织与环境之间的相互关系体现在哪些方面?
- 管理工作为什么要关注环境?
- 环境分析的重点应该是什么?
- 环境分析有哪些常见的方法?

【全球化管理引例】

欧洲迪斯尼乐园的失策

沃尔特·迪斯尼公司与欧洲的情结渊源已久,迪斯尼的早期故事大多来源于欧洲的民间传说,因此,迪斯尼对于欧洲人来说一点也不陌生。在法国建造主题乐园的想法最早产生于1976年,但直到1982年,在法国政府高层官员陪同迪斯尼公司的要员去法国北部和东部进行选址考察后,才为人所知。不久之后,东京的迪斯尼乐园开放,并立即取得了巨大的成功,创造了新的参观人数纪录。因此,一个新的欧洲迪斯尼乐园,似乎成了让迪斯尼公司的首席执行官迈克尔·埃斯纳尔(Michael Eisner)的传奇再一次得以延续的"加油站",他批准了对欧洲迪斯尼乐园的选址展开调查。公司先后考虑了200个迪斯尼乐园选址方案,很快将范围缩小到西班牙和法国。法国由于地处欧洲中心,与其他大多数欧洲国家都有四通八达的交通体系,更重要的是让人垂涎欲滴的利润,使法国成为最后的胜利者。另外,法国还提供了极其优厚的投资条件。

他们认为,这些积极的因素足以抵消法国的恶劣气候和特殊的民族个性所带来的负面影响。

这一次,迪斯尼公司决定吸取过去所有主题公园计划的教训。阿纳海姆迪斯尼公园周围的未开发土地被投资者疯狂收购,影响了公园的扩建计划。奥兰多的迪斯尼公园拥有了足够的土地,但是公司却低估了饭店的需求量,因而在饭店利润方面丧失了巨大的机会。而在日本,迪斯尼公司不但没能取得公园的产权,还失去了使用迪斯尼动画形象的版税。这次公司决心决不重蹈覆辙。使这笔交易更为诱人的是,法国当局以20世纪70年代的价格向迪斯尼公司出售了4 800英亩的土地,相当于巴黎市区1/5的面积。迪斯尼公司相信,凭着低廉的地价和财产税,公司会在地产上大赚一笔。

但是,在修建公园并把公园建在巴黎附近这一决策上,迪斯尼公司对产生的后果显然估计不足。结果,欧洲迪斯尼乐园的利润远远低于预期水平。公园的游客数量并没有实现预计的1 100万人次,只是在大幅降低门票价格之后才勉强达到这个数字。饭店入住率只有37%,与预期的76%相去甚远。到1994年,公园营业6年的亏损额已经高达4亿美元。

组织离不开环境的影响。环境是组织生存与发展的土壤,环境变化往往是导致企业进行组织变革的一个最为直接的原因。随着时代的发展、科学技术的进步,经济全球化趋势的加剧,外部环境变化的速度越来越快,对组织的影响程度也越来越大。有人甚至说,"对一个企业来说,未来在现实中是不存在的,唯一不变的就是一切都在变"。因此,一个组织能否生存并获得成功,很大程度上取决于是否很好地处理了组织与环境的关系,环境分析是处理组织与环境关系的基础。

第一节　组织与环境

斯蒂芬·P.罗宾斯将环境定义为对组织绩效起着潜在影响的外部机构或力量。组织是与外界保持密切联系的相对独立的开放系统。隔开组织与外部环境的是组织界线,它具有可渗透性。组织的开放性和组织界线的可渗透性,使组织的运行和发展不可避免地受到种种环境力量的影响;反过来,组织也可以去适应环境甚至于影响环境。

一、组织——相对独立的开放系统

组织与环境的关系表现为不断进行的各种投入和产出的交换。组织要从环境中获得投入,然后借助组织的功能将投入转换成产出,再把产出投入环境中,使产出成为其他组织的投入,就像自然界中的生物链一样循环往复。从这方面看,组织是一个"开放系统",如图4-1。

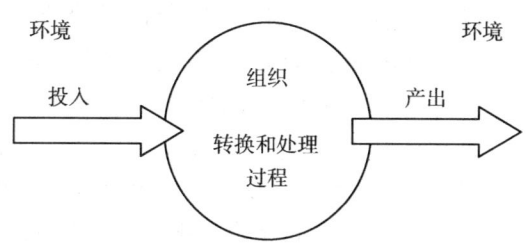

图4-1 作为开放系统的组织

事实上,现实生活中的组织并不是一个绝对开放或完全开放的系统。一方面,如果来自外部环境的投入和影响因素太多,以至于任何一个组织都没有能力全部接受,就只能带来麻烦。例如,有的企业在经营状况好、流动资金充足的情况下,往往不需要接受外部资金的投入,因为他们知道如果找不到合适的投资项目,资金就会被闲置,资金利用效率降低并影响企业的经营和发展。据报道,美国微软(Microsoft)公司甚至为拥有太多的资金而犯愁。另一方面,组织也不能将自身完全向环境开放。例如,企业要保护商业秘密,有的企业经理在培训下属时,从来不提供文字材料,尽量不把自身的经营经验扩散到组织外部。

由此可见,处于复杂环境中的组织,只能根据自身的条件和能力,有选择地接受外部的投入,有选择地向外部提供组织的产出。组织只能是一种"半开放系统(Semi-open System)",是一种相对独立的开放系统。因此,处理组织与环境关系的重要内容就是把握好组织的独立与开放的尺度。过于独立意味着封闭,组织将变得僵化和落后;过于开放,组织便没有了自己的东西,没有了特色。

组织不同,开放程度亦不同。那些涉及国家机密的部门往往只限于向相关人群透露信息,而不向广大社会公众开放。一般企业也是在保护商业秘密的基础上与外界发生有选择性的渗透,但企业的开放程度要大得多。组织可以依据自身的特点、工作性质和目标,主动控制其开放程度的大小。有时,组织是在外界的压力下被动开放。如国家有关部门规定,上市公司必须定期公布财务报表,向社会公众披露相关信息,让股民了解公司的经营状况。

二、组织界线

组织通过组织界线(Boundaries of Organization)将组织与外部环境区隔离开来。在组织界线的作用下,一个组织成为相对独立的整体。组织界线是维持组织相对独立性的有形和无形的壁垒。有形的组织界线是可以识别的,如企业的围墙、家庭的防盗门、学校的门卫及一些对外公布的规定等等。有形的组织界线总是在提醒每一个进入该组织的人——这里是与外界不同的一个地方。无形的组织界线指的是那些从外部无法识别、能够影响组织成员行为的众多因素,包括行为规范、企业文化、管理风格、规章制度等等。例如,当我们新进入一个组织时,往往会较为谨慎,注意观察新组织中人们的行为方式和工作习惯,熟悉之后才会逐渐融为一体。这种行为方式和工作习惯也是一种组织界线。

每个组织都有而且需要组织界线。借助组织界线,首先,可以把组织与外部环境分离开来,尽量防止外部环境可能给组织带来的各种干扰,保证组织的管理和业务工作得以正常持续地进行。其次,可以筛选组织的投入,从来自外部环境的众多的投入中筛选出组织需要的部分,并通过标准化等措施使组织比较方便、比较容易地处理这些投入。如,企业的进货控制,学校的招生标准等。第三,可以调整组织的产出,以便更好地满足其他组织或人员将本组织的产出作为投入的要求。如,企业的质量规定、学校学生的毕业条件等。

组织界线具有可渗透性。组织界线是组织的一部分,组织的开放性更多地通过组织成员来实现。组织是由人组成的,而一个人往往同时是多个组织的成员。如,一个人可能同时是一家公司的总经理,是一所大学的兼职教授,是某学术组织的会员,当然还是自己家庭中的一员,他要经常走出公司,参与公司以外的各种活动,交流信息,并接受外来信息。组织成员的活动使得组织界线具有不同程度的渗透性,不具任何渗透性的"铜墙铁壁"是不存在的。

此外,随着经济全球化和一体化的发展,组织边界在变得模糊,组织界线的可渗透性在增强。例如,虚拟公司的出现打破了公司的组织界线,使组织更加开放。所谓虚拟公司是这样的组织形式:企业仅保留最关键的功能,然后将其他功能虚拟化,以各种方式借用外力整合,进而创造企业本身的竞争优势。因而有学者称这种企业为无边界企业。

三、环境对组织的影响

组织是一个相对独立的开放系统,组织界线具有可渗透性特征,因此组织与环境之间必然会经常互相发生影响。概括起来,环境对任何组织都存在以下三方面的影响。

1. 环境是组织赖以生存的土壤

首先,一个组织是否应组建,要根据所在的环境,根据社会需要和可能条件来决定。离开社会需要,组织的存在就失去了意义;符合社会需要而条件不具备,组织便无法组建。其次,组织要开展工作活动,就必须筹集各种生产要素——人、财、物,但这需要从环境中获得。第三,组织的产出——产品和劳务,又必须拿到组织的外部去进行交换,才能获得收益,维持和扩大其生产经营活动。

2. 环境影响组织内部的各种管理工作

环境对组织中的各种管理活动都会产生不同程度的影响。比如,外部市场竞争的加剧,要求企业重新调整内部各部门的分工协作关系以提高竞争能力;文化教育的普及和劳动力素质的提高,要求企业领导者采取新的激励制度和措施,以满足员工的高层次的需求。所以说,管理者必须对可能影响管理工作的各种因素加以识别,并做出反应。

3. 环境对于组织的管理工作、效益水平有重要的影响和制约作用

对于一个组织来说,其管理工作的好坏和效益水平的高低,首先取决于良好的外部环境。国家政策稳定,教育水平高,市场发育健全,法律政策完善,则会促进组织的管理工作和效益的提高;否则,会造成管理工作困难、甚至混乱。其次取决于管理者是否重视环境、适应环境,是否根据环境的变化做出正确的决策。作为管理者,要分析并把握环境变化的规律,认清环境中的机会和挑战,促进管理工作的改善和效益的提高。

社会责任

面对社会各方面的压力,企业必须承担为股东谋求经济利益以外的社会责任。在西方管理学界,有关企业社会责任的争论由来已久,究竟什么是"社会责任",学者们至今也没有达成一个可以被广泛接受的定义。在各种有关企业社会责任的定义中,相对规范的是斯蒂芬·P. 罗宾斯(Stephen P. Robbins)的定义。罗宾斯认为,企业社会责任"是一种工商企业追求有利于社会的长远目标的义务,而不是法律和经济所要求的义务"[1]。对此,罗宾斯有一个限定,这就是这一定义假设企业遵守法律,并追求经济利益。其前提是,所有的企业(承担社会责任的和不承担社会责任的)都会遵守社会颁布的所有法律。同时,这一定义将企业看作一种道德机构,在它努力为社会做出贡献的过程中,完全能够分清正确和错误的行为。

社会责任可以具体表现在以下六个方面。第一,企业对顾客的社会责任。"顾客是上帝"越来越成为企业经营的基本原则,企业对顾客的责任主要表现在提供安全的产品、提供真实的产品信息、提供售后服务、提供必要的技术指导、赋予客户自主选择的权利等方面。第二,企业对员工的责任。员工是一家企业最

---

[1] [美]斯蒂芬·罗宾斯著,黄卫伟等译. 管理学. 中国人民大学出版社,1997:97

为宝贵的财富,企业对员工的责任主要体现在不歧视员工、要培训员工、创造舒适的工作环境、提供必要的待遇等方面。第三,企业对环境的责任。企业既受自然环境的影响,又影响着自然环境。从自身生存和发展的角度看,企业理应承担起保护自然环境的责任。企业对环境保护承担着义不容辞的责任,包括控制污染物的排放、研制并开发"绿色环保型"产品、推动环保技术的不断应用。第四,企业对竞争对手的责任。规范的市场经济鼓励有序竞争,反对无序竞争,不刻意压制竞争,也不搞恶意竞争。总体上说,企业与竞争对手之间并不只是存在着竞争关系,也存在着合作关系。第五,企业对股东的责任。股东作为企业的投资者,企业应当努力为其提供富有吸引力的投资报酬;此外,企业应当为投资者及时、准确地提供财务信息。第六,企业对所在社区的责任。有社会责任的企业会有意识地通过适当的方式把利润中的一部分回报给所在社区,以感激所在社区为企业发展所提供的良好的发展环境。企业积极寻求途径参与各种回报社区的活动,还可以为企业树立并巩固良好的公众形象,获得经济效益和社会效益的共同提高。

四、组织对环境的适应和影响

环境对任何组织都有着不可忽视的影响力,但是,组织也不能只是被动地适应环境。环境是多变的,如果组织单纯被动地适应环境,将永远无法跟上环境的变化。从环境发生变化到组织识别出这种变化并采取相应的措施,存在着时间差,也就是说,组织采取的措施往往要滞后于环境变化。很多企业发现市场上某种商品畅销,便立即组织力量生产,等产品生产出来,却发现市场已趋于饱和,结果造成生产能力的大量闲置。因此,组织必须设法主动地选择环境,改变甚至创造适合组织发展所需要的新环境。只有这样,才能在激烈竞争的环境中实现生存与发展。一味地被动适应只能导致组织的消亡,主动进攻才是最好的防守。

如果企业只能被动地适应环境,而不能对外部环境中的不确定性控制到可管理的范围内,那么企业作为一个相对独立的开放系统将无法保持其相对稳定的性质。实际上,企业能够主动适应环境。如果企业具备主动适时改变企业行为以便更好地适应环境变化的能力,那么组织对环境的依赖性就有一定程度的降低,企业就可以在主动适应的战略措施保障下,相对独立、相对稳定地组织其将投入转化为产出的经济活动。

组织可以反作用于环境,甚至可以影响环境,这并非单纯理论上的推导,现实中许多企业正是这样做的。为提高产品质量,往往不是坐等或毫不挑剔地接受供应商提供的原材料和零部件,而是主动到众多的供应商中间去挑选,甚至主动向供应厂家提供技术管理人才,提供资金援助,进而获得高质量的原材料及零部件投入。目前,许多企业不惜耗费巨资做广告,目的是激起消费者对本企业产品的需求,改变市场环境。

影响甚至改变环境的一些措施包括:选择适当的经营领域;聘请合适的高级管理人员;密切监视环境变化;采取适当的措施缓冲环境变化造成的压力;采取措施,"熨平"环境波动;针对紧俏商品和服务,采取配给的方法满足需求;选择适当的经营地域;通过广告来影响环境;签订有利的长期合约;与其他企业经营管理上的合作;兼并、收买和建立战略联盟;影响政府和权力机关的决策等。

【信息化管理专栏 4-1】

Symbian 为什么"生病"?

在中国,提到 Symbian,即使你不知道它是什么,也一定使用过它。因为诺基亚旗下几乎所有手机都使用这个操作系统,这个相当于手机代名词的品牌,曾一度占据中国 80% 的手机市场。诺基亚帝国的没落,与 Symbian 的市场下滑,根本就是同一个剧本。在 2010 年里,市场看到的诺基亚,高层频繁变动,市场策略反复无常,产品发布一再拖延。这位昔日手机霸主出了什么问题?

诺基亚的崛起,是伴随 2G 手机时代一同登场的。2G 时代里,人们对手机的要求是以通信为基础,以及少量多媒体、网络应用。诺基亚以自己的产品品质,高度适应了 2G 时代的消费者诉求。Symbian 的一切发展,也定格于 2G 时代。

而当 3G 和移动互联网时代到来以后,人们对手机的第一诉求,不再是电话通信,而是更加舒畅和便捷的互联网应用。人们渴望在一个小屏幕上得到比电脑更快捷的网络体验。这时,苹果 iPhone 首先以满足消费者新需求的方式出现了,完全面向网络体验的软件设计,充分满足了新时代的消费者心愿。随后,世界最强大的互联网企业谷歌,发布了自己的手机操作系统 Android。作为网络搜索出身的谷歌,从一开始就把 Android 设计成完全面向移动互联时代的产品,并对手机厂商免费提供。

2G 时代卖手机,3G 时代卖平台,这一系列重磅炸弹,猛烈轰炸了市场和消费者。人们迅速把诺基亚等一众手机贴上了"过去时"的标签。以至于 Android 市场份额从一年前的 3.5% 暴涨至 25.5%。几乎 Symbian 一年丧失的市场份额悉数贴给了 Android。市场上新晋重量级手机除了 iPhone 就是 Android 系统。

对于智能手机来说,灵魂就是操作系统。市场上所有手机厂商都在这一点上大刀阔斧地改善产品。诺基亚偏偏做不到,是福利过高的欧洲人懒得改变,还是船大难掉头,已经不重要了。反正,总结起来,诺基亚今天的困境,和索尼 Walkman 输给 MP3 没有区别——昔日的霸主,面对新时代和新技术时畏缩不前,不愿放弃已有的成熟技术,最终被其他公司抢占了新市场。当旧市场萎缩,再试图冲击新市场的时候,原来的霸主已沦为挑战者。

资料来源:北京青年周刊,2010-12-17

第二节 组织环境及环境因素的层次性分解

组织与环境相互影响,并在不断变化的环境中求得生存和发展。组织要想减少环境对其不利影响,选择环境,甚至改变和创造环境,必须加强对环境的管理。分析环境是对环境进行管理的第一步,而对环境因素的识别和划分又是分析环境的前提和基础。

一、界定组织环境的性质

组织面对的环境具有不稳定性,并对管理工作产生复杂的影响,这就给管理者认知、适应和改变环境带来困难。所以,管理者不仅要了解环境内容,还要了解其性质和特点。

(一)组织环境的性质和特点

1. 整体性和综合性

组织包含的各环境因素之间具有一定的独立性,但它们是作为一个整体对管理工作起作用的,这种作用具有综合性质。在某一特定时期内,不同的环境因素对企业的影响程度不同,管理者很难准确地区分开来自环境的影响到底是哪种因素所致。因此,管理者必须把环境作为一个整体,考虑其综合影响。

2. 复杂性

组织的环境是一个多种环境因素的组合体,具有明显的复杂性。一方面,环境对企业及其管理活动的影响是复杂的、多方面的,各种因素甚至相互矛盾和冲突;同样的环境对某个企业可能是机会,而对另一个企业可能就是威胁。另一方面,各环境因素之间又相互影响、作用和制约,进一步加大了环境的复杂性。

3. 不确定性和动荡性

环境的不确定性包括三层含义。第一,环境的变化速度。由于社会生产力的发展和生产关系的变革,环境总是处于不断发展变化之中。当然,伴随着环境的变化,各种环境因素不可能同步、同程度变化。一般来说,技术、经济环境,尤其是市场环境属于剧变环境,它们无时无刻不在发生变化;社会环境变化较慢;而自然环境则可能长期保持基本不变。第二,有关环境的信息和情报的不确定性。人们对环境的了解可以是直接的,但更多是间接的。如借助新闻媒介,对特殊现象进行分析预测,等等。信息情报本身不准确和信息传递中的失真,都会使信息接收者无法准确了解环境的变化。第三,管理者制定计划决策时所考虑的时间期限。期限越长,对环境的了解就越不准确。

(二)评估环境不确定性模型

在组织环境的各种性质和特点中,环境中蕴涵的不确定性是核心。美国学者邓肯(Duncan)提出从两个不同的环境层面来确定组织所面临的不确定性程度。一是环境变化的程度:静态(稳定)—动态(不稳定)层面。二是环境复杂性程度:简单—复杂层面。进而得出一个评估环境不确定性程度的模型,见表4-1。

表 4-1 评估环境不确定性模型

环境复杂程度			
	复杂	(Ⅱ)低—中程度不确定性 1.大量的外部环境要素,而且要素不相似 2.要素维持不变或缓慢变化	(Ⅳ)高不确定性 1.大量外部环境要素,而且要素不相似 2.要素常常变化且不可预测
	简单	(Ⅰ)低不确定性 1.外部环境要素少,而且要素相似 2.要素维持相同或慢慢变化	(Ⅲ)中—高程度不确定性 1.少量外部环境要素,而且要素相似 2.要素常常变化且不可预测
		稳定(静态)	不稳定(动态)
		环境变化的程度	

资料来源:转引自饶美蛟,刘忠明主编.管理学新论.香港商务印书馆,1996:25

如果组织面对常规的需求环境,如为相同或极其相似的顾客生产同一种产品或提供相同的服务,则组织面对的是一个稳定的环境,例如,公用事业行业。反之,如果企业面对变化极其快速的环境,而且不同的环境要素都在发生变化,则组织面对的是动态、不稳定的环境,例如计算机行业。

如果一个组织只与很少的外界部门相关,其面临的环境属于简单类型;如果组织必须面对许多外界部门,其面临的环境属于复杂类型。一般而言,组织规模越大,面临的环境越复杂。

二、组织环境及环境因素的层次性分解

管理环境可以分为外部环境和内部环境,它是指存在于一个组织内部和外部且影响组织业绩的一切力量与条件因素的总和。管理的外部环境是存在于管理系统之外,并对管理系统的建立、存在和发展产生影响的外部客观情况和条件。

根据各种因素对组织业绩影响程度的不同,外部环境又可分为宏观环境因素和微观环境因素。其中,宏观环境因素主要包括人口、经济、技术、社会文化、政治法律、自然资源、国际环境等;微观环境主要包括顾客、供应商、管制机构、竞争者及战略同盟伙伴等。管理的内部环境则是存在于管理系统之内、管理系统存在和发展的客观条件的总和,它主要由组织文化和组织的经营条件等构成。其中组织文化包括组织全体成员所共同拥有的价值观、道德准则、群体意识以及共同遵守的行为规范、风俗习惯等。组织的内部环境则是指组织所拥有的经营条件,主要有人力资源、物力资源、财力资源、信息资源等等。

管理环境的构成见图 4-2。

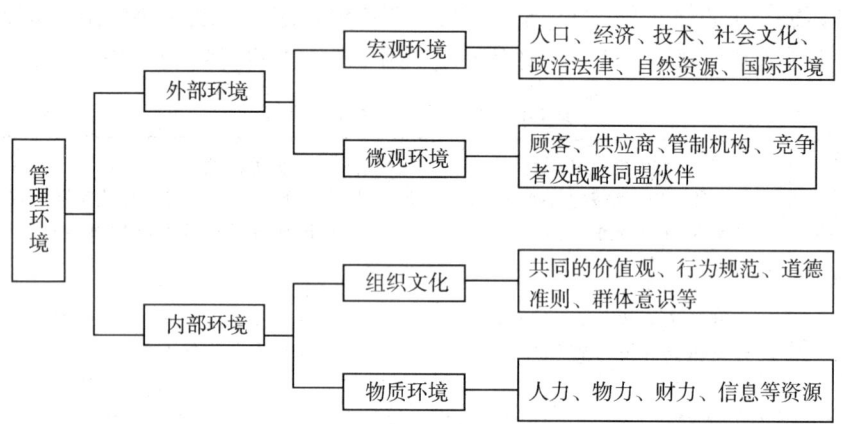

图 4-2　组织环境及环境因素的三个层次

(一)一般或宏观环境

一般或宏观环境因素是那些在任何时期对所有的组织均能产生影响的外部环境因素。一般环境因素主要包括以下内容。

1. 人口环境因素

人口环境因素主要包括人口的规模及增长、人口的结构和人口的地理分布等。

(1)人口的规模及增长。人口规模即某一国家或地区总人口的多少。虽然人口数量多并不意味着市场购买力水平就高(还要受到支付能力、购买意愿等的影响),但其对食品、服装、医药、民用建筑、生活日用品、基础教育等消费市场具有决定性的影响。人口越多,这部分基本消费需求及其派生出来的产业用品需求的绝对量就会越大。此外,人口的增长情况也会对市场产生重要的影响。人口增长率越高,意味着未来市场潜在的需求增长也越快,同时人口的增长速度也会影响一个国家或地区的消费结构和人力资源供应情况。

(2)人口的结构。人口结构是指将人口以不同的标准划分而得到的一种结果。构成这些标准的因素主要包括:年龄、性别、人种、民族、宗教、教育程度、职业、收入、家庭人数,等等。人口的结构是重要的管理环境,不同结构的人口具有不同的需求和购买力。

以年龄结构为例,年轻人需要学习用品和娱乐用品,而中老年人需要保健品和医药用品,年龄结构不同的国家有不同的市场需求和进口需求。人口结构中的高龄化和低龄化,都会使国民负担率提高,市场购买力下降。所以,合理的人口年龄结构是经济和社会发展的必要条件,也是形成良好的管理环境的需要。

(3)人口的分布。人口分布是指一个国家或地区人口的地理分布,一般用人口密度来表示。在人口密度较大、居住比较集中和城市化程度较高的国家和地区,开展经营活动会有更高的效率和更低的成本。

2.经济环境因素

一个组织所处的经济环境因素是指组织运行所处的经济系统的情况,如国内外的经济形势、政府财政和税收政策、银行利率、物价波动、市场状况等都属于经济环境因素。在物价上涨时,企业必须为原材料支付更高的价格,同时也可能要适当提高产品价格以弥补成本的上涨。经济环境因素对于非营利性组织来说也是至关重要的,例如,国家经济情况的好坏直接影响政府的购买力和政府对许多非营利性组织的财政支持。

3.技术环境因素

科学技术是第一生产力,技术的含义很广,它既包括生产技术(如劳动手段、工艺流程的改进、发展与完善,特别是新技术、新设备、新工艺、新材料、新能源的生产与制造等等),也包括管理技术(如管理方法、计划决策方法、组织方法及推销方法的改进与更新等),还包括生活技术、服务技术等内容。技术对组织及其管理工作一直具有重要的影响。任何企业为了达到其预定目标,都必须进行生产经营活动,而任何生产经营活动都与一定的技术密切相关。

衡量技术环境的指标主要包括:国家对科技开发的投资和支持重点、技术开发力量集中的焦点、知识产权与专利保护、新产品开发状况、技术转移和商品化速度、信息与自动化技术发展可能带来的生产率提高等。

当今世界各国都把科学技术当作促进国民经济发展的重要手段,是赢得竞争优势的最有力的武器。美国的微软公司、英特尔公司之所以能够在计算机软硬件市场上雄踞霸主地位,是因为这两家公司在技术上具有无可比拟的优势。

【信息化管理专栏 4-2】

微软公司的技术创新

三四百年前,知识是在很长的时间里慢慢积累起来的。但自工业革命以来,科技的进步已经不再是靠历史的积累,而更重要的是靠不断的创新。信息革命后,科技的成长往往会呈现出指数增长的趋势。在信息技术方面,过去十年中人类获得的知识和经验毫无疑问已远远超过了过去一百年的积累。

微软公司深深地理解，在这样的大环境中把握技术方向的重要性。当微软公司在早期的Basic产品中获得成功后，开始投入DOS的研发。DOS成功后，微软立即将资金和人力投入到新技术的研发中，并成功推出了Office系列软件产品。随后，微软又利用Office等软件获得的积累，开始了Windows NT、Windows 2000、Windows XP等新一代操作系统的研发。当Internet浪潮到来时，微软不失时机地跻身网络研发领域，并不断推出新的产品。今天，微软又把大量的资源投入到"无缝计算"的核心方向，在发展MSN、移动软件、数字电视、XBOX、高可信度计算、自然用户界面等方面不断创新。

在技术浪潮的推动下，微软公司总是把技术研发摆在关键地位，并将技术看作公司唯一可长期延续的财富和优势。例如，微软在2005财政年度中在研发领域投入大约85亿美元，超过其营业额的五分之一，这个比例在"世界财富500强"的企业中居首位。

4. 社会环境因素

风俗习惯、文化传统、教育程度、价值观念、道德伦理、宗教信仰、商业习惯等构成了一个组织所处的社会环境。社会环境中最为重要的是文化传统和教育程度。不同的国家（或地区）和民族，其社会文化传统和教育水平往往不同，这会影响甚至改变人们的生活习惯和价值观念，而且对企业的产品和服务提出不同要求。风俗习惯、文化传统、道德价值观念等对人们的约束力量往往比正式法律的约束力量要大得多。管理的实质是对人的管理，那么社会环境对管理实务的影响和重要程度更是显而易见的。

5. 政治法律环境因素

政治法律环境因素是指政治制度、政治形势、国际关系、国家法律和法令、政府政策等。这其中特别重要的是法律因素，因为政治环境中的许多因素都是以法律的形式出现，以制约和限定企事业单位的生产经营活动。一国的政治法律直接影响到企事业单位的管理政策和管理方法。管理者必须全面了解与本企业生产经营活动有关的各种法律政策，依法管理企业，并运用法律保护企业的合法利益，减少不必要的损失。另外，优秀的管理者对法律不仅要做出迅速的反应，而且要有一定的预见力，以便及时调整自身的管理政策和管理方法。

6. 自然资源因素

相对于其他一般环境因素而言，自然资源环境是相对稳定的。自然资源因素与企业的厂址选择、原材料供应、产品输出、设备和生产技术的应用等众多方面都有着紧密的关系。随着经济和技术的发展，自然资源环境不论从法律上还是从企业的社会责任角度来说，都必将成为企业必须关注的问题。对于任何组织来说,不仅要有效地利用、开发自然资源环境,而且要很好地保护环境。

7. 国际环境因素

国际环境本身包含在上述经济、技术、社会、政治法律等因素中,但随着经济全球化的发展,包括贸易保护、国际汇兑、法律法规、通货膨胀、能源危机等环境因素将更加复杂,更难把握,有必要将国际环境单独作为一类一般环境因素加以分析。

(二)具体或微观环境

具体或微观环境指那些对组织的影响更频繁、更直接的外部环境因素,是与某一具体的决策活动和处理转换过程直接相关的各种特殊力量,是那些与组织目标的制定与实施直接相关的因素。下面主要从企业的角度做分类介绍。

1. 顾客

顾客是那些购买企业产品或服务的个人或组织。"顾客是一个企业的基础并使它能继续存在的因素。只有顾客才能提供就业。正是为了满足顾客的需求和需要,社会才把物质生产资源托付给工商企业"[①]。一个企业可能要面对多种顾客,如个人和组织、批发零售商和最终消费者、国内和国外顾客等等。企业的顾客会因受教育水平、收入水平、生活方式、地理条件等众多方面的不同,而对企业的产品和服务提出不同的要求,企业在市场营销、质量管理、战略决策等方面必须充分关注顾客。

2. 供应商

供应商是组织从外部获取投入的来源,对于一个企业来说,供应商可能是组织也可能是个人,企业从他们那里获得原材料、劳动力、信息、能源等。供应商提供产品和服务的质量、价格直接影响到企业产品和服务的质量及成本水平,因此,许多企业对供应商有许多要求,同时也给予稳定的供应商一定的支持,如日本的许多公司率先把供应商纳入到自己的生产体系之中。

3. 竞争者

与本企业竞争资源的其他组织就是竞争对手。企业与其竞争对手竞争的最大资源就是顾客为购买产品或服务而支付的货币。企业的竞争不仅局限于生产同类产品或提供同类服务的不同企业之间,有时两个不相关的企业会因获得一笔贷款而竞争。非盈利组织之间也存在竞争关系,不同地区的政府部门为吸引外商投资而相互竞争,不同单位在人才招募上也存在竞争,等等。

4. 管制机构

微观环境中包含的管制机构与宏观环境中的政治法律环境不同。这种管制

---

① [美]彼得·德鲁克.管理—任务、责任、实践.中国社会科学出版社,1987:82

机构主要有两类：一类是能够直接影响和控制企业行为的机构，如美国的食品药物管理署(FDA)，我国的一些行业协会、工商行政管理部门等；另一类是一些社会公众机构，如绿色和平组织、消费者协会、新闻机构等。

5.战略同盟伙伴

企业之间存在竞争，也存在合作。福特公司与伏尔加(Volkswagen)合作在南美洲生产小轿车，与日产(Nissan)公司合作在美国生产汽车。不仅企业与企业之间可以结成战略联盟，企业与科研院校、政府部门也可以在某一共同利益的联系下结成战略联盟。

(三)内部环境

内部环境是那些对组织影响最频繁、最直接的环境因素，也可以认为组织内部环境因素就是组织的一部分，它直接影响组织的日常运营、生存和发展。

1.组织文化

组织文化是指组织及其成员的行为方式以及这种方式所反映的被组织成员共同接受的信仰、价值观念及准则。组织文化主要包含四个要素：价值观、英雄人物、礼仪和庆典、文化网络。任何组织都存在自身特有的组织文化，从积极的方面来说，组织文化能够起到指引、激励、协调和自我约束的作用；从负面的角度看，组织文化也会扼杀个性和思想观念多元化并排斥外来事物。因此，管理者在管理活动中，既要充分发挥组织文化的正面作用，又要善于发现并消除其负面影响。

2.物质环境

组织的内部物质环境是指组织内部的资源拥有情况和利用情况。由于组织在客观上所能拥有的资源数量有限，在主观上对这些资源的利用能力也有限，组织内部物质环境直接影响组织利用资源的情况和效果。任何组织的活动都需要一定的资源。以企业为例，其需要的物质资源主要有：人力资源(组织内不同类型人力资源的数量、素质和使用情况)、物力资源(各类劳动手段、劳动对象和必要的劳动条件)、财力资源(组织的资金拥有情况、构成情况、筹集渠道和利用情况)、技术资源(技术、技能、知识等)、信息资源(数据、资料、情报)等等。

(四)环境各层次间的关系

虽然组织环境及环境因素分为三个不同的层次，但三个层次之间有着密切的联系。组织的管理者通常将大量注意力集中于组织的具体环境和内部环境，因为具体环境、内部环境与一般环境相比更能直接地给组织提供有用的信息，更易识别。而一般环境因素虽然不直接影响组织的经营决策，并且从总体上说，它对组织的影响比具体和内部环境因素要少，但这并不意味着组织可以忽视这些因素。一般环境的改变对组织的影响往往是通过具体环境对组织产生作用力表现出来。例如,技术环境因素是一般环境因素,但企业并不能直接从技术环境中感受到技术进步的影响,而往往是通过先进技术的竞争者使企业感受到技术进步带来的市场变化。芬兰诺基亚公司抓住了时代的潮流,生产数字式移动电话,受到了消费者的热烈欢迎,极大地扩大了市场占有率。美国摩托罗拉公司却致力于模拟信号电话的研究,忽视了数字通信技术,摩托罗拉公司逐渐发现自己的市场被竞争者一步步地蚕食,因为竞争者利用了先进技术。

在组织管理中,一般环境和具体环境是相对的。同样的外部环境,对一个组织可能是一般环境,而对另一个组织却是具体环境。一般环境和具体环境还可以相互转化,即一般环境可以转化为具体环境,具体环境也可以转化为一般环境。

第三节 环境分析的程序及常用方法

在对组织环境和环境因素进行层次性分解的基础上,通过一定的分析程序,综合运用相关的分析方法,可以对组织环境进行深入的分析。环境分析的方法多种多样,依照环境和环境因素的层次性划分,现分别介绍一般环境分析、具体环境分析、内外部环境结合分析以及针对环境变化的分析等常用的几种方法。内部环境作为组织自身的一部分,并没有专门的分析方法,相应的分析方法融合在组织各项职能活动的分析中。

一、环境分析的程序

环境分析一般要经过确定课题、提出假设、收集资料、整理资料、环境预测以及评估等几个阶段的工作。

1. 确定课题

确定课题是环境研究的前提,只有明确了课题,环境研究的各项工作才有明确的方向和中心。环境研究的课题要围绕组织活动中存在的问题来确定。研究课题的确定可能涉及整个组织活动,也可能只涉及组织活动的某个方面。课题的确定是一项既简单又复杂的工作,它看似简单,实际上做起来很复杂。由于环境研究是为组织活动的决策服务的,因而研究课题也往往由组织决策者下达。而决策者在下达研究任务时,对任务的描述不一定非常详细精确,因此课题可能不是很明确的。比如,研究企业的广告效率,对这一任务可以有多种不同的理解,既可理解成广告的沟通效果亦可理解成广告的说服力,还可理解为广告的效益。理解不同,研究的方向、内容、重点、结果等均可不同。第一种理解要求研究信息的传播和接受情况;第二种理解要求研究广告的劝导效果;最后一种理解则要求比较广告费用与由此产生的销售利润。因此,在进行环境研究时,首先要明确需要研究的是什么、主题内容是什么。

2. 提出假设

在确定课题的基础上,环境研究人员还要利用组织现有的资料,根据自己的经验、知识和判断力,进行初步分析,提出关于组织活动中所遇问题的初步假设,即,判断组织问题可能是由哪些因素造成的,在众多的可能原因中,哪些是最主要的。

3. 收集资料

验证假设需要占有能够反映组织内外环境的资料。这些资料可有两个来源:一是组织内外现存的各种资料,比如组织活动的各种记录,组织外部公开出版的报刊文献等;二是充分进行环境研究,进行专门的环境调查。收集资料往往在扫描和监测的过程中进行。扫描,即对所研究问题的有关领域进行扫描式观察,试图发现可能影响到未来的变化征兆或事件。监测,即观察分析过去和现在所发生的变化及其规律与趋势,对发现的变化进行连续监测,从中识别出变化的规律或是持续性的发展趋势。

4. 整理资料

环境调查收集的原始资料经过加工整理才有意义,才可能比较正确地反映客观环境的情况。整理资料包括两项工作。

(1)审核资料的准确性、真实性,以求去伪存真、去粗取精。在审查资料时,如果发现资料不清楚、不完整、不协调,就应采取措施予以澄清、补充和纠正。

(2)利用经过整理的资料,分析影响组织活动的各种因素之间的关系,验证前面提出的有关问题原因的假设是否正确。如果正确,就可利用资料对采取措施后可能收到的效果进行预测。

5. 环境预测及评估

所谓环境预测是指利用一定的科学方法和环境调查取得的资料,对环境的发展趋势和组织未来的发展进行预估。因此,预测和评估的内容主要包括两个方面:首先,是利用对有关资料的分析,找出环境变化的趋势,然后根据这个趋势预测环境在未来可能呈现的状况;其次,是根据对假设原因的验证,根据对组织活动各种影响因素之间关系的分析,研究采取相应的措施后,组织存在的问题能否解决,预测组织未来的活动条件能否得到改善。一般说来,任何事物对组织的影响都是双重的,既有有利的一面,也有不利的一面。比如,顾客需求的变化可能使企业的市场空间迅速扩大,而这又会吸引更多的企业加入竞争者的行列。从某种意义上讲,机遇和威胁只是同一事物的两个方面,当认识到事物的全部影响时,威胁也会被转化成为发展的机遇。如果只是片面地看到事物变化的有利

第四章 环境分析

一面,那么机遇也不过是一个诱人的陷阱而已。

二、一般环境分析方法

一般环境分析中最常见的是 PEST 方法。所谓 PEST 分析,就是指从政治与法律环境(Political)、经济环境(Economical)、社会与文化环境(Social)、技术环境(Technological)四个方面来探查、认识影响组织发展的重要因素。可见,该方法实际是将众多的一般环境因素概括为政治与法律环境、经济环境、社会与文化环境、技术环境四个方面,也有人把人口问题从社会与文化环境中单独列出。一般环境的主要方面及其内容如表 4-2 所示。对一个特定的组织而言,在特定的时期内进行一般环境分析,还需要具体地识别各方面的特定内容。

表 4-2　一般环境分析的主要内容

主要方面	主要内容
人口	人口的地理分布、就业水平、收入水平、年龄、文化差别等
经济	增长率、政府收支、外贸收支及汇率、利率、通货膨胀率等
政策与法律	环境保护、社会保障、反不正当竞争法以及国家的产业政策
社会与文化	公民的环保意识、消费文化、就业观念、工作观念等
科学技术	高新技术、工艺技术和基础研究的突破性进展

资料来源:Hitt, Michael A., Irland, R. Duane and Hoskinsson, Robert E., *Strategic Management*, 2nd Ed., West Publishing Company, 1996

环境因素的层次性分析中已经强调,许多一般环境因素往往是通过影响具体环境因素影响企业。这就要求组织识别所在具体环境对一般环境因素的敏感性。对企业来说,就是分析一般环境中与所在行业密切相关的因素,这实际上是企业在浩瀚的一般外部环境因素中识别出对本行业和本企业有意义的一组因素,从而也大大缩小了企业分析一般环境的范围。表 4-3 列出了 20 世纪 90 年代后期我国医药流通企业在进行一般环境分析时需要考虑的一些因素,而这些因素的变化究竟对行业或企业能够产生何种影响,会带来哪些机遇与威胁,正是环境分析要回答的问题。

表 4-3　对医药流通企业有着重要影响的一部分环境因素(PEST 分析法)

1. 政治与法律环境	3. 经济环境
产业政策:医药流通的体制改革,包括产权制度和经营方式;鼓励医药企业实行代理配送制,医药零售企业实行连锁经营制 我国正在建立医(院)、药(房)分离制度和非处方药(OTC)的管理制度 新型的社会保障体系将取代传统的公费医疗制度	城乡居民收入持续上升,居民的保健意识不断提高 我国的资本市场不断发育、成长,企业的融资渠道和融资方式趋向多样化 加入 WTO 后开放药品分销服务,国际跨国公司的冲击和影响

续表

2.社会环境 国民教育水平逐步提高,越来越多的人愿意以科学的眼光看待药品和保健品 城镇化的发展增加对医药产品的需求	4.技术环境 电子商务的蓬勃发展促进中国医药流通企业创新经营模式的出现 物流管理、供应链管理技术、企业资源规划、客户关系管理等技术快速发展

PEST分析通常要借助于各种经济、社会以及其他相关学科已有的研究成果,但在这些成果的基础上有必要对与组织有关的问题作进一步研究。由于一般环境分析需要借助许多相关学科的知识,而每个组织的情况又有很大差别,因此PEST分析没有通用的和一般性的方法,需要具体问题具体对待。

三、具体环境分析方法

具体环境对组织的影响更直接、更频繁,所以是组织分析外部环境的焦点。在这方面,迈克尔·波特教授提出的"五种力量模型"是一种特别有效的分析方法。

迈克尔·波特教授发现,在企业经营环境中,能够经常为企业提供机会或产生威胁的因素主要有五种,即本行业中现有的其他企业、供应方(供应商)、买方(顾客)、其他行业之中的潜在进入者和替代产品及其生产企业组织,见图4-3所示。

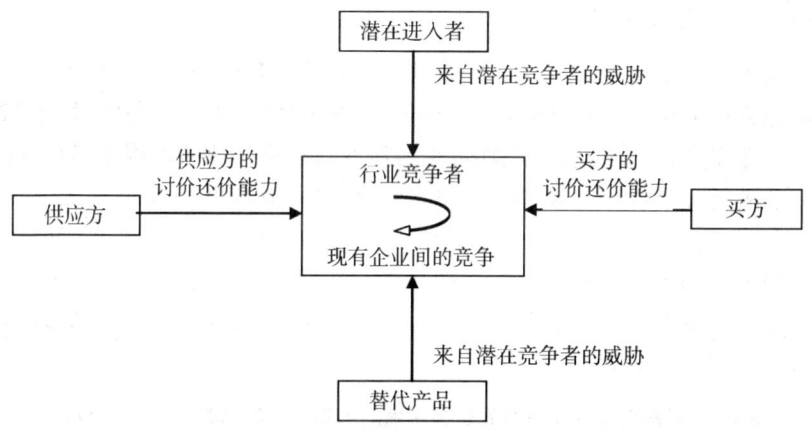

图4-3 迈克尔·波特教授的五种力量模型

资料来源:[美]迈克尔·波特.竞争战略.三联书店,1988:12

"五种力量模型"的分析方法具体如下。

1.潜在竞争者

从进入障碍的角度来进行潜在竞争者分析。所谓进入障碍,是指行业外部的企业进入这一领域是必须付出的、而行业内企业无须再付出的一笔损失。显然,进入障碍越大,潜在进入者的威胁越小。除进入障碍之外,行业的吸引力、行业发展的风险和行业内企业的集体报复可能性等,都影响着进入威胁的大小。

2.替代品

即识别替代威胁。所谓替代,是指一种产品在满足顾客某一特殊需求或多种需求时取代另一种产品的过程。替代产品的存在扩大了顾客的选择余地,短期看,一种产品的价格和性能都受到替代产品的限定;长期看,一种产品或行业的兴起有可能导致另一种产品或行业的消失。例如,随着微电子工业的发展,打印机基本取代了打字机,电子计算器完全取代了计算尺。

3.买方和卖方议价实力

即分析买方和卖方掌控交易价格的能力。企业与顾客和供货方之间既存在着合作,又存在着利益冲突。交易双方在交易过程中总希望争得对自己有利的价格,而价格的变化使一方得到超额收益的同时,又直接导致另一方的损失。在具体的交易活动中,影响议价实力的因素很多,如交易洽谈的地点、人员素质、日程安排等等,但这些都是运作层面的因素。从行业层面看,交易双方的议价实力受到一些行业特征的制约。透过这些特征,人们能够更好地认清企业如何建立与外部环境相适应的关系。

4.行业内竞争者

即对现有竞争对手的分析。同种产品的制造和销售通常不止一家,多家企业生产同种产品,必然会采取各种措施争夺用户,从而形成市场竞争。对行业内部要分析主要竞争者的基本情况、对本企业构成威胁的原因以及分析竞争对手的发展动向。

迈克尔·波特教授的"五种力量模型"既适用于企业,也适用于其他类型的组织。这一模型帮助人们深入分析行业竞争压力的来源,使人们更清楚地认识到组织的优势和劣势,以及组织所处行业发展趋势中的机会和威胁。

四、内部环境分析方法

内部环境分析主要是认识企业自身的优劣势及其产生的具体原因,主要的分析法有波士顿矩阵方法、麦肯锡方法和利特尔方法,下面分别予以简单介绍。

(一)波士顿矩阵方法

波士顿咨询集团法(又称波士顿矩阵、四象限分析法、产品系列结构管理法等)是由美国大型商业咨询公司——波士顿咨询集团(Boston Consulting Group)首创的一种规划企业产品组合的方法。

1.BCG 矩阵分析法的内容与划分方法

(1)划分经营领域。所谓划分经营领域即是将企业的全部经营范围划分为若干个经营领域。这些经营领域的划分并无定式,主要是企业根据自身的实际情况来进行。如,有些家电生产企业依据地域来划分,而有些企业则是根据产品来划分。

(2)评价经营领域。波士顿咨询公司提出使用市场增长率和相对市场份额来评价经营领域。其中,市场增长率是指某个领域的市场在若干年中的复合增长率或平均增长率,相对市场份额是在给定市场上企业在该经营领域的销售额与最大竞争对手的销售额之比。

BCG矩阵是以市场增长率为纵轴并以10%作为市场增长率高低的分界线,以相对市场份额为横轴并以1.0作为相对市场份额大小的分界线而绘制,如图4-4所示。

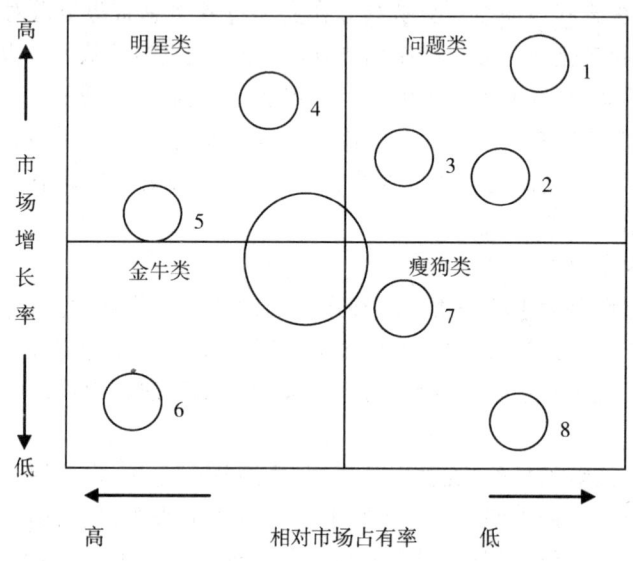

图 4-4 波士顿咨询公司的成长—份额矩阵

(3)优化资源配置。上述成长—份额矩阵生动地反映出企业经营结构的现实形态,也为优化资源配置提供了线索。波士顿咨询公司为矩阵中的每个方格分别取了名称,这些名称也反映出对经营领域评价的结果。这四个方格所代表的经营领域分别是以下几种。

明星类(Stars)。它是指处于高增长率、高市场占有率象限内的产品群。这类业务处于迅速增长的市场,具有很大的市场份额,在增长和获利上有着极好的长期机会,可能成为企业的现金牛产品。因此,需要加大投资以支持其迅速发展。为了保护或扩展"明星"业务在增长的市场上占主导地位,企业应在短期内优先供给它们所需的资源,支持它们继续发展,当其市场增长率降低时,这类业务就由"现金使用者"变为"现金提供者",即金牛类。

金牛类(Cash Cow)。又称厚利产品,它是指处于低增长率、高市场占有率象限内的产品群,已进入成熟期。这类业务处于成熟的、低速增长的市场之中,市场地位有利,盈利率高,本身不需要投资,反而能为企业提供大量资金,成为企业回收资金,支持其他产品,尤其是明星产品投资的后盾。

问题类(Question Marks)。它是处于高增长率、低市场占有率象限内的产品群。企业在对"问题"业务的进一步投资上需要进行分析,判断使其转移到"明星"业务所需要的投资并分析其未来盈利情况,研究这类产品是否真正值得投资。

瘦狗类(Dogs)。也称衰退类产品,它是处在低增长率、低市场占有率象限内的产品群。这类业务处于饱和的市场当中,竞争激烈,可获利润很低,处于保本或亏损状态,一般情况下企业应选择果断撤退。

必须注意,上述四类战略业务在矩阵图中的位置不是固定不变的,任何产品都有其生命周期,随着时间推移,这四类战略业务在矩阵图中的位置往往会发生变化。

2. 业务单位的投资战略选择

在对各战略业务单位进行分析之后,企业应着手制定业务投资组合计划,确定对各个业务单位的投资战略,可供选择的战略有以下四种。

(1)拓展战略。拓展战略是要设法提高战略业务单位的市场占有率,必要时可放弃短期利润。拓展战略适用于问题类中有希望转为明星类的业务单位。对问题类中可能会成为明星的产品进行重点投资,积极扩大经济规模和市场机会,以长远利益为目标,提高市场占有率,使之转变成"明星产品"。

(2)维持战略。维持战略在于维持战略业务单位现有的市场占有率。适用于金牛类,目的是使其继续为企业提供大量现金流。

(3)收割战略。收割战略在于增加战略业务单位短期现金收入,而不管其长期效果。

收割战略主要适用于金牛类中没有前途的业务单位,这些业务单位市场占有率的下跌已成不可阻挡之势,因此可采用收割战略,即所投入资源以达到短期收益最大化为原则,把设备投资和其他投资尽量压缩,采用榨油式方法,争取在短时间内获取更多利润,为其他产品提供资金。收割战略也适用于部分无力发展的问题类和没有市场前景的瘦狗类业务单位。

(4)放弃战略。放弃战略就是变卖和处理某些业务单位,以便使企业资源转移到那些盈利业务单位上。放弃战略适用于那些给企业造成很大资金负担又没有发展前途的瘦狗类和问题类业务单位。

(二)麦肯锡方法

麦肯锡方法是由世界著名的管理咨询公司——麦肯锡公司提出的,这种方法最先在美国通用电气公司(GE)得到应用,故有时也称之为 GE 方法。

GE 方法建议从两个角度评价经营领域,一是行业吸引力,二是公司的相对竞争地位。这意味着企业如果进入富有吸引力的经营领域,并拥有在这些领域中获胜所需要的各种能力,就可能把握更大的发展机遇。因此,问题的关键在于如何从这两个角度对每种战略经营领域进行全面的评价,这要求管理者必须认真识别每个方面的构成环境,并将其综合成为量化的评价结果。

1. 行业吸引力

考察行业吸引力的目的是了解一个领域是否含有发展的机遇或者增加收益的潜力。从投资的角度看,一个领域往往存在多种影响投资收益的环境,对行业吸引力的评价只能建立在对这些环境进行评价的基础上。因此,麦肯锡方法采用多指标综合评价方法来评价每个领域的行业吸引力。

2. 相对竞争地位

相对竞争地位评价的目的是了解企业在每个经营领域中把握发展机遇或者获取更高收益的能力。与行业吸引力评价相同,进行相对竞争地位评价时,首先要选择一组可以反映竞争地位的指标,如经营规模、销售增长率、市场占有率、技术水平、产品质量、分销网络、生产能力、单位成本、物质供应、研究与开发实绩、地理位置、人员水平、商誉等。在具体评价时,企业同样要先分配给每个指标以适当的权重和域值,然后再进行单项指标评价,经过加权平均后得到综合评价的结果。

3. 资源配置矩阵

根据上述评价结果,企业可以使用类似于波士顿矩阵的方法,把每个战略经营领域的情况绘制在一个矩形图上,直观地反映出企业目前的经营结构,这个矩形图通常被分为九个方格,如图 4-5 所示。

图中每个圆圈代表一个战略经营领域,圆心的位置由该领域的行业吸引力和相对竞争地位的综合评价值所确定,圆圈的大小与企业在该领域中实现的销售收入的多少成比例。矩形图中的九个方格可以分为三个区域,左上角三个格子表示的是理想或较为理想的区域,企业对处于这三个格子的战略经营领域应采取发展战略,进行适当的投资和扩张;在左下角到右上角这条对角线上的三个格子表示战略经营领域的行业吸引力和相对竞争地位不能同时达到理想状态,企业对处于这三个格子的战略经营领域应该有选择地加以发展;右下角的三个格子表示不理想的区域,企业对处于这三个格子的战略经营领域,可以考虑放弃,即撤出这些经营领域。①

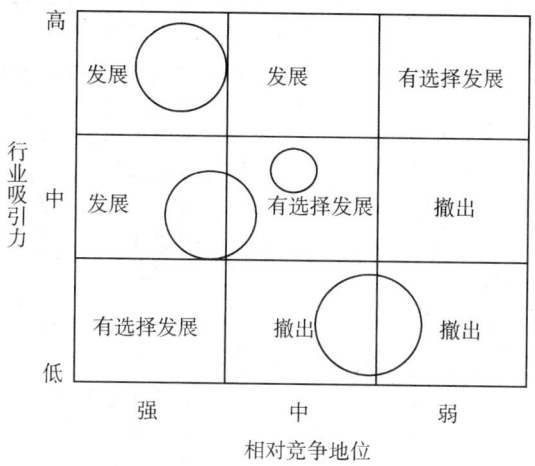

图 4-5 麦肯锡方法的资源配置矩阵

(三)利特尔方法

在美国咨询公司中,利特尔(A. D. Little)公司与麦肯锡公司、波士顿公司一样负有盛名。利特尔方法与波士顿方法和麦肯锡方法有着相似的逻辑,即通过评价企业经营领域来探寻重新配置资源的方向,然后配置资源以优化经营结构,进而提高企业的整体收益。利特尔方法是从产品生命周期和相对竞争地位两个变量来评价每个产品-市场领域。对该方法感兴趣的读者可参看有关战略管理方面的教程,限于篇幅我们在此不多做介绍。

五、内外部环境综合分析

组织的内外部环境不能割裂开来,单纯地分析企业内部或是外部环境都是片面的。因此,必须将外部环境带来的机会及威胁与组织内部的机会和优势综合分析,才能使企业更易充分发挥优势,把握外部机会,规避内部的劣势和外部的威胁。

SWOT 分析是最常用的内外部环境综合分析技术,是由哈佛大学的安德鲁斯(K. Andrews)等人提出的一种分析方法。SWOT 分析是优势(Strengths)、劣势(Weaknesses)、机会(Opportunities)、威胁(Threats)分析法的简称。这种方法把环境分析结果归纳为优势、劣势、机会、威胁四部分,形成环境分析矩阵,表 4-4 是相关实例。

---

① 王迎军主编.战略管理.南开大学出版社,2003:79—81

表 4-4 我国半导体产业 SWOT 分析表

Strengths(S)优势	Opportunities(O)机会
• 电子信息产品制造业对半导体产品提出了巨大的市场需求 • 通信业务高速发展带来的市场需求 • 传统产业改造中产生的市场需求 • 国家政策的大力扶持为国内半导体及其相关企业创造了一个优良的发展环境 • 加入 WTO 也为我国半导体产业的发展提供良好的市场环境	• 产业规模较小、创新能力不强、支撑业发展滞后 • 半导体强国对中国进行技术封锁的国家政策 • 缺乏自主的知识产权 • 我国半导体产品多处于其生命周期的下游
Weaknesses(W)劣势	Threats(T)威胁
• 巨大的市场和国民经济建设高速发展创造的机会 • 政府在推动半导体产业发展方面采取了许多有力措施 • 我国实行以信息化带动工业化、跨越式发展的战略 • 加入 WTO 后,产业面临的机遇	• 世界半导体大国要把中国变成"世界级的加工厂" • 世界半导体强国对中国芯片业的横加干涉、阻挠 • 加入 WTO 后产业面临的挑战

SWOT 分析之所以能广泛地应用于各行各业的管理实践中,成为最常用的管理工具之一,原因在于:①它把内、外部环境有机地结合起来,进而帮助人们认识和把握内、外部环境之间的动态关系,及时地调整组织的经营策略,谋求更好的发展机会;②它把错综复杂的内、外部环境关系用一个二维平面矩阵反映出来,直观而且简单;③它促使人们辩证地思考问题。优势、劣势、机会和威胁都是相对的,只有在对比分析中才能识别。例如,从一般意义上讲,耐磨程度是衡量鞋的质量的重要指标,所以制鞋商会因自己生产的鞋经久耐用而骄傲,并将此看成自身的优势。然而,随着收入水平的提高,顾客已不关心鞋的耐用性,而是更关心款式。在这样的环境下,这家制鞋商原有的优势便不再是优势。目前,许多企业的管理人员都陷入"高质量的产品"没有人买的困境中,他们所谓的"高质量"大多是企业自我的感觉和判断;④SWOT 分析可以组成多种行动方案供人们选择,加上这些方案又是在认真对比分析的基础上产生的,因此可以提高决策的质量。

需要注意的是,如果作为单独的分析方法使用,在具体识别优势、劣势、机遇和威胁时,SWOT 缺乏可操作性的分析工具。因此,在实际分析中更多的是把这种方法作为分析结果的表述形式,即在对一般环境、具体环境和企业内部环境进行充分、深入分析的基础上,再将分析结果整理成 SWOT 矩阵的形式。由于这种方法简明扼要,对于沟通内外部环境综合分析的结果特别有帮助。

六、针对环境变化的分析方法

环境是复杂多变的,一些常用的长期预测方法包括定量的统计预测,往往是对单一因素进行预测,或是预测的结果单一,在环境因素众多、变化的不确定性很大时往往会失去效用。为使组织能够从容面对环境变化可能产生的不同结果,针对环境变化,国际上许多大型企业长期以来一直应用并不断完善一种方法——脚本法(情景分析法)。据介绍,国际上有包括荷兰皇家壳牌公司、通用电气公司(GE)等知名企业在内的约80%的大公司运用情景分析法或类似的预测方法。

脚本法的原意是情景分析。情景(Scenarios)一词有电影脚本、梗概、剧情、情节或情况等意思,既可以应用于环境预测,也可以应用于决策方案的形成。在环境分析中,一种或一组情况也可被称为一个脚本;在组织各项决策中,一个脚本就是一个决策方案。显然,方案脚本以环境脚本为基础,即先形成环境脚本,再根据环境脚本形成决策的方案脚本。

根据使用过程中编制脚本方法的不同,情景分析法可分为定量脚本法和定性脚本法。定量脚本法以计量经济学或其他定量分析方法为基础建立模型,通过选择和调整不同的参数从而产生不同的脚本。借助于计算机进行模拟运算,这种方法可以迅速地产生大量脚本,有的达一千多个。然后,分析人员对每一个脚本的合理性和发生概率做出评估。在产生脚本的过程中,改变一个变量,保持其他变量不变,产生不同的脚本。定性脚本法通过人的思维、判断,识别重要的环境因素,分析它们之间的关系,克服了定量脚本法中看似精确的复杂方法所固有的机械性。同时,定性脚本法基于人的思考,可以关注和识别因素的范围十分宽广,而定量脚本法尽管可以考虑很多因素,但它对数据的苛刻要求限制了因素的选择范围。

脚本法的优点在于,它能够开阔企业管理者的思路,扩展他们的视野,提高他们对环境威胁的警惕,使企业的战略更具灵活性,同时又不会妨碍企业把握长期发展机遇的努力。即使有些情况实际上没有发生,预先准备好应急措施,增强企业接受不确定性变化的反应能力也是有益无害的。

英国学者梅瑟(David Mercer)提出了简化的情景分析法(Simpler Scenarios),给出了一个相对清晰的编制脚本的步骤。[1]梅瑟指出,大型公司战略管理的趋势是让更多的职能部门管理者参与到战略分析和生成之中,但他建议组成6~8人的团队来从事情景分析,如果人数太多,则应当按照这一规模将参与者划

---

[1] Mercer, D., *Simpler scenarios*. Management Decision, Vol. 33, No. 4, 1995

成小的团队,让这些团队在同样的基础上平行地进行工作。环境预测的时间范围应设定在十年以上,目的是使参加者能够更自由地构想未来,避免他们不自觉地使用趋势外延的方法进行预测。

梅瑟把情景分析法分解为六个步骤,各步骤的内容如下:
(1)识别变化的驱动因素;
(2)将各种因素归纳成一个有意义的框架;
(3)形成最初的脚本;
(4)将脚本减少到2~3个;
(5)编写脚本;
(6)评价各脚本对企业战略的影响。

上述内容只是一般的情景分析法的基本步骤,事实上情景分析法是一种富有弹性、可以广泛地应用于各种领域的预测方法,它既没有标准的工作程序,也没有标准的脚本格式。企业可以根据各自的需要发展出多种脚本系列,也可以将这种方法应用到不同的组织层级。

【本章小结】

组织与环境密不可分,相互影响。如何处理组织与环境的关系,很大程度上决定组织的生存与发展。环境分析是处理组织与环境关系的基础。环境分析由界定环境的性质入手,从组织环境及环境因素的层次性分解开始。环境分析一般要经过确定课题、提出假设、收集资料、整理资料、环境预测以及环境评估等几个阶段的工作。环境分析所采取的方法多种多样,在一般环境分析中经常使用的是PEST方法,在具体环境分析中经常使用"五种力量模型",在内外部环境结合分析中经常使用SWOT分析,针对环境变化的分析中经常使用脚本分析法。

关键名词:环境 开放系统 组织界线 任务环境 内部环境
　　　　　PEST分析方法 SWOT分析 脚本分析法

【伦理专题】

社会企业家寻路中国

《中国新闻周刊》2009年9月报道了几位社会企业家的故事。

2004年,旅行爱好者余志海发现,城里人到乡村旅游时,只要在自己的背包里多背1公斤的书籍或文具,带给沿途有需要的贫困学校和孩子,"让他们完成学业,改变他们的未来",就能对改善农村教育发挥作用。于是,一个最初定位于学校咨询和物品管理平台的网站"多背一公斤"诞生了。从此,余志海以"公益组织'多背一公斤'创始人"而闻名。但是余志海做的事,又与纯粹的公益组织有所不同。更准确地说,他今天的身份,应该叫做"社会企业家"。

所谓社会企业家,国际上的通行定义是:运用商业手段推动社会进步的企业家。他们提供的产品和服务,往往都包含一个明确的社会目标:如促进城乡沟通交流,为残疾人和弱势群体量身打造就业机会等等。他们并不是靠捐款来支撑这些公益性质的活动,而是以商业活动的收入为基础实现可持续发展,但是,普通企业家的商业利润最大化原则却在这里黯然失色。

在中国,"社会企业家"是刚刚出现了几年的新名词。具体说,它在2006年前后引进,在2008年正式登台亮相。2008年,在中国历史上,是一个特别的年份。5月12日,距离8月8日北京奥运会开幕式只有88天时,一场突如其来的大地震重创了中国西南的汶川。然而,8月,北京的奥运会仍然精彩纷呈。而彼时,源于美国次贷危机的金融危潮开始裹挟全球,世界经济一片风声鹤唳,中国亦未能幸免。

倪凯志就是这样一个在2008年突然改变了职业方向和生活方式的人。要不是汶川大地震,现在他在深圳可能已经有房有车有公司,与父母妻儿兄弟一起其乐融融。而地震的发生让他从一个外资IT公司的营销区域经理,变成了一个灾区的志愿者。

那时的倪凯志,对公益并不怎么了解,也没什么清晰的思路。不过,出生于农村却谋生于城市的他认识到,要改变灾区面貌,还需从根本上提高农民收入,为农民创造就业机会。

结合自身经历,倪凯志决定从公平贸易入手。他在绵竹、什邡的乡镇建立农村专业经济合作社,与农户签协议分散种植、养殖绿色农产品,以合作社的模式统购,再通过公平贸易专业信息平台,统销到成都的餐饮店,试图以此把竞争力薄弱的小农户和大城市中的企业及消费者直接对接。后来他发现这条路行不通,就又换了一个方式:通过搞公益旅游来帮助农村自我造血。他在成都注册了企业并组建起自己的小小团队。倪凯志的人生,由此开始转向。

讨论题:
1. 社会企业家现象在中国的兴起,与社会环境的变迁有什么样的联系?
2. 社会企业家的创业活动,更多地受个人驱动,还是环境影响?为什么?
3. 社会企业家如何平衡个人与社会、商业利益与社会福祉之间的矛盾?

【情景练习】

小王欲成立一家专门从事高层楼房内外清洁的"保洁"公司。创建和经营这样一家公司,你认为应关注哪些一般环境因素?为什么?

思考题:
1. 外部环境与组织之间的关系是怎样的?
2. 如何层次性分解内外部环境?
3. 练习运用 SWOT 分析技术和"五种力量模型"进行环境分析。
4. 环境分析的重点和任务是什么?
5. 组织能否控制和管理环境?怎样控制和管理环境?

第五章 决策

本章导读

制定决策并承担相应的责任是管理人员工作的基本内容。本章将在阐述决策基本原理的基础上，重点论述如何借助现代管理方法和手段进行有效决策，并进一步讨论个体决策与群体决策的运用和实施。

问题导引

● 著名管理学家西蒙教授强调"管理就是决策"，决策为什么如此重要？

● 决策遵循的程序是什么？决策过程的难点在哪里？

● 改进决策效果是非常重要的课题，群体决策有助于改进决策效果吗？

● 做好决策工作需要掌握什么方法和技能？

【全球化管理引例】

"好"领导的"坏"决策

众所周知，Google是一家技术实力强劲的公司，对它来说，研发一个社交网络产品，应该是一件很轻松的事，但Google为什么选择在2011年6月推出Google＋，而不是在更早些的时候呢？

对此，谷歌执行董事长埃里克·施密特(Eric Schmidt)在7月接受美国电视台CNN采访时承认决策失误，表示谷歌应在更早的时候进军社交领域，这样也不会给谷歌现在的强大对手Facebook以发展壮大的空间。

施密特称，从根本上讲，Facebook就是发明了一种分辨出谁是谁的方法，当初整个互联网都没有这种功能，在他担任Google CEO期间，应该将更多资源用来开发这些身份服务和排名系统。

Google 推出了新的社交服务 Google＋三周后，就迅速达到了 1 000 万的用户量。施密特称这是对 Facebook 的"部分回应"，但他没有预测 Google＋是否会获得最终成功。

Google＋的最大意义在于打破 Facebook 对社交网络的垄断。Google＋的存在会让 Facebook 在做出每一个决定时慎重地站在用户的立场考虑，因为任何一个严重的失误都会导致 Facebook 像 Myspace 成就自己那样成就 Google＋。

在一个角逐蓝海市场的过程中，先发者往往会拥有极大的优势，原因是先发者能够获得各种各样的壁垒，不管是用户壁垒还是品牌壁垒。因此，理论上只要先发者没有犯下足够严重的错误，那么笑到最后的肯定是先发者。后发者往往依靠的是先发者的失误取得成功的，而不是自己有多么高明的手段。

关于 Google 创始人拉里·佩奇(Lary Page)接替自己成为 Google CEO，施密特表示，Google 的人事变动只是为了更快地进行决策，并非出于对 Google 在创新上落后的考虑。

那么，怎样才能更好、更快地进行决策？作为先发者，如何不被追上？即使作为后发者，如何后来居上？这些都需要管理者"决胜千里"。

Google 未能更早地进入社交网络产品领域，没能获得先发展的优势，正如 Google 执行董事长埃里克·施密特在接受采访时所说的那样，是一种决策失误。在激烈的市场竞争中，管理者的决策不仅仅影响组织在某项业务领域的发展，有时甚至对组织整体的成败起着至关重要的作用。制定决策是管理者的一项基本工作，制定正确的决策是每个管理者应该尽力实现的目标。

第一节 决策原理

管理是科学与艺术的融合，决策则是这种融合的最佳体现。从日常生活到科研开发，从工商企业的经营活动到政团宗教等的非营利活动，都充满形形色色的决策。有些决策是人们依据经验自然而然做出的，而更多的决策是管理者在依靠科学的决策技术和方法的基础上，依据个人丰富的经验、直觉等形成的。由于环境等诸多因素的不断复杂化，决策问题越来越成为管理中的核心问题。组织对绩效要求的不断提高也要求组织决策的"合理化"程度的相应提高。尽管组织的不同层次面临不同问题的决策，但是任何决策都直接影响组织的绩效。

一、决策问题的类型

决策(Decision Making)是指为实现一定目标，在多个备选方案中，选择一个方案的分析判断过程。而如何从被选方案中选出一个最佳方案就是决策问题。例如,某个决策者手头有笔余钱,他是存入银行以获取1.5%的利息呢,还是购买年利率为2.5%的国库券?这属于一个非常简单的决策问题。但是当决策的每一备选方案的结果无法准确估计时,问题就比较复杂了。因此,根据对环境因素的可控制程度,决策问题可分为三种类型,即确定型决策、风险型决策和不确定型决策。

1. 确定型决策

决策者掌握准确、可靠、可衡量的信息,能够确切地知道决策的目标以及每一备选方案的结果,常常可以很容易地对各个方案进行合理的判断。例如,在其他条件均等的状态下,比较各个供应商提供的价目表做出购买决策,此时的决策问题就是确定型的。但是当对购买量进行决策时,问题就有些不同了:决策者一方面不希望缺货发生,另一方面又不愿意承担因购买过多而发生的额外费用以及因浪费资金所造成的损失。此时的决策问题已经从确定型转化为风险型或不确定型了。对于多数决策而言,后两种问题比确定型问题更为普遍,因为人们很少能够掌握有关决策的全部信息,准确预知备选方案的结果。

2. 风险型决策

决策者虽不能准确地预测出每一备选方案的结果,但却因拥有较充分的信息而能预知各备选方案发生的可能性。此时的决策问题就是如何对备选方案发生的概率做出合理估计,选择出最佳方案。但是无论选择哪一个方案,风险都是不可避免的。正如一个关于"将军怎样率600人摆脱围困"的小故事中所讲的那样,将军若选择第一条路,200人获救,若选择第二条路,1/3的可能性是600人获救,2/3的可能性是全军覆没。在小故事中,将军的备选方案:两条可选择的路线是确定的,但方案的结果是不确定的,选择哪一个都意味着风险的发生。

3. 不确定型决策

不确定型决策,即因面对不可预测的外部条件或缺少所需的信息而对备选方案或其可能的结果难以确切估计,大多数工商企业面临的决策问题都是这种类型。导致这种不确定性的因素主要来自两个方面:一是决策者无法获得关键信息,因而也就无法对行动方案或其结果做出科学的判断。例如,某企业生产的高科技产品在两个地区销售,一个地区销量大,获利丰厚,但该地区地方保护主义色彩较浓,另一个地区销量比前一个地区小,但该地区的开放程度比较高,那么,如何确定该企业的长期营销方略呢?

由于决策问题大多是风险型的和不确定型的,面对此类决策,决策者常常处于一种难以取舍的两难困境。在众多的风险型与不确定型问题中做出抉择,确实是最令决策者头痛、最冒风险,但却是最重要的事情。长期以来形成的科学决策方法,在很大程度上使风险型和不确定型问题转化成了确定型问题,从而有利于做出科学决策。

直觉的作用

在实践中,管理者也会常常运用直觉来帮助他们制定或改进决策。直觉决策(Intuitive Decision Making)是一种潜意识的决策过程,基于决策者的经验,以及积累的判断。研究者对管理者运用直觉进行决策进行了研究,识别出五种不同的直觉:①潜意识的心理过程,即管理者运用潜意识的信息帮助其指定决策;②基于价值观或道德的决策,即管理者根据道德价值观或文化制定决策;③基于经验的决策,即管理者根据其过去的经验制定决策;④影响发动的决策,即管理者根据感觉或情绪制定决策;⑤基于认知的决策,即管理者根据技能、知识和训练制定决策。

根据直觉制定决策或者根据感觉制定决策并非与理性决策毫无联系,相反,二者是互相补充的。一个对特定情况或熟悉的事件有经验的管理者,当遇到某种类型的问题或情况时,通常会迅速地做出决策,虽然看上去他所获得的信息是十分有限的。这样的管理者并不依靠系统性的和详尽的问题分析、识别和评估多种备选方案,而是运用他自己的经验和判断来制定决策。①

二、决策的基本要素

1. 决策主体

决策主体可以是单个决策者,也可以是多个决策者组成的群体,如委员会(公司最高层的委员会是董事会)就是多个决策者组成决策主体的典型例子。群体决策也是现在颇为流行的一种决策方式。实际上,现实情况中很少有决策是个人在完全不考虑他人观点的情况下做出的,即使个人具有决策制定权,他也通常要听取利益相关群体的意见,再征得其他人或团体的同意或默许。虽然这些人对决策的影响力与拥有决定权的人的影响力不同,但他们都可称为决策主体的一部分。可以看出,决策主体这一概念是相当广泛的,它同时决定了决策应达到的目标,决策方案的选择、评价等。

2. 决策备选方案

决策备选方案是可供决策主体选择的行动方案。围绕备选方案的制定、评价和选择,构成了决策过程的基本环节,因而备选方案处于决策的中心地位。明

---

① 斯蒂芬·罗宾斯,玛丽·库尔特著.孙健敏等译.管理学(第7版).中国人民大学出版社,2004:164—165

茨伯格将备选方案做过如下划分。

(1)给定的:决策过程一开始就已完全设计好的方案。
(2)现成的:在决策环境中逐渐成熟并在决策过程中得以发现的方案。
(3)定做的:专门为有问题的决策设计的方案。
(4)修正的:具有某些定做特征的现成方案。

3. 不可控因素

不可控因素是指决策中虽然对最终结果产生影响,但是不能直接由决策主体控制的部分。例如,生产能力决策中新产品可能的需求量就是一个不可控因素,可将其视为一种自然状态,它是由环境决定的,与决策本身无关。若能将不可控因素如天气情况所控制的状态及每一状态水平上发生的概率如降水概率60%、大风3~4级做出识别,就可将方案选择的不确定性大为降低。

4. 结果

决策备选方案和自然状态的每一个组合都对应着一种结果,可以用决策矩阵来表示。

三、决策中的创造性思维

凡属重大的决策,都不同程度地具有创造性思维的成分。制定有效备选方案的思维过程,就是逻辑思维转向创造性思维而后再回到逻辑思维的过程。对于逻辑性思维与创造性思维过程可以做如下比较,见表5-1。

表5-1 逻辑性思维与创造性思维过程的比较

	逻辑性思维过程	创造性思维过程
起点	需要解决的问题或消除的情况	需要解决的问题或消除的情况
提出的问题	通常是非常具体的问题	可能具有普遍性
过程	需要训练有素的工作人员 基本方法——逻辑方法	需要训练有素的人员动用大量不同的方法:头脑风暴法、电子会议法等
结果	通常制定出一种"最佳"处理方案	制定出数个可行方案或没有方案
成立方案制定小组	成员应具有专门知识,如小组应包括负责详细研究分析问题的成员和能够提供有关资料的成员等	小组成员未必了解问题或与之有关系
可能性	取决于资料的可能性	取决于小组成员的想象力和创造力

具体来说,创造思维过程通常包括四个相互交叉、相互作用的阶段。①无意识的审视。这种审视通常要求对问题要集中精力,而这一行为可能是在潜意识下进行的。②直觉。直觉要求人们找到新的组合并将各种不同的概念和想法综合到一起。③洞察力。它大多是创造的结果,或是突然间豁然开朗的状态。④

证明。洞察力需要经过逻辑或实验的测试以检验创新的效度。

决策中的创造是十分重要的,但从现实看,创造力又是相当缺乏的。限制创造力发挥的障碍性因素很多,这些因素有些是不可控的,例如在人们根深蒂固的传统观念中,有些岗位本身就是富于创造性的,如网络设计;而有些岗位本身是缺乏创造性的,如清洁工的岗位。

创造性思维的形成是多种努力的结果,事实证明,创造力也是可以培养的,头脑风暴法、集思广益法等被认为是提高创造力的有效方法。有创造力的个人,通常表现出丰富和强烈的感情特征,拥有非常高的自我控制力量,同时接受自己身上称心的和不称心的个性特征的能力。有创造力的组织,往往具有开放交流渠道和建议体系,有多元化、包容性的政策,有一个客观的、以事实为依据的方法,有充分的资源和承担风险的精神,运行不死板僵化,有独创的和与众不同的目标。

四、科学决策的基本要求

为了提高决策的效率和效果,进行科学决策必须遵循以下一般原则。

(1)重要性原则。组织资源和决策者时间的有限性决定了决策者不可能对组织中每天出现的所有问题同时进行决策,组织也没有足够的资源来同时解决所有的问题。这就需要决策者必须分清重点,对解决问题的优先次序和应当投入的时间、精力、资金等资源的数量做出判断。

(2)靠近问题原则。在尽可能地靠近问题产生或机会出现的地方进行决策,将会更容易、更便捷地获取真实信息,快速地做出并实施决策。这样做有利于保证决策的有效性和及时性。

(3)目标准确原则。决策者在进行决策时,必须建立起明确的决策目标,以便确定努力方向,在进行方案抉择时提供参考标准,同时也有利于决策者对决策实施的最终效果进行监督和评价。

(4)职责明确原则。由于决策具有普遍性和相互关联性,因而一项决策很可能对其他人的责任范围产生影响。所以,为了确保决策的权威性和防止混乱,就必须明确职责,在各自的职责范围内做出决策。

手段导向的决策方式

2001年,萨阿斯·萨阿斯娃斯(Saras Sarasvathy)在《管理学评论》(Academy of Management Review)中发表了论文《目标导向与手段导向:从经济必然性到创业偶然性的理论转变》。在这篇文章里,她颠覆了许多我们习以为常的关于经济和管理的思维模式,开创性地提出了创业决策中的手段导向理论(Effectuation Theory)。手段导向是与目标导向(Causation Theory)相对应的。目标导向主要适用于自然界,它注重对未来的预测,认为"人类可以在多大程度上预测未来,就可以在多大程度上控制未来"。而手段导向更加适合人类社会,认为"人类在多大程度上可以控制未来,所以就在多大程度上不需要预测未来",因为对未来的预测,充满了太多的变数和太多的失败先例。

一般来说,管理决策(主要运用目标导向)中的目标是预先设定的,而且目标是结构化的,是具体而明确的。对于管理者来说,组织内部存在着一系列可供选择的工具或者原因,而外部环境中也存在着一些关于这些工具和原因的限制条件。管理的任务就是根据某种标准(比如,既定目标下回报最大化)在可供选择的工具盒方案中做出选择以达到预定的目的。只有在战略决策的情形下,部分新的工具或者新的选择才会被创造出来。

而在创业过程中(主要应该运用手段导向),我们经常是基于一些很难改变的给定的工具或者资源,非常有想象力地构想出一系列可能的结果(其中大多数结果都是在决策的过程中产生的)。当然,也存在着一些对可能结果的限制条件,但也可能面临着很多意想不到的机遇(这些机遇通常是由有限的工具、外部环境和偶然性造成的)。创业者根据某种标准在可能的结果之间进行选择,而这些标准通常是与在给定的工具或者资源的基础上可以承受的损失有关。

采用手段导向的决策方式具有四个显著的特征:第一,手段导向者追求可以承受的损失,而不是回报最大化;第二,手段导向者追求战略合作,而不是竞争分析;第三,手段导向者注重对偶然性的开发,而不是对先前知识的开发;第四,手段导向强调对不可预测的未来的控制,而不是对不确定性的预测。[①]

第二节 决策过程

决策是解决问题的过程。管理人员每天都面临许多问题,其难度和特点也不一样,若能找到解决问题的共同思路,将不仅有助于问题的解决,还有助于提高管理工作效率。决策过程的研究就是为了达到这种目的,同时还将探讨如何克服有效决策的障碍等问题。

一、有效决策的步骤

依据解决问题的循环周期,一般的决策过程包括以下六个步骤(见图5-1)。

---

① 张玉利主编.创业研究经典文献述评.南开大学出版社,2010:113—115

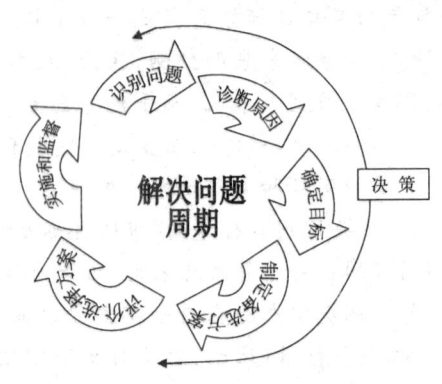

图 5-1　一般的决策过程

1. 识别问题

识别问题的目的是鉴别出那些与预期结果产生偏离的问题,也就是说需要确定决策的对象(即针对什么进行决策)。管理者所面临的问题是多种的,有危机型(需要立即采取行动的重大问题)、非危机型(需要解决但没有危机型的重要和紧迫)、机会型(如果适时采取行动能为组织提供获利的机会)。识别问题是一项决策过程的开始,以后各个阶段的活动都将围绕所识别的问题展开。如果识别问题不当,所做出的决策将无助于解决真正的问题,因而将直接影响决策效果。

尽管很多人主张识别问题常常是非正式的或凭借直觉,但以下四种信号的确有助于决策者正确地识别问题。

(1)偏离过去的绩效或经验。即组织中以前建立的绩效模式遭到破坏或发生变化。例如,员工流动比率提高、销售额下降、成本费用突然上升或废品率上升等等,都常常暗示决策者,可能出现了问题。

(2)偏离既定的计划。即没有达到决策者的期望水平。例如,新产品推出后没有达到预期的市场占有率水平,利润水平低于计划水平等等。

(3)其他人可能给决策者带来的问题。例如,有关顾客对于延迟交货的抱怨等等。

(4)竞争者的绩效水平。当竞争对手改进或形成了新的生产程序时,决策者可能不得不对本组织的过程或程序重新评价。

事实上,识别问题并不简单,以下因素可能导致识别困难。

(1)个人感觉。个人的感觉有时会妨碍人们认识现实问题。在许多情况下,人们在"我认为"、"我觉得"、"我想"、"我猜测"等感觉的基础上去认识问题,而没有真正去挖掘和把握问题的本质。

(2)用"解决方法"来定义问题。例如,销售经理可能会说,利润的下降是由于产品质量问题。此时。销售经理识别问题的方式已经暗示了解决问题的方法,即提高产品质量,结果草率地识别问题并进行决策。这种做法容易忽视可能导致利润下降的真正原因。

(3)把事物的外在表现识别成问题。例如,"订货量下降30%",这仅仅是真正问题所表现出的"症状"。决策者只有识别出真正的问题,才能找到订货量下降的真正原因并据以进行决策。

2. 诊断原因

仅仅识别出问题并不是目的,关键还要根据各种现象诊断出问题产生的原因,这样才能考虑采取什么措施,选择哪种行动方案。否则,只能是乱开药,或是头痛医头、脚痛医脚,造成资源浪费。在此过程中,可以通过尝试性地询问一些诊断性问题来发现原因。例如:是组织内外的什么变化导致了问题的产生?哪一类人与问题有关?他们是否有能力澄清问题?等等;或是利用鱼骨图等诊断分析工具逐步发现原因并分清主次。

3. 确定目标

决策者在找到问题及其原因之后,应该分析问题的各个构成要素,明确各构成要素的相互关系并确定重点,以找到本次决策所要达到的目的,即确定目标。美籍华裔企业家王安博士曾说过:"犹豫不决固然可以免去一些做错事的机会,但也失去了成功的机遇。"犹豫不决,通常就是由于目标很模糊或设立得不合理所致。

美国管理学家彼得·德鲁克在他的著作《有效的管理者》中举过这样一个例子:1965年11月间美国整个东部地区发生过一次全美历史上最严重的停电事件,在大停电的那天早上,纽约市几乎所有的报纸都没有出版,唯独《纽约时报》将报纸送到了读者手上。原来在那天停电时,报社当即决定把报纸改在当时还没有停电的纽华克印刷。这项英明的决策源于报社有明确的目标,但遗憾的是发行一百万份的《纽约时报》也只有不到半数的份数送到读者手中,为什么呢?主要原因是该报总编和他的助手发生争论,争论的问题却是某一英文单词该如何分节。因为该报有"印出的报纸绝不允许有任何文法上的错误"这一规定,它使得总编的争论占去了宝贵的印刷时间的一半。为完成原有目标而未能做到更为紧要的目标——保证时报的发行份数,致使正确的决策未能有效贯彻实施,可见确立正确目标的重要性。

4. 制定备选方案

这一阶段的目标是根据所识别的问题,在决策者面临众多约束条件下,找出多个可行的行动方案,对每个行动方案的潜在结果进行预测。在多数情况下,它要求决策者在一定的时间和成本约束下,对相关的组织内外部环境进行调查,利用顾客、供应商、外部的评论家、工人、管理阶层、报刊、论文及本企业自己积累起来的调研数据等多种来源,收集与问题有关的、有助于形成行动方案的信息进行分析。同时,决策者应当注意避免因主观偏好接受第一个找到的可行方案而中止该阶段的继续进行。在这一阶段中,创新因素的运用是最重要的,应注意与创新方法的适度结合。

5. 评价、选择方案

在这个阶段,决策者必须针对每个行动方案提出这样一个关键问题,即"是在所有已知的约束下最好的行动方案吗?"为回答这一问题,决策者应预测和合理估计各种行动方案结果可能发生的概率,分析各个行动方案可能发生的潜在后果。在此基础上,对上一阶段所形成的各个行动方案进行比较。

比较行动方案,不仅要对其积极结果进行比较,而且要对其消极结果进行比较;不仅要把每个行动方案同决策目标进行比较,而且要把它同其他方案进行比较。首先,决策者应当对两个可行方案进行比较,选出其中较好的一个;其次,选择完全不同的另外两个可行方案重复上述的比较过程;然后将已经选出的两个较好的方案进行比较;最终在众多的可行方案中找出最理想的行动方案。

决策者通常可以从以下三个主要方面评价和选择方案。

(1)行动方案的可行性。即组织是否拥有实施这一方案所要求的资金和其他资源,该方案是否能够有助于组织履行法律上或伦理上的义务;是否同组织的战略和内部政见保持一致,能否使员工全身心地投入决策的实施中去,等等。

(2)行动方案的有效性和满意程度。即行动方案能够在多大程度上满足决策目标,是否同组织文化和风险偏好一致,等等。值得强调的是:在实际工作中,某一方案在实现预期目标时很可能会对其他目标产生积极或消极影响。因此,目标的多样性在一定程度上又增加了实际决策的难度,这又从另一角度反映了决策者分清决策目标主次的必要性。

(3)行动方案在组织中产生的结果。即方案本身的可能结果及其对组织其他部门或竞争对手现在和未来可能造成的影响。

采用统一客观的量化标准进行衡量,有助于提高评估和选择过程的科学性。主要方法有决策树、决策矩阵法等,具体将在决策方法中讲述。

6. 实施和监督

只有有效地实施决策,才有可能实现决策目标。一项科学的决策很有可能由于实施方面的问题而无法获得预期成果,甚至归于失败。正是从这个意义上说,实施决策比评价、选择行动方案更重要。决策工作不仅仅是制定并选择最满意的方案,而且必须将其转化为实际行动,并制定出能够衡量其进展状况的监测指标。

首先,决策者必须宣布决策并为其拟采取的行动制定计划、编制预算。

其次,决策者必须和参与决策实施的管理人员沟通,对实施决策过程中所包括的具体任务进行分配。同时,他们还必须为因出现新问题而修改实施方案做好准备,通常要制定一系列备选方案以便应付在评价选择阶段和决策实施阶段所遇到的潜在风险和不确定性。

第三,决策者必须对与决策实施有关的人员进行恰当的激励和培训。因为即使是一项科学的决策,如果得不到员工的理解和支持,也将成为无效决策。

最后,决策者必须对决策的实施情况进行监督。如果实际结果没有达到计划水平,或者决策环境发生了变化,就必须在实施阶段加以修正,或者是在目标不可达到时修正原始目标,从而全部或部分重复执行以上决策过程。

决策实际上是一个"决策—实施—再决策—再实施"的连续不断的循环过程,如此往复贯穿于管理活动的始终。

二、如何克服有效决策中的障碍

决策是人类思维活动的一部分,决策者往往自然而然地做出决策而未能完全利用有效决策模型中的步骤。所以,有效决策存在障碍。

1. 迎接问题的挑战

当个体面临困难或机遇时,通常会有四种基本的反应模式:自满、逃避、恐慌和迎接挑战。前三种模式是进行有效决策的障碍,而第四种——迎接挑战即决策者接受挑战并利用有效决策步骤解决问题,是克服决策障碍的好方法。

2. 时间—费用关系

决策从某个角度讲,就是当没有时间搜集更多信息时,必须采取的行动。问题是决定何时终止信息搜集工作。搜集补充信息对帮助我们做出决策有立竿见影的效果,有助于减少决策的不确定因素,在图5-2中表现为不确定因素费用曲线的下降。但是搜集信息所花时间越多,相应的费用开支也越大。用于搜集信息的时间一长,其边际效益会逐渐下降,甚至会因等待时间过长而坐失良机。

3. 避免决策偏见

管理中常见的决策偏见有以下几种。

(1)忽视随机法则。随机意味着一件事情的结果与另一件事情的结果没有联系。管理者在决策中经常忽视这一法则。例如,零售业的月销售额波动是正

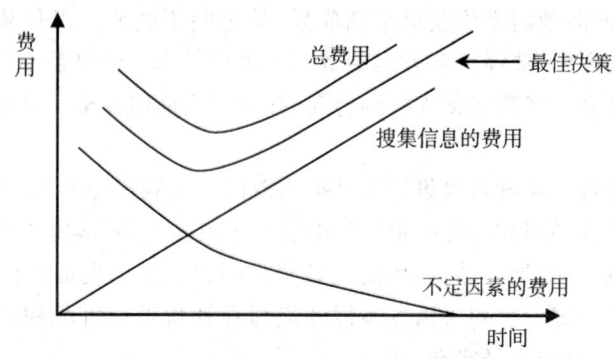

图 5-2 时间—费用关系

常的,而公司决策者却在看到销售有轻微下滑的情况下,就得出其趋势将要下降的结论,然后采取重大行动如增加广告预算等来弥补。

(2)正如本章第一节中的小故事:将军怎样率 600 人摆脱围困,大多数人选择了第一条路,因为他们认为将军应该挽救 200 人的生命而不是冒损失更大的风险。另一种情况是:若选择第一条路,400 人会丧生,若选择第二条路,1/3 的可能性是全部获救,2/3 的可能性是 600 人丧生。这种情况下,多数人认为应该选第二条路,其理由是选择第一条路 400 人肯定丧生,选择第二条路的话,至少有 1/3 的可能性没有一个人会死,如果计划失败伤亡人数比率也只会高出 50%。

有意思的是,大多数人在第一种情况下得出一个结论而在第二种情况下得出另一个结论。第一种情况中,支持第一条路的与支持第二条路的人数比为 3∶1,第二种情况中,支持第二条路的与支持第一条路的人数为 4∶1。但是深入仔细地瞧瞧就会发现两种情况所面临的选择其实是一样的,仅仅是陈述的方式不同而已,分别以获救和丧生的口吻叙述。

(3)过于自信。多数决策者会过高估计自己预测不确定结果的能力。在决策之前,管理者会对他们的能力有非理性的预期,认为能够预知风险并做出正确决策,尤其是在自己不熟悉的工作领域。

管理者可以通过有意注意他们的决策是怎样起作用的,来避免一些决策偏见带来的消极影响。多搜集相关信息也是有用的。除此之外,决策者应该多思考他们的决策可能错误或偏离目标的原因。这样的思考有助于揭示矛盾和偏差。

管理法则

1. 美国兰德公司。世界上 100 家破产倒闭的大企业中,有 85% 是因为企业管理者决策不慎造成的。评注：一人一事系于整体，每招每式关乎全局。

2. 法国管理学家 D.L. 福克兰。没有必要做出决定时，就有必要不做决定。评注：当不知如何行动时，最好的行动就是不采取任何行动。

3. 美国企业家奥尔·哈里森。参与决策主要应被看成是达成更优决策的一种手段。评注：给别人提建议的权力，即等于为自己增加了获得最好建议的机会。

4. 加拿大管理学家 B. 阿达克。客观的数据可以帮助我们，但是在抉择的后期阶段，管理者必须大量依靠自己的判断力。评注：明断出于明智，真得来自真知。

5. 美国教授拉尔夫·基尼。如果你没有不同的选择，那就没有什么决定可言。评注：凡在选择余地不大的情况下，我们总难做出最佳选择。

6. 意大利管理学家 H. 林德布洛姆。决策的过程是一个连续接近的过程，是目标的不断完善以及决策期中对现实更加具体的检测。评注：不能修订的决策，往往会成为最不完善的决策。

7. 美国斯坦福大学教授凯瑟琳·艾申哈特。决策时若意见难以统一，最后的决定权应交给最能了解问题实质的经营人员。评注：最有发言权的人，也最有决定权。

8. 法国企业管理学家 A.S. 道尔顿。决策的部分奥妙，就是要知道哪些事不需要作决策。评注：明白哪些事不必为，才能知道什么事大有可为。[1]

第三节　决策方法

对于确定型决策，可以采用微分法、线性规划、非线性规划、排队论等数学方法进行备选方案的优化选择。对于风险决策和不确定型决策，现代决策技术发展了大量的方法，有决策树法、决策矩阵法、博弈论、多目标决策、优选理论等"硬"方法，还有德尔菲法、专家会议法、头脑风暴法等"软"方法。这里介绍几种常用的决策方法。

一、决策矩阵

决策矩阵是由备选方案、不确定型因素控制下的自然状态和决策结果组成的矩阵。运用这种方法进行决策，相对简明，有助于了解决策的本来面目以及选择备选方案的决策规则。

---

[1] 金新政. 管理智典. 华中科技大学出版社，2002

例:某工厂以批发方式销售其生产的产品,产品的成本为 0.03 元/件,批发价格为 0.05 元/件。如果每天生产的产品当天销售不完,每天每件要损失 0.01 元。已知该工厂每天的产量可以是 0 件、1 000 件、2 000 件、3 000 件、4 000 件;根据市场需要,每天销售的数量可能为 0 件、1 000 件、2 000 件、3 000 件、4 000 件。则该工厂的决策者应如何安排每天的生产量才能满意?

根据条件,有五种备选方案,分别为每天生产 0 件、1 000 件、2 000 件、3 000 件或 4 000 件,问题的关键在于计算出每种方案的收入。由于每一种方案又面对五种可能的市场需求,所以每种可行方案共有五种可能的收益。设产量为 Q,销量为 S,收益为 R,则当 Q>S 时,R=S×(0.05－0.03)－(Q－S)×0.01;当 Q≤S 时,R=Q×(0.05－0.03)。计算结果见表 5-2,表中数字表示各个方案在不同的市场需求下的收益。

表 5-2　某工厂的收益矩阵

R(元)		销售量 S(件)				
		0	1000	2000	3000	4000
产量 Q (件)	0	0	0	0	0	0
	1000	－10	20	20	20	20
	2000	－20	10	40	40	40
	3000	－30	0	30	60	60
	4000	－40	－10	20	50	80

在选择决策方案时,决策者可依据以下四个决策准则。

1. 乐观准则

即决策者认为无论他们采取什么措施,无论别人采取何种策略,事情总是朝着对自己最有利的方向发展。因此,他们估计每个方案的最好结果,并选择结果最好的行动方案。此例中,按照乐观准则,决策者将找出每个可行方案的最大值,然后选出各个最大值中的最大值即 80 元,这个最大值对应的方案即产量为 4 000 件的方案是最满意方案。

2. 悲观准则

即决策者认为无论他们采取什么措施,无论别人采取什么策略、环境如何变化,事情总是朝着最坏的方向发展。因此,他们估计每个方案的最坏结果,并在最坏的结果中选择他们认为最好的行动方案。在这个例子中就是选择产量为 0 的方案。

3. 等概率准则

即决策者认为各个可行方案的各种可能结果发生的概率相同,进而选择期望值最大的行动方案准则。

例如,方案 2 即产量为 1 000 件的方案的期望值＝(－10＋20＋20＋20＋20)/5＝14 元,依次算出各方案的期望值分别为 0 元、14 元、22 元、24 元、20 元。所以最佳方案是选择产量为 3 000 件的方案。

4. 最小后悔准则

即决策者总是选择与最好结果偏离不大的行动方案。这是介于乐观准则和悲观准则之间的一个决策准则。按照这一准则,决策者先构造出一个机会损失矩阵,见表 5-3。方法是找出每一列的最大值,用该最大值分别减去这一列中的相应数值,以所得出的数值为一列,重新构造一个矩阵,这个矩阵即是机会损失矩阵。然后从机会损失矩阵的每一行中选择出最大的机会损失,再从选出的机会损失中选择最小的机会损失,其所对应的方案就是最满意方案。所以,第四个方案即产量为 3 000 件时,决策者最满意。

表 5-3 最小后悔准则决策表

R(元)		销售量 S(件)					最大机会损失
		0	1000	2000	3000	4000	
产量 Q (件)	0	0	0	0	0	0	80
	1000	－10	20	20	20	20	60
	2000	－20	10	40	40	40	40
	3000	－30	0	30	60	60	30←
	4000	－40	－10	20	50	80	40

二、决策树

这是一种以树形图来辅助进行各方案期望收益的计算和比较的决策方法。决策树的基本形状如图 5-3 所示。

举个简单的例子(这里不考虑货币的时间价值)。某公司为满足市场对某种新产品的需求,拟规划建设新厂。预计市场对这种新产品的需求量比较大,但也存在销路差的可能性。公司有两种可行的扩大生产规模方案:一是新建一个大厂,预计需投资 30 万元,销路好时可获利 100 万元,销路不好时亏损 20 万元;另一是新建一个小厂,需投资 20 万元,销路好时可获利 40 万元,销路不好仍可获利 30 万元。假设市场预测结果显示,此种新产品销路好的概率为 0.7,销路不好的概率为 0.3。根据这些情况,下面用决策树法说明如何选择最佳的方案。

图 5-3 中,方框□表示决策点,由决策点引出的若干条一级树枝叫做方案枝,它表示该项决策中可供选择的几种备选方案,分别以带有编号的圆形结点①、②等来表示;由各圆形结点进一步向右边引出的枝条称为方案的状态枝,每一状态出现的概率可标在每条直线的上方,直线的右端可标出该状态下方案执

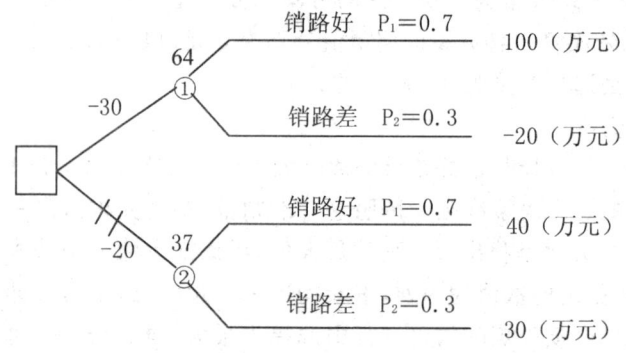

图 5-3 决策树示意图

行所带来的损益值。

用决策树的方法比较和评价不同方案的经济效果,需要进行以下几个步骤的工作。

(1)根据决策备选方案的数目和对未来环境状态的了解,绘出决策树图形。

(2)计算各个方案的期望收益值,这首先是计算方案各状态枝的期望值,即用方案在各种自然状态下的损益值去分别乘以各自然状态出现的概率(P_1,P_2);然后将各状态枝的期望收益值累加,求出每个方案的期望收益值(可将该数值标记在相应方案的圆形结点上方)。在上例中:

第一方案的期望收益 $= 100 \times 0.7 + (-20) \times 0.3 = 64$(万元)

第二方案的期望收益 $= 40 \times 0.7 + 30 \times 0.3 = 37$(万元)

(3)将每个方案的期望收益值减去该方案实施所需要的投资额(该数额标记在相应的方案枝下方),比较余值后就可以选出经济效果最佳的方案。在上例中,第一方案预期的净收益 $= 64 - 30 = 34$(万元);第二方案预期的净收益 $= 37 - 20 = 17$(万元)。比较两者,可看出应选择第一方案(在决策树图中,未被选中的方案是以被"剪断"的符号来表示)。

三、头脑风暴法

这是一种定性化的方法。具体做法是请一定数量的专家,对预测对象的未来发展趋势及状况做出判断。通过专家面对面的信息交流,引起思维共振,产生组合效应,进行创造性思维,在较短的时间内取得较为明显的成果。

头脑风暴法也有不足之处。如专家人数有限,代表性可能不充分;受个人语言表达能力的限制;受群体思维的影响,随大流,为权威所左右等。所以,对专家的人选和对会议的精心组织至关重要。一般地说,专家小组规模以 10~15 人为宜,会议时间以 40~60 分钟为佳。

四、德尔菲法

德尔菲是古希腊阿波罗神宣布神喻的所在地。20 世纪 50 年代,美国兰德公司与道格拉斯公司协作研究通过有控制的反馈,更可靠地收集专家意见,最后用"德尔菲"(聪明智慧的含义)命名这种方法。至今,德尔菲法占各类预测的 24% 以上。德尔菲法依靠专家背靠背地发表意见,各抒己见,管理小组对专家们的意见进行统计处理和信息反馈,经过几轮循环,使分散的意见逐步收敛,最后达到较高的预测精度。该法的不足之处是时间较长,费用较高。

五、强迫联系法

将无关的观点和目标之间建立关系是强迫联系法的基础。一个目标是固定的,其他的目标则可完全随机地或从名单上进行选择,然后参加者要找出尽可能多的方法将固定目标和随机选择的目标联系起来。这种联系的强迫性将会创造出许多新的和有创意的方法。

第四节 程序化决策和非程序化决策

决策活动复杂多样,不同的决策各具特点。为了有助于决策者制定行动方案、明确决策目标并进行科学的决策,就必须分清决策的类型。从决策所涉及的问题来看,可以将决策分为程序化决策和非程序化决策两种类型。

一、程序化决策和非程序化决策的比较

程序化决策即在问题重复发生的情况下,决策者通过限制或排除行动方案,按照书面的或不成文的政策、程序或规则所进行的决策。这类决策要解决的具体问题是经常发生的,解决方法是重复的、例行的程序。例如,在组织对每个岗位的员工工资范围已经做出了规定的情况下,对新进入的员工发放多少工资的决策就是一种程序化的决策。实际上,多数组织的决策者每天都要面对大量的程序化决策。

程序化决策虽然在一定程度上限制了决策者的自由,使得个人对于"做什么和如何做"有较少的决策权,但却可以为决策者节约时间和精力,使他们可以把更多的时间和精力投入到其他更重要的活动中去。值得注意的是,为了提高程序化决策的效率和效果,必须对赖以处理问题的政策、程序或规则进行详细的规定;否则,即使是面对着程序化的问题或机会,决策者也难以快速地做出决策。

例如,一个一个地处理顾客抱怨的决策,不但会消耗大量的时间而且成本较高;一项"购后14天内保证换货"的政策却可以极大程度地简化问题,从而使决策者能够有更多的时间处理一些更棘手的问题。

非程序化决策旨在处理那些不常发生的或例外的非结构化问题。如果一个问题因其不常发生而没有被引起注意,或因其非常重要或复杂而值得给予特别注意时,就有必要作为非程序化决策进行处理。事实上,决策者面临的多数重要问题,如怎样分配组织资源,如何处理有问题产品,如何改善社区关系等,常常都属于非程序化决策问题。随着管理者地位的提高,所面临的非程序化决策的数量和重要性都逐步提高,面临的不确定性增大,决策的难度加大,进行非程序化决策的能力变得越来越重要,进行决策所需的时间也会相对延长。因此,许多组织都一方面设法提高决策者的非程序化决策能力,另一方面尽量使非程序化决策朝程序化决策方向转化。程序化决策和非程序化决策的比较见表5-4。

表5-4 程序化决策和非程序化决策的比较

决策类型	问题性质	组织层次	决策制定技术		举例
			传统式	现代式	
程序化的、经常发生的、解决方法是重复的、例行的程序	例行问题（重复出现的,日常的）	下层	1.惯例 2.标准操作规程 3.明确规定的信息通道	1.运筹学、结构分析模型、计算机模拟 2.管理信息系统	企业:处理工资单 大学:处理入学申请 医院:准备诊治病人 政府:使用国产汽车
非程序化的、不常发生的、新的解决方式	例外问题（新的,重大的）	上层	1.判断、直觉和创造性 2.主观概率法 3.经理的遴选和培训	探索式解决问题技术适用于: 1.培训决策者 2.编制人工智能程序	企业:引入新的产品 大学:建立新的教学设施 医院:对地方疾病采取措施 政府:解决通货膨胀问题

二、非程序化决策的转化

程序化决策与非程序化决策的划分不是绝对的,二者之间并没有严格的界限,在特定的条件下,二者还可以相互转化。例如,一项关于定价的程序化决策,可能会因为原料与产品供应情况、市场需求情况、竞争对手定价策略等方面的变化而转化为非程序化决策。同样,有关某项资源分配的非程序化决策也可能会因为信息的充分性而向程序化决策转化。完全的程序化决策与完全的非程序化决策仅仅代表事情存在的两个极端状态,在它们之间还存在着许多其他类型的决策状态,就如同在黑色与白色之间还有许多既包含一定数量的白色,又包含一定程度的黑色的其他颜色一样。随着现代决策技术的发展,很多以前被认为是完全的非程序化决策问题已经具有了程序化决策的因素,程序化决策的领域日益扩大。运筹学等数学工具和计算机的广泛应用,进一步扩展了程序化决策的范围。

非程序化决策问题的转化是突出例外管理、提升管理水平的重要手段。例外问题是那些偶然发生的、新颖的、性质完全清楚、结构上不甚分明的、具有重大影响的问题。例如,组织结构变革问题,重大的投资问题,开发新产品或新市场的问题等。这类问题为数不多,但却是真正要求主管人员倾注全部精力,进行正确决策的问题。如果能够注重长期积累,探索这类问题中的内在规律,就有可能减少这类问题中的非结构化成分,使之具有更多的程序化决策成分。

第五节 个体决策和群体决策

根据决策主体是个人还是群体,可以将决策分为个体决策和群体决策。它们的决策效果各不相同,应根据其利弊在不同条件下加以选择。

一、个体决策与群体决策的比较

决策体现着时代的特征。随着环境的变化,当今世界的重大问题越来越多地采用群体决策。但在许多时间紧迫的关键时刻,群体决策无法取代个人决策。

就像在大雾中踢足球,虽然不能总是知道球场上的真实情况,但有良好预见性的熟练球员还是占有优势的,这种优势的来源是长期的足球生涯中形成的经验和直觉,是任何群体决策所无法替代的。个体决策与群体决策的优缺点比较见表5-5。

表5-5 个体决策与群体决策比较

	群体决策	个体决策
果断性(做出决断的速度)	差	佳
责任明确性(对决策后果承担的责任)	差	佳
决策成本(所耗费的时间与经费)	高	低
决策质量(有否精确的诊断和丰富的备选方案)	佳	一般
一贯性(不存在前后矛盾)	佳	差
可实施性(执行的难易程度)	佳	一般
开放性(不受个人偏见支配的程度)	佳	差

资料来源:芮明杰.管理学:现代的观点.上海人民出版社,2000:215

在多数组织中,许多决策都是通过委员会、团队、任务小组或其他群体的形式完成的,决策者经常必须在群体会议上为那些具有新颖和高度不确定性的非程序化决策寻求和协调解决方法。结果,许多决策者在委员会和其他群体会议上花费了大量的时间和精力,有的决策者甚至花费高达80%以上的时间。因此,分析群体决策的利弊以及其影响因素,具有重要的现实意义。

(一)群体决策的好处

尽管人们并不一致认为群体决策是最佳的决策方式,但群体决策之所以广泛流行,正是在于群体决策具有以下几个明显的优点。

1.群体决策有利于集中不同领域专家的智慧,应付日益复杂的决策问题

通过这些专家的广泛参与,专家们可以对决策问题提出建设性意见,有利于在决策方案得以贯彻实施之前,发现其中存在的问题,提高决策的针对性。

2.群体决策能够利用更多的知识优势,借助于更多的信息,形成更多的可行性方案

由于决策群体的成员来自不同的部门,从事不同的工作,熟悉不同的知识,掌握不同的信息,容易形成互补性,进而挖掘出更多的令人满意的行动方案。

3.群体决策还有利于充分利用其成员不同的教育程度、经验和背景

具有不同背景、经验的不同成员在选择收集的信息、要解决问题的类型和解决问题的思路上往往都有很大差异,他们的广泛参与有利于提高决策时考虑问题的全面性,提高决策的科学性。

4.群体决策容易得到普遍的认同,有助于决策的顺利实施

由于决策群体的成员具有广泛的代表性,所形成的决策是在综合各成员意见的基础上形成的对问题趋于一致的看法,因而有利于得到决策实施有关部门或人员的理解和接受,在实施中也容易得到各部门的相互支持与配合,从而在很大程度上有利于提高决策实施的质量。

5.群体决策有利于使人们勇于承担风险

据有关学者研究表明,在群体决策的情况下,许多人都比个人决策时更敢于承担大的风险。

通用电气的"全员决策"制度

1981年,杰克·韦尔奇就任美国通用电气公司(GE)的总裁后,认为公司管得太多而领导得太少,"工人们对自己的工作比老板清楚得多,经理们最好不要横加干涉"。为此,韦尔奇在公司内实行了"全员决策"制度,使那些平时没有机会相互交流的员工、中层管理人员都能出席决策讨论会。"全员决策"的开展,消除了公司中官僚主义的弊端,减少了不少烦琐的程序。实行"全员决策"后,公司

在经济不景气的情况下取得了巨大的进展,韦尔奇本人也被誉为全美最优秀的企业家之一。

杰克·韦尔奇所实行的"全员决策"制度,有利于避免企业中的权力过分集中这一弊端。让每一个员工都体会到自己也是企业的主人,从而真正为企业的发展着想,这绝对是一个优秀企业家的妙招。①

(二)群体决策可能存在的问题

群体决策虽然具有上述明显的优点,但也有一些特殊的问题,如果不加以妥善处理,就会影响决策的质量。群体决策容易出现的问题主要表现在三个方面。

1.速度、效率可能低下

群体决策鼓励各个领域的专家、员工的积极参与,力争以民主的方式拟定出最满意的行动方案。在这个过程中,如果处理不当,就可能陷入盲目讨论的误区之中,既浪费了时间,又降低了速度和决策效率。

2.有可能为个人或子群体所左右

群体决策之所以具有科学性,原因之一是群体决策成员在决策中处于同等的地位,可以充分地发表个人见解。但在实际决策中,这种状态并不容易达到,很可能出现以个人或子群体为主发表意见、进行决策的情况。

3.很可能更关心个人目标

在实践中,不同部门的管理者可能会从不同角度对不同问题进行定义,管理者个人更倾向于对与其各自部门相关的问题非常敏感。例如,市场营销经理往往希望较高的库存水平,而把较低的库存水平视为问题的征兆;财务经理则偏好于较低的库存水平,而把较高的库存水平视为问题发生的信号。因此,如果处理不当,很可能发生决策目标偏离组织目标而偏向个人目标的情况。

二、有效的群体决策

群体决策是群体成员相互作用的产物,每个人的选择可能会存在差异,甚至截然相反,有时还往往与个人或某一集团的利益密切相关,因而群体的选择受到群体成员行为的影响,特别是当任务与情绪交织在一起。因此人们设计出诸如德尔菲法、头脑风暴法等方法,试图消除可能的紧张、变化无常、对抗等消极力量。同时,群体结构的模式、规范和作用对群体决策也有深远的影响,而友谊、权力、地位更在群体成员相互作用中又起着微妙的作用群体。事实证明,群体思维常发生在群体无较强内聚力时。因而,群体的内聚力、团队精神、择优规则和时

---

① 曹正进.组织行为学.经济管理出版社,2007:179—180

间的紧迫性等都会对决策质量产生重要影响。

(一)有效的群体决策应具备的主要特征

根据群体决策实践中积累的经验,有效的群体决策应至少包括以下几个特征。

1. 决策的有效性

即能够迅速地做出决策。这与决策者所期望的急迫程度、正确程度以及创新程度有关,并由群体决策成员的知识、能力、参与的程度以及发挥影响的程度所决定的。

2. 决策的开放性

即决策群体不受个人特定的见解(有时可能是偏见)所支配。这是由决策群体成员的价值观的差异和思想的开放程度所决定的。

3. 决策的合理性

即采用合理的决策程序,做出合理的选择。这是由决策步骤的合理性和科学性所决定的。

(二)群体决策所应遵循的原则

由于群体决策成员的价值观和目标的多样化,加之各自的影响力及拥有的信息上存在的差异,群体决策具有许多个人决策所没有遇到的特殊问题,为了妥善解决这些问题、激发群体决策的创造力,决策群体应坚持以下几个原则。

(1)努力形成一个以能够促进创造性思考过程的决策者为领导、有与问题相关的不同种类的人才广泛参与的群体结构,以使组织能够获得所有相关领域的知识。有时,还可以邀请那些不受组织制约的外部专家参与。

(2)促使群体中的每个成员承担起和大家一起探索的群体角色。

(3)使群体决策的过程具有以下特征:①不是倾向于与领导交流,而是主动地与群体中的所有其他成员进行沟通;②每个群体成员都能够全身心地投入进来;③把形成思想与评价思想合理分开,把识别问题与制定行动方案合理分开;④恰当地转移角色,增强成员间的理解和合作气氛,进而有利于产生更多更好的行动方案;⑤延缓做出判断,避免过早地思考行动方案,使得重心能够保持在分析和探索方面。

(4)创造轻松的、没有压力的群体环境,从问题出发而不是从短期收益出发,培育成员之间相互鼓励的群体风格。

(5)追求一致,但不排除在难以达成共识的情况下接受大多数原则。

(三)计算机支持下的群体决策

在计算机的协助下,信息技术的进步发展了群体决策的方法。一种先进的方法就是电子会议,数十人围坐在一张马蹄形的桌子旁,这张桌子上除了一系列的计算机终端外别无他物。将问题用计算机显示给决策参与者,他们把自己的回答打在计算机屏幕上。个人评论和票数编译都投影在会议室内的屏幕上。这种方法的主要优点是匿名、诚实和快速。决策参与者能不透露姓名地打出自己所要表达的任何信息,一敲键盘就显示在屏幕上,使所有人都能看到。从而有效克服了群体思维的压力。

【信息化管理专栏】

电子会议 思科网真

思科有一项名为"思科网真"(Cisco TelePresence)的创新技术。构建于智能化IP网络之上的"思科网真"技术,能够传输并再现真实,身处世界的任何角落与环境之中的人将通过网络获得亲临实境的独特沟通体验。

调查显示,超过60%的人际沟通信息不是通过语言传递的,而是通过肢体动作和面部表情,然而现有大多数的协作工具却不能像面对面会谈那样,捕捉到这些丰富信息。思科网真技术所提供的高质量体验,不受会谈各方距离的影响,从而彻底改变了人们的远程通信体验。

宣布面世的第一个网真技术应用是"思科网真会议解决方案",这是思科为企业提供的一系列新视频解决方案之中的第三款解决方案,旨在帮助企业实现远程商务交流与协作,提高生产率。思科网真会议系统撷取了思科特有的统一通信功能,使启动网真会议就像拨打电话一样简单。随着网真系列产品的不断增加,思科还将为医疗保健、零售、银行、娱乐和政府等行业开发量身定制的新型应用,包括医生约诊、"虚拟专家"咨询、远程取证或探望家人等,这些都无须客户离开其所在地。

【本章小结】

决策是管理工作中非常普遍的工作,决策的科学性是管理工作取得成效的前提。当面对决策问题时,首先要识别决策的类型,然后尝试选择正确的决策方法开展工作。决策是一个连续的过程,要提升决策的科学性,需要注重决策过程中各环节的工作质量。对某个环节很重视而忽视其他工作环节,无法得到科学的决策。随着环境复杂程度的增强,决策问题会变得更加复杂,习惯于运用群体决策方法解决问题,有助于提升决策的科学性。

关键名词: 确定型决策　风险型决策　不确定型决策　决策矩阵　决策树
　　　　　头脑风暴法　德尔菲法　强迫联系法　程序化决策　非程序化决策
　　　　　个体决策　群体决策　群体思维　电子会议法

【伦理专题】

商业决策不能突破道德底线

在2011年法中委员会会议间隙,达能集团董事、联席首席运营官范易谋(Emmanuel Faber)接受了《21世纪经济报道》专访。以下是有关"商业和社会价值并重"的一段采访。

记者:公司CEO曾在2009年说过,管理和权衡股东、客户、供应商、雇员这些利益相关方的矛盾冲突是达能追求企业成功和社会进步的重要一环,这一观点"已经深深地融入了我们的DNA"。这些DNA具体来说有哪些?

范易谋:要理解这种公司的文化基因,就要先知道达能创始人家族的历史。

1968年时候,法国年轻人发生了一场革命,对当时的价值观提出了一些质疑,这个事件之后的一年,安托万·里布(Antoine Riboud)就提出来,需要一种完全不同的理念和模式来经营商业和企业。也就是说,他认为,在充满人文关怀和推动社会发展的考量下,公司一味地创造财富是不可以持续发展的。这应该是商业价值和社会价值并重的责任。

由此可以知道,我们对社会责任的坚持不是这两年才开始的,是在20世纪六七十年代时候就已经开始了,并且将其作为明确的战略目标。

举一个例子吧,达能全球这么多的管理者,他们的奖金是由三部分组成的,一是经济指标,二是管理指标,第三个就是社会指标,都是量化后被纳入KPI的。三部分权重均等,比如利润指标(经济指标)和二氧化碳减排指标(社会指标)对考核贡献度就一样,你要是一方做不好的话,赚再多钱也没有用。

记者:在商业实践中,你有没有遇到过从企业角度看需要做,而可能违背企业家个人伦理的事情?如果遇到,这种矛盾你会如何处理?

范易谋:如果一项重大商业决策比较困难,但前提是不突破道德底线,那么还是会做出相应决策的;一旦突破了道德底线、违背我的道德原则,那就辞职或者拒绝做相关决定。

当然,如果这家公司是家族业务,那么创始人的任何决策都不会违背他的道德,他肯定是根据他个人的道德标准来做决策的。

讨论题:

1. 达能集团的社会责任观念对其商业决策有什么影响?
2. 请结合案例说明"商业价值和社会价值并重"对管理者进行决策提出了哪些新的要求?

第五章　决策

【情景练习】

现实生活中,你是否也遇到过下述情景? 你是怎样处理的呢?

哈罗德·利维特在其所著的《管理心理学》中描述了这样一个精彩的例子:假设你是某委员会的成员,该委员会的大多数成员与你的阶层相仿。委员会主席睿智且通情达理,人们都很喜欢他。该主席给大家传阅了一份下次会议的议事日程。你对议事日程进行了仔细的考虑,你对日程的第一项反映强烈,感触颇多。

开会之时,你准时赶到,大家互相寒暄之后,主席宣布会议开始。慢慢地大家对第一项议事日程各抒己见。等到你该介入讨论时,会议形式已变得十分明朗,大多数成员的立场都同你截然相反,他们多数都点头称道:"X备选方案是解决问题的最佳途径。"

然而你却极力推崇Y方案。开始时,每个人都倾听你的高见。他们向你提出了问题并对你的建议做出了褒贬参半的评论,讨论仍在进行。

少顷,主席说:"好吧,我们已就这个问题讨论了一会儿,现在可以看看大家的立场究竟如何。"他试图把支持X方案的观点及赞成你的Y方案的观点归纳起来。讨论是非正式的,与会者一个接一个地表示赞同X方案。此时,你心里感到有些不快,处境尴尬。也许是心理作用,你感到人们似乎把注意力都集中到你身上,主席也向你投来了询问的目光。该委员会喜欢采用非正式的会议形式,你也喜欢这种较轻松、不拘礼节的状态。你心里很明白,会议主席不想通过正式投票的形式来解决此问题,他不会说:"X方案以7∶1的票数通过。"这时你却认为Y方案是正确的,X方案是错误的。

此时,群体压力开始产生了,大家的注意力都集中在你身上。于是会议主席说道:"这样吧,诸位女士、先生们,我们还有一点时间,何不就这个问题再讨论一会儿呢?"然后他转向你说:"你能否就自己的观点做一个简要的说明?"你当然以一种自恃有理的姿态表明了你的观点。

现在其他委员对你更加关注,他们纷纷向你提出疑问。你俨然成了舞台上的中心人物,每个人都把脸转向你同你交谈,人们不向你大声嚷嚷,也没有对你粗暴无礼,恰恰相反,他们只是"彬彬有礼"地向你提问,以判断你的观点是否正确。这个过程持续了一会儿,人们开始有点坐立不安。最后有人对你说:"也许我们的分歧并不像看起来那么严重,真正的差异只不过是语言表达不同而已。小的分歧一旦夸大,看起来就严重了。"主席补充说道:"时间不早了,为了使今天的会议圆满结束,我认为该对这一问题做一结论了。"接着有人笑着对你说:"你完全可以同我们站在一起,这样就可以早点结束会议去喝咖啡了。"

你不是傻瓜,感到了目前的压力。你知道人们方才说的那一番话的潜台词就是:"你是我们中的一员,既然我们想走了你就别再耽误我们的时间了。"

然而你却固执己见,一丝不苟,依章办事。你坚信Y方案用来解决该问题是最恰当的。你再次据理力争,会场一片沉寂。过了一会,终于有人站出来反唇相讥了:"我的天哪!你老调重弹有大半天了,一点新意都没有。真没想到你会如此顽固不化。"这位委员的话犹如一个开场白,其他人的攻击接踵而来,大家从各个方面对你进行指责。他们指出以前你也犯过同样的错误。他们指责你对群体不忠诚。因为群体运行要求群体内部成员协调一致,所以你是否与其他人意见一致是极为重要的。他们对你横加指责,就连主席好像也加入了他们的行列。

但是你仍然坚持己见,因为你坚信Y方案是解决问题唯一的正确途径。所以你无论如何也接受不了X方案。你坐在那里犹如受审一样,你口干舌燥,孤立无援。但是你仍然坚定地站在自己的立场上,维护着自己的原则与名誉并极力反击。时间就这么一分一秒地过去了。

随之而来的结果又如何呢?

你的情绪一落千丈,你知道再争辩下去毫无意义。大家的目光从你的身上移开,但丝毫没有减轻你内心的痛苦。最后,一位委员对主席说:"我们在这个问题上纠缠了一个半小时。我们还要讨论其他的事情。我认为我们应该接受X方案,进入下一个议程。"其他人都彼此交换眼色,并以探询的目光注视着主席,而不再注视你。人们对决定采用X方案的理由做了总结。此时有人说:"好了,我们已决定采纳X方案,进入下一个议题吧!"

在以后的几分钟里你沉默不语,因为大家对你视而不见。你听到了对接受方案X所做的理由概括。你再一次就你认为正确的方案谈了自己的看法。有两三个人注视着你的谈话,却没说什么,其他的人都好像置若罔闻。主席最后说到:"我们接着讨论下一个议题吧!"会议继续开下去。

你清楚发生的一切意味着什么。你的心理状态趋于封闭。你感到自己已经游离于群体之外。当你讲话时,没有人听你的,你对他人已无任何影响力而言。这就是群体对于背离自己意志的成员的最高惩罚。你在心理上已被群体所淘汰。[①]

思考题:
1. 什么是决策?举出身边的一个风险型决策的例子。
2. 描述决策的制定过程,最好能画出一个流程图。
3. 强迫联系法怎样实行?
4. 对例外问题将如何处理?
5. 如何进行有效的群体决策?

[①] 刘霞.风险决策:过程、心理与文化.经济科学出版社,1998

第六章 计划

本章导读

本章讨论了在新的企业内外部经营环境中,计划职能的构成与作用,日常运营工作计划的编制程序,以及常用的计划编制工具——项目计划技术,最后介绍了一种发达国家大公司普遍采用的战略赶超计划方法——标杆瞄准。

问题导引

- 在变化日益快速的经营环境中,计划职能是否可有可无?
- 计划职能与决策职能有什么样的联系?
- 计划工作有什么样的重要作用?
- 标杆瞄准为什么在发达国家大公司如此流行?

【全球化管理引例】

中国制定"十二五"规划过程

对于中国"十二五"规划的制定过程,以往人们了解甚少,对外似乎又很神秘。实际上,它是一个较为公开的、有其程序性的公共政策与公共决策的过程,分为多个步骤,每一步骤都会形成一个阶段性的成果。规划制定过程大体可以分为以下相互连接的 11 个步骤。

第一步骤为"十一五"规划中期评估(2008 年 3 月至 2008 年 12 月)。

第二步骤为前期研究(2008 年底至 2009 年底)。这包括进行基础调查、信息收集、课题研究以及纳入规划重大项目的论证等前期工作。

第三步骤为形成"十二五"规划的《基本思路》(2009 年 12 月至 2010 年 2 月)。根据前期研究成果,起草基本思路意见稿,为之后的调查研究、广泛听取各方意见、起草党中央建议提供了基础。

第四步骤为党中央《建议》起草阶段(2010年2月至2010年10月)。《建议(草案)》是在中央政治局常委会直接领导下制定的。

第五步骤为通过中央《建议》(2010年10月)。提出规划的经济社会主要目标、指导方针、重要原则、重点战略和主要任务,为制定"十二五"规划纲要奠定基础。

第六步骤为制定《纲要》文本(2010年10月至2011年2月)。与各地方、各部门、各行业协会进行信息沟通,直接听取意见,与此同时进行不同规划之间的衔接和协调。

第七步骤为国家规划专家委员会论证(2010年10月至2011年1月)。正式向国务院提交论证报告,并随同《纲要》一起报送全国人民代表大会,作为审议《纲要》的重要参考。

第八步骤为广泛争取内外部意见。在国家发展和改革委员会门户网站开辟建言献策专栏,公开征集公民意见。同时,召开各方座谈会,直接听取意见等。

第九步骤为全国人大审议并批准《纲要(草案)》(2011年3月)。这是《中华人民共和国宪法》第六十二条赋予全国人民代表大会的第十一项职权。

第十步骤为正式公布《中华人民共和国国民经济和社会发展第十二个五年规划纲要》。

第十一步骤为规划实施阶段。规划实施是规划编制的最终目的,任何规划最后都应组织实施。

在先后经历以上十一个步骤、用了长达两年半的时间,才制定了一个全国五年规划纲要。实际情况比以上所述还要更为复杂。

为什么在环境动态不确定的今天,我们要如此按部就班地制定一项计划?是不是对于小组织或个人而言,就不用制定计划?或者不必考虑计划的制度化、规范化和程序化?

计划与决策工作往往相互渗透、紧密联系交织在一起。确定组织目标和拟定实现目标的总体行动计划是计划工作的首要职能,而确定组织目标和拟定行动计划的过程,其实质就是决策。决策为计划的任务安排提供了依据,计划则为决策所选择的活动和活动方案的落实提供了实施保证。

第一节 计划的构成与作用

计划是管理的重要职能,其本身又有一些重要的构成要素,从不同角度可以对计划进行不同的分类,计划工作具有激励、工具、手段等多方面的作用。

一、计划的概念与特点

计划是关于组织未来的蓝图,是对组织在未来一段时间内的目标和实现目标途径的策划与安排。一般地,人们在名词和动词两种意义上使用着"计划"一词。从动词方面看,计划(Planning)是指对各种组织目标的分析、制定和调整以及对组织实现这些目标的各种可行方案的设计等一系列相关联的行为、行动或活动。从名词方面看,计划(Plans)就是指上述计划行动的结果,包括组织使命和目标的说明,以及战略、政策、预算等计划方案。计划工作是管理的重要职能,其特点体现在以下几个方面。

1. 计划工作的首要性

一方面,一切管理活动都是为支持和保障计划目标的实现而展开的。另一方面,计划工作又是一切管理活动的前提,只有有了计划以后,人们才能开展其他的管理活动。例如,一个企业如果没有生产经营计划,则它的任何组织管理、资产管理、控制管理等等都会成为盲目的行为,无法称得上是管理。

2. 计划工作的普遍性

一切有组织的活动,不管大小,重要与否,全局性或是局部性的,都必须有计划。计划工作是渗透到组织各种活动中的普遍性管理工作。另外,各级管理人员实际上都要担负或多或少的计划工作,是管理人员参与最普遍的管理工作之一。

3. 计划工作的重要性

通常,决策是最重要的管理工作,而实际上计划工作与决策工作密不可分。计划工作中的目标确定、任务分配、时间安排、资源配置、行动方案选择等等都是不同层次的决策工作。其中目标的确定是最高层次的决策,而其他的则是常规性的决策。

二、计划的构成与分类

(一)计划的构成

一般来说,一项完整的计划应由以下要素构成,计划的不同要素可组成如图 6-1 的计划层次体系。[1]

1. 组织的宗旨

一个组织的宗旨可以看作是一个组织最基本的目标,也即一个组织何以存

---

[1] 芮明杰主编.管理学:现代的观点.上海人民出版社,1999:237-239

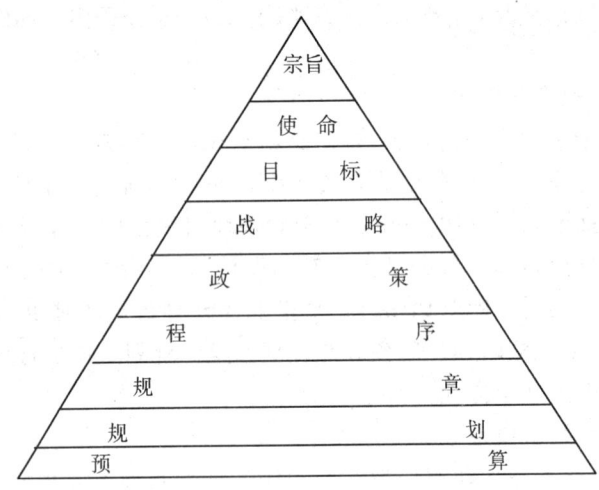

图 6-1 计划的层次体系

在的基本理由。一个组织的宗旨无非有两类:要么是寻求贡献于组织之外的自然、社会;要么是寻求贡献于组织内部成员的生存和发展。这两类宗旨是彼此相连、相辅相成的。

2.组织的使命

为了实现组织的宗旨,组织就可以为自己选择一项使命。这项使命的内容就是组织选择的服务领域或事业。例如,一所学校和一家医院,同样服务于社会,前者的使命是教书育人,后者的使命是救死扶伤。使命只是组织实现宗旨的手段,而不是组织存在的理由。

3.组织的目标

组织的目标更加具体地说明了组织从事这项事业的预期结果。组织的目标包括了组织在一定时期内的总目标以及组织各个部门的具体目标等两个方面的内容。

4.组织的战略

为实现组织的目标选择一个发展方向、行动方针以及各类资源分配方案的总纲,这就是组织的战略。组织的战略重点是要指明方向和资源配置的优先次序。

5.组织的政策

政策是管理者决策时考虑问题的指南,政策的制定是为了规定组织行为的指导方针。政策可以以书面形式发布,也可能存在于管理人员管理行为的"暗示"之中,但无论是哪种形式,政策都对管理人员的工作起到重要作用。

6.组织的程序

程序是一种经过优化的计划,它规定了某些经常发生问题的解决方法和步骤;程序是通过大量经验事实的总结而形成的规范化的日常工作过程和方法,并以此来提高工作的效果和效率。

7.组织的规章

规章是一种最简单的计划,它规定了某种情况下采取或不能采取某种具体行动。规章和程序相比,规章只是对具体情况下单个行动的规定而不涉及程序所包含的时间序列,甚至可以说程序实际上就是多个规章按照一定的时间序列的组合。

8.组织的规划

组织规划的作用是根据总目标或各部门目标来确定组织分阶段目标或组织各部门的分阶段目标,其重点在于划分总目标实现的进度。组织的规划不仅仅包含组织的分阶段目标,其内容还包括实现该目标所需的政策、程序、规划、任务委派、采取的步骤、涉及的资源等。

9.组织的预算

预算是一种"数字化"的计划,把预算的结果用数字的方式表示出来就形成了预算。一般来说,财务预算是组织最重要的预算,因为组织的各项经营活动几乎都可以用数字化、货币化的方式在财务预算表上体现出来。预算作为一种计划,勾勒出未来一段时期的现金流量、费用收入、资本支出等的具体安排。

(二)计划的分类

计划涉及上至国家下至个体各种组织的活动,因此计划是多种多样的。为充分认识计划的共性与个性,人们将计划分成许多类型,现介绍几种普遍使用的分类结果。

1.战略计划、战术计划和作业计划

根据计划对企业经营范围影响程度和影响时间长短的不同,可以将计划分为战略计划、战术计划和作业计划。

战略计划是关于企业活动总体目标和战略方案的计划,其特点是:①计划所包含的时间跨度长,涉及范围宽广;②计划内容抽象、概括,不要求直接的可操作性;③不具有既定的目标框架作为计划的依据,设立目标本身成为计划工作的一项主要任务;④计划方案往往是一次性的,很少能在将来得到再次或重复的使用;⑤计划的前提条件多是不确定的,计划执行结果也往往带有高度的不确定性。

战术计划是有关组织活动具体如何运作的计划,其特点是:①计划所涉及的时间跨度比较短,覆盖的范围也较窄;②计划内容具体、明确,通常要求具有可操作性;③计划的任务主要是规定如何在已知条件下实现根据企业总体目标分解而提出的具体行动目标,这样计划制定的依据就比较明确;(4)战术计划的风险程度低。

作业计划则是给定部门或个人的具体行动计划。作业计划通常具有个体性、可重复性和较大的刚性,一般情况下是必须执行的命令性计划。

战略计划、战术计划和作业计划强调的是组织纵向层次的指导和衔接。具体来说,战略计划往往由高层管理人员负责,战术和作业计划往往由中、基层管理人员甚至是具体作业人员负责,战略计划对战术计划、作业计划具有指导作用,而战术计划和作业计划的执行可以确保战略计划的实施。

2. 长期计划、中期计划和短期计划

根据计划跨越的时间间隔长短,可以将计划划分为长期计划、中期计划和短期计划。现有的习惯做法是将一年及一年以内的计划称为短期计划,一年以上到五年以内的计划称为中期计划,五年以上的计划称为长期计划。但是对一些环境条件变化大,本身节奏很快的组织活动,其计划分类也可能1年计划就是长期计划,季度计划就是中期计划,而月度计划就是短期计划。

在这三种计划中,通常长期计划主要是方向性和长远性的计划,它主要回答的是组织的长远目标与发展方向以及大政方针方面的问题,通常以工作纲领的形式出现。中期计划是根据长远计划制定,它比长期计划要详细具体,是考虑了组织内部与外部的条件与环境变化情况后制定的可执行计划。短期计划则比中期计划更加详细具体,它是指导组织具体活动的行动计划,它一般是中期计划的分解与落实。

在管理实践中,长期计划、中期计划和短期计划必须有机地衔接起来,长期计划要对中、短期计划具有指导作用,而中、短期计划的实施要有助于长期计划的实现。滚动计划法对促使长、中、短期计划的衔接是十分有效的工具。其目的是增大计划的弹性和适应性,保证计划符合实际情况进而得以顺利实施。图6-2是以五年计划为例说明了这种方法的基本做法。

这种滚动计划法的基本思想是,由于长期计划所涉及的时间期限比较长,而计划又是面对未来的工作,未来之中的不确定因素很多,必然会有许多情况事先无法准确地予以预测和估计,如果硬要将远期的计划也制定得像近期计划那样具体,势必影响计划工作的经济性。所以在编制长期计划时,就应采取"近具体、远概略"的方法,对近期计划制定得尽量具体,以便于计划的实施;对远期的计划只规定出大概的要求,使职工明确奋斗的方向。然后根据计划在具体实施过程中发现的差异和问题,不断分析原因,并结合对内外环境情况的分析,予以修改和调整。在计划的实施过程中将远期计划逐渐予以具体化,使之成为可实施的计划,进而把长期计划与短期计划,甚至与具体的执行计划有机地结合起来。这样既保证了计划工作的经济性,又能使计划与实际情况相吻合,提高计划工作的科学性。

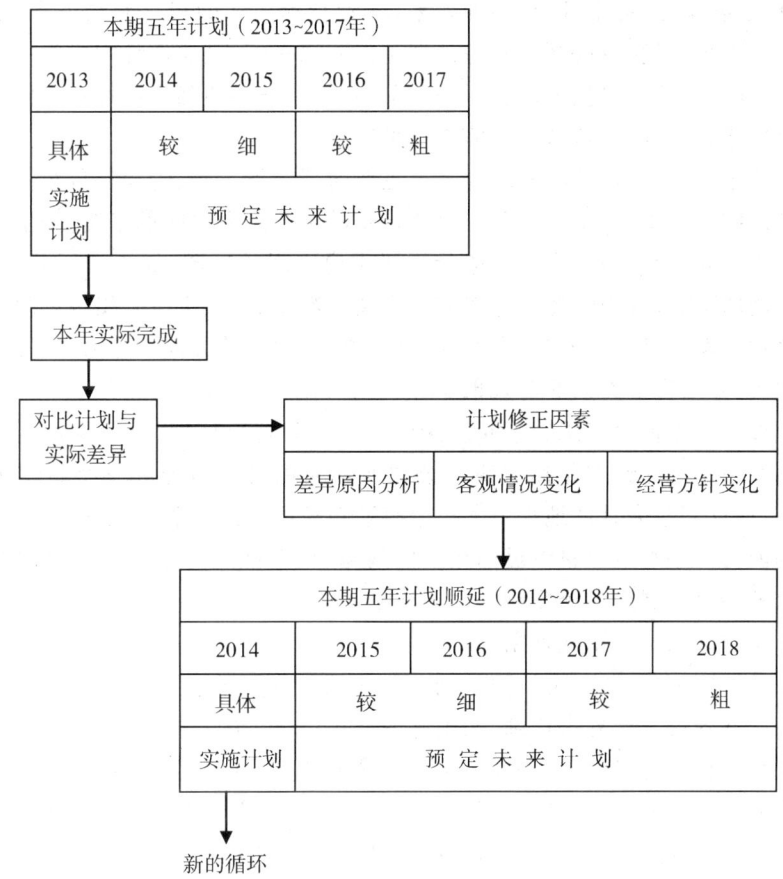

图 6-2　滚动计划示意图

3.综合计划、专业计划和项目计划

按照所涉及的活动内容,可以把计划分成综合计划、专业计划与项目计划。其中综合计划一般会涉及组织内部的许多部门和许多方面的活动,是一种总体性的计划。专业计划则是涉及组织内部某个方面或某些方面的活动计划。例如,企业的生产计划、销售计划、财务计划等等,是一种单方面的职能性计划。项目计划通常是组织针对某个特定课题所制定的计划。例如,某种新产品的开发计划、某项工程的建设计划、某项具体组织活动的计划等等,是针对某项具体任务的事务性计划。

在一个组织中,每个部门都需要制定计划,也都会有自身的计划目标。因此,在一个组织中可能同时存在很多个专业计划和项目计划。综合平衡法有助于将这些计划衔接成为一个整体,它是从企业生产经营活动的整体出发,根据企业各部门、各单位、各个环节、各种要素、各种指标之间的相互制约关系,依照系统管理的思想,对企业内部的各种计划予以协调平衡,进而使计划成为一个相互关联、相互配合的有机整体。进行综合平衡时,首先必须确定出计划工作的主体或主要任务,然后围绕着这一主体进行平衡。

一般来说,对企业计划的综合平衡主要包括以下工作:①销售量与企业的生产任务之间的平衡;②生产任务与企业自身的生产能力之间的平衡;③生产任务与劳动力之间的平衡;④生产任务与物资供应之间的平衡;⑤生产任务与成本、财务之间的平衡。此外,还有生产与生产技术准备之间、生产与销售之间的平衡等。通过平衡,可以充分挖掘企业在人力、物力、财力等方面的潜力,保证计划的顺利实现,并取得最大的经济效果。

此外计划也根据应用的不同层次而划分为公司层计划、事业层计划和职能层计划。公司层的计划是用来决定公司所经营的各个事业在整个组织中的地位;事业层计划较为具体地规定了单个事业单位的产品和服务及其对象,并依照自己的能力开发与组织整体目标相符的战略;而职能层计划在与高层次计划保持一致的情况下制定各个职能部门的战略。

4. 正式计划与非正式计划

按照不同表现形式,可以把计划分为正式计划与非正式计划。正式计划一般有一套计划书。计划书详细、明确并明文规定组织的目标是什么,实现这些目标需要什么样的全局战略,并开发出一个全面的分阶段和分层次的计划体系,以综合和协调不同时期和不同部门的活动。在非正式计划中,没有明确的书面文件,但这并不意味着当事人就一定没有制定出行动的目标和方案。

正式计划的制定是一个包括了环境分析、目标确定、方案选择以及计划文件编制一系列工作步骤的完整过程。非正式计划的确定往往是欠周密、也不是很正规的,通常是对某一问题做出了决定就算有了计划。组织通过正式而精细地制定计划,会促使所形成的决策落实到实处,既具体可操作,同时又相互支持、彼此协调。非正式计划不容易在组织中进行交流和扩散,计划的内容也往往比较粗略且缺乏连续性。所以,在规模比较大、管理工作较规范的组织中,就经常需要编制正式的计划。

三、计划的作用

通常,经过科学而周密的分析研究制定出的计划具有下述几方面的作用。

1. 计划是管理者进行指挥的依据

这种指挥包括依据计划向组织中的部门或人员分配任务,进行授权和定责,组织人们开展按计划的行动等等。在这一过程中,管理者都是依照计划进行指挥与协调的。

2. 计划是管理者实施控制的标准

管理者必须按照计划规定的时间和要求指标,去对照检查实际活动结果与目标是否一致,如果存在偏差就必须采取控制措施消除差距,保证能够按时、按质、按量地完成计划。

3. 计划是降低未来不确定性的手段

在当今信息时代,世界正处在急剧的变化之中。计划编制者在编制计划时,通常要依据历史和现状信息对未来的变化做出预测与推断,并制定出符合未来发展变化的计划,大大地降低未来不确定性所带来的风险。

4. 计划是提高效率与效益的工具

综合平衡是一项很重要的工作。目的是要使未来组织活动中的各个部门或个人的工作负荷与资源占有都能够实现均衡或基本均衡。这样可以消除许多重复、等待、冲突等各种无效活动及其所带来的浪费,还会带来资源的有效配置、活动的合理安排,提高组织的工作效率。

5. 计划是激励人员士气的武器

由于计划中的目标具有激励人员士气的作用,所以包含目标在内的计划同样具有激励人员士气的作用。不管是长期计划、中期计划还是短期计划都有这种激励作用。例如,有的研究发现,当人们在接近完成任务时会出现一种"终末激发"效应,即在已经出现疲劳的情况下,当人们看到计划将要完成时会受到一种激励,使工作效率又重新上升,并一直坚持到达成目标。

【信息化管理专栏】

创新工场:有计划的孵化

2009年9月,谷歌大中华区前总裁李开复创办了自己的"微型硅谷"——创新工场。在这个不动声色的秘密工场,李开复带着一帮年轻人究竟在研制什么"武器"?这个独特的孵化器是如何集聚人才和激发创意的?

李开复曾用红笔在白板上画过一条时间轴,比划着创新工场的孵化工作:

● 助跑计划,给那些未创过业的人三个月时间证明自己;

● 加速计划,对有过创业经验的人,投钱加速他们创业,这一计划是六个月时间;

● 基金计划,将创新工场基金投给做得最好的项目,这一阶段历时九个月时间。

他说,创新工场的战略方向包括互联网、移动互联网和云计算。目前已经投了12个项目,分别处在不同阶段。

创新工场的管理者认为,革命性创新十年一遇甚至更长,所以创新工场目前着眼于把细节上的创新做得更深入,让产品更有生命力。

创新工场首个公开项目豌豆荚手机精灵主创人员说:"作为第一次创业,创新工场提供了很好的辅导。有很牛的人来指导我们在产品上的策略,测出我们的business,创新工场的部门有财务、法务,这些都可以让我们学到东西,不只是让我们做事情,而是一边教你一边做,让你知道以后怎么独立做事情,这些部分是我们几个人在外面创业没有办法获得的经验,虽然还需要自己学,但可以让我们学习的速度快很多。"

第二节 日常运营工作计划

计划工作必须紧紧围绕着两个基本问题:拟实现哪些目标;如何实现所制定的目标。围绕这两个问题,完整的计划工作程序可展开为如图6-3所示的过程。日常运营工作计划从制定计划目标开始。

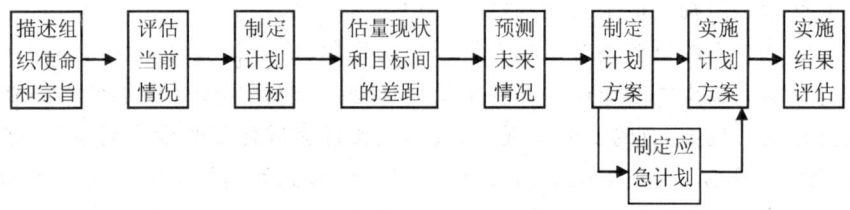

图6-3 计划工作的一般过程

一、制定计划目标与评估可获得资源

目标是组织期望达到的最终结果。一个组织在同一时期可能有多个目标,但任何目标都应包括以下内容。

(1)明确的主题,是扩大利润、提高顾客的满意度,还是改进产品质量?应与组织的使命和愿景等相一致。

(2)期望达到的数量或水平,如销售数量、管理培训的内容等。

(3)可用于测量计划实施情况的指标,如销售额、接受管理培训的人数等。

(4)明确的时间期限,即要求在什么样的时间范围内完成目标。

同时目标应以可获得资源为参考合理设立,即具备一定的现实性,如果所设定目标不切实际远高于能力的上限,无论实施过程中怎样努力、使用怎样的工具都无法有效达到所设定的目标。

表面上看,目标的制定并不难,但事实上,有很多因素限制了目标制定的科学性。

首先,人们对目标的认识和理解可能会存在很大的差异。目标只有在被人们普遍认同并接受的情况下才容易付诸实施,而这是非常困难的。所以,在目标制定过程中,鼓励人们参与,多沟通、多讨论是必要的。

其次,环境的快速变化使得计划跟不上变化。这是客观事实,但以此否定计划的作用是绝对错误的。一方面,可以利用滚动计划法把长期计划与短期计划衔接起来;另一方面,对于一些作业计划,可以制定短期目标,然后经常检查目标的实施情况,不断修正计划目标,使之适应环境的变化。

第三,计划制定者的错误认识干扰。如短期行为倾向、过于强调避免风险而缺乏把握机会的能力,影响直觉和创造力的开发和使用等等。

二、估量现状与目标之间的差距

组织的将来状况与现状之间必然存在着差距,客观地度量这种差距,并设法缩小这种差距,是计划工作的重要任务。

一般来说,缩小现状与目标之间的差距,可采取两类措施。一类是在现状的基础上力求改进,随着时间的推移不断地逼近目标。例如,针对市场占有率低的现状,可以通过加大广告开支和营销力度,降低产品价格等措施,实现企业扩大市场占有率的目标。这类措施风险相对小。另一类措施是变革现状,有时甚至是对组织进行根本性的调整,如调整产品品种、大幅度精简人员等。这类措施风险相对大,但如果成功,组织绩效将会得到明显的改进。具体采用哪一类措施,需要对现状与目标之间的差距做出客观而准确的分析。

三、预测未来情况

在计划的实施过程中,组织内外部环境都可能发生变化。所以,计划工作人员应设法预见计划在未来实施时所处的环境,对影响既定计划实施的各环境要素进行预测。在此基础上,设计可行的计划方案。所谓预测,就是根据过去和现在的资料,运用各种方法和技术,对影响组织工作活动的未来环境做出正确的估计和判断。预测有两种,一种预测是计划工作的前提,比如对未来经营条件、销售量和环境变化所进行的预测,这是制定计划的依据和先决条件;另一种预测是从既定的现行计划发展而来的对将来的期望,如对一项新投资所作的关于支出和收入的预测,这是计划工作结果的预期。

预测的方法是多种多样的。概括地讲,可归纳为两大类:一是定性预测方法,主要靠人们的经验和分析判断能力进行预测,通常用于收集到的数据是有限的情况下,如德尔菲法、销售人员意见征集法、顾客评价等;二是定量预测方法,就是根据已有的数据和资料,通过数学计算和运用计量模型进行预测,如时间序列分析、回归分析、经济计量模型、经济指标,等等。这些方法往往具有较强的专业技术特征,每一种方法都需要各自的情况、资料和数据。各种方法的复杂程度不同,应用条件和范围亦不尽相同,所以应当有选择地加以运用。

四、制定计划方案

在上述各阶段任务完成之后,接下来应制定具体的计划方案。计划方案类似于行动路线图,是指挥和协调组织活动工作文件,要清楚地告诉人们做什么(What)、何时做(When)、由谁做(Who)、何处做(Where)及如何做(How)等问题。制定计划方案包括提出方案、比较方案、选择方案等工作,这与决策方案的选择是一样的道理。

5W2H 法

5W2H 法由美国陆军兵器修理部首创,诞生于第二次世界大战中,由于易记、应用方便,曾被广泛用于企业管理和各项工作中。5W2H 都是英文的第一个字母,即通过设问来诱发人们的创造性设想,发问的具体内容可根据具体对象灵活应用:

(1) Why? 为什么需要改革? 为什么非这样做不可? ……

(2) What? 目的是什么? 做哪一部分工作? ……

(3) Where? 从何入手? 何处最适宜? ……

(4) When? 何时完成? 何时最适宜? ……

(5) Who? 谁来承担? 谁去完成? 谁最适合? ……

(6) How? 怎样去做? 怎样做效率最高? 怎样实施? ……

(7) How much? 要完成多少数量? 成本多少? 利润多少? ……

这七问概括得比较全面,实际上把要做的事情、可能遇到的问题都包括进去了。我国教育学家陶行知先生曾对5W2H法给予高度的评价,认为是指导我们工作的"好老师",并作诗曰:"我有几位好朋友,曾把万事指导我。你若想问其姓名,名字不同都姓何:何事、何故、何人、何时、何地、何去,好像弟弟和哥哥。还有一个西洋派,姓名颠倒叫几何。若向八贤常请教,甚是笨人不会错。"[①]

---

① 吴诚编著.企业创新的原理和技法.上海科学普及出版社,1997:122—123

计划是面向未来的管理活动,未来是不确定的,计划不管多么周密,在实施过程中都可能因为内外部环境的变化而无法顺利开展,有的情况下甚至需要对预先制定的计划予以调整。僵化的计划有时比没有计划还糟。因此,在制定计划方案的同时,还应该制定应急计划(或称权变计划),即事先估计计划实施过程中可能出现的问题,预先制定备选方案(有时甚至是几套备选方案),这样可以加大计划工作的弹性,使之更好适应未来环境。

制定应急计划是计划工作的组成部分,应急方案所需要的费用应一并纳入整体预算中。在环境多变竞争日趋激烈的时代,每位管理人员都必须牢牢地树立起权变的意识,争取主动,而不是等到出现问题后再予以补救。

五、实施和总结计划方案

选择确定出计划方案之后,很多人认为计划工作就完成了。但是,如果不能转化为实际行动和业绩,再好的计划也没有用处。因此,实施全面计划管理的组织,应把实施计划包括在计划工作中,组织中的计划部门应参与计划的实施过程,了解和检查计划的实施情况,与计划实施部门共同分析问题,采取对策,确保计划目标的顺利实施。当然,大部分组织的计划部门并不承担具体实施计划的任务,但是,参与实施计划,及时获取有关计划实施情况的信息,总结和积累经验,将有助于计划的实施和计划工作科学化水平的提高。

企业计划易犯的十个错误[①]

1. 没能事先做计划。做计划并不容易,因为没有对与错的答案。但计划的过程肯定会让你的公司为不确定的未来做好准备。虽然计划并不能解决所有的问题,但是它确实能为你提供帮助。计划会让你成为一名好的管理者,而且无论你的公司有多大,计划都会让它更加美好。

2. 忽视价值观和远见说明。做计划时,你应把产品和服务摆出来,然后列出机会以及竞争对手。这就像是在滑行铁道上滑行一样,无疑非常激动人心:一会儿上,一会儿下,一会儿又急转弯。然而滑行到最后你还是要回到原来的地方。所以,应回顾自己的价值观和远见说明,以便不走错方向。公司的价值观和远见说明就是要提醒你应该往哪个方向走以及你将会成为什么样子。

3. 对顾客的主观臆断。不能忽略了顾客所想,这个概念太显而易见了。请记住,如果你不去真心听取顾客的意见,不去了解他们的需要,那么,你的竞争者

---

① [美]保罗·蒂法尼,史蒂文·彼得森著,陈静梅译. 如何制定企业经营计划. 企业管理出版社,2000:218—220

会去听、去做的。

  4.低估竞争者。有时你会专注于自己的产品或服务,而忘记有人在试图开发同样的产品或服务。行业中的竞争越激烈,竞争者也就似乎越精明。注意了解竞争者和倾听顾客的意见一样重要。你毕竟是想领先他人,所以就应知道这些人在做什么。你对竞争者了解得越多,就越能击败他们。

  5.忽略你的优势。你总可以从竞争者身上学到很多东西,这一点毋庸置疑。但是,对某个竞争者来说是正确的做法,对你来说并一定就是最好的方法。因此,不要忽视并利用你自己的优势。

  6.把预算误认为计划。预算是企业计划过程中最重要的步骤之一,它决定着公司在几个月后或几年后的计划。但是不要把预算误认为是计划。计划是在做预算之前你要做的所有工作,它涉及首先对你的行业、顾客、竞争者进行分析,然后你再做出正确的财务决定;预算是关于完成组织目标和计划所需资金的来源和用途的说明。

  7.回避合理的风险。任何事都有风险,尤其是在今天竞争激烈的市场中,风险更是无处不在。做生意就意味着冒险,而做计划就是一种避免风险的好方法。因此,不要回避,去大胆尝试。在你完成计划之后,评价一下这种冒险,你会觉得这一步是对的。

  8.独断专行。没有人总是对的。如果公司很大,那么可以让尽可能多的人参与进来,提出他们不同的观点。你得到的观点越多,你的计划也就越坚实。

  9.害怕变革。我们的生活最终都会有些变化。有时,由于选择很少,我们大多数人会按老样子去做,特别是对于自己擅长做的事,公司也是如此。要改变经营方法很不容易。而如果你很成功,就更难改变了。然而,一个好的计划会提醒你及时地改变一些做法,因为这样可以让你更贴近顾客、更具竞争力、更有效率、更能成功。

  10.忽视激发与奖励的作用。计划应转化为公司全体人员的努力和活动,它应对每个人都有意义。你应把战略与预见联系起来;把预见、目的和目标与公司的宗旨联系起来;然后再把所有这些与计划联系在一起。要能激发雇员的积极性,对于他们的成绩予以奖励。

第三节 项目管理

  不管是战略计划、战术计划还是作业计划,最终都要用来指挥、协调组织活动,并通过组织活动实现计划目标。因此,计划必须具有可操作性的特点。最能反映出操作性强的特点而且又有助于锻炼分析和规划技能的计划当属项目计划。

项目不同于一般的常规性工作任务。项目是在固定的预算以及固定的时间内,为了达到某一明确的最终目的而临时组合在一起的一组资源。项目具有具体的起始和结束时间,具有特殊性而且只发生一次,一般由具体的个人或团体承担责任,须广泛地使用各种资源和技能。项目的例子很多,如获得资助的国家自然科学基金研究项目、为企业进行的市场调研任务、三峡工程等等。项目管理是对项目的目标及活动予以统筹,以便能在固定的时间内在符合规范的条件下以最低的成本获取项目预期成果。其工作过程见图6-4。项目管理工作对提高管理技能(包括概念、人际关系、技术技能)很有益处。

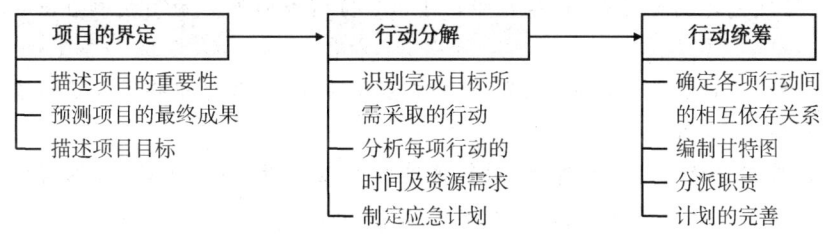

图6-4 项目计划过程

一、项目的界定

不论是接受任务承担某个项目,还是主动提出项目让主管部门审批,首先都要清楚两个最为基本的问题:"为什么要做此项目?""实施此项目期望得到哪些最终结果?"明确项目的重要性有助于决定项目的投入。

项目的最终结果仅仅描绘出了一个蓝图,还需要进一步作具体的描述,即围绕项目的最终成果界定项目的总体目标。总体目标的界定应考虑到可行性、具体化、明确的时间期限等多方面的因素。一般情况下,为使目标更具有指挥协调的作用,还应进一步把总体目标分解成一系列阶段性目标。阶段性目标应比总体目标更为具体,要回答以下四方面的问题:

(1) 采取什么样的行动?
(2) 什么时候采取行动?
(3) 需要什么样的资源?
(4) 需要花费多大的成本?

项目界定示例

项目:在2003年10月到12月期间为ABC公司完成关于顾客对公司产品

满意程度的调研项目,经费为 5 万元。

项目的最终成果:向 ABC 公司领导提交一份高质量的调研报告。

项目的总体目标:在两个月的时间里,用 4 万元的费用,完成并提交公司领导一份数据翔实、结论鲜明、可作为决策参考的调研报告。

项目的阶段性目标:

1. 利用 15 天的时间,了解公司的产品,查阅公司相关资料,向有关专家咨询,在此基础上完成调查问卷的设计工作。此阶段的费用应控制在 3 000 元以内。

2. 用 10 天的时间,随机选取 30 位顾客,对初步设计的调查问卷进行试探性调查,修改完善调查问卷,最后打印出 1 000 份调查问卷。费用控制在 5 000 元以内。

3. 聘请 10 位调查人员,在 20 天内完成调查工作,并保证获得 800 份有效问卷。费用为 25 000 元。

4. 将调查数据录入计算机,对数据进行处理分析,在此基础上,编写完成最终调研报告。此阶段任务在 10 天内完成,费用为 5 000 元。

二、行动分解

由于项目属于非常规性的例外工作,承担项目的人员对项目本身并不十分清楚,时间要求又紧,所以有必要对项目进行更加周密的筹划,加大完成项目的把握。对此,十分有效的方法就是对项目作进一步的分解,把各阶段的目标落实到要采取的各项行动上。例如,对于上述示例中的第二项阶段性目标,可以进一步分解为明确从事探测性调查的人员,确定调查方法、调查地点、调查时间等,具体开展试探性调查,分析试探性调查结果,依据调查结果重新检查调查问卷,修改完善调查问卷,将调查问卷交付打印,校对调查问卷,大量印刷,等等。

在分解出各项具体行动之后,应进一步分析每项行动的时间、所需要的资源和费用预算等,即明确每项行动何时做,由谁来做,如何做,以及花费多少等问题。把这些信息汇总起来,便构成了如表 6-1 所示的行动汇总表。

表 6-1 行动汇总表示例

行动	时间	负责人	资源	预算
确定调查人员	2 天	项目组长	广告、面试材料、办公室	1 000 元
调查方案设计	0.5 天	项目组长	调查人员、统计资料等	300 元
探测性调查	3.5 天	项目副组长	调查人员、调查问卷、礼品等	1 500 元
调查结果分析	1 天	项目副组长	调查人员、计算机、软件等	500 元
完善制作问卷	3 天	项目组长	问卷、调查分析报告、打印社	1 500 元

把项目的整体目标分解落实到一系列具体的行动上，有两方面的优点。一方面增强了操作性，便于管理。项目负责人可依据要展开的行动进行分工，承担任务的具体人员对做什么、何时做、花多少钱来做、怎么做等问题都比较清楚，工作效率会很高。另一方面，更容易识别项目的可行性，加大项目计划的科学性。表 6-1 上的预算和示例中阶段目标 2 相比，显然分解后的预算更具有说服力。

三、行动统筹

一个项目被分解成众多的行动之后，接下来要做的事情是分析识别众多具体行动之间的内在联系，合理地筹划，进而将众多的行动重新整合起来。行动统筹的两个最常用的工具是计划评审技术（PERT，Program Evaluation and Review Technique）和甘特图（Gantt Chart）。

计划评审技术产生于 20 世纪 50 年代末期。1958 年，美国海军特别项目局负责对大型军事开发计划中性能动向的探索，在北极星武器系统中首次采用了原先已被创造出来、并经汉密尔顿管理咨询公司协助改进的计划评审技术。此后，这项技术很快扩展到全美的国防和航天工业。同时杜邦公司为了解决把新产品从研究投入到生产时日益增长的时间和成本问题也着手研发了一套类似的技术，叫做关键路线法（Critical Path Method，简称 CPM），通过分析网络图中哪条路线（哪一系列事件）进度安排的灵活性最少来预测项目工期，它完成时间的延迟会影响整个项目的完成，通过推算活动的最早时间和最晚时间确定关键路线并对其进行优化。

计划评审技术是在网络理论基础上发展起来的计划控制方法，其核心工具是网络图，即用图形的形式显示项目中各项工作之间的关系。它的主要内容是，在某项业务开始之前制定周密的计划，并依据计划制定一套完整的执行方案。然后，用箭线、节点、数字等符号把执行方案绘制成网络图，之后便依据网络图进行控制。

网络图的画法如下：

第一步，确定项目中的全部工作，即表 6-1 的内容；

第二步，在确定每项工作起止时间及工作联系的基础上确定各项工作的先后顺序；

第三步，绘制合乎逻辑的网络图；

第四步，从网络图中识别出关键路线及关键工作。关键路线是由占用时间最长的关键工作活动组成的序列，处于关键路线上的工作为关键工作。

上述市场调研项目的简要网络图如图 6-5 所示。

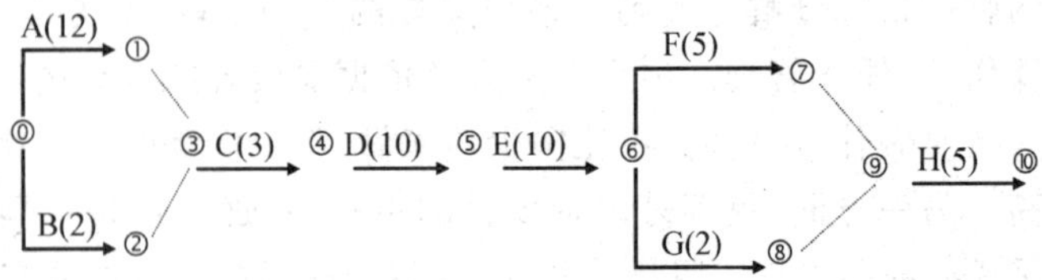

```
        A(12)
       ↗  ①  ↘
      ⓪         ③ C(3)  ④ D(10)  ⑤ E(10)  ⑥   F(5)   ⑦
       ↘  ②  ↗                                ↘         ↘ ⑨  H(5)  ⑩
        B(2)                                   G(2)   ⑧ ↗
```

图 6-5 网络图

注：图中的"○"称为节点，代表某项工作的起始或结束；实箭线代表一项工作活动（如网络图中的 A～H，A～H 代表的行动内容见甘特图），括号内的数字为该项活动所耗用的时间；虚线描述工作间的前后关系，它既不是具体工作，也不占用时间。

运用计划评审技术进行控制的关键是在网络图上确定关键路线。图 6-5 中的关键路线为 A—C—D—E—F—H，总长度为 45 天。关键路线决定着项目的完工期，是完成计划的关键。因此管理者需集中力量于关键路线上的各关键工序的控制，在关键工序上挖潜，以达到缩短工期、降低费用和合理利用资源的目的。值得注意的是，关键路线是相对的、可变的。在计划执行过程中，由于对关键工序加以有效控制和调度，原来的关键路线可能变为非关键路线，而原来的某一条或某几条非关键路线就有可能变为关键路线。这时控制的重点就应转移到新的关键路线上，并对新的关键工序实施重点控制。这一控制技术的优点较多。首先，它迫使管理人员去做计划，了解各个局部间的配合关系；其次，增进组织内部在工作进度和控制上达成及时而有效的意见交流；第三，有助于合理分配和利用资源；第四，由于对关键路线上的关键工作实施重点控制，可发挥例外管理的功效。其局限性在于：如果无法确定作业时间或对进度"瞎估计"，那么计划评审技术可能就没有意义了。

借助网络图，每个项目成员都能看到自己对于整个项目的成功所起的关键性作用，不切实际的时间安排能够在项目计划阶段被发现并及时调整，所有成员能够将注意力以及资源集中在真正关键的任务上。

甘特图是项目计划管理的另一种非常有用的工具，经常与计划评审技术同时使用。甘特图是由科学管理运动的先驱者之一亨利·甘特在第一次世界大战中提出来的。这种工具不仅能清楚地反映出各种行动间的逻辑关系，而且同样能在图上反映出每种行动的起止时间，更重要的是，借助甘特图，可以清楚地看到项目的实际进展情况。依据图6-5的信息绘制的甘特图见图 6-6。

甘特图上与每项工作对应的粗横道表示该工作所需要的时间，粗横道上实体部分表示工作的实际完成情况，空白的部分表示没有进行的部分。这样，可以在任何时点上检查工作的实际进展。假设图 6-6 反映的是项目进展到第 30 天的实际情况，此时 A、B、C、D 四项工作均已经按计划顺利完成，E 项工作比计划提前了一天多的时间。

编号	行动内容	负责人	5　10　15　20　25　30　35　40　45　天
A	阅读公司材料	组长	
B	向专家咨询	副组长	
C	设计调查问卷	组长	
D	探测性调查	组长	
E	大范围问卷调查	副组长	
F	调查结果分析	组长	
G	编写报告提纲	组长	
H	编写调查报告	组长	

图 6-6　甘特图

将项目工作层层分解,最终落实到网络图和甘特图上,项目的计划便具有很强的可操作性。上述项目计划所体现出的工作思路,在所有的计划工作中都值得借鉴。

甘特图在活动、任务的数量较少且相对独立时使用效果较好,PERT 则适用于较为复杂项目的实施计划,例如组织机构重组、新产品的开发、工业项目的整体解决方案实施等,需要协调不同部门界面的输入和输出,安排数百项活动的先后顺序。

第四节　标杆瞄准

中国有句话曾经很流行,那就是"榜样的力量是无穷的"。用现在的管理理念来看这句话,其中渗透着一种新的管理思想,那就是标杆管理。标杆管理(Benchmarking)又称基准管理,是历经三十多年现代西方发达国家企业管理活动中支持企业不断改进和获得竞争优势的最重要的管理方式之一。标杆瞄准可以看作一个组织的战略赶超计划方法。

一、标杆瞄准产生的背景与含义
(一)标杆瞄准产生的背景

这种管理方法在 20 世纪 70 年代末由施乐公司首创,后经美国生产力与质量中心系统化和规范化。1976 年以后,一直保持着世界复印机市场实际垄断地位的施乐,遇到了来自国内外、特别是日本竞争者的全方位挑战,如佳能、NEC 等公司以施乐的成本价销售产品且能够获利,产品开发周期、开发人员分别比施乐短或少 50%,施乐的市场份额从 82% 直线下降到 35%。面对着竞争威胁,施乐公司最先发起向日本企业学习的运动,开展了广泛、深入的标杆瞄准。通过全方位的集中分析比较,施乐弄清了这些公司的运作机理,找出了与佳能等主要对手的差距,全面调整了经营战略、战术,改进了业务流程,很快收到了成效,把失去的市场份额重新夺了回来。在提高交付订货的工作水平和处理低值品浪费大的问题上,同样应用标杆瞄准方法,以交付速度比施乐快3倍的比恩公司为标杆,并选择14个经营同类产品的公司进行逐一考察,找出了问题的症结并采取措施,使仓储成本下降了10%,年节省低值品费用数千万美元。于是,西方企业群起学习借鉴,把标杆瞄准作为竞争的最佳指导,优化企业实践,提高企业经营管理水平和市场竞争力,取得了显著的改进成效。

(二)标杆瞄准的含义

标杆瞄准的基本思想是以最强的竞争企业或那些在行业中领先和最有名望的企业在产品、服务或流程方面的绩效及实践措施为基准,树立学习和追赶的目标。通过资料收集、比较分析、跟踪学习、重新设计并付诸实施等一系列规范化的程序,将本企业的实际情况与这些基准进行定量化的比较和评价,在此基础上选取改进本企业绩效的最佳策略,争取赶上或超过竞争对手。

标杆瞄准方法较好地体现了现代管理中追求竞争优势的特性,从而进入赶超一流公司、创造优秀业绩的良性循环过程,因此具有巨大的实效性和广泛的适用性。如今,标杆瞄准已经在库存管理、质量管理、市场营销、成本管理、人力资源管理、企业战略等各个方面得到广泛的应用。据一项研究表明,世界500强企业中有近90%的企业在日常管理活动中应用过标杆瞄准,其中包括施乐、AT&T、福特、IBM等。

标杆瞄准为企业提供了一种可行、可信的奋斗目标,以及追求不断改进的思路,是发现新目标以及寻求如何实现这一目标的一种手段和工具,具有合理性和可操作性。

二、标杆瞄准类型

根据标杆的对象,可以将标杆瞄准分为四种类型。

1. 内部目标标杆瞄准

以企业内部操作为基准的标杆瞄准,辨识企业内部最佳职能或流程及其实践,然后推广到组织的其他部门,是最简单且易操作的标杆瞄准方式之一。但是单独执行内部标杆瞄准往往会眼睛向内,容易产生封闭思维。

2. 外部竞争标杆瞄准

以竞争对象全部特征为基准的标杆瞄准。目标是与有着相同市场的企业在产品、管理、服务和工作流程等方面的绩效与实践进行比较,直接面对竞争者。

这类标杆瞄准的实施较困难,原因在于竞争对象的信息不易获得。

3. 优秀职能标杆瞄准

以行业领先者或某些企业的优秀职能操作为基准进行的标杆瞄准。标杆的基准是外部企业(但非竞争者)及其职能或业务实践。由于没有直接的竞争者,因此往往容易分享技术与市场信息。不足之处是费用高,有时难以安排。

4. 工作流程标杆瞄准

以最佳工作流程为基准进行的标杆瞄准。标杆瞄准是类似的工作流程,而不是某项业务与操作职能或实践。这类标杆管理可以跨不同种类组织进行。虽然被认为有效,但也很难进行。它一般要求企业对整个工作流程和操作有很详细的了解。

三、标杆瞄准的步骤和程序

经典的标杆瞄准法的实施步骤由施乐公司的罗伯特·开普(Robert C. Camp)首创,他是标杆瞄准法的先驱和最著名的倡导者。他将标杆管理活动划分为5个阶段、共10个步骤的工作程序。[①]

1. 第一阶段:筹划

第一步,明确瞄准的内容。每个企业或部门都有自己的产出,包括产品和服务,从改进和提高绩效的角度出发,明确任务和产出,因为这些是企业或部门存在的理由,也是成功的关键因素,应成为标杆瞄准首先要考虑的目标。接着,应该对任务和产出的具体内容进行分解,以便易于进行诸如成本、关键任务等问题的分析,便于量化和检查。

然后确定瞄准的具体内容。这可以采用因果分析法,针对各项产出所分解的任务提出问题,将企业面临的问题、挑战和机遇整理成内容明确的文件进而找出问题的可能原因。

第二步,选择标杆企业(或部门)。选择"标杆"应遵循两个原则:第一,应是行业中具有最佳实践的领先企业,尤其是在瞄准的内容方面;第二,标杆企业的被瞄准领域应与本企业或本部门有相似的特点。

选择标杆企业是一个逐步寻找的过程。寻找的范围应包括竞争对手和所有其他有潜力的公司。它可以是同行业,可以是跨行业的相近部门,也可以是企业内部相似的部门。选择的唯一标准是,要具有可行性并且不要遗漏掉任何一个极有可能在管理实践上成为突破口的那些企业和部门。这种类型有助于工作程序的文件化,并可发现和改进最佳实践。

---

① 戴昌钧,李金明编著.标杆瞄准.天津人民出版社,1996:8—13

第三步,收集资料和数据。前期工作是设计一套科学合理的指标体系,系统、定量地反映所要瞄准的内容。资料数据可分为两类:一类是作为基准线和目标的标杆企业资料和数据,主要包括标杆企业的绩效数据以及它们的最佳实践,即标杆企业达到优良绩效的方法、措施和管理诀窍;另一类资料数据是开展标杆瞄准活动的企业(部门)目前的绩效及管理现状。

由于标杆瞄准的类型和目的不同,作为基准线的资料数据可以来自单个的标杆企业或部门,也可以来自行业、全国乃至全球的某些样本。来源主要有:政府统计部门、咨询部门,各种协会、顾客,现在或过去曾在标杆企业工作过的雇员等等。方法可以是访问问卷调查以及实地考察等。获取资料数据往往很困难,特别是从竞争对手那儿,因而需要灵活性甚至创造性。

2. 第二阶段:分析

第四步,分析差距。对收集的数据进行分析比较,即找出本企业与目标企业在绩效水平上的差距,以及在管理措施和方法上的差异。

第五步,计划绩效目标。在分析差距的基础上,便可确立追赶的绩效目标,明确应该学习的标杆企业的最佳实践。

在分析差距和制定绩效目标时必须考虑以下四个方面的客观条件的差异:①经营规模的差异以及由于规模经济而造成的效率差异;②管理哲学及管理观念上的不同,例如对经营职能的集权程度、资源分享程度以及内部控制程度的不同观点;③产品特性及生产过程的差异;④经营环境中存在的不利条件。

3. 第三阶段:综合与交流

第六步,将上述活动中取得的各项进展向全体员工反复交流,征询意见,并将标杆瞄准所要达到的目标前景告诉员工。

第七步,根据全体员工的建议,修正已制定的绩效目标,改进计划方案。

显然,上述两个步骤的目的是统一员工的思想,使他们在标杆瞄准活动中目标一致、行动一致。这是标杆瞄准活动最终能否成功的关键。

4. 第四阶段:行动

第八步,制定具体的行动方案,包括计划、安排实施的方法和技术以及阶段性的成绩评估等等。

第九步,标杆瞄准工作应有专门的人员负责,必要时可聘请瞄准方面的专家进行指导。除了专职以外,瞄准活动的整个过程需要其他人员的积极参与,特别是与瞄准内容密切相关的人员。

第十步,标杆瞄准方法的连续进行。在第一次瞄准工作完成之后,要及时总结,并对新的情况、新的发现进行进一步的分析,提出新的基准目标,以便进行下一轮的瞄准。这样就可以使企业始终保持在行业中不断变化和进取的态势。

5.第五阶段:标杆瞄准的成熟运用阶段

标杆瞄准活动成功开展以后,应被作为企业经营的一项职能活动融合到日常工作中去,成为一项固定制度连续进行。

【本章小结】

和决策一样,计划是管理中最基本、涉及范围最广的职能之一。科学合理严密的计划不但能够指引组织的航向,而且能够主动地用计划的方法去部分消除未来的不确定性风险。计划的程序并不复杂,一些常用的计划方法,如计划评审技术、甘特图等并不太难,如果认真实施将非常有效。标杆瞄准思想也不复杂,关键在于组织扎扎实实地去实施,最终才能获得成就。

关键名词: 计划　滚动计划法　预测　5W2H法　项目管理　计划评审技术　甘特图　关键路线法　标杆瞄准

【伦理专题】

互联网:做免费还是求增值?

"20世纪的免费模式只不过是商家的鬼把戏。先给你一个小甜头,将来你迟早还是要掏腰包。在数字化的时代,随着互联网技术成本的直线下降,所获得的事物都将以免费方式出现,竞争中的优胜者最初都会对产品实施免费,即使微小的收费也会招致失败。免费模式不再仅仅是一个市场的噱头,可以真正成为一个赚钱的经济模式了。"这是"免费经济"的提出者克里斯·安德森的观点。

安德森把人们分为两个阵营,"第一阵营的人在20世纪的免费观念中长大,他们认为天下没有白捡的便宜。而年轻人组成的第二阵营则不同,这一代人是用Google搜索引擎长大的一代人,他们天天泡在网上,认为数字化的一切都应该是免费的,对版权不是无动于衷就是充满敌意。这些成长于免费互联网乐土的一代人正在走向前台"。

根据独立研究机构Dynamic Markets一份调查中的数字显示,在全球20世纪90年代后出生的人群中,68%认同自己生活在免费时代。看来选择免费还是收费,已经不仅仅是一个简单的价值判断,而是关乎"in"还是"out"的头等大事。

而免费经济最迷人的悖论在于:那些不收费的商家赚得盆满钵满。虽然在这个产业中商品的售价是零,但足以创造出一个庞大的产业。

360公司董事长周鸿祎坦言:"谁说便宜没好货?在互联网时代,越是提供免费基础服务的公司,对产品质量的要求反而越高。因为有太多免费产品让你挑选,用户转换的成本就是鼠标一点。""我觉得真正的免费在中国会成功。中国的人口基数大是最关键的一个原因。"

也有人认为,"免费与中国文化的兼容度,要远高于与美国文化的兼容度。免费在美国近于异端,在中国却是正统。中国信息化有强烈的让穷人共享资源的意识,而美国则是极度的精英意识。由此上溯到一千八百多年前,中国古代的最著名的免费模式就是'三个臭皮匠,顶个诸葛亮'。从文化背景来说,美国鼓励诸葛亮,而中国人根深蒂固在血液里就有鼓励臭皮匠的倾向"。

讨论题:

你如何看待互联网的免费还是收费问题?你认为企业应如何选择?

【情景练习】

请从雅芳公司的标杆瞄准实践中总结其成功的经验。[①]

找出差距、制定目标

雅芳公司是一家生产美容化妆品和保健品的企业,该公司采取直销方式,由公司选派个人作为公司产品的销售代表,组成一个全国性的直销网络。在美国,约有45万多名雅芳的直销代表,雅芳公司按地区在全美建立了五个客户服务中心,每个中心对该区域内的约10万名直销代表负责,主要任务是为该区域内的直销网络提供技术支持,负责处理在该范围内发生的争端。客户服务中心是与最终消费者脱离的,它实际上是订单的集中地和产品的分发地,同时也负责处理公司和直销代表间的各种问题,直销代表们则将他们自身的以及消费者的需求全都一股脑地推给客户服务中心解决。

雅芳公司开展内部标杆瞄准的中心目是解决客户服务中心的效率和规范化问题。调查表明,有些服务只有在大的中心地区才有提供,有些服务则是通过电话进行的,销售服务中心希望销售代表把15个品种以上的订单进行书面汇集,而这个工作实际上本应该是公司其他部门的职责。直销代表们急需公司提供更多的支持,在过去的数年间,虽然服务在不断地升级,但仍然跟不上直销代表们的要求,而且每个中心都有一套自己的服务方式,这种各自为政的不规范的服务方式是造成企业低效运作的根源。

找出基准点

雅芳公司的直销代表们迫切需要公司给予一种明确的服务支持,雅芳的管理者认为有必要在五大销售中心进行一次联合调查,这样会有助于明确销售代表们的需求和预期的基准。1990年元月,他们召集了五个地区的负责人开了两天的会,以便确定本年度公司在客户服务网络管理中要实现的目标。他们首先

---

① 赵淑清.企业改革与管理.http://www.gzii.gov.cn/left2/qygyl/xdgl/2001.8/8302..html.

分析了人力资源的分配状况,接着便在全美范围内公开披露各地区的销售业绩和服务水平,使地区间可以做一个明确的比较,这样做不是为了挑起地区间的竞争,而是为了促进每个地区的发展。由于五大中心的实际情形总是不断变化的,因此很难一下子判断出哪个地区的行为是最优的,雅芳的管理者便需要建立一个逻辑上的"稻草人"模型,用以反映一系列服务的最佳行为方式,同时设计出一系列的衡量"最优"行为标准,这种稻草人是对各个地区最优行为的总结,它超越了单个区域的局限性,使每一个地区都有一个开放的发展机会,没有一个地区会被忽视也没有一个地区凌驾于其他地区之上。

"稻草人"是在各大地区负责人一致同意的基础上建立起来的,因而可以根据这个模型衡量每个分支机构,以此实行标杆瞄准活动。衡量比较的主要作用是用以确定每个机构在销售服务体系上的行为差距,同时发掘出那些使用先进服务手段的地区。每个地区负责人小组决定因循统一的效率衡量标准来检讨本部门的营销活动,其中包括各分支机构的数据资料、全部电话数目、平均使用时间、占线时间、无人接听时间、平均交谈时间、打往外地电话的数目等。

在进行行为回顾调查和销售服务需求分析时,雅芳管理者确定了服务差距,并制定出一系列可供选择的弥补差距的措施,这些措施包括:增加销售代表,在销售服务区域内提供一天 24 小时、一周 7 天的动态报导,为优秀的直销代表指派专门服务人员,在西班牙语地区增派双语代表。每一种改进措施都弥补了一些差距,而最重要的是让员工了解了从何做起及为什么要这么做。这些目标措施为企业带来第一次变革。对任何企业来说,衡量机制都是一个有效的变革工具。在雅芳公司,通过衡量机制可以清晰地看到哪些地区、哪些方面需要改进,它清除了改革过程中那些不确定的方面,为每个管理者提供了服务标准化目标。

通过内部标杆管理活动,雅芳公司不仅实现了最初制定的销售服务支持体系标准化的目标,还发展了一系列改进现有信息技术和充分利用各分支机构资源的方法。同时雅芳的管理者还发现在实行统一化的过程中,由于客观存在的消费者本身的地域限制,因此某些地区必须继续提供一些特殊的服务(如汉语服务等)。这种变革是在深入了解销售代表的预期需要的基础上进行的,进行这种内部基准化活动需要对目前的服务情形有一个深入的了解,确定一个为各分支机构认同的行为目标,及更好地为销售代表和消费者服务的愿望。在雅芳公司的标杆瞄准进程中,对消费者需求的注重提高了雅芳公司整个销售网络的效率。

思考题:

1. 计划一般分成哪些类型?
2. 计划工作的特点和作用有哪些?

3. 如何进行环境预测？
4. 如何利用滚动计划法？
5. 简述日常运营计划的编制过程。
6. 如何制定项目计划？
7. 标杆瞄准的步骤与程序有哪些？

第七章 组织设计与组织结构

本章导读

本章的内容包括：组织的含义、构成要素，组织工作的含义和内容，组织设计的必要性、依据，组织设计的原则，组织设计的程序，组织中的权力，典型的组织结构。

问题导引

- 什么是组织？
- 组织工作的内容有哪些？其重要性体现在哪些方面？
- 如何进行组织设计？
- 如何进行职权设计？
- 典型的组织结构有哪些？

【全球化管理引例】

企业组织结构图示

曾有人把亚马逊、谷歌等公司的组织结构绘制成图，放在一起对比。见图7-1。创新工场 CEO 李开复对此评论道：苹果确实以乔布斯为核心（但是没有反映巨大却无权的 Apple Retail）；微软确实是"军阀"文化；谷歌在施密特时代是这样的（但现在只有一个闲职创始人，还有新产品组织不那么杂乱）；Facebook 应该更接近苹果（Mark ＝ Steve）。他认为，从组织结构可以看出组织的文化。由此可见，看似几条线、一些点能够串起的组织结构，并不是管理者的"涂鸦"作品，而是能够反映组织"健康、强壮、长寿"水平的系统工程。那么，高矮胖瘦的组织结构，是如何设计的？为什么会有如此差异？有没有最佳"体型"呢？

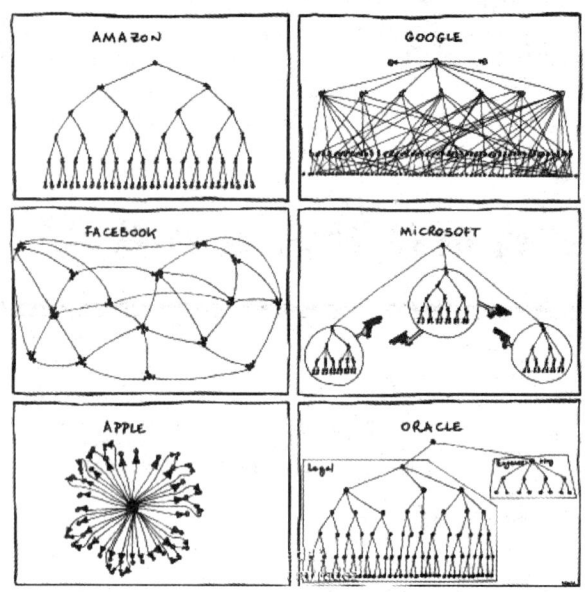

图 7-1 企业组织结构图示

第一节 组织与组织设计

在日常生活和实际工作中,多数工作需要由多人合作才能完成。因此,建立一个良好的组织并使之有效地运转,无论是对个人目标还是组织目标的实现,都至关重要。作为一种结构和进行资源配置以实现管理目标的工具和载体,组织工作在管理活动中占据着十分重要的地位。

一、组织的含义

从管理学的角度看,许多管理学家和学者都对"组织"一词给予定义或解释。如理查德·达夫特(Richard L. Daft)在《管理学原理》一书中进一步指出,组织的目的就是配置组织资源以实现战略目标。[1] 兰杰·古拉蒂(Ranjay Gulati)等学者认为组织不仅是实现战略目标的工具,也是组织成员共同行动从而实现预定产出的关键机制。[2] 海因茨·韦里克(Heinz Weihrich)等将组织定义为:"一个正式的、刻意设计的、规范化的角色或职位结构。"[3]

---

[1] 理查德·达夫特,多萝西·马西克著,高增安等译.管理学原理.机械工业出版社,2009:154
[2] Ranjay Gulati, et al. *Preliminary Edition Management*, 2012:199—200
[3] 海因茨·韦里克等著,马春光等译.管理学——全球化与创业视角.经济科学出版社,2009:166

虽然对于组织概念有多种解释和说明,大体归纳为两层含义:一是指组织体系或组织结构,二是指组织活动或组织工作。前者是把组织作为名词来说明和使用的,后者则是把组织当作动词来使用和解释的。

概括地讲,组织作为一项管理职能,是根据计划要求和按照权力责任关系原则,将所必需的活动进行分解与合成,并把工作人员编排和组合成一个分工协作的管理工作系统或管理机构体系,以便实现适应外部环境变化的内部优化组合,圆满达成预定的共同目标。

二、组织的构成要素

组织作为一个具有活力、能动的有机整体,其构成要素可分为有形要素和无形要素两大类。对于任何一个正式组织来说,有形要素和无形要素都是其存在的必要条件,如果缺少任何一个,组织都将趋于解体。

构成组织的有形要素包括如下:①人员,这是组织构成的核心要素;②职务,组织中的人员必须从事一定工作,承担一定义务,人员从事工作和承担义务必须是实现组织目标所必需的;③职位,同一工作或业务经常无法由一人完成,需要设置多个从事相同工作或业务的职位;④关系,担任不同职务、处于不同职位、承担不同责任的人员之间必然存在某种关系,组织成员之间的关系主要是责、权、利三种;⑤生存条件,一个组织要生存和发展离不开必要的物质条件,包括组织运行所必需的资金、工作场所、交通及通信工具等。

构成组织的无形要素包括如下:①共同的目标,这种共同的目标既为组织运营和组织协调所必需,又为组织成员所理解和接受,同时又必须随环境条件的变化而做适当的变更;②协作意愿,指组织成员对组织共同目标做出贡献的意愿。若组织内无协作意愿则组织目标将无法达成,组织也必将趋于散乱。对于组织成员来说,其协作意愿的强弱主要取决于组织成员对于自己在组织中所做贡献与所取得报酬之间的比较;③信息沟通,这是组织存在和发展的一个重要因素,也是组织内一切活动的基础。组织的共同目标和个人的协作意愿只有通过信息沟通才能联系和统一起来。

三、组织设计的任务

组织设计的核心是组织结构设计。所谓组织结构,是指组织的基本框架,是组织为完成组织目标,在管理工作中进行分工协作,在职务范围、责任、权力方面所形成的结构体系。组织设计是一个动态的工作过程,其基本功能就是要协调组织中人员与目标任务的关系,使组织系统能适合目标的要求,最大限度发挥成员能动性,使组织成为一个既具有凝聚力又具有很强适应性的有机整体。

组织结构可以用三种特性来描述：即组织结构的复杂性、规范性以及集权与分权性。

组织结构的复杂性是指组织内各要素之间的差异性，包括组织内部专业化分工程度，横向与纵向的管理幅度与管理层次数以及组织内人员及部门地区分布情况等。分工越细、组织层级越多、管理幅度越大，组织的复杂性越高；组织的人员部门越多、分布越散，组织的协调越难。

组织结构的规范性是指组织内部行为规范化的程度，包括组织内部的员工行为准则、规章制度、工作程序及标准化程度等。组织中的规章条例越多，组织结构也就越正规化。

组织结构中的集权与分权性是指组织内的决策权分布状态，主要指集权与分权的问题。当组织的权力集中在高层，组织的集权化程度就较高，反之，则较低。

组织设计的任务是设计清晰的组织结构，规划和设计组织中各部门的职能和职权，确定组织中直线职权、职能职权、参谋职权的活动范围并编制职务说明书。组织设计的最终结果是组织系统图、职务说明书和组织手册。组织系统图是用图形的方式表示组织内的职权关系和主要职能，其垂直形态显示权力和责任的关联体系，水平形态显示分工与部门化的结果。职务说明书主要是说明职位的名称，主要的职能、职责，履行职责的相应职权，相应人员的素质要求以及与组织其他职位的关系。组织手册通常是职务说明书与组织系统图的综合。

四、组织设计的原则

要把许多人组织起来，形成一个有机的分工协作体系，完成共同的组织目标，这并不是一件容易的事，从确保组织正常运转这一要求来看，组织设计需要遵循以下基本原则。

1. 任务目标原则

任何组织都有其特定的战略及目标。组织结构设计只是一种手段，其目的是为了保证组织战略的顺利实施和目标的实现。因此，在进行组织结构设计时，首先要明确组织的发展战略及目标，并以此为依据，分析确定组织内应设立什么机构、建立什么部门、设置什么职位以及选用什么人等问题。

2. 统一指挥原则

统一指挥是指按照管理层次建立统一指挥、统一命令系统，要求任何下级只接受直属上级的命令和指挥并对其直接负责，下级不能越级向上级请示报告，任何上级也不得向下越级指挥，避免由于"多头领导"和"政出多门"所造成的下级无所适从和相互推卸责任的局面。

3.管理幅度原则

管理幅度,是指一个主管人员直接有效地领导和指挥的下属数目,换句话说,管理幅度指的是有多少人共同向同一上级汇报工作。设计组织结构,要注意合理确定管理幅度,尽量减少管理层次,以达到精简高效的目的。当然,合理的管理幅度必须与管理者的能力相匹配。

4.分工协作原则

现代组织分工细密,协作关系复杂,要实现组织目标,在组织设计时,应贯彻分工与协作的原则。既要在管理组织之间进行合理的分工,划清责任范围,提高工作效率,又应注意各项专业管理工作之间存在的内在联系,在分工的基础上加强协作,妥善处理好专业管理和综合管理之间的关系。

5.责权对等原则

责权对等原则要求职责与职权保持一致。职责是指各种组织职位所承担的责任。职权是指一定职位在其职责范围内,为完成其责任必须具有的权力。职责与职权要对等,如果有责无权或少权,有可能影响责任方的主动性、积极性而影响工作的完成;如果有权无责或权力不明确,就有可能导致权力的滥用。

6.沟通顺畅原则

沟通顺畅原则确保信息在组织内部的真实有效与快速传递。组织设计的根本目的是要确保组织运作处于和谐、向上的内部环境之中,而沟通有利于成员之间对组织的总目标达成共识,并且将其转化为个人的目标与具体行动,有助于组织成员在交流与互动中提高工作效率与产出,增强凝聚力。

7.有效性原则

组织及其内外部环境时刻发生变化,组织应在保持相对稳定的同时,视具体环境适时调整,以确保有效性,比如制定计划避免盲目行动,明确权责避免冲突,确保成员理解并贯彻组织目标,培育组织文化等。

彼得·德鲁克关于组织设计的七项原则[①]

1.要明晰但不简单。哥特式大教堂在设计上并不简单,但在教堂里面,你的位置是显而易见的,你知道站在何处,应该走向何方。一座现代化的办公大楼在设计上非常简单,但在里面很容易迷路,它不是分明的。

2.努力用经济来维持管理,并把摩擦减至最小限度。用于控制、监督、引导人们取得成绩的力量应该保持在最低限度。组织结构应该使人们能够自我控制,并鼓励人们自我激励。

---

① 彼得·德鲁克著,孙耀君等译.管理——任务、责任、实践.中国社会科学出版社,1987:684-688

3. 眼光直接投向产品,而不是投向生产过程;投向效果,而不投向所作的努力。组织可以比作一种传输带,这种传输带越"直接",各个活动取得成绩时的速度越快和方向的改变就越小,组织就越有效率。必须使意愿和能力为成果而工作,而不是为工作而工作;为未来而工作,而不是躺在过去的成绩上;为了增强实力,而不是为了"虚胖"。

4. 每一个人都要理解他自己的任务,以及组织总体的任务。组织的每一个成员,为了把他的努力同组织的利益联系起来,需要了解如何使他的任务适应整体的任务,以及整体的任务对他个人的任务与贡献的要求是什么。组织结构需要促进而不是阻碍信息交流。

5. 决策把注意力集中在正确问题上时要面向行动,而且尽可能使最低层的管理人员做出决策。

6. 要稳定,但反对僵化,以求在动乱中生存下来;要有适应性,以便从动乱中学到东西。它必须要在其周围的世界处于动乱时代仍能进行工作。稳定性并不是僵硬性,一个极其僵化的组织不是稳定的,而是脆弱的。只有一个组织结构能使自己适应新的情况、新的需求、新的条件,以及新的面孔和新的个性时,它才能继续存在。

7. 要能永存和自我更新。一个组织必须能够从内部产生未来的领导者。为此,一个基本条件是组织不应该有太多的层次;组织结构应该帮助每一个人在他担任的每一个职位上学习和发展,应该设计得使人能够继续学习;必须接受新思想并愿意和能够做新事情。

第二节 组织设计的影响因素

现代组织总是处在不断变化的环境之中,一个组织要生存和发展,就要适应环境,因此必须把权变的组织设计观引入组织设计的思想中,根据所处环境来设计和调整组织结构。权变的组织设计是指以系统、动态的观点来思考和设计组织,把组织看作一个与外部环境有密切联系的开放式系统。权变的组织设计必须综合考虑影响组织设计的各个因素,尤其是环境、战略、技术、组织规模和生命周期等。

一、环境的影响

随着组织环境日益复杂多变,组织设计者可以通过以下四种方法提高组织对环境的应变性。

1. 相应地增加组织的职能部门和职位的数目

增加对外联系工作的部门,如负责企业形象、资本运营、售后服务的部门。

2. 加强企业管理中的协调和综合职能

改变管理组织分工过细,部门间协调难度增加的状况,用综合部门代替专业部门。例如,改变组织内层次式的信息结构,使信息收集、传递更为迅速有效。

3. 增加组织结构的柔性

从组织结构的规范化程度等方面考查,英国的汤姆·帕恩斯(Tom Burns)和史托尔克(G. M. Stalker)把处于急剧变动环境中的公司组织结构和处于稳定环境中的组织结构归纳概括为柔性结构和刚性结构两种类型。柔性结构,又称有机性结构,是一种包含分权特征,并具备高度动态性与权变性的组织结构。柔性结构虽然也有正式的组织结构,但其领导、指挥关系不太明确,且常有变动;各部门间和岗位间的任务、职责分工比较笼统,常需要通过协调而加以明确和调整;规范化的章程和程序比较少,强调对多元化信息的处理能力;决策比较分散于下层;组织内部主要靠横向沟通,通过各部门间的联系和协调,及时地调整各自的任务、责任和工作程序。这种组织结构在环境简单且稳定的条件下,显示出工作效率不高的缺陷,但却较能适应多变的外部环境,有利于组织的改革与创新。

4. 强化计划职能和对环境的预测

当环境处于稳定状态时,企业可以用较多精力处理常规性问题。但外部环境不断发生变化,必须对未来状态进行预测和筹划,以应付可能出现的各种情况,从而削减外部环境变化对组织内部带来的负面影响。

二、战略的影响

在影响组织结构的众多因素中,组织战略是一个重要的因素。组织结构只是实现组织目标的手段,而组织目标又源于组织的总体战略。因此,组织结构与组织战略是紧密联系在一起的,组织结构的设计和调整必须服从于战略。

最早系统地研究组织战略与结构关系的是美国历史学家艾尔弗雷德·钱德勒,他在深入研究了美国100家大公司长达50年的发展历程后得出结论说,组织战略的变化先行于并且导致组织结构的变化。一般来说,组织通常起始于单一产品或产品线生产。简单的战略只要求用一种简单、松散的结构形式来执行这一战略。这时,决策可以集中在一个高层管理人员手中,组织的复杂性和规范化程度都很低。当组织发展壮大后,随之而来的将是发展战略的变化,组织的活动将在既定的产业内不断扩大,向纵向一体化发展。这种纵向一体化的发展战略必将使组织单位之间的相互依赖性增强,从而产生了对更复杂协调手段的要求,这就要求重新设计组织结构,按职能来建立专业化的组织单位。随着组织的进一步发展,通常进入产品多样化经营阶段,组织业务活动伸展到不同行业领域,这时又需要对组织再次调整,以取得高效率。这种产品多样化战略所要求的结构必须能够有效地配置资源,控制工作卓有成效,并能保持各单位之间的协调;而组建事业部将能够很好地达到上述要求。由此可见,随着组织战略从单一产品或生产线向纵向一体化、再向多样化经营的转变,组织结构也必然进行相应的调整以适应变化了的组织战略。

美国的雷蒙德·迈尔斯(Raymonde Miles)和查尔斯·斯诺(Charles Snow)根据对既定产品或经营项目如何进行竞争的态度,将经营战略区分为保守型战略、风险型战略及分析型战略三大类,并总结了相应的组织结构与之对应。

1. 保守型战略

采用这种战略的领导人认为,组织面临的环境相对稳定,需求变化不大。因而其战略目标确定为致力于保持企业在行业内的市场份额,从产品质量、产品价格、售后服务等手段对竞争对手展开反击。采取这种保守型战略,保持生产经营的稳定和提高效率成为企业的主要任务。与这种战略相适应,在组织设计上强调提高生产和管理的规范化程度,以及用严密的控制来保证生产和工作的效率及成本的降低。与之相对应,采用刚性结构成为这种组织结构的基本特征。

2. 风险型战略

与保守型战略相反,组织领导人认为市场环境多变,不确定因素很多,只有不断开发新产品,开拓新市场,在必要的时候甚至放弃已有产品的生产和市场份额来满足变化着的需求,才能使企业在竞争中立于不败之地。这类企业勇于开拓创新,涉及多产品经营,在了解环境和寻求机会方面下大力气,具有强烈的进取性。因而,实行柔性结构便成为这类组织结构的主要特征。

3. 分析型战略

分析型战略是介于保守型战略和风险型战略两者之间的战略。保守型战略强调守,忽视攻,容易丧失机遇;风险型战略强调攻,轻于守,可能丧失已有的机会。分析型战略折中两者的优缺点。一方面用保守型方法努力保持已有的产品和市场,另一方面又寻求新的增长点。为满足企业战略的双重需要,组织结构的设计也要具有双重性,即刚性结构和柔性结构的混合。具体特征是:实行矩阵结构,纵向的职能制加上横向的分产品的协调;对生产部门和市场营销部门实行详细而严格的计划管理,而对产品的研究开发部门则实行较宽泛的计划管理;高层管理层由老产品的生产管理、技术管理等职能部门的领导及新产品事业部的领导联合组成,前者代表企业的原有阵地,后者代表企业的进攻方向;信息在传统部门间主要为纵向沟通,在新兴部门间及其与传统部门间主要为横向沟通;权力的控制是集权与分权的适当结合。

三、技术的影响

任何组织都需要通过技术将投入转换为产出,组织的设计需要因技术的变化而变化,特别是技术范式的重大变化,往往会要求组织结构与之相适应,做出相应的改变和调整。

著名的管理学家琼·伍德沃德(Joan Woodward)在20世纪60年代初就提出,组织结构因技术而变化。她在对英国南部近一百家小型制造企业进行调查后,按"工艺技术连续性"的程度,把企业分为三种类型:①单件小批量生产,由进行定制产品的生产或小批生产者组成;②大批量生产,包括大量和大批生产;③流程生产,这是所用技术最复杂的一类,如炼油厂和化工厂这类连续流程的生产企业。

伍德沃德得出这样的结论:随着技术复杂程度的提高,企业组织结构复杂程度也相应提高,管理层级数、管理人员同一般人员的比例以及高层管理者的控制幅度亦随之增加。单件小批量生产技术相适应的组织结构较为简单,管理层级较少,整体的复杂性、规范程度都较低。大批量生产就使得组织结构复杂化。同时,为了严格管理,必将制定健全的规章制度,组织结构的规范化程度也较高,整个组织的集权程度也较高。流程生产企业工艺技术复杂,因而组织结构中各管理层级之间差异较小,管理人员和技术人员比例较大,因此其规范化和集权化程度相对较低,见表7-1。

表7-1 生产技术与组织结构之间的关系

技术类型 组织结构特征	单件小批量 生产技术	大批量 生产技术	流程生产技术
纵向管理层级	3	4	6
高层管理人员的控制幅度	4	7	10
基层管理人员的控制幅度	23	48	15
管理人员与一般人员的比例	1:23	1:16	1:8
技术人员的比例	高	低	高
规范化程度	低	高	低
集权化程度	低	高	低
复杂化程度	低	高	低
总体结构	有机	机械	有机

资料来源:周三多主编.管理学.高等教育出版社,2000:138

随着计算机技术和信息技术的发展,制造业技术得到了迅速发展。计算机集成计算系统(CIMS)或柔性制造系统(FMS)的运用,使得大规模定制成为可能,从而改变了大批量生产技术无法实现定制生产的传统格局。

美国著名组织学家查尔斯·佩罗(Charles Perrow)打破了只在制造业内研究技术与组织之间关系的局面,他将技术分为常规技术、工程技术、手艺技术和非常规技术四类。①常规技术,例外情况少,工作的标准化、规范化程度高,以大型钢铁企业、汽车行业等为代表。这类组织应建立严格控制的组织结构。②工程技术,例外情况多,工作需要靠知识和能力并按照公式化和程序化方式操作,如建筑业属于这一类,此类组织通常规范化程度低,但集权程度较高。③手艺技术,虽然技术相对简单,但不确定问题较多,工作靠直觉、经验,如服装业、家具业等。这类组织的规范化程度适中,但须具体分析。④非常规技术,有许多例外问题,难于系统化分析,靠综合能力和创造能力开展工作,如科研机构、高新技术企业等。这类组织以分权管理为主,宜采用灵活的组织形式,以提高应变能力。

【信息化管理专栏】

诺基亚的组织变革

诺基亚历史上组织结构经历过几次变化,不过可以说每一次的变化都与公司的发展历程密不可分。20世纪90年代初,诺基亚在危机关头做出专注于移动通信的战略选择,从那时起公司的组织架构就不断地调整。

自2004年1月1日起,诺基亚组织结构重组,形成"三纵四横"结构。四个主要业务部门包括:移动电话集团、多媒体集团、网络业务集团、企业解决方案事业集团。三个支持部门包括:顾客及市场运营集团,技术支持平台集团,研发、风险投资及运营架构集团。

2007年,诺基亚将原有五大事业部:移动电话事业集团、多媒体事业集团、网络事业集团、企业解决方案事业集团、客户及市场运营集团,调整为终端部、服务与软件部和市场运营部三个部门,体现互联网业务的服务与软件部门史无前例地被提升为一个独立部门,与终端部门并行。到2010年7月,除了名称有所更改外,诺基亚基本上保持了这一组织架构。

2010年初,诺基亚重新调整了对移动终端市场的定义,将移动终端细分为手机和融合移动终端两部分,前者指的是普通的功能手机,后者则是指智能手机和移动电脑。这样做,无非是为了将代表未来发展方向的智能型终端与普通手机相区别,更好地看清诺基亚此时的位置,同时也有针对性地与对手展开竞争。

四、组织规模的影响

在组织理论的领域中,组织规模被视为影响结构设计的一个重要变量。当组织规模扩大,人数增加,管理层次增多、组织内专业化程度提高时,整个组织结构的复杂性程度将会增大,这必然给组织的协调管理带来更大的困难,这要求组织结构提高规范化程度和分权程度。

大多数的研究表明,大型组织与小型组织的组织结构主要在以下方面表现出差异。

1. 规范化程度

大型组织更依靠规章、程序和书面工作去实现标准化和对大量的雇员与部门进行控制,因而大型组织一般具有更高的规范化程度;小型组织往往可以凭借管理者的个人能力对组织进行控制,组织显得富有活力但较松散,因而规范化程度较低。

2. 集权化程度

组织规模的研究表明,组织规模越大,就越需要分权化。因为随着组织的成长壮大会有越来越多的部门和人员,决策难以通过最高层做出或者高层管理者不堪重负,只有尽量在较低的层次上做出决策,才能避免决策缓慢并提高决策的适应性。事实上,在大型组织中,决策经常是由那些具有完全控制权的高层管理者做出的,决策集中化程度很高,在环境日益复杂化的今天,这种状况应得到改善。

3. 复杂性程度

复杂性是指管理层次的多少(纵向复杂性)、部门和工种的多少(横向复杂性)。企业规模扩大,管理的层次和跨度都相应增加,复杂性程度提高。相反,较小规模的企业复杂性程度较低。

4. 人员比例

人员比例是指管理人员、办事人员和专业人员等构成的比率。最经常研究的是管理人员的比例。研究表明,在迅速成长的组织中,管理人员要比其他人员增幅快得多,在组织衰退过程中,管理人员要比其他人员减幅小得多,这说明,管理人员最先被聘用而最后被解聘。也有研究表明随着组织规模的增大,管理人员比例下降而其他人员比例上升。总体而言,管理人员与其他人员的比例应均衡配置。

五、生命周期的影响

组织的演化成长呈现出明显的生命周期特征,组织设计在生命周期的不同阶段应有所不同。罗巴特·奎因(Robart E. Quinn)和吉姆·卡梅隆(Kim Cameron)把组织的生命周期划分为四个阶段:创业阶段、集合阶段、规范化阶段和精细阶段。与每一阶段相关的组织特点如下。

1. 创业阶段

起初,组织规模较小,官僚体制不明显,个人能力重要。高层管理者提供结构和控制系统,组织的精力侧重于生存和单一产品的生产和服务。

2. 集合阶段

这是组织的青年期。在此阶段,组织成长迅速,雇员受到激励并服从组织的使命,尽管某些程序已经出现,但规范化程度仍然较低,继续成长是组织的主要目标。

3. 规范化阶段

这时组织进入中年期并呈现出官僚化特征。组织中人员增加,管理层次增多,分工更加细化。企业创新工作可能通过建立独立的研究和开发部门来实现。企业的主要目标是内部稳定性和扩大市场。高层管理者要善于授权以调动下属积极性。

4. 精细阶段

成熟的组织往往显得规模巨大和官僚化,继续演化可能会使组织进入衰退期。此时,管理者可能通过尝试组建团队来阻止进一步官僚化,技术创新则通过使研究与开发部门机构化来实现。维护和提升组织的荣誉与名誉是此阶段的重要任务。

服务管理

20世纪60年代以后,服务业在社会经济中的地位与日俱增。一些发达国家的服务业占国民生产总值的比重超过了60%,部分国家接近80%。服务产出与实体产品存在本质差异,具有即时消费,无法储存、运输等特点,对服务的质量和价格判断无法直接采用有形产品的判别方法,所以服务业的管理方法应当有别于制造业的管理方法。研究发现,如果仍采用过分强调低成本和规模经济的管理方式对服务业实施管理的话,会造成服务质量下降、员工士气低落,进而导致顾客关系被破坏,最终出现利润下降的结果。

目前,在服务管理方面,学者和实业界共同关注以下主要问题:(1)注重服务功能和服务活动与有形产品生产的区别,探索服务活动的一般规律及其行之有效的管理方法。(2)服务质量的评价与管理方法。在服务管理领域,学者们将服务质量界定为顾客对服务期望水平与对服务实际感知水平之间的差异,期望水平低、实际感知水平高,则服务质量好,顾客满意度高,否则相反。期望与感知在很大程度上受人们的情感等很多难以具体测量的因素影响,更难以控制,因此需要探索新的方法。(3)服务抱怨的挽救措施与方法。留住老顾客比开发新的顾客所需的成本要低得多,一位满意的顾客可能带来新顾客的数量有限,但一位不满意的顾客却可能鼓动和感染大量的顾客转向其他企业。(4)服务过程与顾客关系管理。(5)服务品牌创建与管理。(6)新技术在服务企业的应用等。

时代的发展使得社会中各个功能单位之间的关系已经由过去的管理与被管理、服务与被服务的关系进入了一种新型的、平等的相互服务关系,管理科学领域顺应了这一时代潮流,使服务管理的研究应运而生。随着服务理念的传播,服务管理已不局限在服务行业和服务性企业,一些传统行业(如制造业)的企业也在大力强化服务功能,把自身视为服务单位,使服务成为创造利润的重要途径。

第三节 组织设计的主要内容

组织设计是以企业的组织结构安排为核心的组织系统的整体设计工作,是企业总体设计的重要组成部分,是有效实施管理职能的前提条件。组织设计应以完成组织任务为前提,应遵循一定的程序与原则。组织设计的简单模式见图7-2。

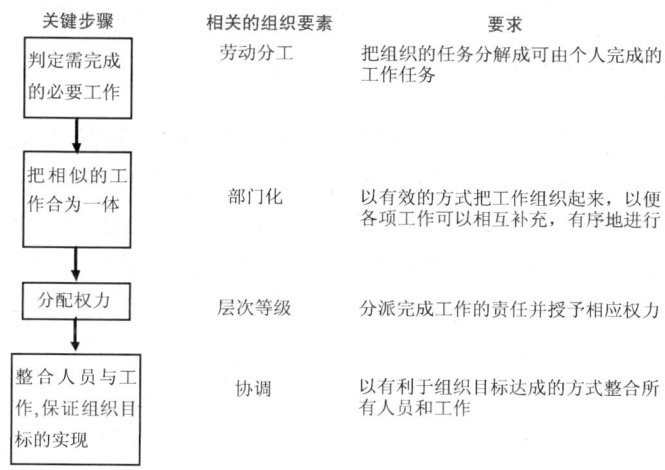

图7-2 组织设计程序

一、劳动分工

劳动分工是组织设计的前提和关键。管理者在这一阶段的主要任务是决定如何进行分工和分工到何种程度。组织设计的根本目的就是通过持续细化达成组织目标所需要的工作环节,同时建立特定的职位并安排相应人员承担与职位对应的任务,通过人员在具体环境和各种关系中的工作实效来协调组织的整体运营。只有科学的劳动分工,才能提高组织运行的效能,从而有助于组织目标的实现。

在20世纪初期甚至更早的时候,劳动分工被认为是增加生产效率的一个不尽的源泉,这个结论在当时专业化还没有得到普遍推广的情况下无疑是正确的;但随着劳动分工的深化,许多问题相继暴露了出来,厌倦、疲劳、压力、低生产效率、劣质品、旷工、高离职率等现象对传统的劳动分工理论提出了挑战,诸如工作扩大化(同时承担多种工作,即工作范围的横向扩展)、工作丰富化(承担更重要的责任,即工作内容的纵向延伸)等新的管理思想应运而生,特别是近些年席卷全球的再造工程理论更是对传统的分工理论提出了直接的挑战。这些都是围绕着如何分工以及分工程度而展开的。

二、部门化

随着组织规模的扩大和生产经营活动的复杂化、高级化,组织业务活动种类越来越多,所涉及的专业领域越来越广。因此,为了提高工作效率,管理者就必须在劳动分工的基础上,把各项活动进行归类,使性质相同或相似的工作合并到一起组成单位,这样便形成了一个个专业化的部门。在企业实践中,部门化的形式是多种多样的,典型的有以下几种。

1. 职能部门化

职能部门化是按照组织的各项主要业务工作和主要管理职能划分和设置组织的横向部门。对企业来说,管理职能划分可以采用不同的标志,从不同的角度加以分类。在组织设计中,常用的操作性较强的分类方式有:①按管理范围和权限分类,可分为对外的经营职能和对内的生产管理职能;②按管理层次划分,可分为高层、中层和基层三个层次的职能;③按管理工作过程的不同阶段分类,可分为决策、计划、协调、控制、监督、反馈等职能;④按制定和贯彻落实企业经营决策的不同作用分类,可分为决策性、执行性和监督保证性等三类职能;⑤按照对生产经营活动有无直接指挥关系划分,可分为直线职能和参谋职能。

按职能划分部门,其实就是按照管理业务活动的性质与技能相似性,把全部管理业务活动分类。例如,把一切同产品生产制造有关的活动划归生产部门;一切涉及增补、选拔和培训人员的活动纳入人事部门等。按照职能划分部门和工作的结果,使传统的直线型组织演变为职能型组织,能够突出业务活动的重点,实现专业化的分工要求。

但是这种组织形式也有一定的不足,如各部门各有专责,各自独立,部门间容易形成隔阂,增加协调的困难;缺乏灵活性和弹性;高层领导者负担过重等。因此,这种组织形式在稳定的技术与环境等条件下比较有效。

按职能和业务划分横向部门的组织系统见图7-3。

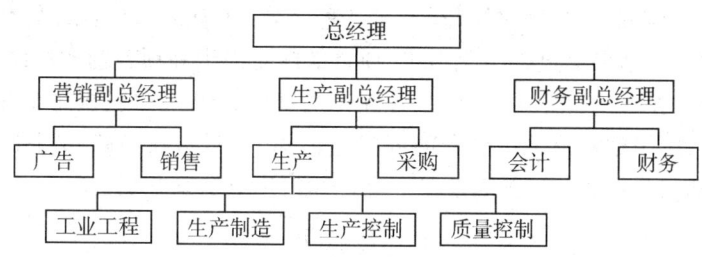

图 7-3　按职能和业务划分横向部门的组织系统示意图

2. 过程部门化

将企业的产品生产或制造过程分成几个工艺阶段,按阶段来设置部门和机构,要求每个部门只负责整个过程中某一阶段的工作。例如,在机械制造企业中,生产过程常被分为铸造、锻压、机加工和装配等阶段,进而按阶段来设立车间和部门。按过程部门化划分横向部门的组织系统见图 7-4。

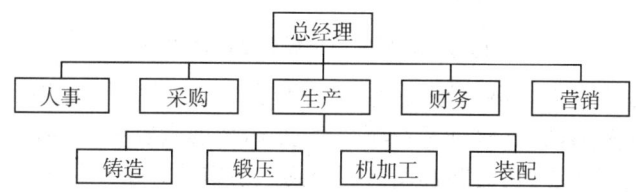

图 7-4　按过程部门化划分横向部门的组织系统示意图

按过程部门化原则划分组织的横向部门,也是一种很常见的部门化组织结构形式。它的优点是有利于提高工作效率,缺点是增加了上层协调的困难。

3. 产品部门化

按产品的不同来划分和设置企业组织的横向部门。这种部门化组织形式适合于多样化生产经营的大型企业,它属于分权化的组织形式,按产品划分部门与事业部制是一致的。按产品类别划分的组织系统见图 7-5。

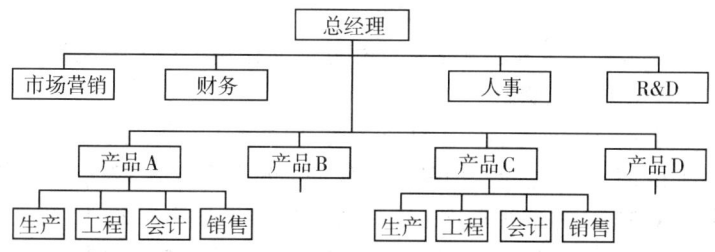

图 7-5　产品部门化组织系统示意图

163

部门化组织形式多种多样,除上述三种之外,还有诸如地区部门化组织、顾客部门化组织、销售渠道部门化组织、项目部门化组织和项目与职能结合部门化组织,等等。在现代企业中,采取一种纯粹的部门化形式的组织是罕见的,绝大部分企业的组织结构都采用混合的部门化形式。例如,在功能部门化的基础上加之其他部门化形式。图 7-6 是一个混合部门化组织系统图。

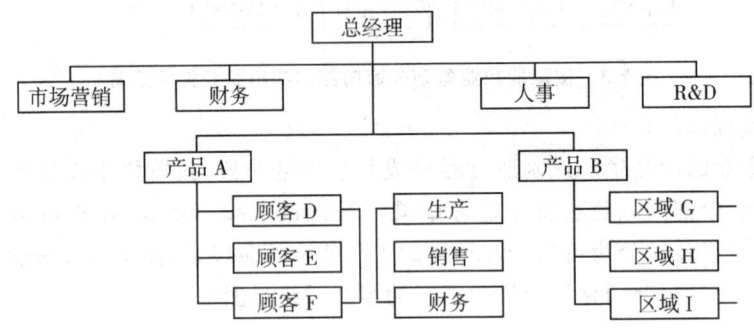

图 7-6　混合部门化组织系统示意图

部门化方式只勾画出了管理业务的总体分工形式,它不足以指导科学、合理地安排全部业务活动,要解决每一项管理业务,特别是容易产生分歧的那些业务活动的部门归属问题,还需要遵循前面提到的组织设计基本原则。

三、管理幅度与管理层次

有效管理幅度是划分组织纵向管理层次的理论基础,一个领导者(主管人员)所能直接而有效地管理和指挥的下属人数必定有个限制和限额,因为任何人的知识、经验、能力和精力等都是有限度的。因此居于权力中心的领导人,绝不可能无限制地直接管理和指挥很多人而又使他们的活动配合无间。

在一个领导者的管理幅度不可能无限制地扩大方面,绝大多数管理学著作都引用了 V. A. 格兰丘纳斯(V. A. Graicunas)的论证公式:

$$N = n(2^{n-1} + n - 1)$$

式中:N 表示管理者与其下属之间相互交叉作用的最大可能数;
　　　n 表示下属人数。

例如,假定一个管理者 M,有两个下属 A 和 B。一种直接关系可能发生于 M 与 A 之间和 M 与 B 之间。但是有这样的时候,M 和 A 谈话而 B 在场,或者和 B 说话而 A 在场,这样可能就会有两种直接群体关系。此外,交叉关系可能存在于 A 和 B 之间,表现为 A 找 B 和 B 找 A。这三类关系加到一起,就存在了 6 种可能的相互作用。当下属增加到 3 个时,这种可能的相互作用总数则增加到 18。依此类推,数字越来越大。当下属人数达到 100 人时,上面的公式中的

N便成为一个十分"巨大"的数字!

事实上,决定管理幅度不可能无限制扩大的因素不仅仅是上述所说的相互作用关系,管理者的能力、下属人员的集中与分散程度、工作本身的性质、工作的标准化程度、工作的类别、需要解决的问题的出现频率、管理者与下属人员间的关系等等,都在很大程度上决定着管理者管理幅度的大小。

那么,管理幅度多大为好呢?对于这个问题长期以来有许多学者和实业家进行过大量的研究工作。传统或古典管理学派对待领导人管辖人数问题的态度和研究方法,一直是倾向于把有效的管辖人数普遍化,就是想找出一个通用方案,并加以推广。但长期调查研究结果并未找出一个理想的通用方案,不同人的说法仍然不一致。

管理幅度的实践

20世纪初期,美国将军伊恩·汉密尔顿(Ian Hamilton)根据他作为一个军官的经验总结了对管理幅度大小的认识。他发现,一般人的头脑在管理3个人和6个人将能处于最佳的工作状态。一个军士在仅仅指挥3个士兵时并不十分忙碌,一个陆军中将难以指挥6个师长的活动。伊恩·汉密尔顿最后建议,越接近于整个组织的最高领导人,他的管理幅度最好越接近6个人。

亨利·法约尔指出,合适的管理幅度应该是最高经理管理4~5名部门经理,部门经理管理2~3名管理人员,管理人员管理2~4名工长,工长管理25~30名工人。

英国有名的管理顾问林德尔·厄威克(Lyndall F. Urwick)上校提出了他观察到的心理现象:一个人的"注意力跨度"——能够同时给予注意的事项的数目——是有限的,并以此为依据讨论管理幅度的大小。他的研究结论是:"没有一个管理者能够直接管理超过5个或者至多6个工作紧密相关的下属的工作"。

美国管理学会的研究报告(1952年)介绍了当时在141家"公认的具有良好组织实践"的公司调查结果,该项调查的主题是这些公司中的总经理的管理幅度实践情况。结果发现总经理的管理幅度为1~24人不等。

由于管理幅度的限制,当组织人员规模达到一定程度时,即当组织的人员规模突破管理幅度的限度时,就需要而且必须划分出不同的管理层次。这样,组织就由有阶层的单位组织构成,即形成了组织的纵向层次结构。当层次较多之后,人们便形象地称其为"金字塔"式的组织结构。

上述分析可知,若在企业人力规模大致一定的情况下,组织层次与管理幅度在数量上是一种反比例关系。在组织管理过程中要正确处理好管理幅度与组织层次之间的关系问题。有的企业用扩大管理幅度和减少组织层次的方法,构成扁平式组织结构(Flat Organization);有的企业则采用缩小管理幅度和增加组织层次的方法,形成垂直式组织结构(Tall Organization)。

相对来说,垂直式组织结构属于集权型组织。它具有高度的权威性和统一性,决策和行动都比较迅速。其缺点和不足是不便于纵向联络沟通,缺乏灵活性和适应性,所需管理人员多,管理费用大。减少管理幅度,建立垂直式组织结构,在下述条件下显得有效:①工作任务要求不明确;②下属人员自由处置权太大;③工作责任重大,绩效衡量期限长;④成果不易测定或测量;⑤部属之间工作依赖性强。在此情况下,应缩小管理幅度,以便实行有效控制。

扁平式组织结构属于分权型组织。它层次少,便于上下信息交流,有利于发挥下级人员的才干,灵活而有弹性,所需管理人员少,管理费用开支低。其缺点和不足是不便进行有效监督和控制,加重了交叉联络的负担,容易突出下属的特权和部门的利益。

选择合适的管理幅度是至关重要的。首先,它会对一个部门的工作关系产生影响。较宽的管理幅度意味着管理者工作繁忙,结果是组织成员得到较少的指导和控制;与此相反,过窄的管理幅度意味着中基层管理人员权力有限而难以充分发挥工作的能动性。其次,对组织决策活动产生影响。如果组织层次过多,将减缓决策速度,这在环境迅速变化的今天是一个致命的弱点。第三,对组织目标实现产生影响。管理幅度的确定需要平衡所有相关因素[①],不同的组织往往会根据目标而确定具体的管理幅度与层次。例如,军事组织为准确实现目标而选择垂直式结构,而百货公司为追求长期利润而采取扁平式结构;反之,则两种组织均不会达成目标。

四、协调

组织过程的最后一个要素就是协调,所谓协调就是将独立的个体和单位的活动整合到为实现共同的目标而齐心协力的活动中去,既包括横向协调,也包括纵向协调。协调的目标在于使得管理者的工作方向保持一致,减少分歧和冲突并确保整个组织过程有助于组织目标的实现。管理协调活动通过统一组织中不同个人和部门的活动实现群体的效能。协调工作应当遵循以下原则和相应措施。

1. 政令统一原则

政令统一是亨利·法约尔总结的管理十四项原则之一。该原则要求组织活动具备以下特点:

(1)在确定管理层次时,要使上下级之间形成一条命令链;

(2)任何一级只能有一个人负责;

[①] 海因茨·韦里克等著,马春光译.管理学——全球化与创业视角.经济科学出版社,2011:187

(3)下级只接受一个上级的命令和指挥,防止出现多头领导的现象;
(4)下级只能向直接上级请示工作,不能越级请示工作;
(5)上级不能越级指挥下级;
(6)职能部门一般只能作为同级直线指挥系统的参谋,无权对下属直线领导者下达命令和指挥。

在实践中,政令统一的原则并不容易贯彻,因为传统的政令统一原则暗含一个假设,即组织的各种活动可以明显地分解,各个成员能各负其责,只有这样,才能避免命令的冲突、误解,减少资源的滥用。

当组织相对简单,工作可分解度高时,政令统一是很有效的原则。即使今天,对于许多组织来讲,它还是一条有意义的原则,并遵循这一原则来设计活动和工作关系。然而,随着信息量的增加、社会环境的变迁,许多工作需要不同群体和个人之间自主地相互协调、相互支持,过分强调政令统一有可能导致组织灵活性的降低,从而影响组织绩效。

2. 命令链原则

这是亨利·法约尔提出的另一条管理原则,又被人称为"梯度链原则"(Scalar Chain),是指组织中的权力链从顶端开始,不间断地授给组织的最下端。它为上级和下属之间提供了正式的沟通渠道,也有助于政令统一原则的实现。

3. "联系针"

政令统一和命令链原则为管理人员协调下级之间的横向工作关系创造了条件。除此之外,不同管理层次的管理者之间的纵向协调也十分重要。在20世纪60年代,美国行为科学家伦西斯·利克特(Rensis Likert)提出利用集体决策的方法促使组织实施参与型管理,为此,他提出"联系针(Linking Pin)"的概念,通过"联系针"把整个企业联结成为一个整体,见图7-7。在这样的组织体系中,每个下级组织的领导是上一级组织的成员,他们会同时兼顾到上下级单位的利益,并顺利地将企业整体目标贯彻到基层部门。

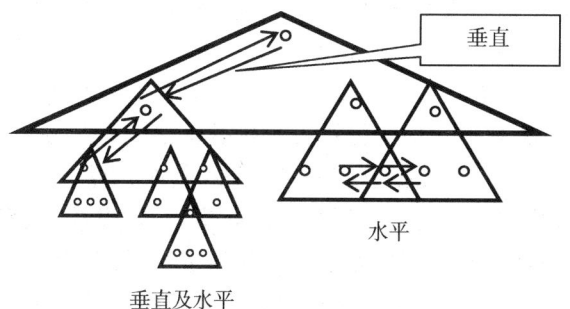

图7-7 "联系针"模型

4.委员会

另一种常见的组织协调方法是建立委员会。组织中的委员会可以是临时的,它是为某一特定目的而组成的,完成特定任务后即行解散;委员会也可以是常设的,它促进协调沟通与合作,实施制定和执行重大决策的职能。通过建立委员会,可以发挥集体决策的特点,提高决策的科学性;可以平衡权力,防止组织中某个人或部门权力过大;通过集体制定计划和政策来协调各部门间的行动;有助于信息的沟通和交流等。

加强协调工作的措施还有很多,例如通过管理工作标准化建立正常的工作秩序对加强部门间协调配合有重要作用;例会制度、联合办公和现场调度有利于保持日常经营活动的协调一致;在部门中设置联络员,负责与其他部门进行业务联系,促进彼此间的了解与协调;多个职能科室集中在一个大办公室中,可以改变和调节人际关系,为加强部门之间横向协调及内部竞争创造一种良好的环境和气氛,等等。

第四节 职权设计

组织的基本结构确立之后,接着就需要对各阶层和各部门的职权和责任范围及其相互关系加以明确而具体的规定。否则,这些不同层次和部门在实现组织整体目标的过程中就不可能成为一个协调一致的管理工作系统。

一、职权、职责、授权

任何一位管理者从事某项管理工作时都应有一定的职权和职责。所谓职权(Authority),即职务范围内的管理权限。从领导和指挥角度看,职权就是为了实现组织的整体目标或各部门的目标,管理者要求或命令其下属如何行动或停止行动的一种力量和影响力,这是组织中的一种约束力量。换句话讲,职权是主管人员行使职责的一种工具。所谓职责(Responsibility),就是接受职务的管理者去尽职务的义务。上级领导者有权命令和要求下级人员去做某项工作或事情,下级人员则依据组织内部的契约关系和制度去尽义务,去处理或完成某项工作任务,并对其结果负责,以便取得某些报酬和其他利益。

管理者的权力和责任是相辅相成的。就是说,管理者有管理权力就应有管理责任,有责任就应有权力。正如亨利·法约尔所说,职责与职权是孪生子,是职权的当然结果和必要补充。在安排和处理组织中的权力关系时,应坚持权力与责任的对等或相应原则。职权是发布命令的权力,职责是对结果所负的责任,职权与职责二者应予以平衡,不能让一方胜过或低于另一方。

如果要求某人对某项工作的结果负责,就应当首先给予他能够确保工作得以完成所应有的权力,也就是说,职权与职责的贯彻执行必然伴随着授权。所谓授权(Authorization),意指组织中各级层的员工、管理人员或团队有权在未经上级容许的情况下自行决策。[①] 授权意味着组织成员个体和团队要执行职权并履行职责,承担相应的工作并完成各自的任务。

卡尔顿大酒店的授权

顾客是上帝,员工是服务上帝的人。在卡尔顿大酒店,顾客和员工得到同样的尊敬与重视,正如公司的宗旨——女士们和先生们为女士们和先生们服务。公司总裁赫斯特·舒尔茨对前台员工授予2 000美元以内的支配权,来保证顾客的满意度。授予销售经理的支配权甚至高达5 000美元。同时,公司为改进服务质量,十分重视员工提出的建议,并认为这双倍于从顾客那里获得的抱怨。卡尔顿大酒店也因同时重视员工于顾客而获得著名的马尔科姆·鲍德里奇国家质量奖。

二、直线职权

直线职权(Line Authority)是直线人员所拥有的包括发布命令及执行决策等的权力,也就是通常所指的指挥权。在组织结构图上,这种职权关系用一条由上级部门或人员直通下级部门或人员的直线来表示,所以形象地称之为直线职权。直线主管(Line Manager)指能领导、监督、指挥、管理下属的人员。直线职权关系的特点是:上级有指挥命令权,下级必须贯彻执行,不得自行其是;下级对自己的直线上级负责,并报告工作。很显然,每一管理层的主管人员都应具有这种职权,只不过每一管理层次的功能不同,其职权的大小及范围各有不同而已。例如,厂长对车间主任拥有直线职权,车间主任对班组长拥有直线职权。这样,从组织的上层到下层的主管人员之间,便形成一个权力线,这条权力线被称为指挥链(Chain of Command)或指挥系统(Line of Command)。在这条权力线中,职权的指向由上而下。由于在指挥链中存在着不同管理层次的直线职权,故指挥链又叫层次链。指挥链既是权力线,又是信息通道。信息传递通过指挥链由上而下,或由下而上地进行。

三、参谋职权

参谋职权(Staff Authority)是一种提出建议或提供服务,协助其他部门或

[①] 海因茨·韦里克等著,马春光译.管理学——全球化与创业视角.经济科学出版社,2011:217

人员做好工作的权力。参谋职权的概念由来已久,在中外历史上很早就出现了一种为统治者出谋划策的智囊人物。在我国中央集权制的朝代历史中有许多食客、谋士、军师、谏臣的记载。近代组织中出现的参谋及职权的概念来自军事系统。1807年,普鲁士改革军队管理体制,创建了军事参谋本部体制。所有军事统帅的决策过程,必须依赖参谋部集体智慧的支持来完成。此后德国、美国等军队也相继建立了参谋组织。在企业中,各专业管理部门同生产系统所发生的基本的职权关系就属于参谋职权关系,这些专业管理部门和人员,被称为参谋部门和参谋人员。由于专业管理部门各自承担着某一方面的管理职能,故习惯上又称之为职能部门和职能人员。

同直线职权相比较,参谋职权的特点是:①它不能向其他部门或人员发号施令,不能决定而只能影响他人或集体的行为,即只能出主意、提建议、做指导,只起咨询作用;②在职责范围内执行参谋职权,不是去指挥其他部门或人员如何进行作业,而是帮助工作,予以合作,又对整个企业或某些部门提供服务,发挥助手作用。

参谋和直线之间的界限是模糊的。作为一个主管人员,他既可以是直线人员,也可以是参谋人员,这取决于他所起的作用及行使的职权。当他处在自己所领导的部门中,他行使直线职权,是直线人员;而当他同上级打交道或同其他部门发生联系时,他又成为参谋人员。

四、职能职权

职能职权(Functional Authority)是指参谋人员或某部门的主管人员所拥有的原属直线主管的那部分权力。它是经由直线主管的授权而产生的。具体来说,它是由直线主管向参谋机构和人员授权,允许其按照规定的程序和制度,在一定职能范围内做出规定,向下一级直线部门和人员发布指示、提出要求的权力。在纯粹参谋情况下,参谋人员所具有的仅仅是辅助性职权,但随着管理活动的复杂化,主管人员能力再强,也很难精通各种业务,只依靠参谋的建议往往还不能实施有效的管理。于是,为了提高管理的有效性,主管人员就把原属于自己的部分直线职权通过授权的形式,下授给参谋人员或部门,这就产生了职能职权。

职能职权大部分是由业务或参谋部门的负责人来行使的,这些部门一般都是由一些职能管理专家所组成。例如,经过总经理授权,作为参谋部门的劳动人事部门拟定劳动定额、劳动组织、劳动纪律、劳动保护等劳动人事管理制度,让其直接向直线组织发布指示,分厂或车间等下一级直线组织必须严格执行,这些都是职能职权的具体体现。职能职权是组织职权的一个特例,可以认为它介于直线职权和参谋职权之间。

职能职权具有以下特点:参谋机构和人员发布指示的权力是在一定条件下才具有的,即由直线组织的上级主管人员授权,并要按一定的制度和程序行使;职能职权的范围是有限的,仅限于参谋机构和人员的某些业务活动,而不是全部,否则参谋机构和人员的性质就会改变为直线机构和人员了。直线与参谋的职权关系见图7-8。

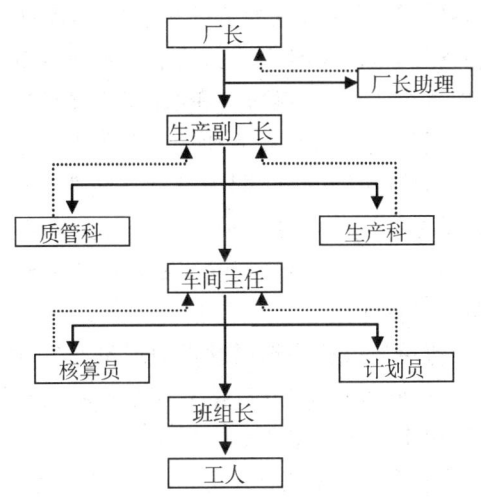

图7-8 直线与参谋的职权关系

五、四类职权配置的基本原则和主要方法

1. 维护统一指挥

职权设计应当保证行政命令和生产经营指挥的集中统一,这是社会化大生产的客观要求。参谋职权和职能职权在促进正确行使直线权力的同时,也对直线人员产生了限制。如果处理不好,很可能干扰和削弱直线职权。为了维护直线部门和人员自上而下的集中统一指挥,职权设计要采取以下几项措施。

(1)直线部门负责人对本部门工作拥有决定权。必须明确职能部门行使参谋职权,其任务是提建议而不是指挥。直线人员虽然应认真听取参谋机构和人员的咨询与建议,但必须由自己做出决定并经过直线组织发出指示去贯彻执行。

(2)把职能职权用于真正必要的业务活动上。例如,企业为用户服务要恪守统一标准,为了加强企业管理基础工作,加强定额、标准、信息、计量等工作。如果某些工作的职权配置一时难以确定归属于何种部门为宜,处理的原则应该是限制职能职权,将权力向直线主管人员倾斜,以便尽可能保证他们职权的完整性和责任的明确性,防止出现多头指挥的现象。

(3)职能职权关系尽量不超越直线主管人员下属的第一级组织机构,不能再向下延伸。这样做的目的,就是将职能职权尽可能地集中在关系最为接近的机构,以保证直线指挥系统的统一。

2. 保证责权一致

为了切实保证责权一致,职权设计要注意解决好以下两个问题。第一,决策权、指挥权和用人权相统一,把用人权授予对本企业、本系统、本部门的工作负有全面责任的决策者和指挥者,即领导人。这是有效行使决策权和指挥权的组织保证。第二,正确处理直线职权、参谋职权和职能职权的配置。享有直线职权的部门,应该是那些从事提供成果的业务活动的部门及其主管人员。与提供成果的活动有着紧密联系的是支援性活动,即为享有直线职权的部门和人员获得预期成果而提供支持和服务的那些业务活动。为了切实达到支持与服务的目的,承担这类业务的部门,总的来说应该享有参谋职权和职能职权。

3. 让参谋机构切实发挥作用

在企业组织中,为避免参谋机构形同虚设的现象发生,职权设计应实行强制参谋制度并授予参谋机构和人员报告权,使参谋机构和人员具有一定独立性,鼓励他们发表真知灼见,使企业领导避免重大失误。

正确运用参谋职权有利于企业运营,是企业适应环境复杂化和管理现代化的有效手段,在一定程度上能对职能职权起到补充作用。合理利用参谋职权可以通过三种途径:首先,明确直线与参谋的关系,分清双方的职权关系与存在价值,从而形成相互尊重、互相配合的关系;其次,授予参谋机构必要的职能权力,以提高参谋人员的积极性;第三,直线经理为参谋人员提供必要的信息条件,以便从参谋人员处获得有价值的支持。

4. 对职权做出明确规定

由于职权涉及企业各个层次和部门,每个部门又同时兼有多种职权,这就使得整个企业的职权关系十分复杂,加之某些职权界限不容易正确把握,因此,进行职权设计,必须对职权做出明确规定。

这里需要注意的是,随着经济环境的变化,以开放性组织为代表的创新型组织结构,在高科技领域中大量涌现,成为推动科技进步的新兴力量。这类组织具有较强的创新特征,对组织成员的自主性与独立性具有较高的要求,这就要求组织在职权设计中更好地权衡集权与分权的比重,根据外部环境和组织自身的变化合理调配,以实现组织的最佳绩效。

第五节 典型的组织结构

长期以来，随着管理实践的繁荣以及管理理论研究的深入，人们创造并规范出许多组织结构形式，典型的有直线制、职能制、直线职能制、事业部制等。其中直线制和职能制是早期人们在企业规模小、生产品种单一、管理简单的情况下采用的组织结构形式，目前企业较少使用。长期以来，企业普遍采用的是直线职能制和事业部制。下面简单介绍几种组织结构形式，以便了解长期以来企业组织管理工作的概貌及其变化。

一、直线职能制

直线职能制是企业目前采用最多的一种组织形式。它是一种将直线制与职能制结合起来的组织形式。这种组织形式在各级直线领导者之下，按照分工不同设置相应的职能机构，从事各种专业管理。各职能机构没有对下级的行政指挥权，只对直线领导起助手和参谋作用。该组织形式将整个管理系统中的管理人员分为两类：一类是直线领导者，从上到下实行直线领导，从而能保证统一指挥；另一类是职能管理人员，他们是直线领导在业务管理方面的参谋和助手，以适应业务活动越来越复杂的发展形势。见图7-9。

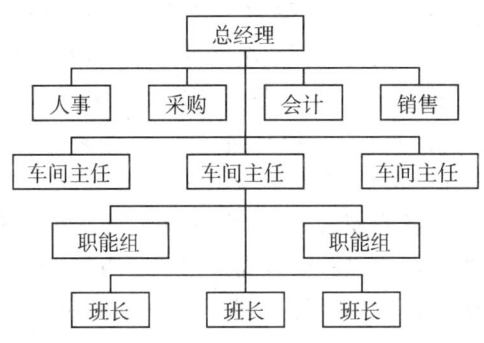

图7-9 直线职能制结构示意图

直线职能制结构具有许多明显的优点。首先，这种结构分工细致，任务明确，部门职责界限清晰，便于建立岗位责任制，强化专业管理；其次，各级领导者都有相应的职能机构做参谋和助手，因而可以克服领导者个人知识范围有限的弱点，使管理组织能够适应组织活动日趋复杂化的特点；最后，管理权力高度集中，有利于高层管理人员对整个公司实施严格的控制。但是，直线职能制也存在一定缺点，尤其是随着环境的变化和企业规模的扩大，这种组织结构的许多问题也逐渐暴露出来。首先,因为按职能划分部门,各部门分管的业务工作不同,观察和处理问题的角度就会不一致,企业中的每个部门或人员只关心自己"份内"的事情,协调工作就比较困难;其次,企业领导工作繁重。因为只有在总经理一级才能将生产、研究与开发、销售、财务等工作协调起来,使得企业高层管理人员陷于行政事物中甚至顾此失彼;第三,不利于培养高层次管理人才。这种组织形式容易使管理人员仅重视与自己有关的业务知识学习和能力培养,而忽视对全局性、关键性问题处理能力的培养;最后,当企业规模较大时,企业的组织层次会变得很多,内部沟通很困难,加上相互之间缺少有效的协作机制,容易使企业变得僵化而无法适应环境变化。

二、事业部制组织结构

事业部制简称 M 型结构(Multidivisional Form),亦称联邦分权制。事业部制是为解决企业规模扩大和多样化经营对组织机构的要求而提出来的一种组织设计。事业部的第二级机构不是按职能而是按企业的事业,包括按产品、地区、顾客等来划分部门,即事业部。每个事业部都有自己的产品和特定的市场,能够完成某种产品或服务的生产经营全过程。事业部不具有独立法人资格,但具有较大的生产经营权限,实行独立核算,自负盈亏,是一个利润责任中心,基本上相当于一个完整的企业。在事业部内部,仍按职能结构设置职能管理部门。

事业部制组织结构最初是由皮埃尔·杜邦(Perre DuPont)于 1920 年改组杜邦公司时提出的,但当时只是一种很粗略的形式。1921 年至 1922 年,小阿尔弗雷德·斯隆(Alfred P. Sloan, Jr.)作为总裁在通用汽车公司推行了更为完善的"联邦分权制",成为分权制的一种典型。之后,许多企业对之加以模仿和改进。其中美国通用电气公司于 1950 年至 1952 之间进行改组时提出的组织结构形式,成为全世界流行的标准模式,被称为事业部制。据统计,到 1969 年,在美国 500 家大公司中,有 380 家以不同方式采用了通用的组织模式,在日本也有大约 1/2 的大公司采用。以下是通用汽车公司当初的做法。

斯隆是一位颇具管理才能的企业家,1922 年接任 GM 公司总裁以后,开始全面贯彻他的组织变革思想。

斯隆改革方案的重点在于寻求公司经营权力集中与分散的最佳结合点。他认为,一个大型企业需要有一个统一的方向和一个管理中心,需要有实权的高层管理,同时也需要有积极进取和干练的经营阶层。经营阶层的领导人,应该有选择经营方法的自由,有确切的责任以及相应的权力,有可以发挥其所长的领域,还应使他们的成就得到应有的鼓励。为此,他把公司的任务分成决策和执行两类,决策任务由董事会及所属机构承担,具体负责处理公司与股东间的矛盾,任免公司主要管理人员,审议决定公司的重大方针政策及管理原则,全面而连续地考察公司活动,指导公司的公共关系活动及社会责任的履行情况。执行任务由总公司、事业部及工厂三级管理部门承担,具体负责指挥公司的生产经营活动。其中,总公司由总裁负责,主要考虑公司的整体发展问题;各事业部大多按产品对象设置,事业部的总经理在经营管理方面拥有全权并负全责,有权决定固定资产投资,可自行安排生产计划,决定零部件的供应源,负责销售,并在一定限额内自由支配其销售收入;工厂是事业部领导下的生产单位,只管生产不管理销售,一切规章制度、标准和方法均由事业部制定,其所属各车间、科室只负责组织实施和监督。此外,斯隆在各级直级职权下都相应设置了职能机构,协助直线部门提供相应的服务。通过报表,提出改进建议,并根据直线部门的要求提供相应的服务。通过几年的改进,GM 的"联邦分权制"组织结构大体形成,并基本维持至今。图 7-10 是有关 GM 事业组织结构的一张简图。

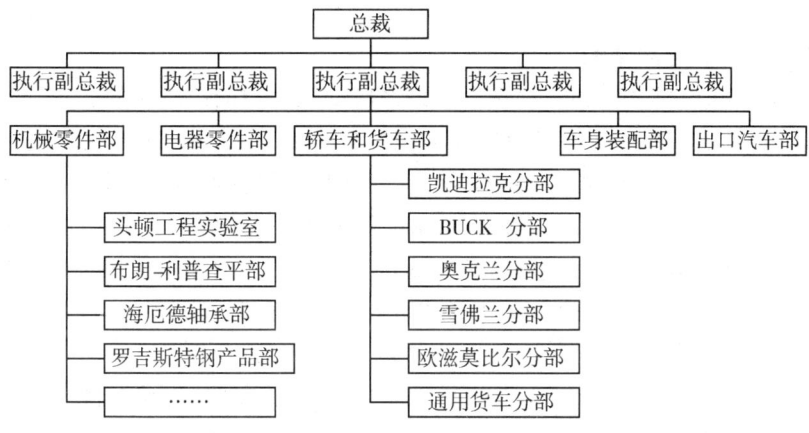

图 7-10 通用汽车公司事业部制组织结构简图

事业部制的优点在于:①组织最高管理部门可以摆脱繁杂的日常行政管理事务,成为真正强有力的决策机构;②各事业部自成体系,独立经营、核算,可以发挥其灵活性和主动性,并进而增强企业整体的灵活性和适应能力;③可促进各事业部之间的竞争,促进企业发展;④通过权力下放,使各事业部接近市场和顾客,按市场需要组织生产经营活动,有助于经济效益的提高;⑤有利于培养和训练管理人才。事业部制的不足之处主要表现在两个方面:一是容易产生本位主义、各自为政,由于允许事业部之间进行竞争,各事业部往往只考虑本部门或本单位的利益,影响相互间的协作;二是由于各事业部均设置相应的职能部门,势必造成管理层次和管理人员增多,管理机构重叠,管理成本上升。

通用电气的组织模式基本上成为工业化社会企业组织的样板,但在信息社会中,则需要寻找到新的样板。彼得·德鲁克曾就现实的需求指出了 GM 组织模式所存在的六种不足,分别是:①以制造企业为对象设计,对今天众多的大型非制造业企业不怎么适用;②以单一产品(即汽车)生产经营企业为对象设计,对今天以多样化经营为主的企业不怎么适用;③以只有一个国外子公司的美国公司为对象设计,对今天众多的多国公司不怎么适用;④主要针对体力生产者和职员的工作设计,对今天以知识工人为主要雇员的企业不怎么适用;⑤主要针对尚无大量信息处理需要的单一产品、单一国家的公司设计,对今天需处理大量信息的多产品、多技术的多国公司不怎么适用;⑥GM 的组织结构重管理轻创业,对今天创新任务十足的企业不怎么适用[①]。

当然,上述分析并非是对 GM 组织模式的批判,而是提醒人们要像斯隆针对 GM 当时实际情况进行组织变革一样,针对今天企业的需要积极投身于组织变革。

三、矩阵式组织结构

矩阵式组织结构是由纵横两套管理系统交错而成的组织结构。它开始是企业内部为完成某项特定任务而组建的,如图 7-11 所示。这种组织形式打破了"一人一个老板"的命令统一原则,使一个员工同时接受两方面的领导:在执行日常工作任务方面,接受原职能部门的垂直领导;在完成特定任务(即这一矩阵式组织的目标)过程中,要接受项目负责人的横向指挥。任务一旦完成,组织成员仍回原部门工作。此时,这一组织形式可能因任务的完成而消失,也可能继续维持下去,但要重新挑选组织成员,并往往执行另一项特定任务。

这种组织形式的优点是,具有较大的灵活性、适应性,能够把横向职能部门的联系、纵向项目小组的协调、集权与分权有机地结合起来,有利于发挥专业人员的潜力,有利于各种人才的培养,有利于克服纵向与横向信息沟通的困难,能加快产品开发或完成订货任务的速度。其不足在于双重领导容易产生矛盾和扯皮现象,对项目负责人的要求较高,参加者都有临时工作的感觉而导致人心不稳。

1967 年,美国道—科宁化学工业公司(Dow Cornign)建立了多维立体组织结构形式,这种形式由三方面的管理系统组成:①按产品(项目或服务)划分的部

---

① [美]彼得·德鲁克著,孙耀君等译.管理——任务、责任、实践.中国社会科学出版社,1987: 647-650

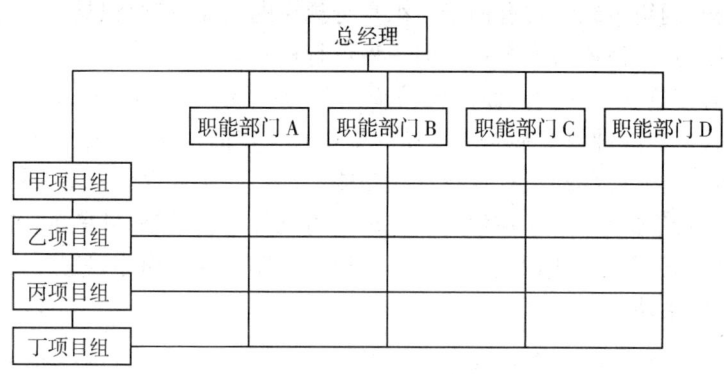

图 7-11 矩阵式组织结构示意图

门(事业部),是产品利润中心;②按职能如市场研究、生产、技术等划分的专业参谋机构,是职能利润中心;③按地区划分的管理机构,是地区利润中心。在这种组织结构形式下,每一系统都不能单独行动,而必须由三方代表通过共同协调才能采取行动,进而突出了整体利益,减少了部门间的矛盾。

四、网络组织结构

在工业社会,为了追求规模经济性,许多企业片面追求规模的扩大和功能的齐全,进而形成了一种"企业办社会"的经营思路,结果产生了许多机构庞杂的大企业。随着工业社会向信息社会转变,消费者需求变得越来越多样化,竞争日趋激烈,技术更新的速度越来越快,在这样的情况下,许多大企业染上了"大企业病"。"大企业病"主要指的是由于大企业机体庞大而衍生的大企业内部的新陈代谢紊乱。往往表现出不同的"病症",如机构膨胀、臃肿;管理部门和管理人员逐渐增多,手续繁杂、办事拖拉、相互扯皮等官僚作风严重;制度过多而且僵化,加上官僚主义的作风,进而极大地影响了职工的工作士气;内部沟通、协调机制不畅,造成工作效率低下;富余人员多,同时又过分强调稳定,组织内部缺乏向危机感挑战的精神,风险意识和创新精神淡化等等。上述病症在一些非营利性组织中也存在。

"大企业病"的存在使人们认识到,在社会分工日趋细化的时代,"大而全"、"小而全"的企业已经难以在激烈的市场竞争中占据竞争优势,众多的各具优势的企业联合起来,相互支持,互为补充,不仅可以使每个企业获得开展生产经营活动所需的资源,而且在生产经营活动中强化了自身的竞争优势。网络组织结构这种组织模式相应产生了。这种组织结构只有很小的中心组织,是依靠其他组织,以合同方式为基础,从事制造、营销等经营活动的结构。作为一种新形式的组织结构,网络组织结构有助于组织自身规模的精简,使组织具有更大的灵活性和应变能力,进而成为当今社会的一种流行模式。

伴随着信息技术的发展而出现的虚拟公司(Virtual Corporation)就是这样的组织形式。在这种组织形态下运作的企业有完整的功能,如生产、营销、设计、财务等,但在企业内部却没有执行这些功能的部门。企业仅保留最关键的功能,然后将其他功能虚拟化,以各种方式借用外力进行整合,进而创造企业本身的竞争优势。虚拟公司采用的是借用"外部资源整合"的策略,而非以往所说的"内部资源选择"的策略。

耐克(Nike)公司是利用虚拟公司抢占市场成功的公司之一。耐克公司是世界上最大的一家旅游鞋供应商和制造商,公司将主要的财力、物力、人力投入到产品设计和销售上,甚至样鞋也不靠自己生产,其生产活动完全在中国企业中进行。公司的许多经理经常穿梭全球寻找合适的生产合作伙伴。20世纪70年代,耐克与菲律宾、马来西亚、英国、爱尔兰等国的制鞋厂合作,20世纪80年代耐克转向中国台湾地区、韩国等地谋求合作,20世纪90年代耐克对中国内地、印度尼西亚、泰国等又信心十足。耐克的成绩是惊人的。从1985到1992年,耐克的纯利润增长了24倍。耐克成功的关键是恰当地组建虚拟的公司,并在虚拟公司中处于领导地位,从而获得了低成本、高利润。

【本章小结】

任何一个组织,不管是大是小,简单还是复杂,都需要做好两方面的工作,一是把工作任务分解为各项具体的工作,二是能够使这些分散的工作结合为整体性工作。通过分解与合成使得组织成为一个分工合作的系统。这种现象在政府机关、事业单位、企业中都能见到。本章探讨了组织如何构建分工协作系统,如何保证组织系统运行的高效率,如何使组织适应环境变化等等问题,这是管理工作中组织职能所必须关注的。

关键名词: 组织　组织结构　管理幅度　管理层次　直线职权　参谋职权　职能职权

第七章　组织设计与组织结构

【伦理专题】

伦理困境：左右为难[①]

汤姆·哈林顿(Tom Harrington)是罗金厄姆玩具(Rockingham Toys)公司的助理质量控制员，他热爱这份工作。之前他失业6个月，所以现在他迫不及待想给他的上司弗兰克·戈洛普洛斯(Frank Golopolus)留下一个好印象。他上司的职责之一是确保新产品线符合联邦政府安全指南的有关规定。过去1年来，公司已经做了几次制造方面的改进。戈洛普洛斯和质量控制团队的其他人员每周工作60个小时，并为新的生产流程充当故障检修员。

在分类整理过去几周收到的信件时，哈林顿了解到联邦政府的产品安全指南已经做了很多修订，他知道这些修订会影响到罗金厄姆公司新生产的玩具。戈洛普洛斯没有采取任何行动去实施新的指南，而且他似乎不理解或者不在乎那些规定。哈林顿为了替他的上司打掩护而回避从车间里了解到的问题，但是他现在开始迷惑，圣诞节马上就要到了，公司是否有时间做出调整。

哈林顿知道，发布调整命令不是他的工作，他也不希望因为干预而疏远戈洛普洛斯，但同时他也开始担心，如果他不采取行动会发生什么事情。罗金厄姆玩具公司在产品安全性上名声卓著，在品质问题上很少受到挑战。哈林顿感到应该忠于戈洛普洛斯，因为他给了他工作机会，但他又担心戈洛普洛斯的危险已经迫在眉睫。

如果你是哈林顿，会如何选择：

1. 给戈洛普洛斯写备忘录，概括影响公司产品线的新安全指南要求，并建议遵照执行。
2. 置之不理，因为已经有过失业经历，需要这份工作。
3. 将此事汇报给戈洛普洛斯的上司，公司的经营主管。
4. 其他不同的做法。

【情景练习】

赛智软件公司的组织结构[②]

赛智软件公司是一家成立于1998年的民营高科技企业，由我国某名牌大学计算机专业的黄志华教授带领几个青年教师共同创办，主要产品是企业的各种应用软件和网络系统集成。董事长兼总经理黄志华是一位典型的技术型创业者，公司创办初期的员工也都是出色的专业技术人员。公司成立之初的组织结

[①] 理查得·达夫特，多萝西·马西克著，高增安等译.管理学原理.机械工业出版社，2009：173
[②] 潘开灵，邓旭东著.管理学(第二版).科学出版社，2010：251－252

构如图 7-12 所示。

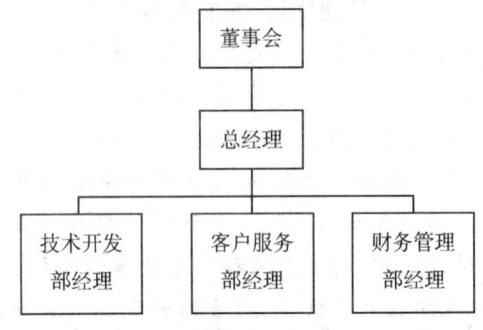

图 7-12　创业初期的组织结构

公司选择银行、海关、民航和税务作为主要市场，创业初期公司运营良好，到 2002 年销售收入已达亿元。公司是高科技企业，随着信息技术的发展，公司业务变化频繁，组织结构平均每两年调整一次，目前的组织结构如图 7-13 所示。

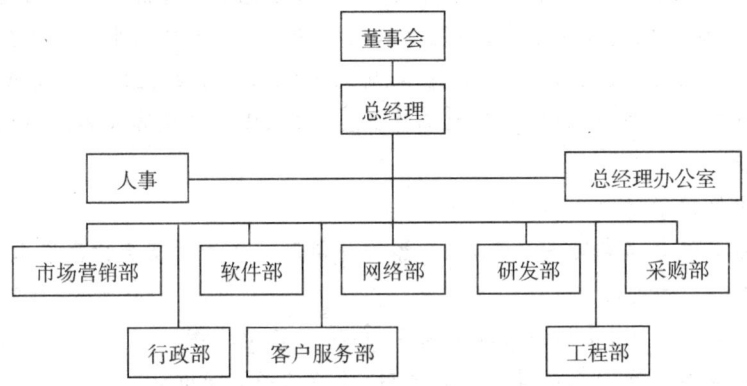

图 7-13　公司当前的组织结构

公司的业务流程是由市场营销部负责开发客户、签订合同，由软件部、网络部完成合同要求的设计，然后再由采购部负责采购设备、工程部进行安装调试，客户服务部提供售后服务和技术支持，研发部主要负责研制新产品和引进新技术，行政部负责公司的内部管理。

近来，公司内部出现了一些问题，员工士气不高、抱怨较多，各部门间的权责不清，沟通不畅。比如，对某项业务软件部抱怨营销部提供的客户需求信息不够详细，客户服务部又对软件部、网络部不能及时交付产品有意见，导致服务质量下降，员工流失增加，业绩下滑。如果这种情况不迅速扭转，公司将面临更大的危机，黄志华百思不得其解。

若你是黄总，会如何应对？赛智公司现行组织结构能否适应企业发展需要？公司在职权配置方面有何问题？赛智公司应如何调整其组织结构？

思考题：

1. 组织的构成要素是什么？
2. 组织设计的原则有哪些？
3. 影响组织设计的因素有哪些？
4. 直线职权、参考职权、职能职权配置的基本原则和主要方法有什么？
5. 在实际工作中组织常用的结构形式有哪些，各有何优缺点？

第八章 人员配备与团队建设

本章导读

本章主要介绍人员配备中的一些基础性工作,并进一步从团队和沟通的角度,分析如何实现高效的组织工作。

问题导引

- 如何实现人与工作的最佳匹配?
- 如何为组织寻找合适的员工?
- 如何开展团队管理?
- 如何实现有效沟通?

【全球化管理引例】

微软的人员招聘过程

微软公司1975年创办之时,人员只有3人,收入只有16 000美元。2003年,微软公司拥有约50 000名员工,市场价值已达2 600亿美元,名列全球第二,公司总裁比尔·盖茨也成为世界首富。

微软是一个知识密集型的企业,它的持续成长,依赖于一个稳定的充满智慧和激情的员工队伍。发现和选聘最优秀的人才,是微软公司的首要任务。当比尔·盖茨被问到他过去几年为公司所做的最重要的事时,他回答说:"我聘用了一批精明强干的人。"

微软公司是如何发现和选聘人员的?负责招聘者每年要访问130多所大学。应聘者在汇集到公司总部前,可能已在校园内接受了多次考察。到总部后,他们要花1天时间与公司各部门来的至少4位考官进行面谈。面谈的问题侧重于应聘者的创造力与解决问题的能力,而不是具体的程序编制知识。微软公司为了更深入地考验员工的决心,一般付给他们相对较低的工资。但是,公司有年度奖金和给员工配股。一个员工工作18个月后,就可以获得认股权中25%的股票,此后每6个月可以获得其中12.5%的股票,10年内的任何时间兑现全部认购权。每2年还配发新的认购权。员工还可以用不超过10%的工资以8.5折优惠价格购买公司股票。这种报酬制度,对员工有长久的吸引力。在微软工作5年以上的员工,很少有离开的。

微软公司的成就已经有力地证明了其人员选聘过程的效果,被称为"致力于PC软件开发的迄今为止世界上最大最富有的公司"。

第一节 人员配备

人是公司最重要的资产,是企业成功运营最重要的因素。在明确组织目标,建立高效、精干的组织机构之后,管理者要招募合适的人员去充实设定的各个工作岗位,实现人与岗位的配合,以完成组织的预定目标。人员配备是管理工作的关键职能,在很大程度上决定企业的未来。

人员配备是组织设计的逻辑延续,这项工作的主要任务是,通过对工作要求与人员素质的分析,谋求人员素质与工作要求的最佳组合,即因事择人和因才使用,从而实现员工的不断成长和组织的持续发展。[①]

人员配备的主要工作包括人员需求分析、员工聘任、员工培训等。

一、人员需求分析

人员需求分析是合理配备人员的依据,也是进行员工聘任和培训工作的基础。为实现总体目标,组织必须对目前及未来人员需求的类型和数量进行科学的预测和分析,制定人员需求计划,以保证组织在需要的时候能够得到及时、良好的人员供应。

人员需求分析过程包括:①评价现有的人员;②预测和评估未来的人员需求量;③制定人员需求计划。

人员需求分析应以组织结构设计为依据。管理者首先参照组织结构图,根据设计出的职务数量和类型来确定需要的人员数量。接着对于每个工作岗位的任职条件,要提出和解决如下的问题:在这个工作岗位上应当做些什么?怎样去做?由谁来做?他需要具备什么背景、知识和才能?要回答这些问题,需要通过观察、访问、发放调查表等方法收集相关信息,进行工作分析,最后形成工作说明和工作规范两份文件。

---

① 邢以群著.管理学(第二版).高等教育出版社,2011:189

工作说明。对组织内各个工作岗位的特征进行具体描述,详细说明各个岗位的所属部门、工作内容与目的、工作标准、岗位责任、与其他工作岗位的关系、工作环境以及所需的工作设备、工具、材料等。

工作规范。明确而具体地说明从事某项工作的人员必须具备的资格,包括技能要求、教育程度和工作经验等。工作规范应体现出岗位上最适合人选具备的特征,比如个性、行为特征、特殊技能等。

由于组织是随所处环境的变化而不断发展的,因此预测和评估人员需要量要考虑组织规模的发展与业务扩充的要求,还应考虑到人员合理的流动率,如退休、身体状况不佳、降职和离职而造成的职位空缺,以及外单位会不断挖走组织培养但留不住的有才干的员工。

人员供应来自两个方面。一是组织内部可能提供的人力资源,通常可以借助人员现状表、技能储备图、管理人员储备图等形式了解情况。这种图表一般的形式是在组织机构图上标明员工的现状、拥有的技能或作为管理者得到提升的可能性。这种图表提供了一个组织内人员配备的总体情况,能够看到组织是否有充足的后备人员,是否需要进行招聘和培训。二是从组织外部可能获得的人力资源。影响组织外部人力供给状况的因素很多,如人口和体制背景、教育状况、国家就业政策、用人单位竞争状况、就业者的心理和价值取向等。

在进行了上述的分析后,要制定出阶段性的人员需求计划。人员需求计划要列出工作岗位的数量,指出哪些要补员或减员,不同的岗位需要哪一类型的人员,明确每个工作岗位的具体要求。具体的人员需求分析模型见图 8-1。

	管理人员供给	
管理人员需求	高	低
高	选拔 更换 晋升	内部:培训和培养 补偿 外部:招聘
低	公司计划的改变 无法安排 下岗、降级 提前退休	如果未来需求预计 有变化,培训和培养

图 8-1 人员需求与供给模型

资料来源:海因茨·韦里克,马克·V.坎尼斯,哈罗德·孔茨著,马春光译.管理学——全球化与创业视角.经济科学出版社,2011:260

二、员工聘任

招聘是组织获得人力资源的基本方式,是招收合适的人选来填补组织结构中的职位。管理者应鼓励潜在的申请人申请现在或即将出现空缺的位置,通过各种方式和手段从中挑选出令人满意的人选。

(一)招聘决策

内部招聘和外部招聘是组织获得人力资源(特别是管理人才)的两条途径。采取内部招聘还是外部招聘要根据组织的具体情况,二者各有利弊。

内部招聘的优点在于:①能调动员工的积极性。员工知道通过努力可以获得晋升,会积极按职位要求提高自身的知识和技能,产生极大的激励作用。②保持政策的连续性。内部成员对组织目标有较深刻的了解,有利于政策的连贯执行。③选择更准确。组织对内部员工的才能更为了解,有利于被聘者顺利展开工作。④节省费用。内部提升对组织来说,可以节约大量的广告和评价费用,组织对员工的培训投资也获得了回报。⑤管理人员的内部招聘使组织从外部招聘中、高级职员的比例下降,外部招聘主要集中在初级员工上,从而减轻招聘工作的难度。⑥吸引外部人才。内部招聘为新来者提供了美好的发展前景,外部人才也乐意到这样的组织中工作[1]。

内部招聘也有不足:①提出申请但没有得到职位的员工可能会很失望,从而影响积极性,没有得到空缺职位信息的员工会感觉不公平。②内部招聘容易造成近亲繁殖。如果管理队伍都是沿着同样的阶梯晋升,在决策时就会缺乏差异和创新意识,同时也助长了员工论资排辈的习气。③对于特定的空缺职位,管理者常常已有了理想人选,但是为了体现公平却要逐个与所有的申请者进行面谈,这实际上是一种浪费。④随着组织规模的扩大,客观上要求有更高水平的人员来管理,而内部招聘政策只能使人员能力同工作要求的差距越来越大,内部招聘有可能产生一种把人晋升到他不能胜任的职位的倾向。

组织内部的人员数量和质量毕竟是有限的,在扩充规模或者人员数量流失过多时必须从外部吸纳人才。外部招聘对于组织很重要,其优势在于:①能够接受外部新思想,调整员工的知识结构,外部招聘人员往往会带来新的知识和工作方法,为整个组织注入创新活力;②节省培训费用,外部招聘倾向于有相关经验的申请人,他们只需要一个简单的上岗培训,就能很快适应工作;③外部招聘能够促进组织内部的良性竞争,当员工意识到来自外部的压力很强烈时就会努力表现,同时有利于缓和内部人员之间的紧张关系。

---

[1] 周三多,陈传明著.管理学(第三版).高等教育出版社,2011:197

外部招聘的缺点在于：①招聘费用高，尤其是对那些职位较高的人员，招聘往往要通过职业介绍所或猎头公司，费用通常很高；②由于不太了解应聘者的实际工作能力，因而在招聘过程中不可避免地会过多注重其学历、文凭、资历等，有时会导致对应聘者产生很大的失望；③外聘人员进入角色时间较长，对组织的历史和现状不了解，需要有一个了解和熟悉的过程；④容易挫伤内部人员的工作积极性和士气，外部人员在了解到这种情况后也不敢轻易应聘，因为升迁和发展的路径将变得狭小[①]。

在实际招聘中，当组织有既定的发展战略，内部有能够胜任空缺职位的人选时，应当考虑从内部招聘。然而，当组织急缺某类专业或管理人员，而内部又没有能胜任这一职位的人选时，需要从外部招聘。通常情况下，往往采用内部提升与外部招聘结合的方式，将从外部招聘来的人员先放在基层岗位上，然后根据其表现再行提升。

(二)招聘方法

目前内部招聘经常采用的方法是内部提升和工作竞标法。

1. 内部提升

通常用于管理人员的选聘，即从组织内部提拔那些能够胜任的员工来充实组织中的空缺职位。组织中的一些人将从较低的职位转到较高的职位，担负更重要的工作。实行内部提升一般要求在组织中建立起详尽的工作绩效档案，以此为基础绘制出管理人才储备图，以便一些职位出现空缺时，能够据此进行分析研究，选出合适的继任者。

2. 工作竞标法

职位空缺的信息和能力要求通过布告栏和内部报刊让员工广泛知晓。有资格的员工，可以提交正式申请。这种方法在组织内提供了公平竞争的机会，员工也可以通过对比标准，发现自身不足，不断提升自己，为将来的发展做准备。

外部招聘的方法，根据来源的不同，可分为以下几种。

1. 媒体广告

通过大众媒体对空缺职位进行广告宣传。可以选择报纸、专业杂志、广播、电视或者互联网等媒体，广告招聘的效果随广告媒体的选择和形式的不同而差别很大，这需要根据成本和收益，及拟招聘岗位的重要程度进行慎重选择。媒体广告辐射面广，针对性强，但可能会有许多不合格的申请者，增大选拔的难度。

2. 职业介绍所

目前全国有多家区域性劳动力市场和人才市场，覆盖经济较为发达的区域，

---

① 周三多，陈传明著.管理学(第三版).高等教育出版社，2011:196

如东北、西南、华北、华南等。每个区域都有各自的劳动力市场和人才市场,再加上各地市的劳动力和人才市场,形成了覆盖全面、广泛的市场体系,能够为用人单位提供比较全面的人力资源管理代理服务。这种方式节省时间,能得到专业咨询和服务,但费用高,组织对招聘过程缺乏控制。

3. 校园招聘

大学校园招聘已经成为越来越多的组织喜欢运用的招聘手段,是组织获得潜在管理人员和专业技术人员的重要途径,许多有能力的工作人员最初都是在大学校园直接应聘的。校园招聘面对的是大量、集中的候选人,这些候选人年轻、知识水平较高,但缺乏实际工作经验,只能承担较低级别的职位。

4. 熟人推荐

一些组织鼓励员工介绍和推荐他们认为合适的人员来申请空缺的职位。对于特别重要的工作岗位,或对一个地区的情况不太熟悉时,往往希望能够通过熟人或已有的员工推荐。员工对空缺岗位和工作条件有全面的了解,可能引入素质较高的候选人,但容易形成非正式群体,造成任人唯亲的现象。

(三)招聘的程序和方法

组织通过招聘宣传,吸引了大量的申请人,但不是所有申请人都可以得到工作岗位,接下来的工作就是要对这些申请人进行分析、评价,筛选出合适的人选,这一过程就是挑选。挑选是招聘有效性的重要保证,也是组织对员工进行预先控制的重要手段。在这个过程中,招聘方总是想更多的了解申请人的信息,以便做出恰当的决策。人员挑选的方法多种多样,具体如何运作,要视实际情况而定。常用的方法有填写申请表格、面试、测试、情景模拟、推荐和背景调查、体检等。

1. 填写申请表格

为了更好、更快地了解申请人信息和比较申请人情况,组织往往设计出标准化的申请表格供申请人填写。申请表格应包括组织想要了解的信息并简明扼要。在申请表中出现的栏目都应与招聘职位相关,但是不应涉及申请者的个人稳私。

2. 面试

面试是最常用的一种挑选手段,它为招聘双方提供了面对面的沟通机会,通过交谈可以获得更多信息,有效判断应试者是否符合组织要求。面试不仅需要技巧,而且也是一门艺术。面试的方式可以是一对一,也可以是小组面试。小组面试比前者掌握的信息更全面,评价更客观公正。面试的形式可以是讨论式、情景式、模式化行为描述式、能力面试等。面试交谈的内容一般是集中在事先准备好的问题或话题上,其中也可做一些灵活安排,如让应试者提问,或自由地交谈一些无固定答案的问题。这样一方面缓解紧张的气氛,另一方面也有效保证面试过程是一个真正的双向交流。为了确保面试的效果,组织需要要求面试者提供足够的资料,如工作说明、工作规范、个人简历等,并在今后的绩效考评中将员工表现与面试交谈的信息进行对比,以检验所设计的面试程序是否成功。

3. 测试

测试的目的是为了预测求职者未来的工作业绩,常见的测试方法有以下几种。

(1) 智力测试。目的是衡量候选人的语言和数字能力、思考速度和观察复杂事物相互关系的能力,主要设计一些词汇、相似、相反、计算等类型的问题,通常被看作是一般测试。

(2) 专业技能测试。针对特定技能的测试,如空间感、动手灵活性、语言能力、应变能力等,用来衡量人的潜力。值得注意的是,这种测试只对与专业技能相关的某类工作或活动有效。

(3) 个性测试。有观点认为,个性是个人能否施展才能,有效完成工作的基础,个性缺陷会使其所拥有的才能和能力大打折扣。对组织而言,一个干劲十足、心理健康的员工远比一个情绪不稳定、动力不足的员工更有价值。个性问卷一般由心理学家设计,结果也由心理学家解释,目前西方有大量的问卷或测验量表问世。

4. 情景模拟

根据被试者可能担任的职务,编制一套与该职务实际情况相似的测试题目,将被试者安排在模拟、仿真的工作环境中,要求被试者处理可能出现的各种问题,用多种方法来测评其心理素质、潜在能力。情景模拟包括公文处理、与人谈话、无领导小组讨论、角色扮演和即席发言等,目的是衡量潜在管理者在一个典型的管理环境中的工作状况,在这个过程中,会有一些有经验的心理学家和管理专家对他们进行观察和评价。在测评期满时,评审人员要对候选人的各种表现做出总评价,并得出结论,以此判断候选人是否具有管理才能、能否胜任管理职务。

5. 推荐和背景调查

对申请资料进行核实是十分必要的,它可以确定求职者是否具备所说的学历和工作经验。通常可以从求职人前雇主处了解其经验和表现。有些组织要求应聘者至少有一位证明人,以证实其所提供的信息属实。

6. 体检

身体检查也是挑选的必要步骤之一。对于某些对体能有特殊要求的工作,体格检查是必要的。其他如传染病的检查,也是避免组织今后遭受指控(如食品等行业)的重要预防手段。

三、培训
(一)新员工的培训

组织在完成员工的招聘和选拔后,对新上岗的员工,应该在最初几天或几周内对其进行培训,使之熟悉新环境,真正成为组织的一员。组织一般应有正规的上岗教育方案,介绍组织历史、发展概况、组织职能、任务、工作规章、人员构成、产品和服务、业务流程、组织结构、福利待遇、特殊规定(如保密和机密的规定)以及安全和其他相关的法律。这些情况可以通过印发小册子、开座谈会、实地参观工作环境等方式使新员工尽快熟悉,目的是减少新员工内心由于陌生而产生的不安与疑虑,纠正一些错误的成见或不切合实际的期望,降低不良工作行为的发生率,并使新成员获得更多有关未来工作的信息,尽快进入角色。由于在一个组织的初次经历对今后的行为、工作态度会产生深远的影响,所以新员工第一次接触到的,应该是组织内可以作为他们今后行为楷模的人员。

(二)操作工人的培训方法

操作工人的主要工作是生产产品和提供服务,其工作是组织的基础性工作,管理者应对操作工人的培训和开发给予高度重视。适合操作工人的培训方法主要有在职培训、学徒培训、模拟和技工学校培训等。

1. 在职培训

通过让员工完成实际工作任务来进行学习的培训方法。在职培训中,个人的学习动机可能很强,因为他们是在直接获得完成工作所需的知识,但应注意在培训示范之后应有辅导教育阶段,这样有助于建立受训者与培训人员之间的互动关系,以促使其尽快掌握新技术和新方法。

2. 学徒培训

将课堂教学与在职培训结合起来的方法。一般在需要手工艺的工作上使用这种培训,培训期依所需技艺的不同而变化。

3. 模拟

针对真实情况构造复杂程度可变的培训模型。其范围从简单的机械装置的纸模型到组织整个环境的计算机模拟。虽然模拟培训在某些方面不如在职培训,但其优点是培训效果与实际需要相吻合,即使失败也不会造成直接的损失。

4. 技工学校培训

在生产区域以外、与实际工作所用的很相似的设备上进行的培训。这种培训的主要优点是使员工可以从必须边学习边参加生产的压力下解脱出来,其重点是培训工作中所需的技能。

（三）管理人员的开发培训

管理人员的开发培训是指一切通过对管理人员传授知识、转变观念或提高技能来改善管理工作绩效的活动。它包括岗位轮换、担任助理、临时职务代理、案例研究、参观考查、脱产培训和多层管理等。

1. 岗位轮换

受训者通过去组织中的各个部门学习，增强对各环节工作的了解，拓宽管理人员的知识，提高管理能力，培养团队精神与系统观念。

2. 设置助理职务

在一些较高的管理层次设立助理职务，不仅能够培训待提拔管理人员，而且可以借此减轻主要负责人的负担，使之从繁忙的日常管理事务中解脱出来，专心致力于重要问题的考虑和处理。

3. 临时职务代理

当组织中由于出差、进修或度假等原因出现了临时性的职务空缺，可以考虑让受培训者临时代理该主管工作。当然，组织也可以有意识地安排这类空缺。担任临时职务代理，可使受培训者亲身体验高层管理工作，使之在代理期内充分展示其管理才能，迅速弥补现有管理能力的不足。

4. 案例研究

为参加开发培训的管理人员提供具体案例进行分析，诊断问题所在，在与其他受训者一起讨论时提出自己的研究结果和解决问题的方法。案例研究法旨在通过一位训练有素的主持人的巧妙引导，让受训者真实体验确定和分析复杂问题的过程，指导他们自己解决问题的能力。

5. 参观考察

派受训人员到其他组织中通过会议、参观等方法来丰富工作经验。这种方法在我国国有企业中运用得非常广泛。

6. 脱产培训

让员工离开工作岗位进行脱产学习。有的在组织内进行，许多组织自己办大学。还有的将员工送到国内外大学去专门学习有关的管理课程。这种方式对培养年轻管理人员较为有效。脱产培训的方法可包括课堂教学、多媒体教学、模拟训练、角色扮演、案例分析等。

7. 多层管理

亦称委员会和基层管理委员会，目的是让受训人员有机会与有经验的管理人员交往，并且有机会向委员会或基层委员会提出报告和建议，证明他们的分析与想象能力。需要注意的是，高级管理人员在此过程中要避免"家长式"方式，真正给予受训者参与管理的机会。①

【信息化管理专栏】

E-learning

E-learning 或者说电子化学习，其实质上已经不是什么新鲜事物，只是其随着商务社会的发展，不断地改进和提升，逐步地发展成为热点。尤其对于国内，大部分企业还是习惯于传统的面对面课堂教育，即便引入了一些在线学习的项目，但并没有真正放置到战略的位置。在这里将就 E-learning 不同阶段的发展浪潮来逐步地揭开其大家还略感疑惑和神秘的面纱。

1995 年，布兰顿·豪尔(Brandon Hall)在一个学习技术的研讨会上，不停地更换光盘，给大家展示他最新的 CD-ROM 图书馆，高水平的呈现设计和众多的应用前景，令与会者激动不已，此次会议真正代表了当时电子技术学习的状况，对于应用互联网实现电子化学习根本没有提及。

1996 年，美国培训与发展协会的年度研讨会也只有一次设计以互联网为基础的培训，然而就是在 1996 年，人们对于电子化学习技术的兴趣开始飙升。

1997 年，艾略特马西(Elliott Masie)创建 TechLearn Conference 的同一年，《培训》杂志发布的第一篇文章就是互联网培训的问题。标志着一个新的产业的诞生。

新的电子化学习供应商，依靠风险投资和成功公开募股的梦想，像雨后春笋般出现，提供包括学习管理系统、内容编辑工具、门户、学位课程、测试和评估工具等，热潮到 2000 年达到顶峰。

当前，电子化学习的价值越来越受到认同，更多企业实施了电子化学习，并且一些好的更新的模式诞生，使得电子化学习更具吸引力，技术整合的困难基本被克服，在全球范围内，无限互联网和宽带接入业务普及，对于分散在世界各地的渴求新知识新技能的员工，找到了最合适的方法以支持多文化下的电子化学习。

第二节 团队管理

现代管理的发展要求组织突破传统的部门壁垒和权力等级体系，越来越多的组织将通过团队的力量更为有效地实现组织目标。

---

① 海因茨·韦里克，马克·V.坎尼斯，哈罗德·孔茨著，马春光译.管理学——全球化与创业视角.经济科学出版社，2011:311

一、团队与团队类型

团队是由少量的具有互补技能的人员组成,其成员致力于一个共同目的,制定绩效目标,并共同承担责任已完成目标。[①]

要正确理解团队,应当注意区别团队与工作群体的差别。真正意义上的团队强调一群人能够以任务为中心,互相合作,每个人都能将自己的聪明才智和能力贡献给所在团队。现实中往往存在着这样一群工作人员——他们非常友好,却没有合作,没有共同的目标,也没有协同工作的意识,他们只能算是一个工作群体,而不是团队。

桑德斯特洛姆·戴穆斯(Sundstrom De Meuse)和福特瑞尔(Futrell)于1990年依据四个变量把团队区分为四种基本类型,见表8-1。

表8-1 团队类型的比较

团队类型	差别化程度	一体化程度	工作周期	典型产出
建议/参与型团队(如董事会、委员会、理事会)	低	低	可变的,或长或短	决策、选择、建设、推荐
生产/服务型团队(如科研小组和飞机的全体人员、制造业团队、维修团队)	低	高	变更性或持久性的工作	制造、加工、零售、顾客服务、修理
计划/发展型团队(如科研小组、计划团队、工作团队)	高	低	可变的,整个团队的寿命只有一个周期	计划、报告、调查、报告原始模型、提议
行动/磋商型团队(如运动团队、音乐小组、探险队、医疗团队、谈判小组)	高	高	短期行动事件,往往是在新的情况下才能重复进行	竞争、比赛、保险、医疗技术、特殊组合

1. 建议/参与型团队

这种团队并不完全处在组织的最高层,他们的工作范围往往比较窄,而且不占用他们大量的工作时间,团队成员在该组织内部还有从属于自己的其他任务,建议/参与型团队的作用是提出构想、建议,并通过一些提议。

2. 生产/服务型团队

这种团队通常是由专职工作成员组成,他们可能在一起工作了很久。与他们所在组织的其他部分相比,这些团队很大程度上是自我管理式的,因为他们自己组织工作,且工作的性质是按部就班式的,团队成员需要共同努力才能确保生

---

① 海因茨·韦里克,马克·V.坎尼斯,哈罗德·孔茨著,马春光译.管理学——全球化与创业视角.经济科学出版社,2011:403

产或服务的稳定性。如飞机上的空中团队或服务员团队、计算和数据处理团队等。

3. 计划/发展型团队

这种团队的目的在于完成一项专项的发展计划,如设计一项复杂的业务流程,完成一种新型的汽车模型设计等。团队成员只是为了一项计划而组合起来,一旦任务完成,团队成员通常转而从事各自不同的工作。团队成员一般具有不同的专业技能,且技术十分娴熟,而且往往具有相当程度的自治权。

4. 行动/磋商型团队

这种团队由拥有较高技能的个人共同组成,他们共同参与专门的活动,每个人的作用都具有明确的界定。他们一般是以完成任务为中心的,每个具有专门技能的团队成员对成功完成某项任务都做出不可或缺的贡献。如音乐小组、医疗小组和军事战斗团队。

对思科系统公司瑞贞诺德·柴特曼的访谈[①]

思科系统公司是一家参与全球化竞争的企业,瑞贞诺德·柴特曼是思科系统公司质量解决方案部的高级经理,他在管理来自世界不同地区背景人员的工作团队方面颇有经验。他谈道,"要想成功地管理好当今快速发展企业环境下的工作团队,人们必须要展现领导力以应对三种挑战,即不靠权力的影响力,应用新平台进行沟通和与全球各地远距离的团队成员合作"。柴特曼进一步谈道,"第一,团队领导要在非正式指挥状态下激励成员实现愿景,需要开发一些目前尚不太普及的软技能,如形成团队成员同心协力、相互信任和尊重氛围的能力。第二,在维基(Wikis)通信时代的沟通、短信、社会网络、博客以及推特(Twitter)等通信工具意味着人们必须要确保信息随手可得、清晰、一致,适合当地的文化。第三,要领导好那些处在世界不同时差地区工作的团队成员,管理者必须要高度重视各种不同的工作进度表,灵活地评价和安排人员以确保团队成员成功合作,帮助那些边远地区的员工,使他们感觉随时都与其他成员同在"。

二、高绩效团队的基本特征

并不是所有的团队都能带来高绩效,团队形式并不能自动提高生产力。作为高绩效团队,它们往往具有以下八个基本特征。

---

① 海因茨·韦里克,马克·V.坎尼斯,哈罗德·孔茨著,马春光译.管理学——全球化与创业视角.经济科学出版社,2011:405

1. 清晰的目标

高效的团队对所要达到的目标有清楚的了解,并坚信这一目标包含着重大意义和价值。而且,这种目标的重要性还激励着团队成员把个人目标升华到群体目标中去。高效团队的成员愿意为团队目标做出承诺,清楚地知道团队希望他们做什么,以及怎样共同工作最后完成任务。

2. 相关的技能

高效的团队由一群有能力的成员组成。他们具备实现理想目标所必需的技术和能力,而且相互之间有能够良好合作的个性品质,从而出色完成任务。后者尤其重要,但却常常被人们忽视。有精湛技术能力的人并不一定就有处理群体内关系的高超技巧,高效团队的成员则往往兼而有之。

3. 相互的信任

成员间相互信任是高效团队的显著特征,每个成员对其他人的品行和能力都确信不疑。我们在日常的人际交往中都能体会到,信任相当脆弱,它需要花大量的时间去培养而又很容易被破坏。而且,只有信任他人才能换来他人的信任,不信任他人会导致不被他人信任。组织文化和管理层的行为对形成相互信任的群体内氛围很有影响。如果组织崇尚开放、诚实、协作的办事原则,同时鼓励员工的参与和自主性,它就比较容易形成信任的环境。

4. 一致的承诺

高效团队的成员对团队表现出高度的忠诚和承诺,为了能使群体获得成功,他们愿意去做任何事情。这种忠诚和奉献被称为一致的承诺。对成功团队的研究发现,团队成员对他们的群体具有认同感,他们把自己属于该团体的身份看作是自我的一个重要方面。因此,一致承诺的特征表现为对群体目标的奉献精神,愿意为实现这一目标而调动和发挥自己的最大潜能。

5. 良好的沟通

毋庸置疑,这是高效团队一个必不可少的特点。群体成员通过畅通的渠道交流信息,包括各种言语和非言语信息。此外,管理层与团队成员之间有效的信息反馈也是良好沟通的重要特征,它有助于管理者指导团队成员的行动,消除误解。就像一对已经共同生活多年、感情深厚的夫妇那样,高效团队中的成员能准确地了解彼此的想法和情感。

6. 谈判技能

以个体为基础进行工作设计时,员工的角色由工作说明、工作纪律、工作程序及其他一些正式文件明确规定。但对于高效的团队来说,其成员角色具有灵活多变性,并不断调整,这就需要成员具备一定的谈判技能。

7. 恰当的领导

有效的领导者能够让团队跟随自己共同度过最艰难的时期,因为他能为团队指明前途所在,向成员阐明变革的可能性,鼓舞团队成员的自信心,帮助他们更充分地了解自己的潜力。优秀的领导并不体现在指示或控制上,高效团队的领导者往往担任教练和后盾的角色,他们对团队提供指导和支持,但并不试图去控制它。这不仅适用于自我管理团队,也适用于任务小组、交叉职能型团队等。对于那些习惯于传统方式的管理者来说,这种从上司到后盾的角色变换,即从发号施令到为团队服务是一种困难的转变。

8. 内部支持和外部支持

要成为高效团队的最后一个必要条件就是它的支持环境,从内部条件来看,团队应拥有一个合理的基础结构。这包括适当的培训,一套易于理解的、用以评估员工总体绩效的测量系统,以及一个起支持作用的人力资源系统。恰当的基础结构应能支持成员行为以取得高绩效水平。从外部条件来看,管理层应给团队提供完成工作所必需的各种资源。

三、加强团队管理的技巧

1. 要精于授权

传统的组织理论认为,权力属于高层领导,然而现代社会对团队管理工作强调以授予为基础。领导者把权力授予员工并不等同于简单地委派任务,其核心是相信组织所雇佣人员具备做那些需要做的事情的能力、技术和动机,或者能够让他们逐渐形成这些能力和意识。一个冷漠无情,或者在人际关系方面充满敌意的领导,不可能具有统率一支积极、目标长远的团队的能力。同样,一个独断专行的领导也不可能具有这样的能力。作为一名精于授权的领导,必须致力于创造这样的一个工作氛围,即让团队的每一位成员都能自觉地为团队作贡献,以使团队从其成员的总体技术和能力体系中获益。

2. 要营造积极的团队文化

一种积极的团队文化应具有三个特征:一是具有能够鼓励创新,容忍并支持在可接受幅度内的创新试验;二是团队成员能够拥有共同的价值观和目标并自愿为团队的工作而努力奋斗;三是团队成员能够坦诚地进行不同意见的公开交流,能够在一种相互信任的氛围中通过公开讨论的方式处理冲突。

3. 要着力通过提高内聚力来创造组织的高效率

团队内聚力是指团队成员之间相互吸引共同参与团队目标的程度。一般而言,成员之间的相互吸引力越强,团队目标与团队成员个人目标越一致,则此团队的内聚力也越高。需要注意的是,团队内聚力与组织生产者之间并不一定是正相关关系,一个关键的中间变量是团队目标与团队成员所从属的组织正式目标之间相一致的程度。只有当团队目标与组织正式目标具有一致性,且团队成员之间的内聚力高时,组织的生产率才可能得到大幅度提高。见图8-2。

图 8-2　内聚力和组织效率间的关系

知识管理

当今社会,知识已经成为创造社会财富的主要资源,知识的重要性决定了知识管理的重要性。知识管理是对知识资源及其使用环境进行管理,只有管理好知识资产,建立、健全知识生产、流通和使用的机制,发挥好与知识共存的人的积极作用,企业才能在知识经济时代提高核心竞争能力,创造市场竞争优势。知识是抽象的、非物质的,它往往凝聚在产品当中或存在于人们的头脑当中。由于知识具有不可替代性、不可相加性、不可逆性、非磨损性、不可分性、可共享性、无限增值性等特点,知识的特殊性也决定了对知识进行管理需要更多的强调方法论的变革。

知识管理活动分为三个运作过程,即知识积累过程、知识应用与交流过程和知识创新过程。这三个过程不是相互独立的,而是相互关联的。从总体上说,知识可以分为显性知识和隐性知识两大类。所谓显性知识,是指那些可以通过正常的语言方式表达和传播的知识,如专利、科学发明等。显性知识可以被表达,有物质载体,并可以通过书本、数据库等进行储存和传播。而隐性知识则是个人或组织经过长期积累而拥有的知识,通常不易用语言表达,也不可能传播给别人或传播起来非常困难。其特点是不易被人们认识到、不易衡量其价值、不易被其他人理解和掌握。知识积累促进隐性知识显性化,知识运用与交流促进显性知识内部化,即实现组织内部知识的充分共享,而知识显性化与内部化又是实现知识创新所不可缺少的重要步骤。

正如对任何一种价值创造活动或资产的管理都需要成本一样,知识管理也是一项代价昂贵的活动。在知识管理的运作过程中,为了以最小的成本进行最为有效的知识管理,需要把握和贯彻信任、交流、学习和共享四个原则。信任是组织文化的基础,是实现知识交流、使用与共享的前提,有了组织内外成员之间的信任,才能建立知识的良性循环,并朝着知识交流和共享的方向螺旋式上升;反之,则会出现知识的恶性循环,并朝着知识保护和封闭的方向螺旋式下降。交流是加强信任、引发合作、促进知识的创新与共享的手段,没有交流,将会使知识降低价值,甚至失去效应和创新。学习是获取知识、催动创新的必由之路,也会促进成员之间的信任和知识的交流与共享。共享是知识发展和创新的关键,而创新正是知识管理的最高追求。组织的知识管理,就是在把握和贯彻上述原则的过程中,在互相信任、公开交流、相互学习、实现共享的良性循环中,提高组织的应变能力、创新能力和竞争能力。

第三节　有效沟通

沟通是管理活动和管理行为中最重要的组成部分,也是组织管理者最为重要的职责之一。沟通是信息凭借一定符号载体,在个人或群体间从发送者到接收者进行传递,并获取理解的过程。[①]

一、沟通与沟通过程

要正确理解管理学意义上的沟通,应当注意把握以下三个基本点:①沟通是人与人之间的活动。要形成完整意义上的沟通,至少需要两人,单独一个人无法完成沟通过程;②沟通的实质是信息、观念和想法在不同人之间的共同分享,它表明通过沟通过程,人们旨在对某些问题共同分享观点,并努力达到一致性的理解;③沟通需要借助一定的符号形式来实现,人们可以使用姿势、声音、文字、数字、词语等符号形式,表达所要传递的信息、观念和想法。

一个完整的沟通过程可以分为发送者对信息的编码和接收者对信息的解码两大主要活动内容,并且沟通过程需要在信息发送者和信息接收者之间经过多次循环的反馈过程,见图 8-3。

信息沟通首先起源于某位信息发送者,为了把要传递的信息准确发送出去并被接收者准确接收,要根据接收者的情况把所要传递的信息转变成可以发送的形式,如写成书信、变换成语言或转换成密码等,然后借助一定的沟通渠道(如

---

① 潘开灵,邓旭东著.管理学(第二版).科学出版社,2010:318

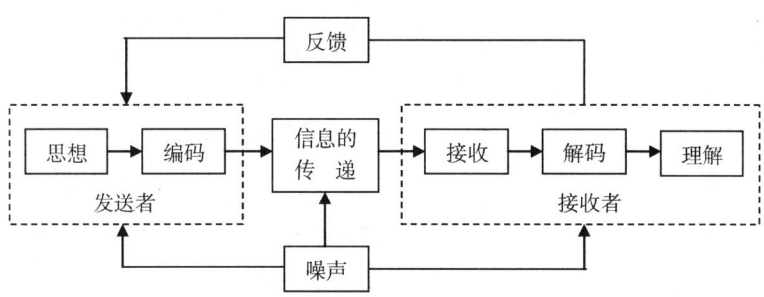

图 8-3 沟通过程

信件邮寄系统、电信系统、组织的信息沟通渠道等)发出,至此沟通的发送过程已经完成。发送者所要传递的信息以不同的形式在沟通渠道中进行传递,并最终被转换成接收者可以理解的方式。这一过程包括传递、译码等多种活动,其任务仅仅是传递,即保证发送者发送的信息不被做任何程度的更改。信息接收者接到信息之后,会以不同的方式向发送者反馈收到的信息及其他反应。有时,无任何举动本身可能就是一种反馈,在充分相信信息传递过程不会有任何失误的情况下,发送者可能认为这是一切正常。通过上述交互作用,一个完整的沟通过程实现了。

二、沟通的基本类型

现实组织中,许多信息的传递需要经历多个信息发送者和信息接收者环节,才能到达信息的最终接收者。如果在组织内部不能建立起顺畅的信息传递渠道和有序的信息沟通网络,信息将很难在多个人之间进行有效交流。根据信息传递渠道的不同,可将沟通分为正式沟通和非正式沟通两大类。

(一)正式沟通

正式沟通是按照组织设计中事先规定好的结构系统和信息流动的路径、方向、媒体等进行的信息沟通。例如,组织内部的文件传达、会议召开、上下级之间的定期情报交换等。从沟通渠道看,正式沟通一般与组织所遵循的层级关系有关,包括:①纵向沟通,上级可以利用正式沟通方式向下级布置任务,下级也可以利用这一渠道向上级汇报工作进度;②横向沟通,主要发生在同一层次、不同业务部门之间的沟通;③斜向沟通,也称交叉沟通,指信息在处于不同组织层次之间的、没有直接隶属关系的人员或单位之间的沟通。

从沟通网络看,正式沟通可以分为五类,即链式、环式、Y 式、轮式、全通道式。以五位成员之间的沟通为例,上述五种沟通网络结构可以表示为图 8-4 所示的各种形式。

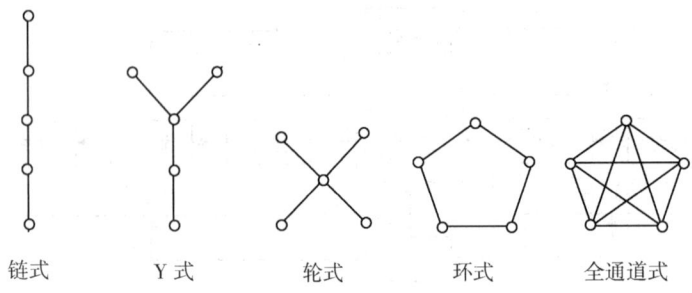

图 8-4 正式沟通的基本类型

1. 链式沟通

这是一种信息在组织成员间只进行单线、顺序传递的犹如链条状的沟通网络形态。在这种单线串联式沟通网络中,居于两端的成员只能与其内侧的一个人联系,居中的成员则可以分别与两侧的两个联系。成员之间的联系面很窄,平均满意度较低。信息经层层传递和过滤,容易失真,最终一个环节所收到的信息往往与初始环节发送的信息差距很大。

2. 环式沟通

环式沟通可以看作是把链式形态的两头沟通环节相联贯而形成的一种封闭式结构,它表示组织所有成员间都不分彼此地依次联络和传递信息。由于该网络中的每个人都可以同时与两侧的人沟通信息,因此大家的地位平等,不存在信息沟通中的领导或中心人物。采用环式沟通网络的组织,集中化程度比较低,组织成员往往具有较高的满意度。如果组织中需要创造一种能激发高昂士气的氛围来实现组织的目标,环式沟通是较为理想的模式。

3. Y 式沟通

Y 式沟通网络中有一个成员位于沟通的中心位置,成为因拥有信息而具有权威感和满足感的人。现实组织有些经常表现为 Y 式网络形态,如在主管、秘书和几位下级构成的纵向关系中,秘书的职位并不高但却常拥有相当大的权力。如果主管人员的工作任务非常繁重,需要有人协助筛选信息和提供决策依据,同时还要在最大程度上实行有效控制时,采用 Y 式沟通网络比较合适。

4. 轮式沟通

轮式沟通网络中的信息是经由中心人物向周围多线传递的,属于控制型沟通网络。在组织中,只有领导人物是各处信息的汇集点和传递点,其他成员之间没有相互的交流关系,所有的信息完全是通过他们共同的领导人进行交流的。这种沟通方式的准确度很高,解决问题速度快,主管人员控制力强,较为适合成员接受组织的紧急任务,既强调快速反应,又要求严格质量的情形。

5. 全通道式沟通

这是一种典型的开放式网络系统,所有成员之间没有限制和障碍地进行信息交流。采取这种沟通网络的组织成员往往比较熟悉,成员地位的差异比较小,可以直接、自由而坦率地发表各自意见,合作气氛较浓,从而有利于集思广益,提高了沟通的准确性,比如委员会方式。

上述五种正式沟通类型和沟通网络各有利弊。领导者在实践中要注意根据具体情境选择恰当的沟通方式,从而有效开展管理沟通,使自己的领导魅力在人际沟通中不断得以展现,并带领组织成员不断向更高的目标迈进。

(二)非正式沟通

非正式沟通是指除正式组织途径以外的信息沟通方式,主要以小道消息方式跨越传统的部门、单位以及层次之间的社会关系来传递信息。由于非正式沟通不必受规定程序或形式的限制,且沟通对象、时间及内容等方面都未经计划,因此非正式沟通的灵活性和随意性强,信息扭曲和失真的概率也高。

非正式沟通不拘泥于形式、直接明了、速度快,容易及时了解到正式沟通渠道难以提供的"内幕新闻"。但是,非正式沟通也有明显的缺陷,比如难以控制、传递信息不确切、容易形成小集团、小圈子,从而影响组织的凝聚力和人心稳定。

传统的管理及组织理论并不承认非正式沟通的存在,如果出现非正式沟通,也主张将其消除或降低至最低限度。目前,越来越多的学者认识到,非正式沟通现象的存在是根深蒂固的,比较合适的选择是对非正式沟通加以了解、适应和调整,使其有效担负沟通的重要作用。

三、沟通中的障碍

虽然信息沟通是领导者的一项重要工作内容,每时每刻都在发生,但并不是所有的沟通都是成功且有效的。这是因为,在沟通过程中,现实存在的"噪声"可能在沟通过程的每一个环节上会产生干扰,造成信息丢失或曲解,使信息传递并不能发挥出应有的作用如图 8-3 所示。所谓有效沟通,是指传递和交流信息的可靠性和准确性高,同时也表示组织对"噪声"的抵抗能力强。[①] 就沟通过程而言,有效沟通的障碍主要表现在以下几个方面。

(一)信息发送过程的障碍

有效的沟通首先要求信息发送者能将心中的想法以合适的语言加以编码,使之成为可传递的信息。这一编码过程的质量如何将会极大地影响到信息沟通的总体效果水平。具体来说,有四个因素限制着信息发送者生成高质量的编码

[①] 周三多,陈传明著.管理学(第三版).高等教育出版社,2011:276

信息。

1. 技能

有效沟通最基本的一个条件是,编码者必须具备良好的口头或书面表达能力以及逻辑推理能力。缺乏这方面的技能,势必造成所传递信息的先天性缺陷。

2. 知识

任何人都无法传递自己不知道的东西,信息发送者在特定问题上所掌握知识的范围影响着所传递信息的质量。

3. 态度

信息发送者的态度会影响其编码行为。任何人都会在许多问题上持有自己某种预先定型的想法,这些想法影响着个人对所沟通信息的编码。

4. 社会文化系统

社会文化系统会通过对信息发送者的地位与威信、信仰与价值观的作用而影响到信息沟通行为。比如,在"报喜不报忧"现象盛行的社会文化环境中,个体就可能对欲传递的信息进行有意识的过滤、选择,从而造成沟通信息的失真。

(二)信息传递过程的障碍

信息传递需要通过合适的通道并以某种特定的网络连接方式进行。信息传递中技术性的障碍时常存在。比如,在对公众发表演讲时扩音器出现问题,或者演讲者突然声音嘶哑或失音,这无疑会对沟通效果产生重大影响。同样,在书面及电子沟通过程中,用以传递信息的媒介物和支持性装置也有发生故障的可能性。除了通道本身可能存在的问题外,在经由多环节通道连接而进行的沟通中,沟通网络中的每一个环节实际都对信息起了某些筛选和过渡作用,信息沟通经过的环节越多,失真的程度就越严重。

信息沟通通道和网络的技术性障碍往往夹杂着人为因素。举个极端的例子,如果大厦起火,使用备忘录方式传递这一信息,沟通的问题可想而知。古代周天子为博妃子一笑,不惜点燃烽火台以娱之,结果导致烽火台作为传递敌情信息渠道的功用减弱。这些都是人为因素所引起信息传递中的障碍。此外,信息传递时机和地点选择不合适,也与沟通者的人为因素有关。改进信息传递的效果,需要在技术因素和人为因素上同时采取措施克服各种可能存在的障碍。

(三)信息接收过程的障碍

信息传递到接收方,并不等于接收者就会接受和理解该信息。接收者需要将其收到的信息中包含的符号,通过解码过程译成可理解的语言形式。解码过程同编码过程一样,也受到个体自身的技能、知识、态度和社会文化背景的影响。从技能方面来看,如果信息发送者擅长说,则接收者应擅长于倾听,并具有相应的逻辑推理能力,同时在需要反馈的时候能够善于把自己的问题表达出来反馈给信息发送者。在知识方面,信息接收者是否具有信息发送者编码时所认定或设定具有的知识水平,也妨碍沟通的默契。在态度上,先入为主、缺乏信任、紧张或恐惧等情绪,也会影响信息接收效果。另外,社会文化系统同样左右着处于其中的个体对沟通信息的理解。例如,在权力、地位差距非常大的组织中,上下级之间的信息沟通就容易出现失真,在分工过度的组织中,不同部门人员的沟通就面临更大的障碍。

(四)信息反馈过程的障碍

反馈对沟通的有效性有重要的作用,因为沟通过程中难免会出现障碍,因此需要沟通双方或各方建立信息反馈渠道。反馈过程中的障碍可能表现为信息失真、传递技术和编译码脱节、反馈渠道本身不具备有效性等。① 信息沟通中的中西方文化差异见表 8-2。

表 8-2 信息沟通中的中西方文化差异

中 国	西 方
* 主要点反映在其他话题中	* 直接提到要点
* 以一种微妙的方式,通过暗示提及要求和所关心的问题	* 坦率地讨论要求和所考虑的问题
* 赞扬群体	* 表扬个人,即使在公共场合
* 说促进和谐的话,说人们爱听的话	* 准确地说出想说的事情
* 未说出的也很重要	* 所说的话很重要
* 不说"不",换个话题或给出很模糊的答案	* 说"不"
* 最重要的最后表达	* 最重要的最先表达
* 首先是关系——在正事前先讨论个人问题	* 先谈正事,这比私事更重要
* 综合各种意见,努力达成一致,包括各种想法	* 使差异分化,使各种不同观点尽可能有差别,让最好的意取胜
* 人与意见是不可分的,不与长者或位置较高的人抵触,不因不赞同某人观点而冒犯他	* 人与意见是可分的,可以与任何人的想法理论,所采纳的应是最好的想法
* 沉默并不表示赞同	* 沉默意味赞同

四、改进沟通过程的技巧

沟通过程中存在的障碍有的不可避免,但并非不可改进。作为领导者,应当注意认清沟通障碍形成的原因,恰当改进沟通技巧,进而提高沟通效率,实现预期目标。

(一)根据沟通任务的性质选择合适的沟通类型

作为领导者,首先应该分析所需沟通任务的性质,有的沟通任务可能涉及组

---

① 潘开灵,邓旭东著.管理学(第二版).科学出版社,2010:335

织内大量的人力和物力资源的调整,影响组织的全局利益、整体利益和长远利益,要求责任明晰,在这种情况下,宜选择正式沟通而不是非正式沟通,选择书面沟通而非口头沟通。

根据沟通任务的复杂程度,沟通任务从简到繁可区分为:传达命令,给予或要求信息或资料,达成一致意见或决定。尤其在不同组织成员间意见分歧较大时,第三种沟通任务就显得特别复杂,也是最能体现领导者艺术性的地方。此时较好的选择是,先行分析不同意见的性质,通过非正式沟通先行协调,然后再把私下(非正式)商量的结果经由正式途径加以肯定。反之,如果领导者企图一开始就选择正式途径讨论,往往会使持不同意见的组织成员处于对峙状况,甚至产生恶性冲突。即使最后由于行政权力而勉强达成决议,也可能因此造成上下级之间、同级成员之间的紧张关系,影响未来合作。

(二)注意培养倾听的技巧

倾听是沟通中最重要、也是最容易被忽视的环节之一。倾听并不是简单地听,听是仅仅利用耳朵的自发过程,而倾听则不仅要求用耳朵,还得用脑。有研究表明,人在刚刚接收一条信息之后就将有50%的信息内容被遗忘。沟通双方不仅要听对方正在表达的明确含义,还要十分注意地听言语中隐含的信息、未说的话和低声说的话,这是十分重要的。人们把美国医生罗杰斯博士在执行心理治疗过程中总结出了的一些原则运用到沟通之中,进而成为十分有效的沟通原则。①不要事先做出估计;②把对方的话听完;③要听出讲话者的感情和情绪;④重复对方的言语或看法;⑤细心询问,设法让对方把话讲下去。

(三)选择恰当的沟通媒体

一个管理者设计了一个极好的方案,但他如果未能选择合适而有效的媒体沟通方案,就无法取得成功。因此合适的沟通媒体,对营造良好的雇佣双方关系,减少或消除许多组织问题起着十分有效的作用。如设计得当且放置合理的安全图表将有效降低事故发生的概率,撰写及设计得体的员工招聘广告能够吸引优秀人才前来应聘。

现代技术的发展为组织和领导者提供了许多可以选择的沟通媒体。常用的媒体包括通知单、小册子、板报、橱窗、信函、年底报告、员工通信刊物、图表、标语、电话、闭路电视系统、便笺、纸片等。作为领导者,需要自觉学习并逐步运用改善沟通的电子装置和网络,包括小型计算机、个人计算机、电子邮件,以及在汽车里使用的移动电话等设备。

【本章小结】

人员配备是每一位管理者的工作职责,为了做到因事择人、因才使用,要在对未来发展需要和现有人力资源状况的分析基础上对人力资源的供求状况做出预测和规划,进行人员招聘、选拔和培训工作。实现了人与事的最佳组合后,管理者还要倡导团队管理,注重有效沟通,为建设高绩效团队和组织进行改善。

关键名词: 人员配备　工作说明　工作规范　内部招聘　外部招聘　团队　高绩效团队　团队管理　沟通　沟通过程　有效沟通　正式沟通

【伦理专题】

"杂工"好?"长工"好?

所谓"职场杂工",并不是指在公司里打杂的人,而是不停地转行,更换多种职业,最后却发现自己无论在其中的哪一行都不具备优势,做过的事情犹如"杂工"。

"职场杂工"不同于在同一行业反复跳槽的"跳跳族",而总是徘徊在不同的行业间;他们也不是"万金油",而是"周身刀,没一把利",不仅浪费了时间和精力,还降低了竞争力。这类职场人绝非少数,他们每次转行都可以找出很多"现实所迫"的因素,当然很多时候是他们自己的意愿和选择。问题是,如果真的是遇到发展"瓶颈",或所从事的是没有希望的职业,果断地做出决定也未尝不可,但很多人却存在"在职厌职"的情绪,即使行业前景一直存在,但始终觉得未来没有希望,似乎非得跳槽到陌生行业才能看到曙光。不幸的是,当他们从事新工作后,又开始重蹈覆辙。

著名管理学家德鲁克有个"经典五问"。一位职业顾问认为,"任何公司都不可能为员工画出完美的'职业地图',每个人的职业发展,终究来说责任人是自己。如果觉得自己已经是'职场杂工',不妨回答一下德鲁克的'经典五问',可以帮助你认识自己、了解自己。"

德鲁克经典五问:

1. 我是谁?什么是我的优势?我的价值观是什么?
2. 我在哪里工作?我属于谁?我是决策者、参与者还是执行者?
3. 我应做什么?我如何工作?我会有什么贡献?
4. 我在人际关系上承担什么责任?
5. 我的后半生的目标和计划是什么?

讨论题:

你认为"职场杂工"的问题出在哪里?"职场杂工"会对企业产生什么影响?企业又应如何对待"职场杂工"?

【情景练习】

你认为哪一位任项目经理最为适合?

某公司为了适应日益激烈的市场竞争,决定在 1 年内投资 1 000 万元开发并向市场推出一种新的产品。为提高成功率,公司领导决定按照项目制的方式运作,从各部门抽调了专业人才组成了项目组。对项目经理的人选,公司领导显得格外谨慎,通过推荐评议产生了 4 位候选人:张涛,52 岁,担任公司质量保障部经理已有 14 年,此前为工艺部工艺员。他工作勤奋,是质量体系方面的专家。吴畏,37 岁,工学硕士,担任公司产品开发部主任工程师。小吴具有很强的开发能力,在开发部能团结其他同志,具有较高威望。李锋,41 岁,现任公司采购部经理。他的履历比较复杂,先后当过车间工程师、车间副主任、公司总工办主任、总经理助理等职,具有较强的协调能力。陈菁,40 岁,总经办主任。她具有很强的行政管理协调能力,对领导的指示领会快,群众基础也很好。假设上述 4 位候选人除了以上提到的情况以外,其他方面的差异不大。

思考题:

1. 进行人员需求分析要考虑哪些影响因素?
2. 你认为配备管理人员与非管理人员有什么区别?
3. 讨论人员招聘两种来源的利和弊,如果招聘一位大学校长,你认为应选择哪种来源?为什么?
4. 团队建设为什么越来越受到重视?
5. 请分析构建高绩效团队应当从哪几个方面入手?
6. 沟通的障碍有哪些?它们分别是如何影响有效沟通的?

第九章 激励

本章导读

本章通过阐述需求、动机和行为的关系展示了激励的内涵以及各种形式与举措,同时介绍了几种经典常用的内容型激励理论和过程型激励理论及其应用。

问题导引

- 人为什么会表现出某种行为?
- 内容型激励和过程型激励有什么差异?
- 如何使员工保持工作的积极性?

【全球化管理引例】

人人争做"合理化建议者"

员工成长的过程也就是被激励的过程,有效的激励方式会点燃员工的激情,产生超越自我和他人的欲望,自动自发地将潜在的巨大驱动力释放出来,为企业的远景目标奉献出自己的激情。

实践经验证明,员工都有参与管理的要求和愿望。日本松下公司依靠合理的安排成功地实施了合理化建议措施,有效地激励了员工。其具体做法包括以下几个步骤。

第一步,松下通过组建合理化建议小组,使合理化建议活动成为团队性质的活动。具体的分组方法有两种:以原有的部门为单位或自发成立。组建的小组要求有组长和个性化的组名,这种做法一方面强调和培养了员工的团队意识,另一方面也体现出了公司对此项活动的重视。

第二步,成立一个固定的改善提案委员会,其成员由来自不同层次的人员构成,其中包括在公司中有一定权威的管理者,且成员的任期都是有限制的,要定期更换。设置这一机制的目的,一方面是为了体现公司的重视,另一方面就是让更多的人参与进来。

第三步,对评选出的改善提案,相应的小组要派代表进行发言,讲明提案的内容、提案的原因以及效果。

第四步,强调建议的执行。对于提出建议者而言,他们不仅要提供建议,而且要执行自己的建议。对于那些有很好效果的建议,将给予较高的分数。

第五步,对提出建议者,特别是较好方案的建议者,给予奖励。

需要注意的是,利用合理化建议进行员工激励要有持续性,松下公司每个月都选出一天,作为改善提案成果发布会。那些提案的发布者,在发布会上,自豪地介绍着自己的提议。

可是,我们看到,仍然有一些管理者总是错误地保留信息,拒绝让员工参与公司的决策过程。这又是为什么呢?面对形形色色的员工,管理者应当如何有效激励呢?

在从工业化社会向信息化社会转型的今天,激励员工充分发挥其主动性创造性等能力成为最重要最具挑战的活动之一,而员工的多元化决定了管理者需要从其行为产生的动机和需求出发才能进行有效的激励活动。引例中所列举的激励措施就是从员工对精神层面自我成就满足的需求出发合理并适度地调动了员工参与管理活动的积极主动性,从而以较低的成本获取较高的业绩提升。作为有效的管理者必须要了解员工如何受到激励以及如何调整激励活动,才能使员工为组织付出最大努力、对组织保持忠诚同时又能够获得自我满足。

第一节 激励的内涵

激励是管理学中一个非常重要的研究内容,有关研究成果表明,按时计酬的员工仅能发挥能力的 20%～30%,受到充分激励的员工,其能力可发挥到 80%～90%。这就是说,同样一个人在受到充分激励后所发挥的作用相当于充分激励前的 3 倍。这 60% 的差距就是有效激励的效果。

根据组织目标的需要,为不同岗位选聘了合适的人员后,能否调动员工的积极性,激发工作热情,是管理者面临的又一重要工作。激励,就是调动人们的积极性,使其把潜在的能力发挥出来。从组织的角度来说,管理者激励下属,就是要激发和鼓励下属朝着组织所期望的目标而努力,表现出合乎要求的行为。因此,有必要首先对行为的产生过程进行分析。

一、需求、动机、行为之间的关系

心理学家发现,人之所以会产生某种特定的行为是由其动机决定的。一个人愿不愿意从事某项工作,工作积极性是高还是低,干劲是大还是小,完全取决于他是否具有做好这项工作的动机及动机的强弱。常常可以看到在同一个组织中,两个人能力和客观条件差不多,工作业绩却大不一样,有时甚至出现能力差的人反而比能力强的人干得更出色。究其原因,常常是因为后者的积极性没有被调动起来,即动机没有被激发。

动机是驱使人产生某种行为的内在力量。从心理学的角度分析,动机是由需求引起的,人之所以愿意做某事,是因为做这件事本身能满足其个人的某种需求。所谓需求是指人们对某种目标的渴求和欲望,包括基本的需求到各种高层次的需求。如果个人的需求得不到满足时,心理上就会出现不安和紧张,寻求满足需求的办法。因此,这种不安和紧张就成为一种内在的驱动力,促使个体采取某种行动。例如,饥饿会使人去寻找食物,孤独会使人去寻找关心,这些未满足的需求是形成人的行为动机的根本原因,一个人的行为总是直接或间接、自觉或不自觉地为了实现某种需求的满足。

人的行为是建立在需求和动机的基础上,需求使人产生行为的动机,动机诱发人们采取行动去满足需求。一旦需求得以满足,紧张感就解除了。这时又有新的需求产生,新的激励过程又开始了。这一过程如图9-1所示。

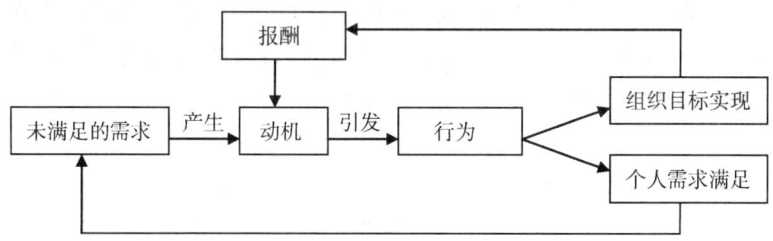

图 9-1　个人行为产生过程

但是,并不是在任何情况下有需求就一定会引发行为的动机。一个人可能同时存在多种需求,在不同时期需求也会不同,人的行为产生和变化随人的需求变化而变化,只有当人的需求达到一定的强度时,动机才会产生。动机的形成有两个条件:一是人的内在需求和愿望;二是外部提供的诱导和刺激。有需求,还要有一定的诱因,才能产生现实的动机,导致行为的发生。因此,管理者在员工行为激励中的作用,首先就在于通过提供这种诱因或刺激,在一定程度上影响个人的需求和动机,从而使其产生所期望的行为。为了确保所提供的诱因对员工有真正的吸引力,管理者就必须对员工的各种需求的内容和性质进行研究。这些主要与"内容型激励理论"的研究有关。

另外,管理者要能切实有效地激励员工,还必须了解人的动机是如何转化为其实现目标的特定行为,以及此次行为对其个人需求的满足状况又是如何影响他的下一次的行为等激励过程的问题。现实中,同是对就业保障有强烈需要的人,对于主管新分派的某一项工作,有的人可能会担心失败而拒绝承担这项任务,有的人则认为是表现自身能力的机会而主动地承担。这种现象说明,由动机向特定行为转化的过程实际上也是一个相当复杂的心理过程,有效的管理者不仅要了解员工在组织中工作的动机是如何形成和得到激发的,更需要了解其动机向特定行为转化过程中的各方面心理因素及相应的激励措施和对策。这些主要与"过程型激励理论"的研究有关。

个体行为除了由其需求和动机决定,还受到个体的态度、人格、知觉、学习等特征的影响。态度是指个体对于人、事、物等的评价,反映了个体对于某一对象的内心感受,有认知、情感和行为三种成分。例如,工作满意度就是员工对自己工作的总体态度,与生产率、缺勤率、离职率和工作场所不当行为等都有一定关系。人格是指影响个体对他人的反应方式和交往方式的独特的情感、思维和行为模式的总和,如大五人格模型由外倾性、随和性、尽责性、情绪稳定性和开放性五项人格维度来测量。情绪是一种针对客体的反应的强烈情感,情绪智力与所有水平的工作绩效之间都存在正相关。知觉是个体组织和解释自己的感觉印象的过程,知觉者个人、目标、情境都是形成不同知觉的因素。学习是指在经验的作用下,行为中出现的比较持久的改变。管理者常常需要通过循序渐进的方式指导个体学习,塑造个体行为,称为行为塑造。

二、激励的基本原则

在实践中,加薪、奖金、带薪休假、授权、晋升、参与目标设定、参与决策往往是管理者能够支配并且经常使用的激励措施。为了使激励取得良好的效果,管理者应注意以下几个方面的问题。

1. 物质激励和精神激励相结合

员工存在着物质需求和精神需求,相应的激励方式也应该是物质激励和精神激励相结合。物质激励是指由组织掌握和分配的物质性资源,如工资、奖金、实物或其他福利待遇等。但作为激励手段物质激励也有其缺陷:如容易出现激励依赖性,会产生边际效应递减的现象等。精神激励是以精神鼓励为诱因对员工产生的激励,如对员工的认可、表扬、尊重、荣誉等。精神激励可以采用多种形式,例如,对成绩突出的员工授予最佳员工称号;对实现重要目标的员工,颁发证书、奖状;对做出重大贡献的员工,授予一定的特权等。组织中的发展和晋升机会几乎对所有员工都有吸引力。

海底捞的综合激励措施

　　海底捞在物质激励方面除了基本工资外还有浮动工资与奖金作为对良好工作表现的鼓励,并实行给优秀员工配股的"员工奖励计划",让员工住在统一的配备齐全的宿舍并且有管理员照顾饮食起居;在精神激励方面,不仅将尊重与善待员工始终放在首位,给先进员工的父母寄部分奖金,关注员工的家庭生活和子女教育问题;而且由于一线员工多数来自农村,内心非常渴望得到认可,因此对员工授予"标兵"、"先进员工"等称号可以很大程度满足他们对名誉的渴望,让他们感受到公司的认可和尊重,从而有效激发工作热情和积极性。

　　2. 内在性激励与外在性激励相结合

　　内在性激励与工作本身有关,包括工作本身的内在性价值和完成工作给员工带来的内在激励作用。提高工作内在性价值可以采取工作丰富化和工作多样化等措施,让员工经常体验新的工作,感受工作的乐趣和挑战性;鼓励员工参与决策计划的制定,认识自己工作的重要性;同时要加强培训,帮助员工解决问题克服困难,增强自信心。外在性激励取决于员工对各种外在报酬的追求。所以,要提高外在性激励水平,必须了解员工所追求的外在性报酬的种类及重视程度,以便对症下药。例如,利用各种机会听取员工的意见和建议,向员工进行问卷调查等等。另外,要注意奖罚及时兑现,取信于民。在实践中应注意将内在性激励和外在性激励相结合,以内在性激励为主。

　　3. 长期激励与短期激励相结合

　　按激励时间效用不同来划分,可将激励举措分为长期激励与短期激励。短期激励是根据员工短期业绩给予的工资、奖金和各项福利等,它可以起到直接的激励作用,但其缺点在于有可能驱使员工更注重自己的短期利益而忽视组织的长远利益。为了克服管理者的短期行为,常常要使用长期激励,例如晋升和股票期权等。晋升前组织要评价晋升者的绩效与行为是否符合组织的长远利益,因此这样可以鼓励组织成员的长期行为。股票期权是企业授予某些对象可以在特定期间,以一定价格购买一定数量企业股票的权利,期权的授予对象、数量、价格、行权条件、时间以及有效期都已确定。期权始于20世纪70年代,它使企业利益与员工利益紧密联系在一起。员工作为企业的主人关心企业长期发展,所以与单纯支付基本工资或薪水相比具有长期激励的效果。

　　4. 个体激励与群体激励相结合

　　在组织中,个体行为不可避免受到其所在群体的影响,群体可以满足成员在安全感、友谊、自尊、自信、成就等多方面的需要,也会用舆论、规范、气氛等影响个体的行为。随着网络技术、全球化、组织变革的兴起,工作更多地是以工作团队、项目组的形式开展,使得管理者有必要制定面向群体的激励措施。实践中主要用到以下几种方法:一是对可比的不同群体进行评比,奖励工作绩效高的群体,促进群体之间的良性竞争,避免群体内的恶性竞争;二是在组织中宣传和树立先进群体,以先进群体为榜样来激励其他群体;三是给工作成绩优秀的群体更多的自主权,激发群体成员的团结合作和进取精神。美国通用汽车公司就广泛采用群体激励措施。如其研发部门以科研课题组为群体单位,根据课题组的科研成果及对公司的贡献来奖励他们。一般以科研课题完成时间为一个周期来考核和奖励。群体激励方法收到了很好的激励效果。

5. 正面激励与负面激励相结合

正面激励是对员工的符合组织目标的行为进行奖励,以使得这种行为更多地出现,即员工积极性更高;负面激励是对员工的违背组织目标的行为进行约束和惩罚,以使得这种行为不再发生。没有正面激励的作用,就难以引发员工行为的内在动力;没有负面激励的作用,就难以保证员工起码的努力程度和努力的方向。管理者需要根据不同的情况分别设计不同的激励方式。正面激励手段侧重考虑如何给予员工奖励,但激励绝不仅仅是奖励,还应包括约束和惩罚。当同一项工作在做好时会有正面的奖励,而在完成不好时却没有相应的惩罚措施。这样会助长员工的惰性,长此以往会削弱正面激励措施的作用。因此,采用合理的负面激励措施建立组织内部和外部的压力机制是必要的。一般说来,要坚持二者相结合,以正面激励为主,负面激励为辅。

【信息化管理专栏】

1.用电子邮件激励员工

应该感谢互联网时代,让众多"高高在上"的管理者,可以利用电子邮件与每一位员工建立联系,更重要的,这种联系就像一座桥梁,拉近了管理者和员工之间的距离,让包括情感在内的信息,实现了快速有效的沟通,从而使整个组织被电子邮件"充了电",更容易激发起全体员工的热情。下面就是几位管理者发给员工的电子邮件摘录:

比尔·盖茨离开微软时对员工说:"显然,这对我来说一直是一个非常困难的决定。微软将一如既往是我生命中巨大的一部分,我很幸运我有两个如此重要和富有挑战性的职业。……我想感谢你们和所有过去和现在为微软做过大量奉献的员工们。……我们还处在软件的初级阶段,并且我对于微软能够拥有的影响感到激动。……我希望在接下来的两年里和更长时间里与你们一同工作,为了让那些梦想成为现实。"

马化腾在腾讯与竞争对手的"战役"终结时对员工说:"真正的危机从来不会

从外部袭来。只有当我们漠视用户体验时,才会遇到真正的危机。只有当有一天腾讯丢掉了兢兢业业、勤勤恳恳为用户服务的文化的时候,这才是真正的灾难。"

马云在电子邮件里曾给新员工提了两条军规:"1.我们永远不会承诺你发财、升官,在阿里我们一定承诺你会很倒霉,很郁闷,很委屈,很痛苦,很沮丧。2.刚来公司不到一年的人,千万别给我写战略报告,千万别瞎提阿里发展大计。谁提,谁离开!但你成了阿里人三年后,你讲的话我一定洗耳恭听。我们喜欢小建议小完善,我们感恩你的每一个小小的完善行动。"

蒂姆·库克在接替史蒂夫·乔布斯成为苹果新任 CEO 时对员工说:"我非常期待为苹果这家全球最具创造性的企业供职并担任 CEO 的机会,加盟苹果是我做出的最正确的决定。在过去的 13 年间,我一直在为苹果奋斗,与乔布斯共事。我和乔布斯一样,对苹果美好的未来充满信心。我热爱苹果,我也非常期待履行我的新职责。来自董事会、管理团队和大家的鼎立支持让我备受鼓舞,我相信我们的前途更加美好,我们会继续让苹果成为神奇之地。"

瞧瞧,电脑是冷的,管理者却让这一封封电子邮件,变得火热。

2.远距离办公的困扰

随着信息技术的发展,员工可以待在家里工作,通过电脑与单位保持联系,工作时间更加弹性化,也不用受到东奔西走的困扰,还可以避免同事之间相互干扰。但是并不是每个人都适合并且喜欢这样的工作方式,无法满足的社交需要可能反而会影响员工的创造力与工作满意度,企业需要针对员工的不同需要改善办公条件与环境。同时由于真实的接触机会较少,可能会导致组织内员工间以及员工和管理者间的交流不畅,从而影响到激励政策的制定、执行和效果,有可能导致工作倦怠和效率降低。因此企业必须充分运用各种信息技术,尽可能丰富沟通渠道,更加关注远距离办公员工的需要,使远距离办公能够名副其实在地降低工作成本、提高绩效和工作满意度。

第二节 内容型激励模型

人的行为都有一定的目的性,旨在寻求某些特定需要的满足。内容型激励理论主要是对人的需求类型和性质进行研究,帮助管理者考虑给具有特定需求的员工提供什么方面的激励,才能使其产生所期望的行为。内容型激励理论中主要有马斯洛的需求层次理论、赫茨伯格的双因素理论、麦克利兰的成就需要理论等。

一、需求层次理论

郝新生经营着一家小型公司,该公司共有15名员工。近几年,公司效益稳步上升。郝新生知道,公司取得今天的成就,是员工们努力的结果,其中,张浩与马国富尤为突出。由于公司业务量的扩大,郝新生感到,里里外外靠自己一个人,已经应付不过来了,迫切需要选择一名助手,自然张浩和马国富都在考虑中。平心而论,张浩与马国富无论从人品,还是从工作能力上都很相当,很难分出高下,但助手只需要一名,如果两名都做助手肯定是一种浪费。他私下决定,提拔一名当助手,给另一位加薪。但是提谁当助手,给谁加薪呢?郝新生还是左右为难。只好向自己的朋友王教授请教。

王教授告诉郝新生,你要对他们做出选择,不妨先了解他们需要什么。这个建议令郝新生茅塞顿开。回去后,郝新生立即找二人分别谈话,结果发现,马国富家并不富,他上有双亲,下有一个小女儿,妻子多病且没有工作,生活比较艰苦。所以,就目前来说,钱对马国富来说更为重要。因此,郝新生毫不犹豫地做出了决定。

人的需求是多种多样的,不同的个人其需求模式或结构也不尽相同,美国心理学家亚伯拉罕·马斯洛(Abraham H. Maslow)在1943年出版的《人类动机理论》中提出需求层次理论。马斯洛认为人有五类最基本的需求,它们分别为生理需求、安全需求、社交需求、尊重需求、自我实现需求。

生理需求,是人类为了维持其生命的基本需求,是需求层次的基础。这类需求包括衣、食、住、行等方面的需要。一般来说,生理需求的满足都与金钱有关。

安全需求,当一个人的生理需求得到一定满足之后,其次就是安全的需求。安全需求不仅考虑到眼前而且考虑到今后,自己的身体免受危险,已获得的生理需求的满足不再丧失和被剥夺。安全需求包括人身安全、就业保障、工作和生活环境安全、经济上的保障等。

社交需求,当生理及安全需求得到相当的满足后,社交需求便成为一项重要的激励因素,每个人都希望和他人保持良好的关系,得到友情,接受他人以及被他人所接受,希望成为某个群体或团体中的成员。

尊重需求,包括自尊、自主和成就感等方面的需求,每个人都希望别人对自己的工作、人品、能力和才能给予承认和较高的评价,希望为他人所尊重,希望自己在同事中间享有一定的声誉和威望,对他人发挥一定的影响力。如果这种需求得不到满足,就会产生自卑感,从而失去自信心。

自我实现的需求,是最高层次的需求,要实现个人的理想和抱负,最大限度地发挥个人潜力并获得成就的需求。

马斯洛认为,对一般人来说,上述五种需求是由低级的需求开始逐渐向上发展到高级的需求,见图9-2。人的需求按重要性和层次可以排成一定的次序,从基本到复杂,从低级到高级。当人的某一层次需求得到相对的满足后,较高层次的需求才会成为主导需求,成为驱动人的行为的主要动力。

人的行为产生的原因是需求,只有尚未满足的需求才能够影响人们的行为,已满足的需求不再起激励作用。对于大多数人来说,并不是在任何条件下都同时有这五种需求且保持相同的强度,人的行为是由主导需求决定的。

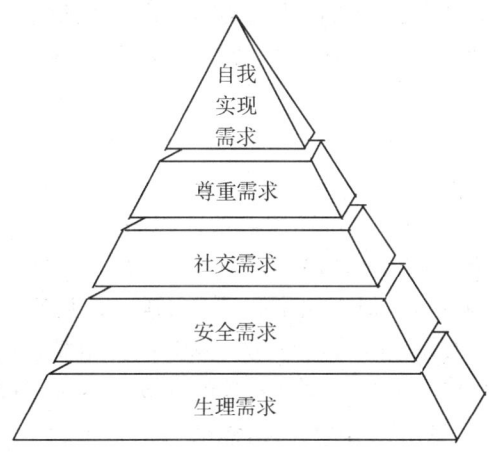

图 9-2 马斯洛需求层次理论

马斯洛需求层次理论简单明了,易于理解,得到了普遍的重视。但是,也有人对需求层次理论提出批评意见,认为这一理论缺乏实证的基础,没有支持其理论假设的验证性资料。

克莱顿·奥尔德弗(Clayton Alderfer)修改了马斯洛的需要层次理论,经他修订的需要层次理论被命名为ERG理论(ERG Theory)。奥尔德弗认为存在三类核心需要:生存需要(Existence)、关系需要(Relatedness)和成长需要(Growth)。生存需要与人们基本的物质生存需要有关,类似马斯洛理论中的生理和安全需求。关系需要是指人们对于保持重要的人际关系的要求,与马斯洛的社会需要和尊重需要分类中的外在部分是相对应的。成长需要代表个人追求自我发展完善的内在愿望,类似马斯洛的自尊及自我实现的需要。

ERG理论认为在需要间并不存在严格的等级,即不是只有低层次需要获得满足后才能进入高层次需要,三种需要可以同时起作用,也可以在较低层次需要并未满足时存在高层次需要。奥尔德弗还认为,较高层次的需要受挫时,对较低层次的需要的渴望会更加强烈。不仅没有得到满足的需要会促进人们向着新的需要水平发展,得到满足的需要仍然可能不减弱反增强。

二、双因素理论

双因素理论是由美国的行为科学家弗雷德里克·赫茨伯格(Frederick Herzberg)提出的。在20世纪50年代后期,赫茨伯格对两百多名工程师和会计师进行了访谈调查,要求受访者详细描述哪些因素使他们在工作中感到特别满意及受到高度激励,又有哪些使他们感到不满和消沉。调查结果表明,人在工作中的满意感是激励人的工作行为的重要力量,而导致满意和不满意的因素是性质完全不同的两类因素。在此基础上,提出了双因素理论(Two Factor Theory)。

赫茨伯格修正了传统的"满意—不满意"相对立的观点。他指出,满意的对立面是没有满意,不满的对立面是没有不满。从不满到没有不满的这类因素称为保健因素(Hygiene),是与工作环境或条件相联系的外在因素,如监督、工作条件、人际关系、薪金、安全、公司的政策和行政管理等。这些因素的改善只能消除员工的不满、怠工和对抗,但不能使员工变得满意。从没有满意到满意的这类因素称为激励因素(Motivator),是与工作内容本身相联系的因素,如工作的成就感、工作成绩得到认可和赞誉、工作本身的挑战和兴趣、个人晋升的机会、工作中的成长、责任感等。这类因素的改善,能够激励员工的工作热情,从而提高工作效率。

激励因素和保健因素彼此独立,并以不同的方式影响着人们的行为,表现在:当人们缺乏保健因素时会产生很大的不满足,但有了它们也不会对人产生多大的激励作用;激励因素使人们产生巨大的满足,而缺乏它们时也不会产生太大的不满足。

这种理论实际上是分析了人的各种需求对行为的影响程度,并根据程度大小把人的需求进行了归类研究,以便更好地指导管理实践。这种理论与马斯洛需求层次理论之间具有很强的关联性。

利用双因素理论来激励员工,管理者应确保保健因素是适当的,即有适当的工资和收入保障,工作条件要安全等。通过适当地提供这些因素能消除员工的不满,但并不能激励他们。管理人员应创造机会为员工提供那些能够让人们努力为组织工作的激励因素,如取得工作中的成就或得到认可等。同时要防止激励因素向保健因素转化。例如,每个组织都有奖金制度,但很多组织奖金发放并不具有激励作用,而是成为一种变相的福利。

三、成就需要理论

美国心理学家麦克利兰(David C. McClelland)提出的成就需要理论认为,人的基本需求有三种,即成就需要、权力需要、社交需要等。通过大量研究,麦克利兰对这三种需要作了具体描述。

1. 成就需要

有高度成就需要的人,对成功有强烈的要求,愿意接受挑战,趋向于寻求适度困难的目标,即既有风险,但又是现实的、能达到的目标;对工作热诚,执着于所从事的工作;对所从事的工作情况,需要具体的、即时的反馈。

2. 权力需要

主要指对影响力的向往,或对个人与群体有影响的愿望。具有较高权力欲的人对施加影响和控制他人表现出极大的关切。这类人一般寻求领导者的地位;他们十分健谈,好争辩,直率,头脑冷静并善于提出要求;喜欢演讲,爱教训人。

3. 社交需要

是指希望和他人建立亲近和睦关系的愿望。有高度社交需要的人寻求建立并保持和他人的友谊和亲密的感情关系;希望获得他人对自己的好感;乐于参加各种社交活动,以寻求知心朋友;乐于帮助和安慰危难中的伙伴。

麦克利兰认为,具有高度成就需要的人,对企业和国家都有重要的作用,企业家往往具有高度的成就需要和权力需要,低度的社交需要;管理者通常是那些有高度权利需要、适度成就需要和低度社交需要的人。比较企业家和管理者,企业家的成就需要更强,二者的权力需要相当,而管理者的社交需要更强。

这一理论常用于对管理人员的激励。麦克利兰还认为,成就需要可以通过训练和教育培养出来。

四动力理论的出现

四动力理论(Four Drive Theory)是由哈佛商学院的保罗·劳伦斯(Paul Lawrance)和尼丁·诺瑞亚(Nitin Nohria)在2002年通过综合不同学科包括神经科学和进化心理学等的研究成果和知识所提出的较新的激励理论,它用动态并相互作用的一组关于需要的概念描述了人类的动机,这组动机是人类精神世界的基本组成部分,从人类的进化历史演化而来,并且构成人类的精神活动使其能够适应环境并生存。四驱动力理论描述了四种驱动力:获取(Acquire and Achieve);情感(Bond);学习理解(Learn and Comprehend);防御(Defend)。见表9-1。

表 9-1　四动力理论

驱动力	内涵	在工作场所实现方式
获取	对物质和地位的追求既可以导致优秀绩效也可能导致恶性竞争。要想做好一个工作设计,最主要是要理清工作绩效与这种获取动力得到满足的程度之间的关系	报酬系统:将好的执行者区别于一般的和差的执行者;明确将报酬与绩效挂钩;提供有竞争力的薪水与福利
情感	寻求与他人建立相互关心的关系。通常倾向于与自己视野和类型相似的人联系,从而发展为小团体;引导员工间形成健康良好相互支持的关系,利用这种情感动力增加员工对工作团队乃至整个组织的忠诚	文化:培养相互信任以及同事之间的友谊;看重协同与合作;鼓励分享最好的实践
学习理解	设立有趣有挑战性值得深入挖掘探索和追求的工作;帮助员工认识到在组织中的角色以及重要程度。例如,高技能员工从有挑战性的工作中获得满足感	工作设计:设计在组织中独特且重要的工作内容;设计有意义并且能够在组织中培养贡献意识的工作内容
防御	需要威胁才能激活。针对个人、团队和组织的各层次威胁都能驱动这种防御行为,组织可以通过消除威胁源头来调整这种驱动力,也为员工提供一种对公司竞争或管控环境所造成的合法威胁做出反应的途径	绩效管理和资源配置过程:增加全过程的透明度;强调公平;建立信任

这四种动机都是人类心理的基本要素,但对于不同个体每个动力的相对强度不同,即使是同一个体在不同时间强度也可能不同。其中某个动力过强从而导致不平衡的个人和组织产出是有害的,因此该理论的主旨是要在四种动力间保持平衡使其能够互相支撑控制,工作环境中的工作设计也应该要考虑这样的平衡互动关系。

第三节　过程型激励模型

过程型激励主要研究管理者提供的激励因素是否能够以及如何发挥激励作用。现实的动机,往往并不等于现实的行为。由动机向行为转化的过程有许多微妙的心理现象需要管理者加以充分认识。有效的管理者不仅应该知道给员工激励什么,还应该知道如何激励才更有效果。

一、期望理论

期望理论(Expectancy theory of motivation)是美国心理学家维克托·弗鲁姆(Victor H. Vroom)在 1964 年出版的《工作与激励》一书中提出的。该理论认为,人的行为过程实际上是一种决策过程,人们在从事一种工作或做出某种行为之前,总是要对这项工作的意义、行为会产生的结果以及行为结果会给个人带来何种利益等问题进行估计,只有人们在预期他们的行为会给个人带来既定的成果且该成果具有吸引力时,才会被激励起来去做某些事情。

因此,期望理论可用下述公式表示:

激励力＝效价×期望值

其中,激励力是指一个人所受激励的程度。促使人们去做某件事的激励力大小同时取决于效价和期望值这两个因素,只有在效价和期望值都较高的情况下,员工的激励力才会高。

效价是指个人对某一预期成果或目标的吸引力做出的主观估价。例如,一位员工从上级的暗示或自己的估计中发现,如果自己在工作中做出突出的成绩,会立即得到提升。在这里,"提升"就是预期结果。同样是这种结果,对不同的人所产生的吸引力可能很不一样。对一个很想得到提升的员工来说,吸引力无疑是巨大的;对一个把提升看得无所谓的人来说,吸引力可能为零;而对一个不愿被提升或不愿承担责任只图清闲的人来说,吸引力则可能是负数。某项活动成果对一个人吸引力的大小会激励他采取不同的行为,或积极从事并努力完成这项活动,或不予以关心,或极力排斥这项活动。

期望值是指一个人对完成某项活动并取得预期成果可能性大小的主观估计。往往要取决于自身条件和其他因素。同样是上面的例子,人们除了上述考虑之外,可能还会考虑这样的问题:预期的成果是否为自己能力之所及,即自己尽最大努力后是否能做出突出的成绩,自己做出了突出的成绩后是否真的会得到提升,会不会出现意外情况,等等。对这些问题回答不同决定了主观估计值的大小也会不同。

期望理论认为,个人从自身利益出发,通常倾向于选择使自己所做的努力和达到的绩效水平与他所认为的效价与所能得到的报酬水平相一致。如果个人认为组织所给予的报酬低于其主观效价,或认为组织不可能按照绩效水平合理地给予报酬,以及认为组织所设定的绩效目标不论自己付出多大的努力都难以达到,个人行为受激励的程度就会受到影响。

期望理论有较强的应用性。管理者要让员工积极从事某项活动并努力工作,一方面要使员工了解这项活动成果的吸引力,并尽量加大这种吸引力;另一方面要采取措施帮助员工提高获得预期成果的能力,提高他们对获得预期成果的可能性估计,以便提高激励力和激励效果。例如,许多同学在中学读书时可能会有这样的经历,老师为让同学们动脑筋去做某道数学题,可能会这样说:"这是一道较难的题,是某某重要考试的试题,根据我平时对你们的了解,我认为你们只要下功夫,动脑筋,一定会做出这道题来。"同学们听了这样的话之后,便会废寝忘食地去解这道题。

罗伯特·豪斯(Robert House)在期望理论的基础上,把人们从事工作的内在性激励与外在性激励结合起来,提出了综合的激励方程:

$$M = V_{it} + E_{ia}\left[V_{ia} + (\sum_{j=1}^{n} E_{ej} \times V_{ej})\right]$$

其中:

M——激励力量;

V_{it}——工作任务本身所提供的内在性价值,不涉及工作完成与否和后果如何;

E_{ia}——从自身角度对完成该项工作的可能性估计;

V_{ia}——对完成该项工作所获报酬的内在期望,即对工作的重视程度;

E_{ej}——对完成该项工作所获第 j 种报酬的外在性期望;

V_{ej}——从外部条件对完成该项工作所能导致获得第 j 种报酬的可能性估计。

把上述公式去掉括号,略微进行简化,上面公式的右端就变为三项。其中,第一项 V_{it} 如上所述,第二项 $E_{ia} \times V_{ia}$ 表示完成工作所带来的内在性激励作用,第三项 $E_{ia} \times \sum_{j=1}^{n} E_{ej} \cdot V_{ej}$ 代表了各项外在性报酬所综合起到的外在性激励作用。这样,公式右端的第一、二项属于内在性激励,第三项属于外在性激励,三项之和表明整体激励力量是内、外在性激励之和。

这一模型表明,整体激励力量取决于内、外部两大方面。所以要提高对员工的激励效果,就必须同时重视对员工内在性激励和外在性激励的提高。

二、公平理论

公平理论是美国行为学家亚当斯(J. S. Adams)在 1965 年出版的《社会交换中的不公平》一书中提出的一种激励理论。这种理论侧重研究工资报酬分配的合理性、公平性及其对员工工作积极性的影响。

公平理论认为,一个人在自己因工作或做出成绩而取得报酬后,不仅关心所得到报酬的绝对量,而且还会考虑相对报酬,即把自己所得的报酬与付出的劳动之间的比率同其他人的比率进行横向比较,也会把自己现在的投入报酬比率与过去的状况进行纵向比较,并且根据对比的结果决定今后的行动。公平理论就是利用人们的这种心理来研究激励问题的。公平理论可以表示为下列公式:

$$\frac{O_p}{I_P} = \frac{O_a}{I_a}$$

其中：

O_P 代表员工对其所获得报酬的感觉。报酬包括物质上的金钱和福利等，也包括精神上的被赏识、受人尊敬、晋升等。

I_P 代表员工对其所作投入的感觉。投入包括工作努力、所投入的精力、教育程度、工作时间等。

O_a 代表作为比较对象的其他人所获得报酬的感觉。

I_a 代表作为比较对象的其他人所作投入的感觉。

如果员工感觉到自己的比率与他人相等，则为公平状态；如果员工感到二者比率不相同，则会产生不公平感。员工会采取行动，设法摆脱不公平，一方面会向组织争取，改变收入；另一方面会调整自己的付出。

目前，许多组织都十分重视这一理论的运用。日本企业长期以来采取所谓的"年功序列工资制"，把年龄、工作成绩等因素作为工资分配的主要依据，目的就是使员工的工资收入能够随时间而保持一个不断增长的势头，进而提高员工的公平感。另外，有的组织采取秘密发奖方式，使员工无法了解别人的收入状况，以免进行横向比较而产生不公平感，进而影响工作的积极性。

公平理论也存在一定的缺陷，主要在于公平与否主要取决于员工的主观判断。在一般人的观念中，往往可能对自己的付出和别人的所得估计过高，使实际上的公平，在人们的主观上变得不公平。

三、强化理论

强化理论是由美国的心理学家斯金纳(B. F. Skinner)提出的。他主要研究人的行为与外部因素之间的关系。他认为人的内心活动过程是一个"黑匣子"，是无形的、不可见的，对此很难进行清楚的分析，但人的行为是外在性的，是可以分析预测的。人的行为是对其所获刺激的一种反应。如果刺激对他有利，他的行为就有可能重复出现；若刺激对他不利，则他的行为就可能减弱，甚至消失。管理人员可以通过强化的手段来影响员工的行为，使之符合组织的目标。

强化的具体方式有四种。

1. 正强化

正强化就是奖励那些符合组织目标的行为，以便使这些行为得以进一步加强，重复地出现。正强化的手段包括经济方面的，如提薪、奖金等，以及非经济方面的，如晋升、表扬、进修等。

2. 惩罚

当员工出现那些不符合组织目标的行为时，采取惩罚的办法，可以迫使这些行为少发生或不再发生。惩罚的手段包括经济方面的，如减薪、扣发奖金或处以罚款,以及非经济方面的,如批评、处分、降级等等。

3. 负强化

与正强化和惩罚都是在行为发生之后再进行处理不同,负强化是一种事前的规避。它对于什么样的行为不符合组织目标的要求以及如果员工发生不符合要求的行为将予以何种惩罚给予具体规定,员工为了避免得到不合意、不愉快的结果,对自己的行为形成一种约束力。因此,这是一种非正面的对所希望行为的强化,称之为负强化。

4. 忽视

对已出现的不符合要求的行为进行"冷处理",达到"无为而治"的效果,与惩罚一样,忽视也可能使管理者所不希望的行为弱化下来,但因为这种行为弱化过程并不需要管理者的干预,所以常称之为自然消退。

为了提高激励效果,斯金纳提出实施强化时应注意的几个问题。

第一,必须针对行为结果给当事人以及时的、明确的信息反馈。一方面,强化必须是及时的,奖励或惩罚必须紧随行为之后才最具效果。另一方面,反馈给行为当事人的信息一定要明确,而不能模糊不清。否则容易给当事人某种错误的认识,产生不良后果。

第二,强化的时间选择十分重要。实践证明,管理者根据组织的需要和员工的行为状况,不定期、不定量地实施强化比连续、固定的强化更为有效。连续、固定的强化,会使员工感到组织的强化是理所当然的,甚至会产生越来越高的期望。

第三,管理者影响和改变员工的行为应将重点放在积极的强化而不是简单的惩罚上,惩罚虽然在表面上会产生较快的效果,但其作用通常仅是暂时的,而且对员工的心理产生不良的副作用。负强化和忽视对员工行为的影响作用也不应该轻视。因此,四种强化方式应该配合起来使用。

四、目标设置理论

目标设置理论由埃德温·洛克(Edwin Locke)于1967年提出,他们认为设置高的目标并且引导员工来实现它是激励的一种重要驱动方式。对于某些员工来说,达到一个特定目标而付出努力和感受到兴奋,与获得有形报酬同样重要。该理论认为,如果组织能够制定具体、明确、有挑战性且可接受的目标,并且能够以及时反馈的方式帮助员工跟踪工作的进展直至目标达成,就会产生显著的激励效果并获取更高效益。困难的目标,一旦被员工所接受会比容易的目标带来更高的工作绩效。制定目标的标准被总结为"SMART":Specific、Measurable、Attainable、Relevant、Timebound。目标设置之所以会影响员工动机与绩效的原因在于它可以引导员工的注意力使其保持在支持组织整体目标的活动上,远离不相关的活动;同时目标越困难越能够调动员工的积极性使其保持充沛的精力和体力,更加坚持与专注于工作的进度与质量,并主动自发地将学习到的知识和技能运用工作中,执行更加有效的策略,从而按照所设定的截止日期有效地完成任务。

员工满意通常是高绩效的结果而不是原因,因此完成挑战性的目标能同时增加员工与组织的自我满足感和成就感,尤其当员工与组织的目标一致时更是如此。组织应该努力创造条件既能够满足员工的隐性需求,又能够关注员工选择行动步骤的方式。同时还应关注影响目标设置有效性的权变因素,例如个体是否对目标做出承诺、任务的复杂和独立程度、个体文化差异等。总体来说对于众多行业的多元化员工而言目标设置理论都具有激励作用,设置具体、有挑战性的目标可以整体有效地改善绩效。

五、综合激励模型

由美国行为科学家爱德华·劳勒(Edward E. Lawler)和莱曼·波特(Lyman W. Porter)提出的一种激励理论。基本内容是:一个人达成绩效后,得到外在和内在两类报酬,外在报酬包括工资、地位等的提升,内在报酬包括由于绩效良好而对自我存在意义及能力的肯定等等。也就是说,设置激励目标、采取激励手段并不一定能获得所需的努力并使员工满意。要形成奖励目标—努力—绩效—奖励—满意并从满意回馈努力这样的良性循环才可能产生预期效果,即要考虑奖励内容、奖励制度、组织分工、目标设置、考核公平性等的综合性因素。

这种激励模式的主要观点是,员工的努力来自于报酬和奖励的价值,和个人所感知的需要付出的努力和得到回报的可能性,同时这种感知也反过来收到过去实际经验的影响;而工作的实际绩效取决于个体努力程度、能力大小以及对任务理解的深度,越是复杂的任务,对任务理解的程度和能力大小对绩效影响就越大;努力和成果也不是在奖励之后出现的,绩效是奖励的前提,只有在完成任务后才有精神和物质上的奖励,并且这些激励措施能否产生员工满意还取决于受激励者对所收获报酬的公平性的感觉。作为管理者要把员工放在正确的位置上,安排合适的工作并帮助其了解任务的具体要求,为其创造配备必要的工作条件,个别化奖励使其与绩效挂钩,维持和检视系统的公平性,有效实现整个连锁激励过程,促进良性循环的形成。例如对待知识型员工,要了解他们的自主性、专业性和对成就感的强烈需要,为他们安排有挑战性的丰富工作和宽松的工作环境充分发挥他们的创新能力,通过职业发展前景、培训、奖金等多样化激励手段达到最优化激励效果。

【本章小结】

　　实现了人与事的最佳组合后,管理者还要影响员工的内在需要或动机,即调动员工的积极性。管理者在激励员工时,应注重员工的个体差异,分析具体情况,灵活地运用多样化的激励手段,有效激励员工。

关键名词: 需求　动机　激励　双因素　公平　强化　期望　目标设置

【伦理专题】

机器人与劳动力:替代还是协助?

　　中国制造业使用工业机器人代替人力的趋势已现端倪,令人不禁想起马克思在《资本论》中讨论过的"工人和机器之间的斗争"。富士康三年内引入100万台工业机器人,是否会排斥劳动力?

　　2011年7月,富士康科技集团董事长郭台铭在深圳出席员工联欢晚会时对媒体表示,目前富士康有1万台机器人,明年将达到30万台,三年后机器人的使用规模将达到100万台。未来富士康将增加生产线上的机器人数量,以完成简单重复的工作,取代工人。

　　富士康是中国最大的电子代工企业,也是全球最大电子代工厂商之一。据郭台铭透露,目前,富士康的员工总人数已经接近120万人,其中大陆员工超过100万人,仅深圳就超过40万。公司计划在焊接、组装、搬运、喷漆、检测等生产现场引入机器人工作站。

　　公开资料显示,富士康近两年正在全国各地招揽机器人应用工程师,以维护生产线上机器人正常运转。而富士康晋城工业园自动化机器人事业处与相关学校还共建了"机器人"实训生产车间,专门培训机器人应用工程师。

　　下面是对机器人和工人的简单比较:

　　在成品率上,工人:一般金属件高于95%;机器人:相同工种比人工低10%或以上。在工作效率上,工人:速度较快,动作灵活;机器人:动作呆板,比人工慢一半。在工作时间上,工人:8小时工作制,加班不超过2小时;机器人:7×24小时连续工作。

　　种种迹象均表明,富士康已将扩大机器人使用的转型战略付诸实践。不过,在电子产品的生产流程中,工业机器人只能在部分环节取代人力。

　　有人担忧:机器人是否会排斥劳动力,对就业尤其是新生代农民工就业形成压力?也有人认为工业机器人只能在部分环节取代人力。

讨论题：

你认为相比较机器人，劳动力的优势在哪里？机器人能否替代所有的人工劳动？如何有效激励是员工发挥劳动力优势？

【情景练习】

1. 阅读下列案例，讨论在坦丁姆计算机公司中采用了哪些有效的激励方法？你认为还可以采取哪些激励方法？

坦丁姆计算机公司主要业务是提供计算机继续工作系统，它地处加州硅谷地区，来自各方面的竞争相当激烈。但公司在创始人詹姆士·特雷的领导下，其销售额在十年时间内就已达到10亿美元以上，人们普遍认为，坦丁姆公司对员工的管理很有特色也极为成功。

詹姆士为员工创造了极为良好的工作环境。在公司总部设有专门的橄榄球场、游泳池、图书阅览室，还有供职工休息的花园和宁静的散步小道等。公司经常定期举办各种酒会、员工生日庆祝会等。除此之外，他还允许员工有自行选择机动灵活的工作时间的自由。

詹姆士也很注意利用经济因素来激励员工。他定期在员工中拍卖本公司的股票，目前，几乎公司的每个员工都拥有公司的股票。这样就大大地激发了大家为公司努力工作的热情。

詹姆士还要求每个员工都要制定出一个具体的了解公司、学会和掌握公司内部各种工作的计划，以及自己期望能得到的培训、进修和发展的五年战略计划。这样，每个员工都可逐渐了解公司，结合培训、进修逐渐学习和掌握公司及本行业中先进的科学技术，为此，大家对公司都有强烈的感情和责任心，平时用不着别人监督就能自觉地把工作做好。

詹姆士本人是一位极为随和、喜欢以非正式的身份进行工作的有才能的管理者，由于他在公司内对广大管理人员、技术人员和工人都平等地采用了上述一系列的措施，公司的绝大多数人都极为赞成他的做法。很多员工都把自己的成长与公司的发展联系起来，并为此而感到满意和自豪。

当然，詹姆士也知道，要长期地在人才竞争日趋激烈的环境下维持这样一批倾心工作的员工队伍确实不是一件容易的事情。公司在飞速地发展，而随着规模的扩大，增长速度相应会放慢，将会出现一个更为正式而庞大的管理机构。在这种情况下，如何更有效地激励员工呢？这自然是他和公司的管理人员所共同关心的问题。

2. 如何激励"90后"员工?

同"70后"、"80后"年轻员工相比,"90后"大学生整体来讲生活在物质条件较为丰富的背景下,擅于接受新鲜事物并受到西方和日本文化的较大影响,既有来自长辈的关注和溺爱,同时又受到纷繁复杂的信息和现象的干扰,使他们思维开阔的同时也常常感到迷茫困扰。社会对于"90后"的普遍认识包括:自我意识较强,个性独立;思想早熟,价值观较为现实;追求平等和尊重,个性张扬,责任意识较弱;敢于反抗和质疑,缺乏团队忠诚感;忍耐力差等。

随着"90后"毕业生逐渐步入职场,如何激励个性分明的"90后"使其成为企业所需要的人才是企业急需面对的课题。企业要先了解"90后"大学生的特征和需要,帮助他们正确认识自己、企业和社会的关系,更好地适应工作需要,从而达到更好的激励效果,创造更多价值。

试讨论:

你是否同意如上针对"90后"整体特质的表述?针对不同意、不全面的说法,你认为应该如何表达和补充?这些特质背后的动机和需求是什么?你认为自己适合什么样的工作岗位?你了解自己需要什么样的工作环境吗?当企业对你的激励要求与你的价值观道德观相违背时应该如何解决?请用双因素理论分析对你来说什么是最重要的保健因素和激励因素,应如何结合现代激励理论构建针对"90后"大学生的有效激励方式?

思考题:

1. 需求、动机与行为之间的关系是怎样的?
2. 评述双因素理论与需求层次理论的异同及两者间的内在联系?
3. 公平理论的基本主张和管理启示是什么?
4. 用三种激励理论解释你在校学习时对不同活动和课程的不同投入程度。
5. 是否存在过度激励的情况?激励不当可能产生什么样的后果?
6. 对于在生产一线工作的工人、在运营部门工作的管理型员工以及在研发部门工作的知识型员工应该如何区别激励?为什么?

第十章 领导理论与领导方式

本章导读

每个组织的绩效状况在很大程度上都与领导者的领导工作效果有关。本章主要介绍有关领导的一些基本概念、重要理论,分析领导者影响力的形成原因,以及采取何种领导方式。

问题导引

- 领导能力是天生的吗?
- 有人认为管理是应对复杂性的,而领导则是相对于变革而言的,领导和管理的关系是什么?
- 人性的不同假设对采取不同的领导方式有什么影响?

【全球化管理引例】

花木朝阳

汉高祖刘邦皇宫大摆庆功宴,政府官员、军事领袖、诗人宿儒云集,亦包括征战时屡出奇谋相助的陈平。陪同陈平前来赴宴的弟子,对宴会的排场印象深刻,但对宴会那些核心人物则大惑不解。

与刘邦一起坐在主桌的,是他麾下著名的指挥官——杰出的将军萧何,军事后勤知识无人能及;他旁边的韩信,是战无不胜的传奇兵法家;最后一位张良,是高明的外交官,善于游说各邦国元首共组联盟,不战而克。众弟子很了解这些人的才能,然而令他们不解的是,出身不高、学识跟这些大臣无法相提并论的刘邦,如何脱颖而出。

"为什么当皇帝的是他?"他们问道。

陈平莞尔一笑,问:"决定车辆强度的因素是什么?"

"不是条辐的坚固与否吗?"有位弟子答道。

"然而,何以同样条辐所造的车辆强度有别?"陈平问道。

过了一会儿,他接着说道,"要能见人所不见。别忘了,车辆不单是由条辐所构成,还有条辐之间的空间。坚固的条辐若配置不佳,造出的轮子也弱。它们是否能彻底发挥潜力,须视辐间和谐而定。而造车轮的精要在于工匠设计、创造适当的空间,支撑与调和各条辐。现在不妨想想,这里谁是工匠?"

众弟子默然,许久之后有位弟子说道:"夫子,工匠如何取得辐间和谐?"

陈平要他们想想阳光。"太阳以释放光热而长养花木",他说,"但终其究竟,它们是朝哪个方向生长呢?"像刘邦这样的巧匠,情况亦复如此。他把每个人安置在能够彻底发挥他们潜力的职位上,并从犒赏他们的成就中使他们彼此和谐,于是每个人也像花木朝阳一般,满怀挚爱地心向刘邦。

刘邦运用其领导能力和技能,使下属人尽其用,彼此和谐,共创盛世。刘邦是一位优秀的领导者,其领导工作存在于西汉王朝的上下级之间。领导工作只存在于组织内部(国家政治机构、企业经济组织)的上下级之间,没有行政隶属关系的组织之间也就不存在领导关系。刘邦的领导行为能得到很好的领导效果,既与其个人能力等有关,也与下属(被领导者)有关。在领导工作中,被领导者的情况是影响领导效果的重要因素,但起决定作用的是领导者的素质、领导方式和领导方法。上一章中提到的激励和本章中的领导分别从不同的角度对人的行为施加影响,二者相辅相成。

第一节 领导和领导权力

领导是有效管理的一个重要方面,是一项重要的管理职能,并直接影响到其他管理职能发挥作用。如何有效地进行领导是现代管理者必须掌握的一种基本技能。

一、领导的概念

关于领导的概念,历来有不同的解释。从字面上看,"领导"有两种词性含义。一是名词属性的"领导",即"领导者"的简称;二是动词属性的"领导",即"领导者"所从事的活动。从领导的实质内容上看,传统管理理论认为领导是组织赋予一个人的职位和权力,以率领其部下实现组织的目标。但更多的管理学者认为领导是一种行为和影响力,这种行为和影响力可以引导和激励人们去实现组织目标。领导是在一定条件下实现组织目标的行为过程。这种行为和影响力包含行使组织所赋予的权力,实行监督和控制,但更主要的是通过领导者个人依据组织环境,运用领导技能,采取正确的领导方式和领导行为,团结和带领员工高效率地实现组织目标的过程。

因此,领导是领导者为实现组织的目标而运用权力向其下属施加影响力的一种行为或行为过程。有效的领导往往表现为对下属较强的影响力,或者说,表现为下属对领导者强烈的追随和服从倾向。

领导是一种普遍的管理行为。对于领导和管理,领导者与管理者的关系,目前有不同的观点,有人认为"管理就是领导",有人则认为领导和管理是两个不同的概念。

亚伯拉罕·扎莱兹尼克认为,管理者与领导者的根本区别在于二者的心灵深处,对于混乱和秩序的看法截然不同。领导者能够容忍混乱、缺少秩序,并能够将问题搁置以避免对重要问题过早下结论。管理者则追求秩序和控制,他们甚至会对他们本身也尚未完全理解的问题尽快处理掉。约翰·P.科特认为,管理是应对20世纪出现的大型的复杂组织的,有序的管理将赋予组织许多方面诸如产品质量、收益等相应的秩序和连续性。而领导则是相对于变革而言的。因为当今的经济更加富于竞争性,更加趋于变化不定。变化的结果是,单纯地重复昨日所做之事或仅仅比昨天改善5%已经难于确保成功了。在这种条件下,需要强有力的领导。[1]

扎莱兹尼克(Zeleznik)于1977年和1992年发表在哈佛商业评论的两篇文章中指出,管理者和领导者之间的区别围绕个性和变革导向,而后差距扩大,"与管理者相比,领导者更接近于画家、科学家以及其他创新性的思考家"[2]。

我们认为,领导工作是管理工作的一部分,这二者之间存在着明显的区别。首先,从工作的主体方面来看,领导者是管理者的一部分,是担负领导职务并拥有决策指挥权的那一部分管理人员;其次,从工作的客体方面看,管理的对象通常包括人、财、物等多种生产要素,而领导工作的对象往往只能是人;第三,从工作的手段和方法来看,管理包括计划、决策、组织、协调和控制等,而领导工作则主要是大政方针的制定、人事安排和对于各种活动的协调等。

二、领导的权力及其来源

领导者之所以能够实现对下属的领导,基础是权力。领导是由权力派生而来的。

---

[1] 亨利·明茨伯格等.领导.中国人民大学出版社,哈佛商业学院出版社,2001:88,41
[2] [英]戴维·布坎南,安德杰·赫钦斯盖著,李丽等译.组织行为学(第5版).经济管理出版社,2005:752

1. 权力的含义

权力是影响领导与被领导者之间关系的一种重要力量。从领导者对被领导者来说,权力是领导者影响被领导者行为的一种力量,这种力量有助于被领导者服从和追随领导者。从被领导者对领导者来说,权力还表现为一种依赖关系。一个人对另一个人依赖越大,受其影响的程度就越大,即后者对前者的权力越大。

领导者只有更多地控制了下属所要做的事,就会使下属对他产生依赖,进而对下属形成更大的影响力。

2. 权力的来源

领导者的权力主要来自两个方面:一是职位权力,简称职权。这种权力是组织授予的,随职位的变化而变化,职位权力包括法定权力、奖励权力和强制权力。人们往往迫于压力和习惯不得不服从这种职位权力。二是个人权力。这种权力来自领导者自身,由于自身的某些特殊条件才具有的,包括专长权力和个人影响权力。这种权力不会随职位的消失而消失,所产生的影响力是长远的。

(1) 法定权力。指组织内各领导职位所固有的合法的、正式的权力。不同组织成员因其所处的地位不同,享有的法定权力也不同。这种权力可以通过领导者利用职权向下属发布命令、下达指示直接体现出来,也可以借助组织内部的政策、程序和规则直接体现出来。

(2) 奖励权力。指提供奖金、提薪、升职、赞扬、理想的工作安排和其他任何会令人愉悦的东西的权力。它来自下级追求满足的欲望,由于被领导者感到领导者有能力使他的需要得到满足,因而愿意追随和服从。领导者控制的奖励手段越多,这些奖励对下属越重要,拥有的影响力就越大。

(3) 强制权力。领导者对其下属具有的绝对强制其服从的力量。下属不服从领导者的命令或指示,将会受到惩罚。换句话说,强制权力是指给予扣发奖金、降职、批评甚至开除等惩罚性措施的权力。它来自于下级的恐惧感。这种权力的行使与领导者担负的工作和职位相关。

(4) 专长权力。由个人的特殊技能或某些专业知识而形成的权力。它来自下级的信任。即下级感到领导者具有专门的知识、技能,能够帮助他们排除障碍,克服困难,实现组织目标和个人目标,因此愿意跟随。

(5) 个人影响权力。指与个人的品质、魅力、资历、背景等相关的权力。它来自于下级的尊敬。即领导者具有良好的品质和作风,受到下级的敬佩,进而使下级愿意接受其影响。

(6) 参与权力。有些人由于与领导者或某权威任务有特殊的关系,可能形成与普通人不同的影响力。这也是一种权力,管理工作中要设法减少这种权力所产生的影响。

对于任何一个领导者来说,职位权力无论何时都是必要的,但仅拥有职位权力的领导者只会是一个指挥官,而不能成为令人信赖和敬佩的领导。领导者还应加强个人素质的修炼,更自觉地培养自身的影响力,把领导者的影响力建立在群众自愿接受和支持的基础上,即在拥有职位权力的同时,获得更大的个人权力,将有助于提高领导的有效性。

三、影响领导效果的因素

领导工作的效率由三个相互作用的因素决定。领导工作的有效性是领导者、领导环境和被领导者这三项变量的函数。

1. 领导者

领导者是领导工作的主体。领导者本身的背景、知识、经验、能力、个性、价值观念以及对下属的看法等,都会影响到组织目标的确定、领导方式的选择以及领导工作的效率。因此,领导者是决定领导工作有效性的重要因素。

2. 被领导者

被领导者是领导工作的客体。被领导者的背景、专业知识、经验和技能,他们的要求、责任心和个性等,都会对领导工作产生重大影响。被领导者的状况,既影响领导方式和方法的选择,也影响领导工作的效率。

3. 领导环境

领导工作是在一定的环境中进行的,领导环境更多的是指组织内部环境。美国俄亥俄州立大学的教授们在研究领导行为时指出,对领导行为有效性的评价,实际上并不取决于领导者所采用的某一特定的领导方式,而是取决于领导方式对特定环境的适用性。与环境相适应的领导方式可以成为有效的;而与环境不适应的领导方式,则往往是无效的。

影响领导工作效果的其他因素主要有:①工作目标是否明确;②工作程序的规范化程度;③组织结构的健全化和合理化程度;④工作分工是否明确,规章制度是否健全;⑤组织规模的大小;⑥组织中的人际关系状况;⑦组织中信息沟通状况;⑧上级和同级领导者的领导行为方式等。所有这些因素及其状况,都会直接或间接地影响到一个领导者的领导工作效果。如图10-1所示。

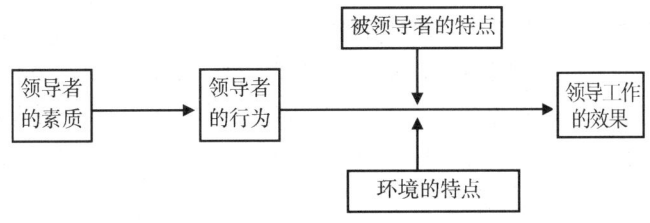

图 10-1 领导效果的决定因素

李开复谈领导聪明人

领导行为的成功,不仅与领导者有关,也与被领导者的情况有关。李开复认为,作为领导者,情商、人缘、沟通能力、人格魅力都很重要,面对聪明的下属时,要注意聪明人的特点。一个很能干或者聪明的人常常认为自己可以把别人的工作做得更好,因此倾向于用命令的方法去指挥别人,但是,聪明的下属最不喜欢的就是领导者告诉他每个步骤该怎么做。在李开复看来,想要留住人才,不外乎"授权、信任、感情和奖赏"这四件事。①

四、授权

诸葛亮在上书后主的《自贬疏》中道:"街亭违命之阙,箕谷不戒之失,咎皆在臣授任无方。"诸葛亮忠心耿耿辅助阿斗,日理万机,事事躬亲,乃至"自校薄书",对此其对手司马懿有评价。司马懿一次接见诸葛亮的使者,问诸葛亮身体好吗,休息得怎么样?使者对司马懿说,诸葛亮"夙兴夜寐,罚二十以上,皆来览焉;所敢食不至数升"。使者走后,司马懿对人说:"孔明食少事烦,其能久乎!"果然不久,诸葛亮病逝军中,蜀军退师。诸葛亮为蜀汉"鞠躬尽瘁,死而后已",但蜀汉仍最先灭亡,仔细分析可知这与诸葛亮不善于授权不无关系。

西汉著名丞相陈平认为,"……宰相者,上佐天子,理阴阳,顺四时,下遂万物之宜;外镇抚四夷诸侯;内亲附百姓,使卿大夫各得任其职也"。作为领导必须学会正确授权,诸葛亮也为蜀汉丞相,且多才多艺,工作勤勤恳恳,每日起早睡晚,各种事务都要亲自处理,亲自过问,"自校薄书","罚二十以上亲览",以至积劳成疾,过早离开人世。

1.授权的实质

彼得·德鲁克曾说过,授权的真正涵义是不去做别人能做的事(授权别人去做),而去做那些必须由自己做的事(不必授权)。

管理者通过指挥他人的工作去实现组织的目标,任何一个管理者的时间和知识都是有限的,不可能承担实现组织目标所必须的全部任务,有效的管理者应当科学地运用授权。所谓授权,是指上级给予下级一定的权力和责任,使下级在一定的监督之下,拥有相当的自主权和行动权。授权者对受权者有指挥、监督权,受权者对授权者负有汇报情况及完成任务的责任。

---

① 柯恩.李开复:怎样领导聪明人.中国企业家网,2012-09-24,http://www.iceo.com.cn/renwu/46/2012/0924/257932.shtml

授权对于一个组织的发展来讲十分重要。授权可以使高层管理者从日常事务中解脱出来,专心处理组织的重大问题,控制全局;可以提高下属的工作情绪,增强其责任心,并增进效率;可以增长下属的才干,使下属有机会独立处理问题,从而提高管理水平;而且还可以充分发挥下属的专长,以补救授权者自身的不足。

2. 授权的过程

授权是一个过程,其中包括分派任务、授予权力、明确责任、确立监控权。

(1)任务的分派。权力的分配和委任来自于实现组织目标的客观需要。因此,首先要明确受权人所应承担的任务。即要明确授权人希望受权人去做的工作,是由组织目标分解出来的一项工作或一系列工作的集合。

(2)权力的授予。即给予下属行动的权力或指挥他人行动的权力,给予一定的权力是使受权者得以实现所分派任务的基本保证。

(3)责任的明确。当受权人接受了任务并拥有了所必需的权力后,就有义务去完成所分派的工作并运用所委任的权力,受权人的责任主要表现在向授权者承诺保证完成所分派的任务。保证不滥用权力,并根据任务完成情况和权力使用情况接受授权者的奖励或惩处。

(4)监控权的确认。授权者可以向下属分派工作责任,但自己仍要对组织负有最终的责任。授权者给予受权人的只是代理权。为此,在授权过程中,要明确授权者与受权者之间的权力关系。一般地说,授权者对受权者有监控权,即有权对受权者的工作情况和权力使用情况进行监督检查,并根据检查结果,调整所授权力或收回权力。

3. 影响授权的因素

管理者应该下放多大权力?在确定权力下放程度时应考虑哪些事项?这是制定授权决策时必须考虑的因素。

(1)组织规模。组织规模越大,需要进行决策的数量就越多,而高层管理者的时间和获取的信息有限,因此,大型组织中的管理者越来越多地使用授权。

(2)责任或决策的重要性。一项责任或决策越重要,则越不太可能授权给下级。

(3)任务的复杂性。任务越复杂,高层管理者越难于充分获得最新的信息,作出有效的决策。复杂的任务要求更高的专业知识,与此工作相关的决策应该授权给掌握必要技术知识的人来做。

(4)组织文化。如果管理者信任下属,则支持较高程度的授权。如果上级管理部门不相信下级的能力,则他们会尽可能减少授权。

(5)下属的才能。授权要求下属具备一定的技术、能力以接受权力并执行之。如果下属缺乏这些条件,上级管理部门就会减少授权。

事实上,除了上述一些客观因素,还有许多主观因素影响授权决策,见图10-2。

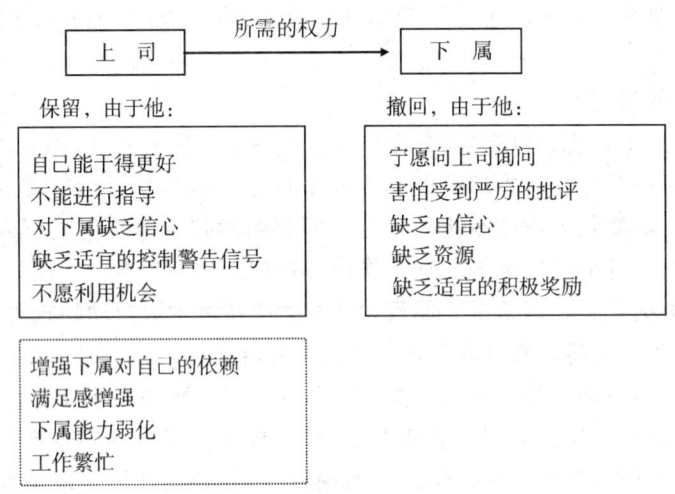

图 10-2　阻碍授权的主观因素

资料来源:W. H. 纽曼、C. E. 萨默著,李柱流等译. 管理过程. 中国社会科学出版社,1995:63

4. 有效授权的原则

有研究表明,有效授权者和无效授权者之间存在着明显的差异,管理者由于授权不当所引起的失败要比其他原因引起的失败多得多,因此,每一个管理者都应研究授权的方法和技巧。

(1)明确授权的目的和权限范围

授权者在向受权者明确所授事项时,必须明确任务目标及权责范围,使受权者能十分清楚地工作。授权是在下放用于某项工作的权力,而不是无限制地放权,是下放在某些条件下处理问题的权力,应明确指出这些条件是什么,使受权者十分明确地知道他们的权限范围。

(2)职、权、责、利相当

为了保证受权者能够完成所分派的任务,并承担起相应的责任,授权者必须授予充分的权力并许以相应的利益。只有职责而没有职权,无法顺利地工作;而只有职权而无职责,也会造成滥用权力、瞎指挥和官僚主义。缺乏利益驱动使受权者不愿过多承担责任,因此授权必须是有职有权,有权有责且有责有利。

(3)正确选择受权者

由于授权者对分派的职责负有最终的责任,因此慎重选择受权者十分重要。在选择受权者时,应遵循"因事择人,施能授权"和"职以能授,爵以功授"的原则。

要根据分派的任务,来选择具备完成任务所需条件的受权者以避免出现不胜任情况,应根据所选受权者的实际能力,授予相应的权力和对等的责任。

(4)加强监督控制,建立反馈机制

授权者要对受权者的行为负责,因此,就必须加强对受权者的监督控制。授权者要建立反馈机制,及时检查受权者的工作进展情况以及权力使用情况,出现问题及时予以解决,必要时可以更换受权者;对滥用权力的要及时予以制止,从而确保目标的实现。

【信息化管理专栏】

非 IT 背景人员能否胜任 CIO?

非 IT 背景人员担任科技企业 CEO 的例子并不鲜见,例如 IBM 的郭士纳,索尼的斯金格,英特尔的奥特里尼。可是,非 IT 背景人员担任 CIO,是不是有些匪夷所思?

IT 巨头 IBM 与著名商学院 INSEAD 曾联合发布了一份 2008 年 ASEAN(东盟)CIO 领导力研究报告,调查报告中显示,越来越多的 CIO 并非来自技术专业领域,越来越多的非 IT 人员开始担任 CIO 一职。在美国,150 位被调查的 CIO 中,36% 为非 IT 专业出身,该数字比以前有所增加。

INSEAD 商学院的执行总监也指出,现在有渐多的 CIO 来自于非 IT 岗位,比如销售和市场部门、人力资源管理部门、财务部门和工程部门,而这一趋势有利于 IT 与各业务部门的融合。IBM 当时新任 CIO 就是来自于市场销售部。

而据统计,中国国内早期在任的 CIO,83% 是 IT 技术类专业出身,包括计算机科学与技术、系统工程、软件工程、通信工程、电子等;有 10% 是非 IT 的理工科类专业出身,包括物理学、数学等;经济管理类出身的 CIO 则占 6%,主要分布在工商管理、信息管理等专业;经济学科班出身的 CIO 仅有 1%。

为何 CIO 的出身源地会发生越来越明显朝非 IT 专业领域的变化、倾斜?有人认为,CIO 的职能正在从技术规划和实施转向战略规划,将更多地争取企业内部的员工和外部的客户支持,需要更多的整合能力、管理能力来支持,这就凸显非 IT 领域的综合素质、复合才能的重要性,单一的"跛脚"的 CIO 是难于立足的。

资料来源:据管理咨询:非 IT 背景人员能否胜任 CIO. IT 商业新闻网,2012-10-29,加以整理

第二节 领导理论及其研究

领导与其他管理职能一样,是任何组织普遍存在的管理活动。人们对于领导及其效能的问题,做出了多种多样的解释,并形成了不同的领导理论,其内容十分丰富。在西方国家,有很多学者从不同角度研究了关于领导的理论。按理论形成的时间顺序,可以把现有的领导理论大体分为三类:领导者品质理论(Trait Theory);领导行为方式理论(Behavioral Pattern Theory);权变领导理论(Contingency Situational Theory)。

一、领导者品质理论

这是早期领导理论的主要研究内容。这种研究试图区分领导者和一般人的不同特点,并以此来解释人们成为领导者的原因。换句话说,领导者品质理论研究的核心问题是具有什么样品质特征的人,能够成为良好的、有效的领导者。

早期的管理思想认为,一个企业的成功或失败取决于领导者的品质和特性,而这些品质或特性并不为大多数人所拥有,也就是说,"伟人"是天生的,不是后天培养和学习可造就的。即使某些品质特征可以通过"学习"得来,但人们学习能力的差异也是与生俱来的。

那么,到底领导者应具备哪些品质特征呢?有的研究将领导者的品质特征归纳为身体特征(如外貌、身高、精力等)、背景特征(如教育、经历、社会地位、社会关系等)、智力特征(如知识、智商、判别能力、语言能力等)、性格特征(如热情、开朗、自信、机敏、果断、独立性等)、与工作相关特征(如进取心、忍耐力、创造性等)以及社交特征(如指挥能力、合作性、人际技巧、声望等)。对有效领导者的品质特征的归纳,不同国家不同学者各不相同,正如哈罗德·孔茨教授所说,"研究工作给我们提供了这么一张据说能说明领导者品质的五花八门的品质清单"。

鲍莫尔(W. J. Baumol)提出的领导者品质清单:
(1)能同人合作,用感化和说服的方法赢得人心;
(2)实事求是地决策,并能高瞻远瞩;
(3)善于授权,把适当的职权授予下属,自己抓大政方针和重要事项;
(4)善于把人力、物力、财力组织起来,调动下级的积极性;
(5)灵活机动,权宜应变,不墨守成规和生硬僵化;
(6)责任心强,对自己要求严格;
(7)富于对新鲜事物的敏感,愿意创新;

(8) 勇于负责,敢担风险;
(9) 谦虚谨慎,尊重别人;
(10) 自持严格,受到别人尊重。

领导品质理论系统地分析领导者所具备的条件,对于培养、选拔和考核领导者具有积极的意义。但领导品质理论也存在一些缺陷:①以特征为基础解释领导者,忽视了情境因素;②并不是所有的领导人都具有上述品质,许多人不是领导者但也具备其中的大部分品质;③对一个领导人应该具备多大程度的品质特征,没有做出解释;④已有研究成果对哪些是领导品质并不一致,或者品质同实际的领导情况的关系也不一致。

二、领导方式理论

进入 20 世纪 60 年代,对领导理论的研究重点开始从领导者品质理论转向领导方式的研究。领导方式是领导者运用权力对下属施加影响的方式,而影响领导工作的因素很多,这些因素的不同组合决定了不同的领导方式。分析比较各种领导方式及其效果的差异,试图找出能导致最优领导工作效果的领导方式并加以推广,是这一阶段理论研究的重点。下面介绍几种著名的领导方式研究理论。

(一) 领导方式的一般分类

近几十年来,国内外学者对领导行为方式进行了大量调查和研究工作,提出许多有价值的理论成果。其中最常见的是以领导者运用权力的范围和被领导者自由活动程度为标准,进而把领导行为方式划分为集权型、参与型和宽容型三种类型。

1. 集权型领导方式

集权型领导方式又被称为独裁或专制的领导方式。就是领导者单独做决策,然后发布指示和命令,明确规定和要求下属或部门做什么和怎么做。对于决策,下属没有参与权和发言权。这种领导方式,又可以具体区分为命令式和说服式两种。

命令式领导的特征是:领导者采取单向沟通方式,以命令的形式向下属布置工作任务和完成任务的程序和方法;下属不了解或无法了解组织的整体目标和最终目的;领导者和被领导者相分离,领导者一般不参加集体活动;领导者凭个人的经验和了解,对下属的工作表现做出评价。这种领导方式,在领导者与被领导者之间,纯粹是一种命令与服从、指挥与执行的关系。

说服式领导与命令式领导的不同之处,在于领导者做出决策后,不仅向下属人员发出指令,而且还要做说明工作,即所谓"推销其决策"。也就是说,通过双向沟通方式进行宣传和教育,使下属了解工作任务要求,了解组织的整体目标。这样有利于提高他们的积极性。

2. 参与型领导方式

参与型领导方式是在决策工作中,领导者让下属人员以各种形式参与决策。这种领导方式的特点表现在:在领导者与被领导者之间进行双向沟通;职工的民主权力受到尊重,他们的意见能够影响决策;能提高决策的科学水平,减少决策工作的失误;有利于决策的实施和执行。

3. 宽容型领导方式

宽容型领导方式又叫分权型领导方式。就是领导者向下属人员或部门进行高度授权,让下属相对独立地去完成任务和处理问题。这种领导方式又可具体分为放手型和放任型两种方式。

放手型领导,就是上级为下级规定工作目标和方向,提出完成任务的大致要求和期限,同时授予下属完成任务所必需的权力,在工作进行过程中只实行宽松的监督和控制。

放任型领导,就是领导者对下属实行高度的授权,下属可以完全独立地去开展工作。具体地说,就是领导者不为下属安排和规定工作任务和目标,下属做什么,如何做,要达到什么目标,完全由下属自己决定。在工作过程中,领导者也不进行经常性的监督。放任型比放手型还要宽松,是一种适用范围狭窄的领导方式。

(二) 领导方式的双因素模式

以美国俄亥俄州立大学企业研究所的斯托格第(R. M. Stogdill)和沙特尔(C. L. Shartle)为核心的研究小组对企业的领导方式进行了一系列调查研究。他们发现,以人为中心和以工作为中心这两种领导方式在一个领导者身上有时是一致的,有时是不一致的。他们认为,这两种领导方式不是相互排斥的,应当把它们结合起来,而且有多种结合形式。领导者应当在组织的需要和个人的需要之间加以适当调节,找出最有效的领导行为方式。斯托格第首次以四分图形式来研究领导行为方式,所以这种理论又称"四分图理论"。

"四分图理论"将领导方式分为四种类型,即高组织和低关心人的、低组织和低关心人的、低组织和高关心人的、高组织和高关心人的领导方式。一般来说低组织和低关心人的领导方式效果不好,而高组织和高关心人的领导方式效果最佳。

(三) 管理方格理论

这是由美国的罗伯特·布莱克(Robert Black)和简·穆顿(Jane Mouton)

提出的。他们认为管理应归结为工作和人事两大方面,并设计出一张九等份的方格图来分析领导行为方式问题,如图 10-3 所示。

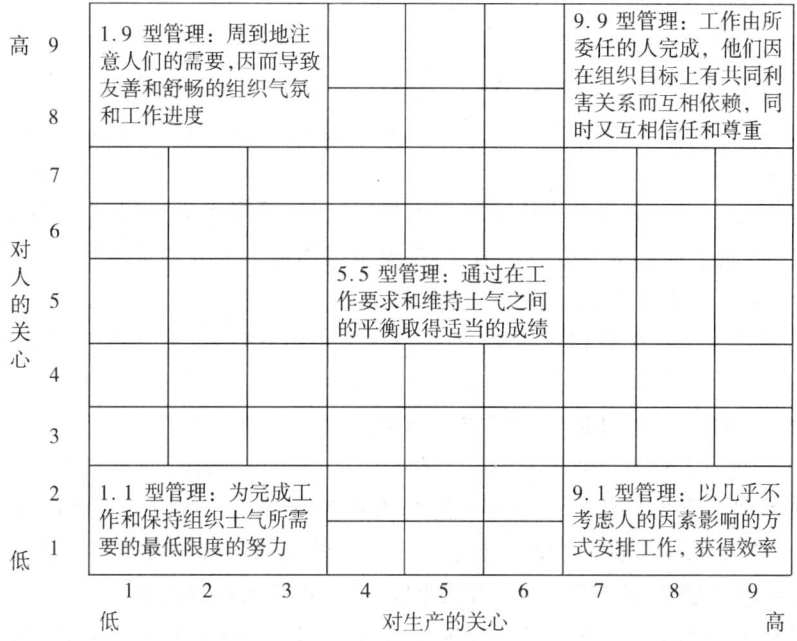

图 10-3　管理方格

这种方格图包括两个方面,横坐标表示领导者对生产、对工作任务的关心程度,纵坐标表示领导者对职工的关心程度。图中的诸多方格代表以人为中心和以工作任务为中心两种领导方式的各种结合形式。在管理方格中,如下五种领导行为方式具有代表性。

1.1 型,对人和生产任务都很少关心,是一种无效率的领导方式,被称为贫乏的管理。

1.9 型,对职工极其关心,对生产任务不关心,是一种以人为中心的领导方式,亦称俱乐部型领导方式。

9.1 型,对生产任务极其关心,对职工缺乏关心,是一种以工作任务为中心的领导方式,也称任务型领导方式。

5.5 型,被称为中间式管理。这种领导方式既不过于偏重人的因素,又不过于偏重生产任务,但缺乏革新精神,职工的积极性得不到充分发挥,在激烈的竞争中难免会失败。

9.9 型,被称为团队式管理。这种领导方式认为,对人的关心和对生产的关心之间并没有必然的冲突,领导者要对人和生产都极其关心,进而使组织的目标与个人的需要最理想、最有效地结合起来。这是一种最为有效的领导方式。

布莱克和穆顿认为,企业的领导者应该客观地分析企业内外的各种情况,把自己的领导方式改造成为9.9型,以求得最好的效果。

(四) 参与管理理论

这是美国密执安大学的伦西斯·利克特(R. Likert)与同事们对领导者行为进行长达三十年的调查研究的成果。他们把美国企业的领导方式归纳为以下四种类型。

专制命令型。决策权集中在主管人员手中,领导者极为专制,对下属人员很少信任,习惯于自上而下地传达信息,主要是运用命令和处罚手段来执行领导职能。不过,偶尔也用奖赏措施去激励下属。

仁慈命令型。决策权较为集中,也授予下属部分权力,但实行严格的政策控制。主管人员表示对下属信任和信赖,并征求下属的看法和意见,允许由下而上传递信息。使用奖惩办法来执行领导职能。

协商型。主管人员对下属有相当的但又不完全的信任,通常试图酌情采纳下属的看法和意见。信息传递是下情上达和上情下达。运用奖赏(偶尔用处罚办法)和职工参与管理的办法来激励下属。主要问题和政策由领导者做决策,具体问题由下属决定或决策。上下级之间通过协商共同解决问题。

集体参与型。这种领导方式有如下明显特征:①各组织单位采取集体决策方式,即让下属参与决策,鼓励集体参与目标的设定;②在领导过程中,主管人员和下属持完全信赖的态度,总是倾听和酌情采纳下属的意见,在上下级之间灌输相互信赖精神,可以随便交换意见和讨论问题;③信息在上下级人员之间传递畅通;④控制渗透到组织的各个角落,并强调实行共同监督和自我控制。

在上述四种方式中,第四种领导方式更富有参与性的特点。利克特大力倡导这种领导方式。他的研究结果表明,采取这种领导方式从事经营活动的主管人员,一般都是极有成就的领导人,以这种方式来管理的企业和公司,在制定目标和实现目标方面是最有成效的。

三、权变领导理论

权变管理理论产生之后,被应用于许多管理领域,但应用最为普遍的还属权变领导理论。权变领导理论研究的重点是领导者、被领导者和领导环境三者之间的相互影响。

(一)领导方式连续统一体理论

美国管理学家罗伯特·坦南鲍姆(Robert Tannenbaum)和施米特(W. H. Schmidt)通过研究之后指出,对命令型和参与型的领导方式要采取随机制宜的态度,领导者到底采取哪种领导方式更有效,应取决于多种因素,在这两种极端的领导方式中间,存在着多种过渡型的领导方式,这些不同的领导方式构成了一个连续不断的统一体,见图10-4。

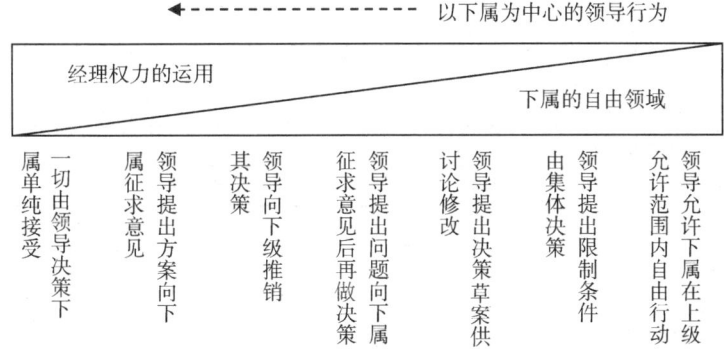

图 10-4　领导方式连续统一体

坦南鲍姆和施米特认为,对图 10-4 中七种领导方式,不能说哪一种正确哪一种错误,领导者在选择具体的领导方式时应考虑相关因素的影响。这些相关因素主要指领导者、下属和环境三个方面的条件。在全面考虑以上各方面条件之后,确定一种适当的领导方式。

(二) 菲德勒的权变领导理论

目前,在权变领导理论方面最有影响力的当属弗雷德·菲德勒(Fred E. Fiedler)的学说。他对各类组织进行了大量调查研究之后,提出了"有效领导的权变模式"。他认为,没有什么固定的最优的领导方式,应当根据领导者的个性和面临的组织环境采取不同的领导方式,见图10-5。

他首先假设了两种主要的领导方式类型:一种是工作任务导向型,即领导者倾向于追求工作任务的完成,并从工作成就中获得满足;另一种则是人际关系型,即领导者倾向于追求良好的人际关系,并从中获得地位和被尊重的满足。领导方式的选择取决于领导者的个性特征,更取决于所面临的组织环境。他认为,组织的环境情况主要包括三方面内容:一是领导者与下属之间的关系,即组织成员对其领导者信任、喜爱或愿意追随的程度;二是工作结构,即对工作明确规定的程度;三是地位权力,即领导者正式职位的权力强弱程度,如对下属人员是否具有奖惩及其他权力等。这三种环境情况的不同组合决定了领导者应相应地采取不同的领导方式。

一般来说,人际关系型的领导方式在对领导者有利情况为中间状态的环境中效率较高,以工作为中心的领导方式在对领导者非常有利或非常不利的环境中效率较高。所以,不能说哪种领导方式最好或不好,而必须把环境、领导者和下属的情况、工作类型等方面的因素综合起来考虑,不同的情况适合采用不同的领导方式。

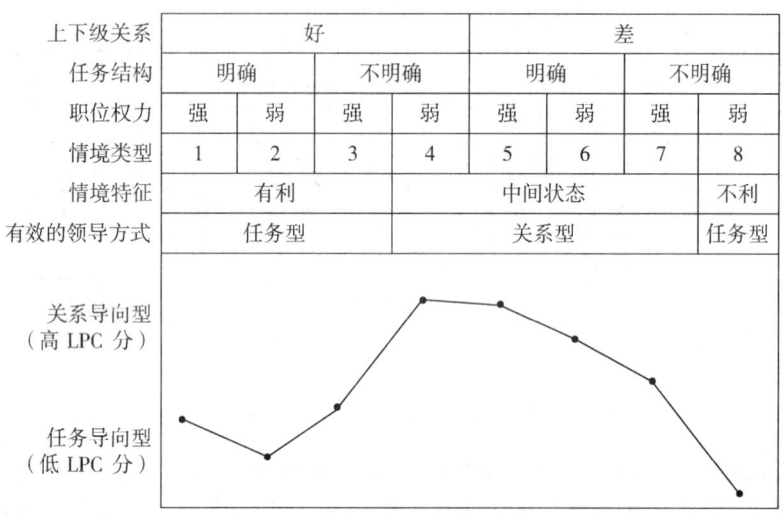

图 10-5　菲德勒权变领导模型

(三) 目标—途径领导理论

目标—途径领导理论是以弗鲁姆的期望理论和俄亥俄州立大学的双因素领导理论为依据,由豪斯(R. J. House)和米切尔(Terence R. Mitchell)等人提出的。这种理论认为,领导者领导工作效率的高低是看他是否能激励下属达到组织目标并在工作中获得满足,有效的领导者应该努力协助下属找到最好的途径,确定挑战性的目标,并消除在实现过程中出现的重大障碍。

豪斯等人通过研究,提出了四种领导方式。①指令型。即由领导者发布指示,下属不参加决策。②支持型。领导者对下属很友善并更多地考虑职工的要求。③成就指向型。领导者为职工确立挑战性的目标,并表示相信职工能达到这些目标。④参与型。即职工参与决策和管理工作。

对于这些领导方式的采用,要考虑权变因素,即要认真分析两方面因素:一是职工的个人特点,如职工的教育程度、对成就的渴望、理解能力、愿意承担责任的程度、对独立的需求程度等;二是环境因素,其中包括工作的性质、正式权力组织、非正式组织等。权变因素的可变性导致了领导方式选用的权变特征。例如,当职工能力较低、愿意接受命令式的领导、工作的程序化特征不明显的情况下,采用指示型的领导方式较好;而在其他情况下,可能不宜采取这种领导方式。

(四) 领导生命周期理论

由科曼(A. K. Korman)首先提出,并由保尔·赫西(Paul Hersey)和布兰查德(K. Blanchard)予以发展。领导生命周期理论认为,领导者的风格,应当适应其下属的"成熟"程度。"成熟"程度主要是指成就动机、承担责任的意愿和能力以及与工作有关的学识和经验等。领导者的行为应当随着"成熟"程度做相应的调整,这样才能进行有效的领导。"高工作、高关系"类型的领导并不是经常有效的,"低工作、低关系"也并一定经常无效,关键是要看下属的成熟程度。因此,工作行为、关系行为与成熟度之间并非是一种直线关系,而是一种曲线关系。如图10-6 所示。

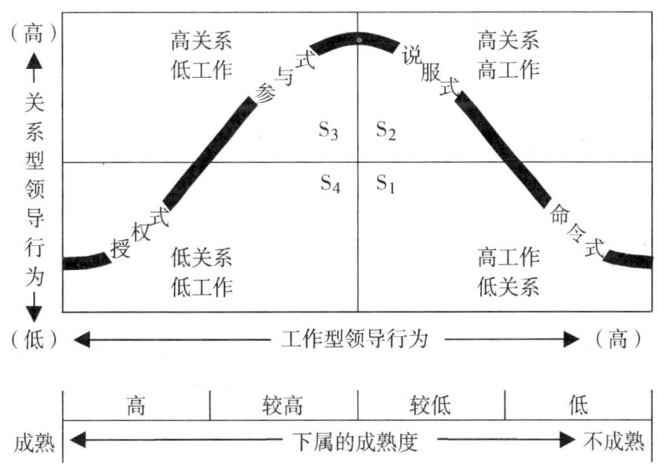

图 10-6 领导生命周期理论曲线

图中横坐标表示以抓工作为主的工作行为,纵坐标表示以关心人为主的关系行为,第三个坐标是下属的成熟度。

图中的四个象限代表四种领导方式。

第一象限,命令型。这个象限是高工作低关系,适用于低成熟度的情况。下属既不愿意也不能够负担工作责任,对这种成熟度低的下属,领导者可以采取单向沟通形式,明确地向下属规定任务和工作规程。

第二象限,说服型。这个象限是高工作高关系,适用于较不成熟的情况。下属愿意担负起工作责任,但他们因缺乏工作的技巧而不能胜任。这时领导应以双向沟通信息的方式直接进行指导,同时从心理上增加他们的意愿和热情。

第三象限,参与型。这个象限是高关系低工作,适用于比较成熟的情况。下属能够胜任工作,但却不满意领导有过多的指示和约束。这时,领导应该通过双向沟通和悉心倾听的方式和下属进行信息交流,支持下属发挥他们的能力。

第四象限,授权型。这个象限是低工作低关系,适用于高度成熟的情况。下属具有较高的自信心、能力和愿望来承担工作责任,这时,领导可赋予下属权力,让下属"自行其是",领导者只起监督的作用。

随着下属由不成熟向逐渐成熟过渡,领导行为应当按着高工作低关系—高工作高关系—高关系低工作—低工作低关系逐步推移。

领导的权变理论是当代西方领导理论的一个非常重要的组成部分。它把领导行为与情境因素结合起来考察领导方式,主张根据具体的情况来确定最佳的领导方式。在许多情境下,某些个体、工作和组织变量等可以作为领导的替代物,从而替代了领导者的影响。①当下属有经验、受过专业训练,或有独立需要时,则替代了领导的效果。这些特点可以取代为了进行结构化和降低任务模糊性而需要的领导方面的支持和能力;②当工作本身十分明确、规范时,对领导变量的需要也大大减轻;③某些组织的特点,如明确正式的目标,严格的规章和程序,或高内聚力的工作群体,都可以代替正式的领导活动。

职业生涯中的考验

张瑞敏先生在职业生涯中曾经遇到两次严峻的考验。第一次是刚上任的时候,工厂没有钱发工资,工人们人心惶惶,不知道企业是否还能生存得下去。在那种情况下,他做的第一件事就是四处借钱,保证每月按时给员工发工资。在当时的困窘环境下,他还是决定借几万块钱,买一辆大巴车接送工人上下班,替换掉了原来的卡车。这些措施,让工人们看到了希望。

1991年,当他决定建设海尔工业园时,遇到了第二次考验。那时整个工程的预算是15亿元人民币,而海尔多年的积累只有八千万,并且已经全部投到了项目中。而此时,国家正在宏观调控,没法贷款。能否渡过这一难关,连他自己也觉得希望渺茫。最终,靠着他的决心和韧劲,以及上市的成功和经济的回暖,海尔挺了过来。

目前,海尔正在实行多项改革措施,包括已经推行了八年的流程再造,以及市场链管理、人单合一等。张瑞敏认为,这些措施的终极目的就是为了让海尔的每名员工都成为自己的领导,自己对自己负责。这种理念贯穿了他的整个思考,例如,当公司管理团队讨论对员工迟到早退的处罚问题时,张瑞敏会问高管层:为什么我们的员工会迟到早退,是不是因为我们没有给他们提供充分的发展空间,是不是因为他们的工作内容不够精彩有趣?让每一个员工成为有自主精神的经营主体,这是现在张瑞敏作为企业当家人要考虑的头等大事。这,或许才是对其领导力的真正的考验。①

四、其他领导观

(一) 魅力型领导

罗伯特·豪斯(Robert House)较早对领袖魅力进行了系统研究,认为魅力是远远超出一般的尊重、影响、钦佩和信任的,对追随者的情感具有震撼力的一种力量。魅力型领导者(Charismatic Leader),即,热情、自信并利用其自身的魅力和行为影响人们做出既定行为的领导者。魅力型领导者具有以下特征:①自信,对自己的判断力、能力有充分的信心;②有远景目标,擅于规划未来,能够向下属描绘美好的前景,使下属愿意为工作奉献和承诺;③具有清楚表述目标的能力,了解下属,使下属能够明晰其所追求的目标;④愿意从事高风险性的工作,不循规蹈矩。

(二)交易型领导

詹姆斯·麦格雷戈·伯恩斯(James MacGregor Burns)在1978年首次比较系统地提出变革型领导(Transformational Leadership)和交易型领导(Transactional Leadership)的理论。伯恩斯在《领导》(*Leadership*)一书中提出了交易型领导的概念,认为交易型领导通过奖励与下属工作进行交换,来鼓励下属,是一种短期的交换结果。交易型领导观认为,领导者主要使用社会交换(或交易)来领导,通过澄清工作角色与任务要求,以报酬交换产出来指导或激励下属达成既定的目标。在交易型领导观中,领导者与下属间的关系以二者一系列的交换和隐含的契约为基础。交易型领导者首先确定员工需要做什么,再通过运用组织的正式权力,使下属明确某种职能,获得组织绩效,从而能够获得奖励。交易型领导者的主要特征是依赖组织的奖惩来影响员工的绩效,其前提是领导者明确下属的需求,员工明确要达到的绩效标准,整个过程就像一项交易。

(三)变革型领导

1978年,伯恩斯在对政治领导人进行定性分类研究的基础上提出了变革型领导者理论,后由伯纳德·巴斯(Bernard Bass)等人不断完善。变革型领导者鼓励下属为了组织利益而超越自身利益,对下属产生超乎寻常的深远影响,使下属达到非凡的成就。变革型领导者关注每一个下属的兴趣所在与发展需要,帮助下属用新视角看待老问题从而改变下属对问题的看法,激励、调动和鼓舞下属为实现群体目标、组织目标付出更大的努力。

变革型领导者通过激励和鼓舞使下属达到非凡的成就,与交易型领导者对

---

① 柯恩.领导的终极目标——专访海尔集团首席执行官张瑞敏.商业评论网,2007-01-01

比,变革型领导者带来的员工努力程度和绩效水平远远超过了单纯的交易型领导者。此外,变革型领导不仅仅具有领导魅力,单纯的魅力型领导者仅仅满足于让下属接受他的观点,而变革型领导者试图培养下属的能力,使他们不但质疑约定俗成的观点,而且最终勇于向领导者的观点挑战。[①]

变革型领导是依靠于个人的领袖魅力和非制度权力,通过授权来提高下属对自身重要性和任务价值的认识,通过把远景变成现实,使人们为了群体利益而超越个人利益,以此来激励下属做出更多的贡献。变革型领导的特征在于:超越了交换的诱因,通过对员工的开发、智力激励来鼓励员工为群体的目标、任务以及发展前景而超越自我的利益,实现预期的绩效目标;集中关注较为长期的目标,强调以发展的眼光,鼓励员工发挥创新能力,改变和调整整个组织系统,为实现预期目标创造良好的氛围;引导员工不仅为了他人的发展,也为了自身的发展承担更多的责任。

杰克·韦尔奇与变革型领导观念

"为取得更快速的行动、更优异的生产力、更强大的竞争力,我们必须释放美国员工队伍的能量和智慧,以及他们淳朴的自信心。"

20世纪80年代,杰克·韦尔奇开展了通用电气的第一阶段革命,主要表现为机构精简。在1988年秋天,韦尔奇发动了第二阶段的变革,变革的重点在于授权,即将管理权由管理人员下放到员工。韦尔奇认为,利用员工潜能的方法不是压榨,而是保护,保护员工尽情地释放——消除那些没有必要的管理层级以及那些官僚主义的枷锁,还有那些妨碍人们有效沟通的壁垒。第二阶段变革以前,提高生产力的重任一直是由管理人员承担;而从第二阶段变革开始,这项重任成为工厂车间里每一个员工的工作。管理人员必须允许员工做决策,允许员工贡献思想,允许一线员工自行组织完成自己的工作。

20世纪90年代初期,韦尔奇开始深入"授权变革"的下一阶段:推出被他称之为"Work—Out"(群策群力)的行动计划。"群策群力"的核心包含两个前提:一是员工拥有与上司面对面提出意见和建议的条件;二是必要时,员工能够得到现场的直接答复。"群策群力"的本质就在于提升员工,让他们看到自己的贡献直接关系到企业的健康与发展。在"群策群力"培训中,员工们不仅可以研讨业务,也可以"声讨"老板,"群策群力"的目的在于赋予员工自由批判两者的舞台,

---

① [美]斯蒂芬·P. 罗宾斯,戴维·A. 德森佐,玛丽·库尔特著,毛蕴诗主译. 管理学原理与实践. 机械工业出版社,2010:306;[美]斯蒂芬·罗宾斯,玛丽·库尔特著,孙健敏等译. 管理学(第7版). 中国人民大学出版社,2004:501

而通常员工们不负众望。其结果,是权力的巨大转换。此前,老板站在会议室的前端,其权威不可撼动。而现在,老板只能倾听和学习,这带来了金字塔型的管理层级倒置。杰克·韦尔奇认为,"群策群力"包罗万象……但其核心的目标就是"培养"一种尊重每个人的价值的文化……一种领导者领导员工而非控制员工、指导员工、干涉员工的文化;"群策群力"也是一种方法,一种挖掘众所周知的潜伏于美国人身上的创造力和生产力的方法。[①]

迈克·卡沙尼:全球化趋势下的青年领导力

2012年6月5日,贝立兹董事兼新兴市场区总裁迈克·卡沙尼(Mike Kashani)在复旦大学进行公开演讲,他在演讲中谈到以下一些关于团队、领导力的内容。

人才是商业成功的关键,未来的商业团队不会是单一个性的团队,随着商业的扩张,经理人的当务之急是要建立一个多元文化的团队。在这个团队中会有来自不同地区的员工,由于文化背景的不同,就会产生各种矛盾。

"全球领导者"的培养是当务之急,对任何一种文化的偏执都将导致公司的人才流失。新一代的"全球领导者"不仅需要语言能力,需要能在多元文化环境下工作的能力。多元文化存在的组织和管理团队,应该通过合理的制度和体系允许多元文化积极参与和融通到管理任务中来。因此,"领导力"尤其是"包容性领导力"的培养,将是未来青年一代面临的重要问题。

第三节 人性假设理论

人性假设研究是从分析人的表面行为和潜在需要入手,概括出在一定时期适合大多数人情况的一般性模式,进而统一对人的看法和认识,并以此作为管理理论研究的出发点和管理实践的指导思想。

人是管理的主体,被领导者是影响领导效果的重要因素。因此,关于人性问题的研究从来都是领导者注意的中心问题之一。在中国古代,就出现了传统的人性观。在西方,早在18世纪,亚当·斯密和李嘉图等经济学家就提出了"经济人"的人性假设。进入21世纪,出现了众多的关于人性的假设,归纳起来有以下几种。

[①] 据罗伯特·史雷特著,吴溪译.向杰克·韦尔奇学管理.机械工业出版社,2011:100-116 加以整理

一、X 理论和 Y 理论

美国社会心理学家道格拉斯·麦格雷戈(Douglas M. McGregor)在管理名著《企业的人性面》(1957 年)一书中指出，管理的根本问题是领导者对人性的认识问题，这是一切管理策略和方法得以建立的基础，不同的人性假设必然导致不同的管理策略和管理方法，导致不同的管理效果。他对古典管理理论和行为科学理论中有关人的看法和认识进行了系统的归纳分析，把前者有关人性的假设称为 X 理论，把后者称为 Y 理论。

X 理论认为，①人一般来说天生就是懒惰的，并设法逃避工作；②缺乏进取心，宁愿接受别人指挥，不愿意承担责任；③安于现状，习惯守旧，反对变革，个人安全第一；④缺乏理性，容易受环境和别人的影响做出一些不合时宜的行为。基于这种认识，传统的管理理论认为，必须用外部刺激来提高人的积极性，不仅用奖赏的办法而且还必须进行强制监督、指挥，并以惩罚进行威胁，才能使人们完成工作目标。

Y 理论认为，①人并非天生懒惰，要求工作是人的本能；②逃避责任、缺乏进取心是某种外部原因造成的，不是人的本性。在适当的条件下，人愿意而且能够主动承担责任；③大多数人对自己参与的工作目标，能够"自我指挥"和"自我控制"，不需要组织的强制和惩罚；④参与工作是需要报酬的，但最重要的报酬不是金钱，而是自主、自尊和自我实现需要的满足；⑤大多数人都具有丰富的想象力和创造力，都能够处理好工作中遇到的问题；⑥在现代社会生活条件下，一般人的潜能只得到了部分发挥。基于这种认识，领导者便不能局限于发布命令和服从，而要关心人，体贴人，满足人的交往、归属需要，重视员工之间的关系，联络上下之间的感情，培养和形成员工的归属感和集体感。

二、不成熟—成熟理论

这是美国管理学家克里斯·阿吉里斯(Chris Argyris)提出的。他曾经研究过工业组织，以探索领导方式对个人行为及其在环境中成长的影响。他认为，人的个性发展和人的成长过程一样，往往经历了一个从不成熟到成熟的发展过程，即从被动到主动、从依赖到独立、从少量的行为到多种行为、从错误和粗浅的兴趣到意义深远的兴趣、从目光短浅到目光远大、从不明白自我到明白和控制自我的过程。阿吉里斯认为，上述变化是持续的，正常的人一般都是如此由不成熟趋于成熟。

阿吉里斯还发现，领导方式不好会影响人的成熟。在传统的领导方式中，把成人当成小孩看待，束缚了他们对环境的控制能力。工人在正式组织中被指定从事具体的、过分简单的和重复性的劳动,完全是被动的,依赖性很大,主动性不能发挥,进而阻碍了人们的成熟。

要使人的行为趋于成熟,领导方式应针对下级不同的成熟程度分别指导。传统的领导方式适用于领导那些行为不成熟的人,对成熟的人是不适用的。领导者要创造条件帮助和指导下级行为趋于成熟。为此,扩大职工的工作范围,采取参与式的以职工为中心的领导方式,加大职工的责任,以及更多地依赖职工的自我控制等,给下级在工作中成长成熟的机会,社交、尊重和自我实现等需要的满足,人们发挥潜力,实现组织目标。

三、从"经济人"到"复杂人"的四种假设

美国心理学家和行为学家埃得加·谢恩(Edgar H. Schein)把自管理理论产生以来出现的人性假设归纳为四种模式:即"经济人"、"社会人"、"自我实现人"和"复杂人"四种假设。

1. "经济人(Economic Man)"假设

这是早期的管理思想,与麦格雷戈的 X 理论很相似。这种假设认为,在企业里人的行为主要目的是追求自身的利益,工作的动机是为了获取经济报酬。基于这种假设的管理方式是,组织应以经济报酬使人服从和做出成绩;并应以权力和控制体系来保证组织的运转。管理的重点是制定各种严格的工作规范,加强各种法规和管制,以提高效率完成任务。要提高工人的工作士气,要用金钱刺激,同时对消极怠工者严厉惩罚,采取"胡萝卜加大棒"的政策。泰勒就是坚持"经济人"观点的典型代表。

2. "社会人(Social Man)"假设

"社会人"的概念是梅奥在霍桑实验中得出的结论。这种假设认为:①人的行为动机不只是追求金钱,还包括人的社会需要;②工业革命和工业合理化的结果,使工作本身失去了意义,人们只能从工作中的社会关系去寻求乐趣和意义;③工人对同事之间的社会影响力要比组织所给予的经济报酬更为重视;④工人的工作效率,随着上级能满足他们社会需要的程度而改变。

"社会人"假设,比"经济人"假设,无疑是一大进步,它强调了人的社会性需要,突出了人际关系对个人行为的影响。基于这种假设的管理方式是,强调除了应注意工作目标的完成外,更应注意从事此项工作的人们的需要,并设法给予满足;不应只注意指挥、监督等,更应重视员工之间的关系,培养和形成员工的归属感;不应只注重对个人的奖励,还应提倡集体奖励制度。在这种理论指导下,产生了职工参与管理的思想,以满足职工的社会性需要与"成就"需要,突出自我控制。

3. "自我实现人(Self-actualizing Man)"假设

这是马斯洛提出的假设。所谓自我实现,是指人都需要发挥自己的潜力,表现自己的才能。只有人的潜力充分发挥出来,人的才能充分表现出来,才会感到最大的满足。麦格雷戈就是在这种观点的基础上提出了Y理论。这种假设认为:①人的需要从低级向高级发展,低级需要满足后,再追求高级需要,自我实现是人的高级需要;②人们因工作而变得成熟,人有独立自主的倾向;③人有自动自发的能力,能够自我控制。

基于这种假设的管理方式是:①强调改变管理职能的重点。管理经济人的重点放在工作上,即放在计划、组织和监督上;管理社会人主要是建立亲善的感情和良好的人际关系;而管理自我实现人应重在创造一个使人得以发挥才能的工作环境,此时的管理者已不再是指挥者、调节者和监督者,而是起辅助者的作用,给予员工支持和帮助。②改变激励的方式。"经济人"和"社会人"的假设,激励的力量来自金钱和人际关系等外部因素,对自我实现人主要是给予来自工作本身的内在激励,让他们担当具有挑战性的工作,担负责任。在管理制度上给予工人更多的自主权,实行自我控制,让工人参与管理和决策,共同分享权力。

4. "复杂人(Complex Man)"假设

这是埃得加·谢恩自己的观点,是20世纪70年代提出来的。他认为人是复杂多变的,不同的人有不同的个性和需要,即使同一个人在不同的年龄和情景中也会有不同的表现。这种假设认为:①人的需要是多种多样的,而且这些需要随着人的发展和生活条件的变化而改变;②人在同一时间内有各种需要和动机,这些需要和动机会发生相互作用并结合为统一整体,形成错综复杂的动机模式;③人在组织中的工作和生活条件是不断变化的,因而会产生新的需要和动机;④人在不同单位或同一单位的不同部门工作,会产生不同的需要;⑤由于人的需要不同,能力各异,对不同的管理方式会有不同的反应,因此没有适合于任何组织、任何时间、任何个人的统一的管理方式。这种假设要求了解每个人的个性差异,对不同的人,在不同的情况下采取不同的措施。

人性假设是选择领导风格和领导方式的主要依据。坚持人性本善(即性善说)的领导者往往倾向于采取礼治、仁治的领导风格;相反,信奉人性本恶(即性恶说)的领导者则会倾向于法治。如果领导者认为员工更多地具有"经济人"的特点,他会更多地注重控制;而对待"社会人",则会更多地倡导参与和民主的领导方式。

【本章小结】

领导与管理是既有区别又有联系的两个概念。领导权力由法定权力、奖励权力、强制权力、专长权力、个人影响权力等组成。领导理论主要分为领导者品质理论、领导行为方式理论和权变领导理论。不断提高领导的影响力,应变当今日益复杂和动荡的环境,采取恰当的领导方式,充分发挥每个员工的积极性,实现组织的有效管理,乃是本章的要义所在。

关键名词: 领导　权力　影响力　授权　人性假设　领导理论　领导者品质理论　领导行为方式理论　权变领导理论　领导方式

【伦理专题】

"国美大战"与市场规则

"国美大战"未酿成腥风血雨。"国美事件"在规则下发展至今,体现了健全的市场法律体系的捍卫之功。

该事件和平解决的前提是,独立的法律没有被操纵,因此双方当事人能够也愿意在法律框架内行事。从双方争斗之初的你死我活、到今天的理性平衡,从数月前双方江湖味十足的宣言、到目前保持气度接受结果,从曾经斗得难舍难分的资本双方到社会公众,在短短几个月内,接受了难得的规则洗礼。

公平而独立的法律是安全垫,能让争斗的双方获得最终的安全保障。虽然香港特区公司法在公司机构设计上没有采取完整的分权制衡和权力平衡规则,而是采取董事会中心主义的管理模式,侧重于管理效率,但这并不意味着大股东可以为所欲为。

"国美事件"成为重要案例,今后类似情况都可从中获得启示,社会因此达成底线共识,让社会成本降至最低。

有三个方面可以启迪市场:第一,法律没有成为失去独立品格的工具,值得社会尊重,因此被多数人自觉遵守;第二,让利益相关方在规则下公开博弈,在激烈争斗中维持有序的平衡,公平的规则可以将表面的激烈与内在的平衡奇妙地结合在一起,为社会提供规则救济的安全垫;第三,尽可能用民事措施裁决经济事件。黄光裕受刑是承担刑事责任,但在国美之争中是经济利益纠纷,此时适用民事措施可以大大节约社会成本。

到目前为止,国美争夺战的结果是:国美未倒,社会、员工、投资者付出的代价最小,黄光裕一方通过规则保护了自己的股东权益,法律规则与民事救济因此深入人心。以条约规制条约,以法律对抗法律,以证据为自己说话,才是市场经济的轨道。如果规则错误,我们可以提议修改规则,但是在规则确定以后、未修改之前,当事各方似应按规则办事。

讨论题：
1. 在"国美大战"中，领导者如何解决权力之争？
2. 通过"国美大战"事件，你认为规则在市场经济中的意义是什么？

【情景练习】

芝加哥公牛队原教练菲尔·杰克森（Phil Jackson）将乔丹、皮朋、库柯奇、葛兰特等人从当初不可一世的年轻气盛的球员，调教成全球顶尖的篮球高手，使公牛队成为无坚不摧的钢铁劲旅，他本人也成为20世纪90年代最佳教练。

1. 对教练工作的看法

很多教练都有管理瘾，从球员到器材经理，人人都得严加管束，而且还设定严格的守则，规定每个人该怎么做，一切由上而下，球员不敢自己思想。也有些教练"自由放任"。球员薪水比教练多了许多，既然没有办法管球员，只好给他们完全的自由，希望他们自己能想办法赢球。我们采用的是中间路线，不宠球员，也不找他们的麻烦，尽量创造一种合作的环境，建构休戚与共，又能让每个人自由发挥潜力的方式。此外，我也培养他们的领导能力，让球员和教练觉得他也有一席之地。不管领导者多么才能过人，绝不可能凭一己之力创造一支成功的球队。

2. 对待霍勒斯

我刚当总教练的时候，霍勒斯还是小错不断，于是我决定以非常手段调教他。我问他是否介意我在大家面前批评他，他说没关系。练球时我对他特别严厉——希望我的话不仅能激励霍勒斯，也能激励其他球员。只要我特别严厉地批评，全队都会一致支持他。

霍勒斯渐趋成熟，希望我别再以那种方式待他，我尊重他的意见。1994年，他决定终止契约，我们之间终于爆发冲突。事先霍勒斯曾征询我的意见，是否可以宣告他是自由球员。我告诉他，只要他担得起风险，也许在金钱上会大有收获。但如果他真有此意，我希望他能跟几年前的约翰·帕克森一样认真打球。然而，1993年至1994年赛季一开始，我就隐约感觉到霍勒斯要退出球队。

在全明星赛期间，他肌腱炎复发，要求暂歇几场。当时我们失去库科奇、帕克森和卡特莱特，摘冠希望眼看就要不保。打了几场之后，我跟霍勒斯说球队要再征召他出马，他踌躇地说："教练，我得考虑一下明年的事。"

这样答话就不对了。对我来说，他拿钱是打今年，不是明年，不能拿他即将成为自由的球员做借口，很多队友跟他情况相同，但是他们并没有退出球队。

怒火使我把霍勒斯隔离和排挤于团体之外。我当着全队说他不遵守公牛队比赛"认真、公平、马上"的原则。他在练球途中嘀咕着肌腱炎发作而离场,我在训练员休息室冲着他吆喝:"滚回家去,等你想清楚再说,我不想见到你在一旁溜达。"

这次冲突使我深感苦恼。我为什么对霍勒斯如此狠心?我为什么会把他的反抗当成是对我的侮辱?跟我太太谈过之后才赫然发觉,是我自己对霍勒斯的期待,使我无法看清状况。退一步想,霍勒斯只不过是为自己的前途打算而已,我却怪他意图破坏本季胜利。我该做的是敞开心胸,从他的角度去了解状况。我指望霍勒斯在球场上做到无私和为人着想,其实我自己同样还得学习。当我松开心上束缚,用不那么自以为是的眼光看待他,我们就和好如初了。

3. 对待成功球员

我必须特别注意"成功"对球员的影响。成功往往会扭曲现实使得教练和球员忘了自己的缺点,夸大自己的贡献,忘记了当初的成功因素:同心协力。诚如迈克尔·乔丹所说:"成功使大我回复到小我。"

我曾眼见纽约尼克斯队获得1970年冠军后的下场,希望保护公牛队,以免重蹈覆辙。这并不容易。我们初次封王后,成功几乎使球队分裂。人人都想争功邀赏,几位球员开始吵着要担负更重要的任务。斯科特·威廉姆斯要增加投篮机会,阿姆斯特朗要当首发球员,霍勒斯·格兰特不乐意只当个"蓝领工人"(苦工球员)。突然间,我必须花时间安抚许多人脆弱的自尊。

此外,我还得应付新闻界的干扰。阿姆斯特朗谈到公牛队冠军之路时,回忆道:我们不在乎报上说什么,这是我们能团结一致的原因,即使有人向新闻界告状,我们也不在乎,因为他是我们的一分子——这是我们三连霸的原因。

4. 做"无形"领导者

当事事顺遂的时候,我就像老子笔下的巧匠,尽量不留斧凿痕迹。

当个"无形"领导者,是我当教练以来一直追求的目标。印地安纳大学教练鲍比·奈特(Bobby Knight)曾说,NBA的教练管不动球员,他干不了。我的问题是:你到底想管多少?没错,NBA教练没有奈特那种独裁权力,但其实我们拥有的权力比表面上还多。那种权力是因为球员从小到大,教练一直在他们的生活中扮演重要角色,已经习惯有个权威人物告诉他们怎么做。而且他们能有今天的成就,唯一的原因就是,他们曾有段时间对某位教练言听计从。熟谙这种权力能量的办法不是独裁专制,而是跟球员合作,让他们在塑造自己的角色上负起更大责任。

思考题:

1. 激励、领导、管理这三个概念之间有什么区别和联系?

2. 如何衡量领导者的领导工作效果?

3. 领导者的权力有哪些?来源于何处?

4. 领导理论的大体演变过程是怎样的?品质理论、领导方式理论与权变领导理论之间有什么不同?

5. 人性假设有哪些?人性假设在管理理论中起什么样的作用?

6. 在制定授权时,应注意考虑哪些因素?如何避免授权中的障碍?

第十一章　控制工作基础

本章导读

控制职能是管理的基本职能,是实现管理目标的重要保障手段。本章介绍管理控制职能的基本知识,包括控制的特点、作用、控制工作的过程以及控制的基本类型,目的是为控制系统的构建奠定基础。

问题导引

- 谁都不希望被别人控制,为什么控制仍然是重要的管理职能?
- 管理工作如果没有控制会怎么样?
- 控制工作有什么特点?其过程是怎样的?
- 控制有哪些基本类型?

【全球化管理引例】

"日清日高"的控制方法

海尔的 OEC(Overall Every Control and Clear)管理法可以看作一种全面的全过程的控制方法,OEC 意为全方位地对每天、每人、每事进行清理控制,也叫"日清日高"管理法。OEC 管理法主要包括以下几个方面的控制方法:

"三 E 卡"。所谓"三 E"就是每个人、每天、每件事,即英文"Everyone,Everyday,Everything"。每个员工干完了当天的工作后,必须填写这张卡片,填写完之后,他的收入就跟这个卡片直接挂钩。这张日清卡,把整个工作大目标分解落实到每个人身上。比方说制造冰箱共有 156 道工序、545 个责任区,这些都落实到每个人头上。企业的冰箱仓库一共有 1 964 块玻璃,每一块玻璃都有一个责任人,这就使得整个质量能够保证优质。

"绿色工作认证"。在总装车间,一块新颖醒目的牌子上写着班组每个员工的名字,名字底下都贴着绿色或黄色的圆圈,这就是"绿色工作认证"。名字下面的绿色说明这个工位处于正常状态,而黄色圆圈则说明工作有偏差,要尽快纠偏。如果员工名字下边出现了红色圆圈,说明工作质量离标准差距很大,要下岗整顿,收入当然也就下降了。

"质量价值券手册"。海尔把以往生产过程中出现过的所有问题,整理分析汇编成册,针对每一个缺陷,明确规定了自检、互检、专检三个环节应负的责任价值,质检员检查发现缺陷后,当场撕下价值券,由责任人签收,每个缺陷扣多少钱全都印在质量手册上。对操作工互检发现的缺陷,经质检人员确认后,当场予以奖励,同时对漏检操作工和质检员进行罚款。质量价值券分红券和黄券,红券用于奖励,而黄券则用于处罚。

"质量控制台和质量跟踪单"。十个重点工序都设有质量控制台。156个质量控制点都有质量跟踪单,海尔的产品从第一道工序到出厂都建立了详细档案。海尔称,每台冰箱都如一个出生的孩子,有他的出生记录。到了用户手里,如果发生了问题,哪怕是一个门封条,也可以凭着"出生记录"找到责任人和原因。

"日清栏"。每天的质量、劳动纪律、工艺、文明生产、设备物耗的情况在栏内一览无余,一清二楚,质量状况在日清单上每两小时公布一次。每日奖罚数据都在上面的"日清"栏内反映出来。在海尔,任何一个环节都不能发生当日事当日未完成的情况。

OEC管理方法的核心就是将过去对结果的管理转为对瞬间状态的控制,达到精细化、零缺陷。仅仅对事后结果进行奖罚与纠偏无法保证企业在生存竞争中处于永远向上的优势。必须使企业的每位员工都对每天的工作目标、绩效以及出现的问题和原因、责任都十分清楚,企业则以自我纠偏为主,监督考核为辅来实施控制目标的实现和发展。

反观一些企业的"运动式"管理,热衷于搞这个"月"那个"日"的,看起来轰轰烈烈,激动人心,但运动一过可能又回到原来的低水平状态。那么,都有哪些行之有效的控制措施呢?企业的控制工作中存在什么缺陷?应该如何解决?

第一节 管理控制及其功能

一、管理控制的概念

管理控制是衡量和矫正工作活动使之按计划进行,进而确保组织目标得以实现的过程。具体地说,控制就是用预定标准来检查组织中各项工作的进展情况,看其是否与计划相符,是否与下达的指示和既定原则相符,及时发现差距和存在的问题,采取矫正措施,使工作按原定计划进行;或适当调整计划,使之符合客观实际的管理活动。

控制就像一艘船上的舵,使组织朝着正确的方向行进。它不时以工作业绩(财务的、生产的与其他的)形式将组织的实际方位与预期的方位进行比较。控制为组织提供了一种机制,在工作偏离不可接受的范围时调整行进的路线。

控制标准、偏差信息和矫正措施是控制工作的三项基本要素,它们相互关联、相互依存、缺一不可。控制标准是预定的工作标准和计划标准,它是检查和衡量实际工作的依据。如果没有控制标准,衡量实际工作便失去了根据,控制工作也就无法进行;偏差信息是实际工作情况或结果与控制标准或计划要求之间产生偏离的信息。了解和掌握偏差信息,是控制工作的重要环节。如果没有或无法得到这方面的信息,那么控制活动便无法继续开展;矫正措施是根据偏差信息,做出调整决策,并付诸实施。所以说,根据实际情况以及需求,或矫正实际工作,或修正计划或标准,是管理控制的关键环节。

二、管理控制的特点

管理工作中的控制,其控制过程及基本原理与物理、生物、经济及其他各方面的控制没有什么区别。请看电冰箱是怎样工作的:首先,要利用温控器设置电冰箱室内的温度标准(控制标准);然后,借助传感器随时测量电冰箱室内的实际温度,以便获取温度偏差(偏差信息);一旦电冰箱室内的实际温度高于预先设定的温度标准,温控器便向压缩机下达指令,压缩机开始启动进行制冷(矫正措施)。但是,与电冰箱等机械控制系统相比,管理控制又有其自身的特点。

1. 管理控制具有整体性

这包含两层含义:一是管理控制是组织全体成员的职责,完成计划是组织全体成员共同的责任;二是控制的对象是组织的各个方面。确保组织各部门和单位彼此在工作上的均衡与协调是管理工作的一项重要任务,为此需了解掌握各部门和单位的工作情况并予以控制。

2. 管理控制具有动态性

管理工作中的控制不同于电冰箱的温度调控,后者的控制过程是高度程序化的,具有静态的特征。而组织不是静态的,其内部环境不断地发生变化,进而决定了控制标准和方法不可能固定不变。管理控制应具有动态的特征,这样可以提高控制的适应性和有效性。

3. 管理控制是对人的控制并由人执行

管理控制是保证工作按计划进行并实现组织目标的管理活动,而组织中的各项工作要靠职工完成,各项控制活动也要靠人去执行。管理控制首先是对人的控制。管理控制的这种特点使得管理控制工作中具有更明显的人为因素干扰,这种干扰可能是正面的,如人们的责任心有助于增强控制效果;也可能是负面的,如担心被处罚的心理会影响偏差信息的收集。如何降低人为因素所产生的负面影响是管理控制工作中的一大难题。

4.管理控制是提高职工能力的重要手段

控制不仅仅是监督,更重要的是指导和帮助。管理者可以制定偏差矫正计划,但这种计划要靠职工去实施,只有职工认识到矫正偏差的必要性并具备矫正能力时,偏差才会真正被矫正。通过控制工作,管理者可帮助职工分析偏差产生原因,端正职工的工作态度,指导他们采取矫正措施。这样,既会达到控制目的,又会提高职工的工作质量和自我控制能力。

三、控制的功能

在管理工作中,人们借助计划工作确立目标,借助组织工作来调配资源,构建分工协作网络,借助领导和激励来指挥和激发员工的士气和工作积极性。但是,这些活动并非一定能保证实际工作按计划进行和组织目标的真正实现。因此,控制便显得尤为重要,控制是管理职能链条上的最终环节。

任何组织都需要控制。控制为组织提供适应环境变化、限制偏差累计、处理组织内部复杂局面和降低成本提供了有效的途径,见图11-1。控制的这四项基本功能也是控制的目的所在。

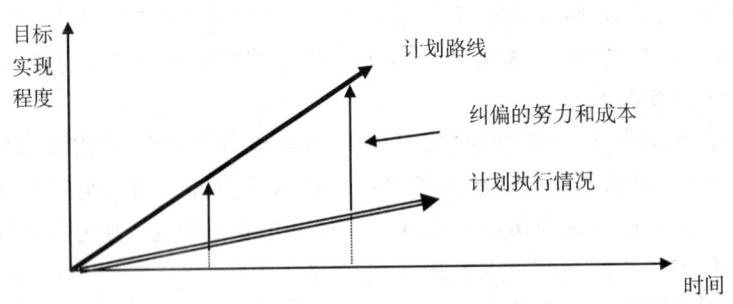

图11-1 控制工作的功能

1.适应环境的变化

如果管理者能够建立起目标并即刻将其实现,那么就不需要进行控制。事实上,制定目标之后到目标实现之前,总有一段时间。在这段时间内,组织内部和周围环境会有许多事情发生:竞争对手可能会推出新产品和新的服务项目,新材料和新技术可能会出现,政府可能会制定新的法规或对原有政策进行修正,组织内部的人员可能会产生很大的变动,等等。这些不仅会阻止目标的实现,甚至可能要求视情况的变化对目标本身进行修改。因此,需要构建有效的控制系统帮助管理者预测和确定这些变化,并对由此带来的机会和威胁做出反应。这种环境探测越有效、持续的时间越长,组织对外部环境的适应能力就越强,组织在激烈变化的环境中生存和发展的可能性就越大。

2.限制偏差的累积

小的差错和失误并不会立即给组织带来严重的损害,然而随着时间变长,小的差错就会得以积累、放大,并最终变得非常严重。

蝴蝶效应

1979年12月,学者洛伦兹在华盛顿召开的美国科学促进会的一次讲演中提出了这样一个观点:一只蝴蝶在巴西闪动翅膀,有可能会在美国的得克萨斯州引起一场龙卷风。他的演讲和结论给人们留下了极其深刻的印象,从此以后,所谓"蝴蝶效应"的说法不胫而走。从科学的角度看,"蝴蝶效应"反映了混沌运动的重要特征——系统的长期行为对初始条件的敏感依赖性。在混沌系统中,初始条件的十分微小的变化经过不断放大,对其未来状态会造成极其巨大的差别。

美国的Whistler公司是一家制造雷达探测器的大型厂商,曾经由于需求日益旺盛而放松了质量控制。次品率由4%上升到9%,再到15%,直至25%。终于有一天该公司的管理者意识到公司全部250名雇员中有100人被完全投入到了次品修理工作中,待修理库存产品达到了200万美元。

工作中出现偏差在很大程度上是不可完全避免的,关键是要能够及时地获取偏差信息,及时采取有效的矫正措施。20世纪90年代出版的畅销著作《第五项修炼》始终强调管理中的两个关键点——寻找杠杆解(即确定并设法解决那些关键性的问题)和减少时滞,这就要求有效的控制系统予以保证。

3.处理组织内部的复杂局面

如果一个企业只购买一种原材料,生产一种产品,组织设计简单,并且市场对其产品需求稳定,那么它的管理者只需一个非常基本和简单的系统就能保持对企业生产经营活动的控制。但这样的企业在现实中几乎没有,大多数企业要选用很多的原材料,制造多种产品,市场区域广阔,组织设计复杂并且竞争对手林立。他们需要复杂的系统来保证有效的控制。

组织内部的复杂局面使得授权成为必要,但是现实中许多管理者发现他们难以授权,原因是怕下属将他们负责的事情做错。然而,如果管理者建立起有效的控制系统,由它给管理者提供有关下属工作绩效的信息,那么管理者对授权的担心就会减轻,并使组织内的复杂局面变得井然有序。

4.降低成本

从事经营管理工作的人,最熟悉的一个公式应该是:利润＝收入－成本。成本领先是企业获得竞争优势的一个主要来源,它要求建立起达到有效规模的生产设施,强化成本控制,减少浪费。为了达到这些目标,有必要在管理方面对成本控制予以高度重视,通过有效的控制降低成本,增加产出。

四、控制的范围和层次

控制涉及组织中的任何领域,多数的组织以它们所利用的四种基本资源——物质、人力、信息和财务资源来确定控制的领域。

对物质资源的控制包括库存管理(在仓库中存储适量的原材料和产成品)、质量控制(保持适当的产品质量水平)和设备控制(提供必要的设施和机器)。人力资源控制包括人员的选择与安排、培训与发展、绩效评价和报酬。对信息资源的控制包括销售和市场预测、环境分析、公共关系、生产进度以及经济预测等。对财务的控制包括管理组织的债务以防其过多,保证企业经常有足够的现金以备需要,避免支票账户上的现金过量所带来的机会成本,以及保证应收账款的准时核收和票据的按时支付等等。

在对组织内四种资源的控制中,财务资源控制又有着十分重要的意义。因为财务资源与组织中的所有其他资源的控制都相关联:太多的库存会增加储存成本;不准确的销售预测则会影响现金流甚至企业整体财务状况。财务问题几乎涉及所有控制活动。

讨论控制的范围表明控制涉及组织的各种活动,分析控制的层次将有助于识别组织各层管理人员乃至一线的工作人员所肩负的控制责任。图11-2显示出控制也可以按组织系统内的层次进行划分。

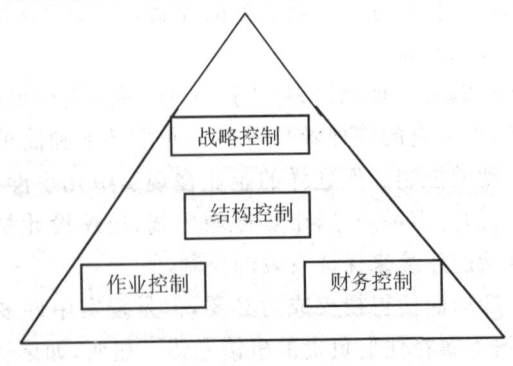

图11-2　控制在组织系统中的层次

作业控制和财务控制是最基层的。作业控制集中于组织将资源转变为产品和服务的过程,例如质量控制便是作业控制的一种类型。财务控制是与组织的财务资源相关的控制活动,如对应收账款进行监控,以确保顾客按时付款便是财务控制的基本内容之一。

处于中层的是结构控制,它关心组织结构中的要素如何实现所确定的目标。通常,结构控制又有官僚体制式和家族式两种方式。官僚体制式的结构控制强调组织内的权威,它依靠规章、制度、程序、政策、明确的工作说明和预算等行政性或等级性的机制来保证员工行为符合规范。而家族式的结构控制则通过共享的价值观、传统、仪式、信念和组织文化的其他方面来控制员工的行为,通常为那些团队普遍建立和技术不断变化的组织所采用。

战略控制处于控制层次的最高点,它集中注意组织的各项战略如何有效地帮助组织实现其目标,是对战略计划进行评价,对组织的业绩进行衡量以便将实际业绩同预期的战略目标比较,必要时采取相应纠正措施的整个过程。例如,如果一家公司在实施其多样化经营的战略上不成功,那么管理者就需要确定其中的原因,并且决定是改变战略还是再做出努力使之实现。

控制是从总经理到基层管理人员甚至职工都应执行的职能。不能过分强调最高层和上层部门的控制,而认为基层部门的控制就不需要了。各层管理人员所负责的控制范围各不相同,但大家都负有执行计划的职责,控制是每个层次管理部门的一项重要管理职能。

【信息化专栏】

沃尔玛物流的高科技信息控制

沃尔玛能够做到低价格,取决于完善的分销系统。而分销系统又是靠先进的计算机技术来保证的。公司将电脑运用于分销系统和存货管理。公司总部有一台高速电脑,同 20 个发货中心及 1 000 多家商店连接。通过商店付款柜台扫描器售出的每一件商品,全都自动计入电脑。当某一货物减少到某一数量时,就会发出这种信号,使商店及时向总部要求进货总部安排货源后,送往离商店最近的分销中心,再由分销中心的电脑安排发送时间和路线。在商店发出订单后 48 小时,所需的货品就会全部出现在货架上。这种高效的存货管理,使公司既能迅速掌握销售情况,又能及时补充存货不足;既不积压存货,又不使商品断档,加速资金周转,大大降低了资金成本和库存费用。

同时,公司于 1986 年与戴姆勒奔驰公司签订合约,斥资 2 400 万美元,建立了一个卫星交互式通信系统。凭借该系统,能在所有的商店,分销中心进行通信。公司设有一个 6 频道的卫星系统,可以同时和 1 000 多家商店进行视频通话。这样，总部的会议情况和决策都可以通过卫星传送到各分店，也可以进行新产品演示。沃尔玛一共花费了7亿美元才建成了现在的计算机卫星系统。这是世界上最大的民用数据库，比美国电话电报公司的还要大。这个高科技的通信系统使信息得以在公司内部及时、快速、通畅地流动。这一先进的通信系统正是沃尔玛高效管理的基础。高科技的分销系统是沃尔玛得以发展壮大与维持控制的重要因素。

第二节 有效控制的基本特征

一个有效的控制系统通常要具备整合性、客观性、准确性、及时性、灵活性、经济性等六个基本特征，这也是使控制行之有效的必要条件。

一、整合性

控制作为管理职能之一，必须与其他管理职能相互协调，充分整合到整个组织系统中。

在管理职能中，控制和计划的联系最为紧密，孔茨曾把二者比作一把剪刀的两刃，他说："可以把计划工作与控制工作看成一把剪刀的两刃；没有任何一刃，剪刀也就没有用了。没有了目标与计划，也就不可能控制，这是因为必须要把业绩同某些已规定的标准相比较。"[1]计划是为实现一定的目的或目标而制定的，这些目的或目标就是进行控制所采用的绩效衡量标准的原始依据。管理者在制定计划时，要考虑到相关的控制因素，这样才能保证计划的可行性。反之，由运行中的控制系统所提供的结果又为新计划的产生提供了现实的根据。计划与控制联结在一起，互为依据，互为结果，构成了一个不断反复的循环。

控制是制定标准、衡量实际工作、采取矫正措施的过程，对于控制过程中的各项工作都要由人来执行，这就要求组织的构建能将这些工作的责任给以明确的划分，使控制系统得到有力的组织保证。假设某企业有大量的产品积压或所签订的合同无法如约履行，这些偏差出现后如果不能明确究竟由谁来负责，那么进一步的纠正行动就难以进行。因此，控制工作的一个基本前提就是组织机构的保障，组织机构越明确、越完整，控制工作也就会越有效。

二、客观性

有效控制的第二个特征便是客观性，这意味着控制系统应尽可能地提供和

---

[1] 哈罗德·孔茨，海因茨·韦里克著，郝国华等译.管理学(第九版).经济科学出版社，1993：552

使用无偏见、详细、可以被证实和理解的信息。管理工作中难免会有许多主观的因素,但是下属人员能将工作做好却不是主观所能决定的事。在整个控制过程中,主观判断和估计可能使绩效的衡量得不出明确的结论,还会使纠正偏差的力度难于把握。

某公司要求其在各地的销售代表汇报顾客对本公司产品的反应,其中一位销售代表此前曾发出过调查问卷并做了现场访谈,他给公司的报告中分析到在总共 500 名被调查者中有 361 人对公司的产品表示满意,有 58 人指出公司产品还不能满足他们的需要,而其余的人态度冷淡。他还将顾客普遍认同的产品的优缺点各归纳了五条,并且还估计下季度需求将增加 10%。而另有一名销售代表则报告说,大部分顾客对公司产品满意,下一个季度的销售还将有所上升。显然,当公司对产品进行改进或实施新的营销方案时,前一位销售代表所提供的信息更有用。

为保证控制的客观性,要求尽可能地将衡量标准量化,量化的程度越高,控制就越有利、规范。但是,作为一名管理者还应该能够从一大堆数字中找出它们的相互关系,发现潜在的问题。虽然可能有数据表明某产品的产量在节节上升,但是更进一步的调查则可能表明该产品的生产车间正在使用非标准材料,用工过度或捏造报表,因此管理者还要善于透过数字看到问题的实质。

三、准确性

一个行之有效的控制系统,必须具备准确性。一个提供不准确信息的控制系统将会导致管理者在应该采取行动的时候没有行动或根本没有出现问题时而采取行动。基于不准确信息的种种决策,往往会使整个组织蒙受损失。

现实中常常会有各种因素的影响将不准确性带入控制系统之中,有的可能是因为用来衡量绩效的工具精确度不够,而使衡量结果的误差过大;有的则可能是出于私利,人为地虚报数据。因此,管理者需要选择合适的、精确的绩效衡量方法和工具以避免误差的产生,同时还应该采取预防措施,运用先进的管理技能来避免弄虚作假行为的出现。

四、适时性

适时性的含义是指当管理者需要信息时就能立即获得,从而及时采取行动。如果某项工作没有得到正确处理,那么越早报告和纠正,造成的损失就越小。此外,如果出现偏差的原因还不明显,那么及时进行调查就更有可能找出真正的原因。

不同层次的管理者对待各种控制对象,所需信息的频率不同,因此对适时性有着不同的要求。一家零售连锁店的经理需要知道日销售额的准确数字,对于库存隔二三个月才清点一次,而连锁店总部恐怕只要求各分店汇报其每周甚至每月的销售量。

通常,对适时性的要求与不确定性有关,环境中的不确定因素越多,就越频繁地需要及时的信息。对于一件处于导入期的产品,营销部须跟踪每日的销售量以求迅速掌握消费者的反应,进行营销控制,而对那些处于成熟期的"老"产品而言,可能只需要月度的销售报告。

五、灵活性

在复杂的环境中,一个有效的控制系统要能适应组织调整或外部变化,即具备灵活性。现今世界技术进步日新月异,顾客需求也在不断变化,组织所处的内、外部环境中干扰性、复杂性越来越大,如果没有一个灵活的系统对这些变化做出准确的预测或反应并据此调整组织活动,那么任何一个组织的生存都难以维系下去。

假设一家制造企业设计了一个控制系统来管理用于制造某一产品所用的200种原材料,现在一项新的技术突破使公司只用一半的原材料就能生产出同样数量的产品,如果控制系统不灵活,不能就此进行调整,该公司将不得不全部放弃原有的控制系统,从头设计一个新的控制系统来应付新的局面,人、财、物以及时间的损失和浪费就显而易见。而一个灵活的控制系统则能在计划出现改变、发生未曾预见到的事项的情况下继续发挥其作用。一个复杂的管理计划方案在某种特殊情况下可能会失败。控制系统应该报告这种失常的情况,而且即使出现了这种失常的情况,控制系统也应该有足够的灵活性去保持对运行过程的管理控制。通常,对各种可能出现的情况都尽量准备好各种可选择的方案,可以使控制更具有灵活性,事实上,灵活的控制一般来说最好是通过灵活的计划来实现。

六、经济性

在控制系统中,应考虑两种基本类型的成本,一是为了获取信息所花费的成本,二是纠正偏差所花费的成本。随着控制量的变化,这两类成本具有不同的变化趋势。

控制系统的运转有赖于信息的获得,随着控制力度的增大,所需信息反馈的数量和频率都会大为增加,这将占用更多的时间、精力、资源和金钱,从而导致整个控制系统信息成本的增加。在另一方面,由于控制力度的加大,可能出现的不利偏差会为之减少,损失也会减少,即体现出控制系统的收益。这两类费用的相互关系可由图 11-3 来表示。通过该图可以看到,控制量的多少有一个最佳的水平,在这一水平下可以使总成本最小。

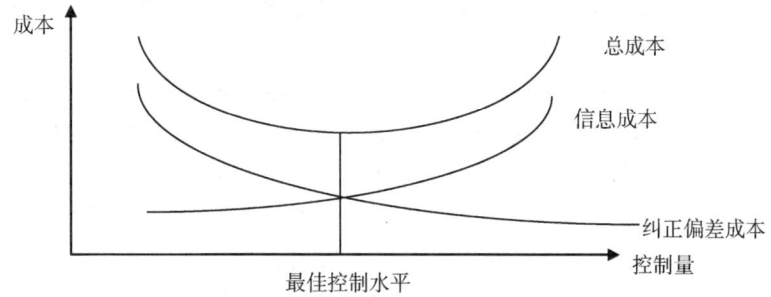

图 11-3 控制系统中的成本

上述分析表明,控制并不是越多越好,其中的一个限定因素便是经济性。无论是控制系统的设计,还是控制系统的运转,都要服从经济性的要求。此外,还应注意,现实中管理者很难了解哪种控制力度是划算的,以及它将花多少费用,因此选择一个绝对最优的控制水平几乎是不可能的,经济性也只能是一个相对的概念。

第三节 控制工作过程

控制工作过程包括三个步骤,即建立工作标准,根据建立的标准衡量实际工作情况,鉴定偏差并采取矫正措施,如图 11-4 所示。

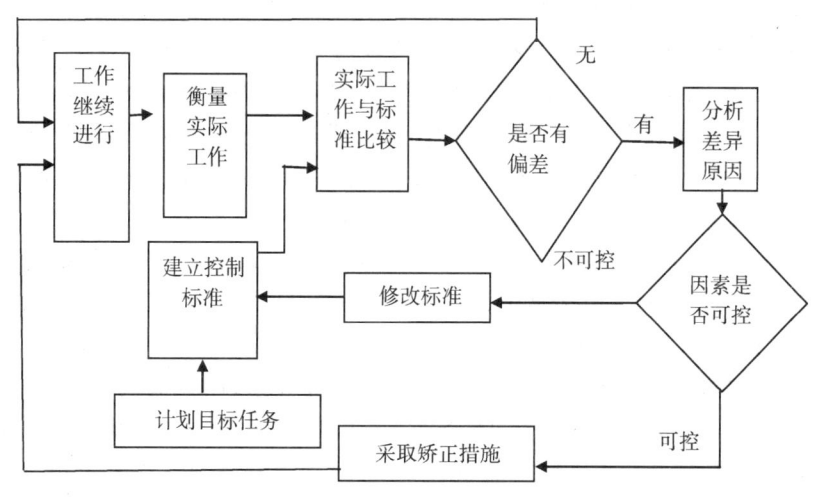

图 11-4 控制工作过程

一、制定工作标准

控制始于工作标准的建立。标准是控制的依据,没有标准,控制就成了无目的的行动,不会产生任何效果。

控制是确保工作按计划进行的管理工作,控制职能一般在计划确定之后发挥作用,标准是对工作预期成果的规范,计划与标准都是按组织目标的要求编制的,并以实现组织目标为目的,二者密切相关。但一般来说,不能完全用计划来代替标准进行控制。在一个组织中,各部门或单位要对其成员及全部工作编制计划(有些计划可能并未落实到文字上),各层次管理者在此基础上汇总、协调,编制出纵向管理计划。组织中的计划各种各样,而各种计划在详尽程度和复杂程度上又各不相同。如果直接用计划作为控制标准并对全部计划内容进行控制,会使控制工作因缺乏规范化而导致混乱,管理者也没有这么多的时间和精力,结果会降低控制效果。

通常,人们是在一个完整的计划程序中选出众多关键点,把处于关键点的工作预期成果作为控制标准。为确保控制工作效果,控制标准的数量要适度,一方面,控制工作不能依赖单一的控制标准,不管这一标准所反映出的目标有多重要;另一方面,控制标准不能太多,否则会影响创新并加大控制工作的成本。

一滴焊料的意义

一滴焊料实在是不起眼,然而"石油大王"洛克菲勒却曾为之做了文章。一次,洛克菲勒视察美孚石油公司一个包装出口石油的工厂,发现包装每只油罐用40滴焊料。他注视良久,对工人说:"你有没有试用过38滴焊料生产?"经过当场试验,用38滴不行,偶尔有滴油的现象,但用39滴焊料滴封的却没有一只漏油。于是,洛克菲勒当即决定,39滴焊料是美孚石油公司各工厂的统一规格。

可别小瞧这一滴焊料,聚滴成河,聚沙成塔,日积月累,便是一大笔财富。而更为重要的,从中可以看出,"石油大王"从严管理、节俭治业的精神。

中国有句古话:成由节俭败由奢。居家过日子如此,办企业搞建设又何尝不是如此。经营和管理是事业成功的双翼,缺一不可,在企业深化改革、建立现代企业制度的关口,精于管理、杜绝跑、冒、滴、漏,减少内耗,显得尤为重要。

然而,仍有一些企业往往只注重经营,而忽略了管理,只想到创业而忘记了"守业"。好大喜功,大手大脚,一掷千金,毫不足惜,即使生产销售形势再好,也只是狗熊掰苞米,掰一只,丢一只,到头来,竹篮打水一场空。焊料虽小,却蕴藏着"大管理"。

讨论题：

洛克菲勒所找到的关键控制点是什么？关键控制点的标准有哪些？

控制标准的产生有些是源于组织内部的，而有些则受组织外部因素的影响。例如，一家家用电器的制造商在制定其产品允许漏电量的控制标准时，必须要参照政府法规的有关条款，将其作为控制标准的下限。此外，顾客的需求也对控制标准的制定有着举足轻重的作用，尤其是在当前越来越强调质量和顾客满意程度的趋势下，顾客对组织标准的制定施加着越来越大的影响，是组织必须突出考虑的重要方面。

控制标准的制定通常要求做到简洁明确，便于衡量，只有这样才能为实际工作的衡量指明方向，打下良好的基础。为进行控制而制定的标准可以有多种，其中最常用的有四种：时间标准、数量标准、质量标准和成本标准。组织中的所有活动都可依据这四种标准进行控制，如对企业生产工作的控制，可检查产量是否达到数量标准；原材料规格及产品合格率是否达到质量标准；产品在时间上是否按期完成并如期交货；原材料成本及职工工资是否超出成本费用限制。这四种标准是相关的。对于一项工作，人们总是可以近似或准确地找出其数量、质量、时间及成本间的内在联系。如对产品质量要求过高会导致成本上升并延长生产周期，大量生产会降低单位产品成本等等。所以，在大多数情况下，控制只需运用一两个标准便可达到控制目的，其他标准则是次要的、辅助性的。如生产控制往往着重质量和时间控制，而销售控制更多侧重于成本和数量控制。

在制定定量标准方面，麦当劳堪称是一个典范。多年来，麦当劳形成了一整套计划周密、有条不紊的筛选程序来选择特许经营者，而且经营者必须通过"汉堡包大学"的专门培训。一本几百页的操作手册规定了严格的标准，食物配置、烹饪程序、店堂布置甚至职员着装服务等等都有详细标准；食品的制作完全是标准化的，一磅肉的脂肪含量必须少于19%，小面包的宽度只能是3.5英寸，每个汉堡包中的洋葱不能超过1/4盎司等等；每种食品的制作时间有明确的规定，而且食品出炉后的存放时间也有详细的规定，油炸食品7分钟，汉堡包10分钟，咖啡30分钟，超过规定时间，所有的食品都将被扔掉；在服务方面，95%以上的顾客进餐馆后3分钟内，服务员必须迎上前去接待顾客；事先准备好的汉堡包必须在5分钟内热好并供应给顾客；服务员必须在就餐人离开后5分钟内把餐桌打扫干净。所有这些标准都要严格执行，并有严密的监督调查，发现不符合规定的坚决查处。通过这一整套严密的控制体系，使得消费者能在世界各地享受到同等质量的食物和周到的服务。

二、衡量实际工作

衡量实际工作是依据标准衡量、检查工作的实际执行情况,以便与预定的标准相比较。这是控制工作的中间环节,是一个发现问题的过程。

衡量实际工作是一项贯穿工作始终、持续进行的活动。人们通常认为衡量要等工作做完以后,这不全面而且危险。控制活动应当跟踪工作进展,及时预示脱离正常或预期成果的信息,及时采取矫正措施。如果等到工作已经完成再衡量,那么即使有过失也难以补救。所以,在工作进行之中就需及时了解工作的进展并对其发展趋势加以预测,有时还需在开展工作之前对工作的将来进展情况进行估计。

亲自观察、分析报表资料、召开会议、口头报告、书面报告和抽样调查等是衡量实际工作所常用的方法。当前,计算机在组织中的广泛应用使得管理者越来越依赖统计报告来衡量实际工作。实际工作也可以通过书面报告来衡量。和统计报告一样,它比一、二手资料来得缓慢,但更为正式。这种方式比口头报告更为综合、简洁,而且易于归档,便于查找。

另外,组织中也会存在很多无法直接测量的工作,只能凭借某些现象进行推断。如从职工的合理化建议增多或许可以推断管理者的民主化管理有所加强,迟到现象增多可能是分配不公所致,等等。

三、将衡量结果与标准进行比较

在控制过程前两个步骤完成后,便可以将衡量结果与所建立的标准进行比较,得出偏差的大小和方向。

比较的结果可能是实际工作的绩效高于、低于或正好符合标准。如果实际工作与标准相符,便没有任何偏差产生。然而在实际与预期的工作之间很少完全没有偏差,而且在实践中,实际工作也不需要总是与标准丝毫不差。通常,工作标准有一个事先确定的、可接受的偏差范围。以一家电话机生产厂为例,该厂指定了应该每位工人每小时生产 50 部电话机的生产率标准,可接受的偏差是每人每小时正负 5 部。可接受的偏差为控制过程确定了界限。如果实际产量在 45 至 55 部之间,那么就认为生产处于正常控制之下,不需要采取矫正措施,而超出这一范围的比较结果则表示情况失控,需要采取矫正措施。

除了偏差的大小,管理者还应对偏差的方向给予重视和分析。还以电话机厂为例,如果实际产量是每人每小时 42 部,就意味着负向的偏差超出了可接受的范围,应该采取矫正措施。再假设现在的产量是每人每小时 58 部,偏差超出了可接受的范围,但偏差是正向的。人们可能会认为这种正向的偏差是求之不得的,不应该采取矫正措施。但是,如果该厂对超出的产量没有市场需求或没有库存空间,那么这一偏差就会带来问题;而且超出的产量可能占用了应用于其他方面的资源。因此,遇到这种情况,也应对偏差进行分析、判断,必要时采取矫正措施。

将实际工作与标准进行比较还存在一个频率的问题,这主要取决于控制对象的重要性和复杂性。对于那些较为长期、较高水平的标准,适合采用年度的比较。而对产量、出勤率等短期、基础性的标准,则需要比较频繁的比较。

四、评价实际工作并采取措施

在得出实际工作与标准进行比较的结果之后,管理者便可以对实际工作进行评价,并依据偏差的程度和性质,分析其产生的原因,采取相应的措施:或维持现状,或矫正偏差,或修改标准。见图 11-5。

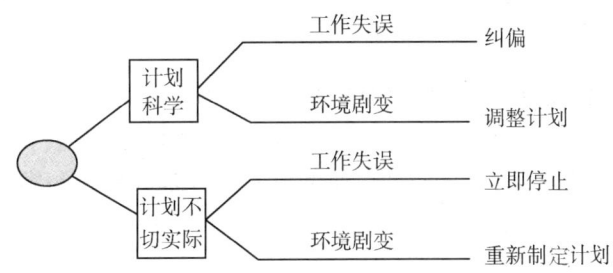

图 11-5 控制工作中的不同矫正措施

当没有偏差时,便不需要采取任何矫正性措施。对这样一个成功的控制循环也应分析其中的原因,以便积累经验,为今后的控制活动提供正面的借鉴。同时,管理者还应向具体工作人员及时反馈信息,必要时可给予适当的奖励,激励他们继续努力工作。

如果发现存在偏差,则更应该认真分析偏差产生的原因。在实践中,管理者出于各方面的原因时常只采取一些临时性的矫正措施,而不去分析偏差产生的真正原因,这种治标不治本的做法,也许会收效一时,但对长期的工作则容易产生不良影响。偏差的出现表明工作未能按预期进展。为了能从根本上解决问题,管理者必须把精力集中于查清问题的原因上,既要查内部的因素,也要查外部环境的影响,寻找问题的本质,以求治标治本之策。其实,问题之中孕育着机会,查明问题原因本身就代表着成就。

实际工作中出现的大幅度偏差,原因往往多种多样。一种情况是,起初制定的标准过高或过低,对此有必要对所制定的标准进行修正。如果多数员工都能大幅度地超出标准或无人能达到标准,这常常说明标准本身存在问题,而非实际工作的问题。另一种情况是,所制定的标准本身没有问题,但由于环境发生了巨大的变化,或一些不可控制的因素造成大幅度偏差的出现,进而使原本适用的标准变得不合时宜,这时也有必要重新调整原有的标准。

在控制实践中,人们只能是在分析偏差原因的基础上,针对那些可以控制的因素采取相应的矫正措施,把实际工作拉回计划的轨道上来。

第四节 控制工作的类型

按照不同的标准,可以把控制分为不同的类型,下面只简单介绍三大类型:按照过程划分的前馈控制、现场控制与反馈控制;按照控制所采用的方式划分的集中控制、分散控制和分层控制;按照控制运用的具体手段划分的预算控制和非预算控制。

一、前馈控制、现场控制与反馈控制

组织内的所有活动都可以被认为是将各种资源由投入到转换加工再到输出的过程。将控制集中到这三个阶段,便形成了三种基本的控制类型:前馈控制、现场控制与反馈控制,如图11-6所示。

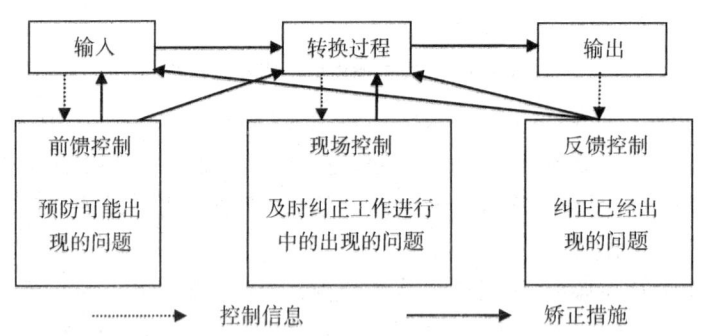

图11-6 控制的基本类型

1. 前馈控制

在工作开始之前就进行控制,叫做前馈控制。前馈控制集中注意进入组织的各种资源或工作的投入,使它们在转换过程之前就得到数量和质量的有效控制。前馈控制以未来为导向,在工作开始之前对工作中可能产生的偏差进行预测和估计,采取防患措施,以便在实际偏差产生之前,管理者就能运用各种手段对可能产生的偏差进行纠正,消除工作中的偏差于未产生之前。如在企业中,制

定一系列规章制度让职工遵守,进而保证工作的顺利进行;为了生产出高质量的产品而对原材料质量进行控制等,都属于前馈控制。

前馈控制有许多优点。首先,前馈控制是在工作开始之前进行的控制,因而可防患于未然,避免事后控制对于已铸成的差错无能为力的弊端;其次,前馈控制是针对某项计划行动所依赖的条件进行的控制,不针对具体人员,不会造成心理冲突,易于被员工接受并付诸实施。但是,实施前馈控制的前提条件也较多。它要求管理者拥有大量准确可靠的信息,对计划行动过程有清楚的了解,懂得计划行动本身的客观规律并要随着行动的进展及时了解新情况和新问题,否则就无法实施前馈控制。由于前馈控制所需要的信息常常难于获得,所以在实践中还必须依靠其他两类控制方式。

2. 现场控制

在工作正在进行时进行控制,叫做现场控制。现场控制主要有监督和指导两项职能。监督是按照预定的标准检查正在进行的工作,以保证目标的实现;指导是管理者针对工作出现的问题,根据自己的经验指导下属改进工作,或与下属共同商讨矫正偏差的措施,以便使工作人员能正确地完成所规定的任务。管理者亲临现场观察就是一种最常见的现场控制活动。现场控制具有指导职能,有助于提高工作人员的工作能力和自我控制能力。但是,现场控制也有很多弊端。首先,运用这种控制方法容易受管理者的时间、精力、业务水平的制约。管理者不能时时对事事都进行现场控制,只能偶尔使用或在关键项目上使用;其次,现场控制的应用范围较窄。对生产工作容易进行现场控制,而对那些问题难以辨别、成果难以衡量的工作,如科研、管理工作等,几乎无法进行现场控制;第三,现场控制容易在控制者与被控制者之间形成心理上的对立,容易损害被控制者的工作积极性和主动性。

3. 反馈控制

反馈控制是在工作结束之后进行的控制。反馈控制把注意力主要集中于工作结果上,通过对工作结果进行测量、比较和分析,采取措施,进而矫正今后的行动。如企业对不合格产品进行修理,发现产品销路不畅而减产、转产或加强促销努力,学校对违纪学生进行处理等等,都属反馈控制。

反馈控制类似于"亡羊补牢",它的最大弊端是在实施矫正措施之前,偏差就已经产生。但是在有些情况下,反馈控制又是唯一可选择的控制类型。反馈控制能为管理者评价计划的制定与执行提供有用的信息,人们可以借助反馈控制认识组织活动的特点及其规律,为进一步实施前馈控制和现场控制创造条件,实现控制工作的良性循环,并在不断的循环过程中,提高控制效果。控制循环过程,如图11-7所示。

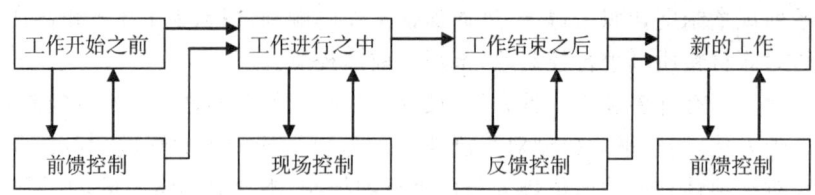

图 11-7　控制循环过程

上述三种控制方式互为前提、互相补充。现实中,很少有组织只采取唯一的控制方式,而是综合使用这三种控制方式,对各种资源的输入、转换和输出进行全面的全过程的控制,以提高控制效果。

扁鹊三兄弟

魏文王问名医扁鹊说:"你们家兄弟三人,都精于医术,到底哪一位医术最好呢?"扁鹊回答说:"大哥最好,二哥次之,我最差。"

文王再问:"那么为什么你最出名呢?"

扁鹊回答说:"我大哥治病于病情发作之前,由于一般人不知道他事先能铲除病因,所以他的名气无法传出去,只有我们家里的人才知道。我二哥治病,是治病于病情刚刚发作之时。一般人以为他只能治轻微的小病,所以他只在我们的村子里才小有名气,而我扁鹊治病,是治病于病情严重之时,一般人看见的都是我在经脉上穿针管来放血、在皮肤上敷药等大手术,所以他们以为我的医术最高明,因此名气响遍全国。"

文王连连点头称道:"你说的好极了。"

案例点评:

反馈控制不如现场控制,现场控制不如前馈控制,可惜大多数的事业经营者均未能体会到这一点,等到错误的决策造成了重大的损失才寻求弥补,弥补得好,当然是声名鹊起,但更多的时候是亡羊补牢,为时已晚。对企业高级领导来说,最重要的才能莫过于能做出正确的判断,而这种特殊才能将是电脑永远无法取代的。

二、集中控制、分散控制和分层控制

集中控制是在组织中建立一个控制中心,由它来对所有的信息进行集中统一的加工、处理,并由这一控制中心发出指令,操纵所有的管理活动。如果组织的规模和信息量不大,且控制中心对信息的取得、存贮、加工效率及可靠性都很高时,采用集中控制的方法有利于实现整体的最优控制。企业中的生产指挥部、中央调度室等都是集中控制的例子。

当组织的规模和信息量极大时,就难以通过一个控制中心进行信息存贮和处理。在这种情况下,集中控制就会拉长信息传递时间,造成反馈时滞,使组织反应迟钝、延误决策时机,并且一旦中央控制发生故障或失误,整个组织就会陷于瘫痪,由于无其他替代系统存在,风险很大,此时需采用分散控制方式。

分散控制对信息存贮和处理能力的要求相对较低,易于实现;由于反馈环节少,因此反应快、时滞短、控制效率高、应变能力强;但由于采用分散决策方式,可能难以取得各分散系统的相互协调,难以保证各分散系统的目标与总体目标的一致性,从而会危及整体的优化,严重的甚至会导致失控。

分层控制是一种把集中控制和分散控制结合起来的控制方式。它有两个特点:一是各子系统都具有各自独立的控制能力和控制条件,从而有可能对子系统的管理实施独立的处理;二是整个管理系统分为若干层次,上一层次的控制机构对下一层次各子系统的活动,进行指导性、导向性的间接控制。在分层控制中,要特别注意防止缺乏间接控制、自觉不自觉地滥用直接控制,并多层次地向下重叠实施直接控制的弊病。

沃尔玛是全球规模最大、利润最高的零售商。沃尔玛成功的基本点是自始至终地以满足顾客需求为中心。沃尔玛的目标定义起来很简单,但执行起来很难:为顾客提供高质量的商品,随时随地满足顾客对这些商品的需求,形成有利于竞争性定价的成本结构,并且树立和保持绝对可信赖的声誉。达成这些目标的关键是将公司补充存货的方式变成公司竞争战略的支柱。

对这一战略观点的最好诠释,是一种几乎无形的所谓"过站式"(Cross—Docking)的物流管理技巧。在这一系统中,商品源源不断地运到沃尔玛的库房,并就地筛选、重新包装,然后分送到各个商店,往往不以存货的形式存在。在48小时以内,商品从一个卸货处运到另一个卸货处,而不在库房里消耗宝贵的时间。

过站式物流管理使得沃尔玛从整车购买商品中得益,而避免了常见的存货和搬运成本。沃尔玛有整整85%的商品通过它的仓储系统,而其竞争对手凯玛特(Kmart)仅有50%。与行业平均值相比,沃尔玛的销售成本低了2%~3%。有了这一成本差异,就有可能每日以低价销售。

为了实现过站式物流管理,沃尔玛不得不在各种相互关联的支持系统上做了相当多的战略性投资,而按照传统的投资收益率标准衡量,这些投资是不值得做的。例如,过站式物流管理要求沃尔玛的配货中心、供应商和各商店的销售点之间保持持续不断的联系,以确保订单能在几小时内流进、整合与执行。因此,沃尔玛开发了自己的卫星通信系统,每天直接向沃尔玛的4 000家供应商传输销售点的数据。

为了充分享受过站式物流管理的好处,沃尔玛还必须在管理控制方法上做根本性改变。零售业的传统做法是,有关商品买卖、定价和促销的决策权都高度集中,由总公司制定。而过站式物流管理把这种命令与控制的逻辑颠倒了。这家零售商不是把商品"推进"系统来销售,而是按顾客需要随时随地"拉出"商品。这一方法大大减少了集权控制,加强了各商店、配货中心与供应商之间频繁的非正式合作。[①]

三、预算控制与非预算控制

(一)预算控制

各种经营控制方式要通过各种具体的控制方法加以实施,管理控制中最广泛运用的控制方法就是预算控制。预算是一种以货币和数量表示的计划,是关于为完成组织目标和计划所需资金来源和用途的一项书面说明。预算将计划规定的活动用货币作为计量单位表现出来,由于组织内的任何活动都离不开资金的运动,通过预算,就可使计划具体化,从而更富于控制性。

1. 预算的种类

(1) 收支预算。收入预算应考虑到可能有的各方面的收入,但其中最基本的收入还是销售收入。由于组织的收入预算是组织支出预算和盈利预算的基础,所以应尽可能准确地估计各项收入的量和时间;在支出预算中,应尽可能考虑各种可能产生的费用,并应在支出预算中安排一笔适当的不可预见费,以应付一些额外的开支。

(2) 实物量预算。这是一种不以货币为计量单位而以实物量为计量单位的预算方法。由于以货币量来表示收支预算会受到商品价格波动的影响,从而造成收支预算和实物量投入产出之间的不一致,因此一般要有实物量预算作为货币收支预算的补充。这里所指的实物量,不仅指实物产量,也指其他一些指标,如直接工时、机台时数、场地面积、产品产量、原材料数量等。

(3) 投资预算。投资预算包括投资于厂房、机器、设备等各项设施,以及增加固定资产的各项支出。由于投资支出数额大、回收时间长,因此在进行预算时要慎重考虑,并应与长期计划工作紧密地结合起来考虑。

(4) 现金预算。拥有一定的现金以偿付到期的债务是组织生存的首要条件。

[①] 参见小乔治·斯托克,菲利普·B.伊文斯,劳伦斯·E.舒尔曼.基于能力的竞争——公司战略新规则.经济日报,2000-12-13,(15)

现金预算就是对现金收支进行预测,并据此衡量实际现金的使用情况。通过现金预算,估算计划期内可能提供的现金和所需支付的现金,可求得现金收支的平衡,并为管理人员利用可用的现金余量制定赢利性投资计划提供所需的信息。

(5)总预算。总预算是全面性的文件,它是由组织中各种预算综合而成的。总预算包括预计的资产负债表和资产损益表。资产负债表预测资产、债务和权益,表达了企业财产的具体情况;资产损益表预计收入、支出及利润,表达了企业的经营状况和成果。总预算中还附有编制预算所必须的有关数据和资料,以及可能出现的情况分析。

2.预算的作用及其局限性

由于预算的实质是用统一的货币单位为企业各部门的各项活动编制计划,因此它使得企业在不同时期的活动效果和不同部门的经营绩效具有可比性,可以使管理者了解企业经营状况的变化方向和组织中的优势部门与问题部门,从而为调整企业活动指明了方向。更为重要的是,预算的编制与执行始终是与控制过程联系在一起的,编制预算是为企业的各项活动确立财务标准,用数量形式的预算标准来对照企业活动的实际效果,大大方便了控制过程中的绩效衡量工作。在此基础上,很容易测量出实际活动对预算效果的偏离程度,从而为采取纠正措施奠定了基础。

但预算的编制和执行也有一些局限性,主要表现在以下几个方面。

(1)它只能帮助企业控制那些可以计量的,特别是可以用货币单位计量的业务活动,而不能促使企业对那些不能计量的企业文化、企业形象、企业活力的改善予以足够的重视。

(2)编制预算通常参照上期的预算项目和标准,从而可能会忽视本期活动的实际需要,导致预算的不切实际。

(3)由于环境的多变性与复杂性,缺乏弹性、太过具体,特别是涉及较长时期的预算可能会束缚决策者的行动,使企业经营缺乏灵活性和适应性。

力行电力建设公司总经理张润祥先生刚刚得到公司内部审计报告。报告指出,公司的财务预算已明显失控,新拟出的下一年度预算方案也有一大半指标过高。张先生对此极为重视,将负责编制预算的财务部门主管李琦女士和负责支出控制的副总经理陈子为先生找来,共同商讨对策。

李琦女士说,下一年度的预算,每次都是先由下属项目单位先报部门预算,然后由财务部门汇总,并进行资金平衡计算。各下属单位与财务部门都经常采用"下一年度指标=本年度指标×(1+变动率)"的公式来计算新的预算指标,各项目间经费支持原则,根据公司惯例,现有工程项目的开支一般获优先保证。

支出控制委员会负责预算的审核及监督执行,该委员会并有审查批准追加投资的权力。陈子为先生指出,委员会每年都接到20份左右来自各个部门的预算外追加投资申请,其中获得批准的比例约占50％。当问及这些追加投资的主要原因时,陈子为先生说,较常见的原因有:出现了一些临时性的机会;预期的市场情况发生了变化,使原预算不能顺利执行;产品项目等开发工作出现新的进展,争取经费支持等。

张润祥总经理听了两人的叙述,将审计结果告诉他们。审计人员的分析使他们十分震惊:公司预算明显偏高;各个项目工程中普遍存在拖延工时和资金浪费现象;如果将同样工程交给其他承包商,至少可节省20％的费用。三人一致感到问题的严重性,认为有必要调整公司的预算控制程序。

讨论题:
你认为该公司的预算控制程序有哪些主要问题?

3. 弹性预算与零基预算

由于预算的结果常被用作控制标准,因此预算方法的选定非常重要,一般预算采用固定预算。而固定预算一般都要按某一年的基期数据来调整和制定,因而它可能带来一定危害。为改善这种状况,人们又发明了两种预算方法。

(1)弹性预算,又称可变预算。其基本思想是按固定费用(在一定范围内不随产量变化的费用)和变动费用(随产量大小变化而变化的费用)分别编制固定预算和可变预算,以确保预算的灵活性。在编制可变预算时,应根据具体情况研究各种费用的变动程度,以确定各种换算系数,这样更有利于预算的合理性、准确性,减少预算变动的频繁程度。

(2)零基预算(Zero—Base Budgeting,简称ZBB)。这是一种有别于传统预算方法,得到西方企业广泛运用的一种预算方法。我国传统的预算编制方法一般都是以基期的各种项目费用的实际开支数为基础,然后再根据计划期内各种变动因素的情况来确定各项费用的预算值,采用的是增量或减量预算法。

零基预算法与传统的增量或减量预算法截然不同,其基本原理是对任何一个预算期,任何一种项目费用的开支,都不是从原有的基数出发,即根本不考虑各项目基期的费用开支情况,而是一切都以零为基础,从零开始考虑各项目所需的项目费用,并要求对每一项目编写具体方案,提出项目费用开支的目的及需要开支的数额。

然后由高层管理者对每一费用项目方案进行"成本—效益分析",对每一项目所需的费用和可能的收益进行比较,在此基础上进行费用项目的比较评价,并根据各费用开支项目的轻重缓急分成若干层次与顺序,结合计划期内可用资金来源分配资金,落实预算。

由于零基预算是以零为起点来观察分析一切生产经营活动、制定费用项目预算的,因而其编制工作量较大。但由于这种预算不受现行和传统预算的束缚,所以能调动起各级管理人员的积极性和创造性,并促使他们精打细算、量力而行,合理使用资金,从而提高资金使用效果。

(二)非预算控制

尽管有一些传统的控制方法运用了预算,但许多传统的控制方法与预算无关。这些非预算的控制方法也有许多种,这里重点介绍以下一些方法。

1. 统计数据资料

对企业经营管理的各个方面所做的统计分析和明确提出的统计数据资料(无论是历史的还是预测的),对于控制来说都是重要的。毫无疑问,大多数管理人员容易理解以图解或曲线图形所表示的统计数据,因为图表所表示的趋势及相互关系令人一目了然。然而,即使用图表形式来表示,如果要使数据资料有用,则应采取同某些标准做比较的方式来系统地阐述。销售额和生产费用上升或下降3%或10%的涵义是什么?谁应对此负责?以易于理解的方式来编制统计资料,不论是曲线图式、表格式还是图解式,都是需要想象力的一门艺术。

2. 专题报告和分析

专题报告和分析有助于对具体问题的控制。例行的会计和统计报表虽能提供不少必要的信息,但有关某些业务的信息往往还是不足。一名从事复杂的业务经营而富有成就的主管,聘用数名训练有素的分析人员组成一个参谋小组,这个小组培养出一种令人惊奇的辨别力,可辨别不正常的工作情况。他们的调查几乎总能揭示出有关降低成本或更好地运用资本的机会,而这恰恰是任何统计图表所无法表达出来的。

3. 经营审计

从广义上讲,经营审计就是企业内部的审计人员对企业的会计、财务和其他业务经营活动所做的定期和独立的评价。经营审计虽往往局限于对会计账户的审核,但就其最有用的方式而言,还包括对经营活动的全面评价,即按预计的成果来衡量实际的成果。因此,经营审计人员除了使本身确实弄清会计账户是否反映实际之外,还要对政策、程序、职权行使、管理质量、管理方法的效果、专门问题以及经营的其他方面做出评价。

【本章小结】

控制是组织在动态复杂环境下为保证组织目标的实现所必须采取的检查与

纠偏活动；控制的三个环节，即建立工作标准、根据建立的标准衡量实际工作情况、鉴定偏差并采取矫正措施同等重要，没有科学的标准不行，没有检查与矫正措施标准只能是一纸空文；了解控制的不同类型，根据实际情况选择合适的控制类型，是控制工作取得成效的前提。

关键名词： 管理控制　前馈控制　现场控制　反馈控制　蝴蝶效应　弹性预算　零基预算　预算控制　非预算控制

【伦理专题】

对VIE的反思

因为2011年备受关注的"支付宝事件"，VIE模式陡然成为中国互联网业界和媒体关注的焦点。普遍应用于中国互联网公司的VIE模式，其本质是"将一个原本简单的事情，复杂化"。某家公司通过各种形式的"协议安排"实际控制另一家公司，但要在表面上，做到两家公司互不相干，即不存在股权关系。

曾有过某家完全由中国人开的，却注册在境外的公司，通过我国香港子公司跟其在内地的子公司之间，一系列的"协议控制"的合同文本。其间，各种条款细节，足足超过300页。费尽周折，就是为了构建VIE模式这个表面文章。

为何如此多的中国互联网企业热衷VIE？

实属无奈。VIE最早的普及性应用是在互联网行业所隶属的电信领域，根据中国相关的监管政策，基础电信行业属于涉及国家安全的基础性行业，其对外资开放存在种种限制。而在现实的另一面，大量的中国互联网公司有着海外上市的融资需求，为了绕开证监会的审批，而将公司注册在境外。

于是，一家完全由中国人运营，并在中国市场开展业务的互联网公司，从法律意义上讲，变成了"外资"——这与监管部门，关于外资不得获取ICP牌照的政策相冲。

在此背景下，VIE模式也就是"协议控制"应运而生。一方面成功地绕开了相关的政策监管；另一方面实现了境外注册，内地运营的"双赢局面"。

但一个值得关注的事实是，自VIE模式在中国互联网行业应用以来，政府监管层大多采取默许态度。沿着这样的监管逻辑，VIE模式在中国互联网发展历史上，起到了积极的推动作用。自新浪采取VIE模式在美国上市以来，中国在境外上市的互联网公司无不利用VIE模式。来自海外资本市场的资金，源源不断地为中国互联网公司输送血液。

腾讯、百度、阿里巴巴等当今互联网的业界巨头，无不是VIE模式的受益者。毫不夸张地说，没有VIE就没有中国互联网的黄金十年。

而让VIE模式"对与错"的讨论成为舆论焦点的,却是此间闹得沸沸扬扬的第三方支付牌照事件。

到如今,如何"让趋于模糊和封闭的准入制度变得更加透明和开放,让牌照至上的审批经济逐步走向适度监管的市场经济",业界需要一次集体反思。

讨论题:
1. 为什么VIE模式在中国如此盛行?
2. VIE模式的优势和弊端在哪里?你认为应如何看待VIE模式?

【情景练习】

查克停车公司①

如果你在好莱坞或贝弗利山举办一个晚会,没有停车服务员你不可能开一个晚会,而南加州停车行业内响当当的名字就是查克·皮克。查克停车公司有雇员一百多人,其中大部分是兼职的,每周公司至少为几十个晚会办理停车业务。在一个最忙的周六晚上,可能要同时为6~7个晚会办理停车服务,每一个晚会可能需要3~15位服务员。

查克停车公司是一家小企业,但每年的营业额差不多有100万美元。其业务包含两项内容:一项为是晚会停车;另一项是不断地在一个乡村俱乐部办理停车经营特许权合同。这个乡村俱乐部要求有2~3个服务员,每周7天都是这样。但是查克的主要业务来自私人晚会。公司每天的工作就是拜访那些富人或名人的家。一个小型的晚会可能只要3~4个服务员,花费大约400美元。然而一个特别大型的晚会的停车费用可能高达2 000美元。

尽管私人晚会和乡村俱乐部的合同都涉及停车业务,但它们为查克停车公司提供的收费方式却很不相同。私人晚会是以当时出价的方式进行的。查克首先估计大约需要多少服务员为晚会服务,然后按每人每小时多少钱给出一个总价格。如果顾客愿意"买"他的服务,查克就会在晚会结束后寄出一份账单。在乡村俱乐部,查克根据合同规定,每月要付给俱乐部一定数量的租金来换取停车场的经营权。他收入的唯一来源是服务员为顾客服务所获得的小费。因此,在私人晚会服务时,他绝对禁止服务员收小费,而在俱乐部服务时小费是他唯一的收入来源。

---

① [美]斯蒂芬·罗宾斯著,黄卫伟等译.管理学.中国人民大学出版社,1997:494-495

讨论题：

1. 你是否认为查克的控制问题在两种场合下是不同的？如果确实如此，为什么？

2. 在乡村俱乐部，列举出查克可能采取的控制手段类型，如前馈控制、现场控制还是反馈控制？

3. 在私人晚会上，列举出查克可能采取的控制手段类型，如前馈控制、现场控制还是反馈控制？

思考题：

1. 管理控制与机械系统控制有什么异同？
2. 控制在管理工作中应体现出什么样的功能？
3. 控制的过程是怎样的？
4. 制定控制标准应注意哪些问题？
5. 如何保证衡量工作的准确性？
6. 按照不同标准对控制可以进行不同的分类，各自有什么样的优点与不足？

第十二章 绩效评价

本章导读

绩效评价贯穿于人类活动始终。本章介绍了绩效评价的起源、发展和功能,归纳了绩效评价工作的主要内容,并简要介绍了绩效评价理论在信息时代的创新,即平衡计分卡基本理论及原理流程分析。同时介绍了质量管理相关理论及全面质量管理的概念与特征、原则与内容,绩效评价既是控制工作过程中的重要环节,也是控制工作的深化。

问题导引

- 绩效评价与管理控制之间有何关系?
- 为什么要进行绩效评价?绩效评价工作有什么作用?
- 如何构建评价指标体系?
- 绩效评价如果不科学会出现什么样的后果?
- 平衡计分卡有哪些创新?
- 如何实施平衡计分卡?

【全球化管理案例】

销售数百亿,为何不着急赚钱?

京东商城是中国 B2C(Business-to-Customer)市场较大的 3C(Compuer,Communication,Consumer)网购专业平台,是中国电子商务领域受消费者欢迎和具有影响力的电子商务网站之一。2004 至 2010 年,京东商城的销售额分别为 1 000 万、3 000 万、8 000 万、3.6 亿、13.2 亿、36 亿、102 亿,2011 年收入为 212 亿元人民币。京东商城表示,2012 年预计收入为 450 亿元,2013 年预计收入为 700 亿元,2015 年收入预计为 1 900 亿元~2 200 亿元。

可是,销售额可观的京东商城却一直没有赢利,而且,刘强东

对此也并不太着急。下面是刘强东接受采访的一段摘录:

提问:刘总我想问一下,你怎么看外界对京东商城融资、扩张怪圈的看法?还有京东的盈利,京东什么时候才能开始盈利呢?

刘强东:对于京东盈利的事情我感觉到媒体比我们还着急,我们开了这么多早会,没有哪一天谈一谈我们该怎么赢利的。赢利一定是一个自然的过程,有两个前提条件,第一个前提条件就是你给用户带来的购物体验一定足够好,如果你连这个用户体验都不能保证的话,即使赢利也一定是短期的,也许可能赚个一年两年甚至三年四年的钱,但是几年之后,早晚有一天你完蛋了。第二,作为一个电子商务公司,一定要有足够大的规模,我们不认为一家公司零售额如果是几十亿一百亿规模的话是不能够赚钱的,所以京东现在跟整个行业的发展规律都是有关系的。当然我还是那句话,京东现在不赢利不代表京东没有赢利能力,之所以这么多投资人而且都是全球顶级聪明的人敢于投这么多钱给京东,是因为他们非常清醒地看到我们随时都具有赢利能力,如果我想下周赚钱的话,我可以保证我下周赚的钱比国内上市的电子商务企业一个季度赚的钱更多。

提问:那现在其实京东是不是想走亚马逊的路线?

刘强东:老实说在中国,你可以去借鉴一些国外成功的做法,但是你不能完全拷贝。不能说亚马逊做的一切都是对的,但是他在美国都是对的,照搬中国来不一定是对的,所以京东我们可以不会去拷贝任何一个公司,我们只能按照我们对用户的理解,每年不断进行创新,其实每年我们大量的微创新大家可能不是很关注,长期慢慢发展过程中,京东在一年比一年变好,实际上这都是我们根据中国的这个市场环境,经过中国的特殊国情的情况下,做出来的有别于美国亚马逊的东西,包括配送,亚马逊在美国是没有做的,也不需要做的,可是在中国我们做了,而且也必须做。

可见,除了盈利,还有更多甚至更重要的考核指标,来评判组织管理是否成功。那么,组织创造的成果,除了利润,还有哪些?这一系列产出,所反映的共同问题是什么?

第一节 绩效评价概述

绩效评价是指采用特定的指标体系,对照统一的标准,通过定量、定性和对比分析,对企业一定经营期间的经济效益和经营者业绩做出客观、公正和准确的综合评判。

从近现代经济发展史看,真正意义上的企业绩效评价需求,是在19世纪中后期现代公司制度诞生以后,公司所有者为了加强资本所有权控制而提出来的。

经过一个多世纪的探索和实践,企业绩效评价已经成为一种比较成熟的监管手段,在促进企业改善经营管理、提高经济效益方面发挥着越来越重要的作用。

一、绩效评价产生的动因

绩效是业绩与效率的统称,包括行为过程和行为结果两层含义。绩效评价,即对人类行为效果和效率的评价,其根本目的是通过将劳动耗费与劳动成果进行比较,最大程度地获取劳动收益。这种评价行为贯穿于人类活动始终。如封建社会时期,封建主为了防止自己的私有财产不受管家的侵蚀,除加强日常的监督外,还要查阅会计账簿,检查财务是否属实。这种活动实际上就是一种评价行为。

企业绩效评价也是人类生产经营活动的产物。但它是在人类生产、生活活动发展到一定阶段,特别是在现代公司组织形式出现以后才产生的企业管理和考核形式。

现代企业中的所有权与经营权分离是企业绩效评价产生的根本原因。在商品经济出现之初,原始的企业组织形式是手工作坊和货栈、客栈等业主制,企业老板自主决策、自主经营。19世纪上半叶,随着欧美机器大工业的发展,个人独资和合伙办企业,在技术和资金上存在一定问题,于是股份公司在铁路、水运、矿山、电力和煤炭等部门得到广泛发展。20世纪50年代,股份公司成为现代公司的标准组织形式。

与现代公司制度伴随诞生的是所有权与经营权的分离,也称为所有权和控制权的分离。现代公司迫于市场竞争的压力,需要不断扩大规模和拓展经营领域,企业管理过程日益复杂,资本的所有者由于经营能力所限,不得不聘请专业人士进行经营管理。另一方面,随着资本市场的发展,企业股东越来越分散,众多的股东不可能直接经营企业,而只能按照公司法的规定,通过股东大会选择具有专业知识和经营能力的经营者去管理企业。

资本的所有权与控制权的分离,客观上造成了委托人和代理人之间的信息不对称问题,加上委托人和代理人立场不同,利益不完全相同,因此两者的效用函数形成了巨大差异。在代理人与委托人的效用函数不一致的情况下,形成了现代公司中的代理成本问题。在此情况下,如果没有适当的评价约束机制,代理人就可能利用委托人的授权谋求自身效用最大化,最终将使委托人付出高昂的代理成本。可以说,绩效评价系统的建立则可以在这两个控制主体间架起一座彼此信任的桥梁。

二、绩效评价的主要作用

从企业管理角度看,绩效评价系统在整个企业管理系统中居重要地位,是企业管理控制的一个有机组成部分。设计良好的绩效评价系统有助于组织中各部门、各成员采取一致行动。如果将管理工作过程简略地看作 PDCA 循环过程(P 计划、D 实施、C 检测、A 行动),那么检测的主要工作内容就是进行绩效评价。因此,绩效评价是连接管理过程循环的一个重要支点,没有这一支点,管理过程就不能实现循环。

企业绩效评价系统是现代企业制度的重要组成部分,其作用主要体现在以下几个方面。

第一,绩效评价系统可以把企业的战略使命转化成具体的目标和测评指标,企业的所有者能够快速、全面地了解企业的现状和预测未来。同时,企业的经营者能够在大量的信息数据中,集中精力分析评价那些对企业生存、发展有关键作用的信息数据。因此,良好的绩效评价是一个非常好的管理反馈系统。同时,由于它涉及企业的各个部门、层次,因此,也是一套非常好的沟通系统。

第二,绩效评价系统能够促进企业激励与约束机制的建立。通过对经营者的业绩进行全面、客观、正确的评价,剔除影响企业绩效的干扰因素,有助于做好对经营者业绩的考核,建立有效的激励与约束机制。

第三,绩效评价系统有利于正确引导企业的经营行为,提高竞争力。随着竞争的加剧,企业能否在竞争中立于不败之地,主要取决于企业战略性竞争优势的取得。战略性竞争优势是指企业在同业中所具有的长期、稳定、综合的竞争实力,关键是形成其特有的核心竞争力,包括通过技术创新所形成的技术优势、通过产品创新所形成的产品优势、通过制度创新所形成的组织和人才优势等。战略性竞争优势必定在战略经营业绩上体现出来。因此,建立科学、系统、全面的衡量企业战略经营业绩的指标体系,直接关系到对企业战略经营业绩和竞争优势的正确评价。

第四,绩效评价系统有利于企业有限资源的合理运用。绩效评价包括了企业获利能力、资本运营、债务状况、经营风险、企业竞争地位变化、持续发展能力、客户满意度等多方面的内容评价,可以全面系统地剖析影响企业目前经营和长远发展的诸多因素,能够全方位地判断企业的真实状况,因此,通过评价可以促使企业对有限的资源进行合理配置,将企业的近期利益与长远目标结合起来。

第五,绩效评价系统的建立,便于企业的所有者和经营者从繁多的指标中找出影响企业短期效益和长期发展能力的关键因素,掌握其中的关联效应,更好地做到企业短期目标和长期目标的平衡。

【信息化管理专栏】

ERP

ERP 是 Enterprise Resource Planning（企业资源计划）的简称，是 20 世纪 90 年代美国一家 IT 公司根据当时计算机信息、IT 技术发展及企业对供应链管理的需求，预测在今后信息时代企业管理信息系统的发展趋势和即将发生变革，而提出了这个概念。

ERP 是针对物资资源管理（物流）、人力资源管理（人流）、财务资源管理（财流）、信息资源管理（信息流）集成一体化的企业管理软件。一个由 Gartner Group 开发的概念，描述下一代制造商业系统和制造资源计划（MRP II）软件。它将包含客户/服务架构，使用图形用户接口，应用开放系统制作。除了已有的标准功能，它还包括其他特性，如品质、过程运作管理、以及调整报告等。特别是，ERP 采用的基础技术将同时给用户软件和硬件两方面的独立性从而更加容易升级。ERP 的关键在于所有用户能够裁剪其应用，因而具有天然的易用性。

但是，ERP 本身不是管理，它不可以取代管理。ERP 本身不能解决企业的管理问题。企业的管理问题只能由管理者自己去解决。ERP 可以是管理者解决企业管理问题的一种工具。不少企业因为错误地将 ERP 当成了管理本身，在 ERP 实施前未能认真地分析企业的管理问题，寻找解决途径，而过分地依赖 ERP 来解决问题。

三、绩效评价理论的发展

19 世纪中后期，企业绩效评价作为一项重要的管理工具，在西方国家开始兴起。特别是第一次世界大战以后，随着西方现代工商企业组织形式迅速发展，市场竞争日益激烈。为了提高企业运行效率，保证企业在激烈的市场竞争中立于不败之地，资本所有者和企业内部对经营绩效评价表现出了前所未有的重视，直接推动了企业绩效评价理论的大发展。1932 年英国管理专家罗斯提出了评价企业部门的思想，并设计了访谈方式了解部门绩效。美国管理咨询大师詹姆斯·麦金西也在 20 世纪 30 年代提出，应对企业进行定期的经营管理状况评价。1950 年杰克逊·马丁德尔提出了一套比较完整的管理能力评价指标体系，主要包括公司的社会贡献、组织结构、对股东的服务、研究发展、董事会业绩分析、公司财务政策、公司生产效率、对经理人的评价等。在 20 世纪 50 年代，这套体系被许多公司和管理咨询机构所采用。

进入 20 世纪 80 年代，西方国家理论界和有关行业组织对企业绩效评价的研究逐步深入。美国管理会计委员会从财务效益的角度发布了"计量企业绩效说明书"，提出了净收益、每股盈余、现金流量、投资报酬率、剩余收益、市场价值、经济收益、调整通货膨胀后的绩效等八项计量企业经营绩效的指标。随着市场竞争的加剧,会计理论界进一步提出了企业绩效评价的权变理论,该理论认为,实践中没有一成不变的、普遍适用的管理原则可以遵守,企业必须随机应变,及时有效地对社会环境变化做出反应,才能立于不败之地。克莱夫·伊曼纽尔博士和戴维·奥特利博士根据权变理论提出了由十七项指标构成的"权变绩效计量"体系。这是一个定量评价与定性评价相结合的复合评价体系,首次将生存能力、应变能力纳入绩效评价的范围,从而使评价结果能够反映企业的生命力,是一种更加综合的评价方法。

20世纪80年代末90年代初,随着世界经济一体化进程加快,计算机技术和网络技术发展的突飞猛进,人类进入信息社会。为了适应经济全球化和以信息技术为代表的新经济时代更加激烈的市场竞争,一些西方发达国家的投资者、管理咨询师否定了过去单纯以利润率和现金流量等财务指标进行企业绩效评价的方法,而代之以企业价值最大化目标。即对公司现实和未来价值的判断标准是企业拥有多少知识资本和社会资源,包括技术人才、创新能力、顾客认同程度、产品的市场占有能力、管理信息系统是否有效率、经营环境是否恶化等。虽然也重视财务指标,而且财务指标是判断企业是否有效率的基础信息,但人们越来越重视反映企业经营绩效的非财务信息,特别是技术创新能力、学习能力和市场占有能力,以全面地立足市场来评价经营者绩效。

第二节 绩效评价的主要工作内容

  周许昌担任H公司新产品开发部主管已经有三个月时间了,这家刚成立不到一年的公司将周许昌外聘进来负责该部门的管理事务。三个月下来,周许昌发现,本部门的员工虽然平时工作忙忙碌碌,对新产品开发也不乏优秀的创意,可是最后的结果不是上层领导通不过,就是好的创意如强弩之末,浅尝辄止了。周许昌也想尽办法激励属下员工开发好的新产品,可是没有人知道问题究竟出在哪里。

  该公司的问题就出在没有建立起有效的绩效评价体制。缺乏绩效评价体制,企业无法对员工的行为实时监控,无法对员工的贡献做出准确、合理、公正的评价;无法为员工的培训需求提供依据;也就无法为员工制定自己的职业生涯规划提供合理、客观的数据依据,从而打击了员工工作的积极性,损害了员工的创造性。那么,周许昌该如何对在 H 公司的新产品开发部进行绩效评价呢?①

评价是根据确定的目标来测定对象系统的属性,并将这种属性变为客观定量计值或者主观效用的行为。一般地讲,评价过程通常包括确定评价目的、选择评价对象、构建指标体系、设置评价标准、衡量实际绩效、形成评价报告六个主要步骤。这六个步骤共同组成一个完整的绩效评价工作系统,它们之间相互联系、相互影响。其中,评价目的是绩效评价工作系统的中枢。不同的评价目的决定了不同评价对象、评价指标和评价标准的选择,其最终报告的形式也不同。可以说没有明确的目的,整个绩效评价工作将处于混乱状态。

一、确定评价目的

评价目的是开展评价活动的理由,回答了为什么要进行绩效评价。评价目的是整个评价工作系统的中枢。不同的评价目的决定了不同评价对象、评价指标和评价标准的选择,其最终报告的形式也不同。只有明确了评价目的,评价活动才可能具有针对性。

绩效评价目的主要取决于评价主体的信息需求。评价主体是评价行为的组织发动者,如企业的股东、债权人或企业高层管理者都可能作为某次评价活动的主体。不同的评价主体有着不同的评价目的。如,对同一企业实施绩效评估,股东的目的可能主要是为了考核企业经营者,债权人可能主要是为判断企业偿债能力,企业内部的高层管理者则可能是为了考察计划的执行情况。即使同一评价主体,在企业发展的不同阶段或者面临不同的具体情形,所需掌握的关键信息并不完全相同,相应地,进行绩效评价时关注的焦点或评价的主要目的也会发生变化。

二、选择评价对象

评价对象是评价行为实施受体。主要有两类评价对象:一类是企业中的某个部门、业务单位或者整个企业;另一类是企业人员,按照具体的目的,可以对包括从一线员工到部门主管再到企业高层管理者在内的各类企业人员进行绩效评价。

评价对象是一个变动的范畴,由评价组织机构根据实施评价的目的、范围等具体的评价目标来确定。例如,某地区的经济综合管理部门,为科学地制定地区

---

① 选自胡君辰.企业内的关键绩效评估. http://www.fdms.fudan.sh.cn/baselib/xxzx/200210/239.shtml

性经济政策,需了解本地区各行业的发展状况,根据这一评价目标和需求,该部门可以选择本地区的煤炭、冶金、化工等几个重点行业作为评价对象,对其绩效状况进行评价。再如,某企业要对自身的绩效状况进行评价,以改善管理,提高效益,那么其评价的对象就应该在本企业内部选择,按照具体情况,其评价活动可围绕企业的某些人员或者部门展开。

选定恰当的评价对象对成功的绩效评价非常重要。评价对象的选择,一方面会直接影响评价活动是否能最终实现当初确定的评价目的;另一方面,绩效评价结果也将会对评价对象产生影响,甚至关系到评价对象今后的命运。如股东对企业的评价关系到其扩张、维持、重组、收缩、转向或退出等;对经营管理者的评价关系到其奖惩、升降等。

三、构建指标体系

一般地,绩效评价时所选的每一个评价对象,都是一个复杂的有机体,很难对这一有机体的各方面进行完全彻底的评价,这既不符合成本效率原则,也没有必要性。因此,在选定评价对象之后,接下来就应该回答:为实现评价目的满足评价主体的信息需求,需要对所选评价对象从哪些方面进行评价,即如何构建绩效评价指标体系。

评价指标体系是指为了实现评价目的,按照系统论方法构建的由一系列反映评价对象某些侧面相关因素的指标集合而成的系统结构。评价指标是绩效评价内容的载体,也是绩效评价内容的外在表现。评价指标体系中所包含的每一项指标都应与评价目的紧密相关。实际上,评价指标体系界定了针对评价对象开展评价活动的领域与焦点。

评价指标体系可能仅由单一指标构成,也可能包含多项指标。构建评价指标体系主要涉及两个问题,首先是评价指标的选择,其次是为不同的评价指标分配权数。指标权数是在一个特定的评价指标体系中,每项指标占有的比重。对评价指标赋予不同的权数,体现了评价指标体系各要素对绩效评价结果的影响程度和重要程度。评价指标是评价指标体系的构成要素,而评价指标项目的权数则确定了评价指标体系的结构。

评价指标的选择主要取决于评价目的,为实现不同的评价目的,需要收集不同的信息,相应地也就需要选择不同的评价指标。理想的状况是,评价指标体系中的每个评价指标都与评价目的直接相关,而且这些指标能完全涵盖为达到评价目的所需的全部信息。

评价主体对评价对象所持的某些假设也会直接影响评价指标的选择和评价指标体系的构建。例如,按照评价主体所持假设的不同,对于员工业绩评价的方法可分为以个人为中心、以工作为中心和以目标为中心三种形式,其评价指标体系也大相径庭。以个人为中心所采用的方法倾向于评估员工的某些个人品质或特征,此方法假设这些个性特征与个人业绩间存在某种联系。以工作为中心的方法基于这样一种思想,即员工现有工作的责任应作为评估其业绩的适宜判断标准。以目标为中心的方法,是根据工作中的主要责任建立相应的特定目标,并在评估期末(如一年或半年)针对所设定的目标来衡量实际所达到的绩效。当前采用最多的是以目标为中心的评估方法。

再如,对企业绩效进行评价时,常常采用的关键绩效指标(KPI)的设计过程:绩效评价主体首先对企业未来的关键成功因素达成共识,然后将这些关键成功因素具体表现在评价指标上。这些指标有财务方面的,如投资报酬率、销售利润率、每股税后利润等;也有非财务方面的,如售后服务水平、产品质量、创新速度和能力等。但是,不同的评价主体对同一企业成功关键因素组合可能会有不同的假定或看法,相应地,评价指标体系的构成也将不同。

指标权数是对评价指标进行无量纲化处理的重要条件,在多指标综合评价体系中起着举足轻重的作用。每项指标对评价对象绩效的影响程度不同,其所占有的权重应有差别。不同的评价目的,评价指标权数的设置也有所区别。在实际操作中,根据多层次评价指标体系的特点在权数设置上进行分层处理,根据不同层次指标评价的需要,可同时采用德尔菲法(专家意见法)和相关性权重法来确定每个指标的权数。

总之,评价指标体系的构建是一项具有挑战性的工作。为此,在进行评价指标体系的设计时,评价主体需要对实际的绩效评价情形进行系统分析,并遵循以下几条基本要求。

1. 科学性与全面性相结合的原则

科学性原则是一切科学研究工作的共同原则。在设计绩效评价指标体系时,这一原则体现在把握绩效评价内涵的正确性、指标体系设计的完备性、数学处理方法的逻辑严密性以及参量因素分析的准确性等几个方面。同时,由于企业经营管理是配置资源、提供适合市场需要的产品和服务的运动过程,而经营活动和绩效评价本身又受多种因素影响。所以在设计评价指标体系时,还应按照全面性原则,使指标体系全面反映各有关要素和各有关环节的关联及彼此间互动的过程。

2. 相对性与系统性相结合的原则

评价指标有相对性和绝对性之分。过去计划经济时代我国常常采用绝对指标对企业进行考核,如完成产量、产值,实现利税等等。但绝对指标不能反映企业资源使用的真实水平,掩盖了企业的生产效率,不能从真正意义上反映企业的投入产出效益。而相对指标即比率指标,则克服了绝对指标的这些缺陷,如采用净资产收益率、总资产报酬率来评价企业的收益性,能反映企业的经济效益水平和盈利能力。因此,在设置绩效评价指标体系和选取个体指标时,要根据各指标对实现评价目标的重要程度,同时考虑各类指标在评价指标体系中的合理构成,以达到评价指标既能突出重点,又能保持相对的均衡统一,实现系统的最优化。

3. 定量与定性相结合的原则

定量指标较为具体、直观,通常可用货币金额、产销数量、完成比率、完成阶段等来表示。定量指标有很多优点,如可以制定明确的评价标准,衡量实际绩效时也可以计算出该指标的实际值,而且通过量化的表述,使评价结果给人以直接、清晰的印象。然而,绩效评价是一个多维的复合系统,不是所有的反映绩效的因素都能够量化。譬如,研发成果、员工士气、企业形象及履行社会责任等方面的评估,虽然很多企业在这些项目上投入大量的人、财、物,但由于其手续复杂、时间漫长,很难以数字来表达。这就要求对这些因素设计定性指标予以反映。其实,在很多情况下,这些定性指标所含信息量的宽度和广度,不但可以弥补定量指标的不足,还可以避免定量指标过分强调短期目标的某些负面影响,使绩效评价结果更具有综合性和导向性。所以,评价指标的选择既要包括定量指标,又要包括定性指标,遵循定量指标与定性指标相结合的原则。

4. 财务与非财务相结合原则

传统的绩效评价,多注重可用货币单位计量的财务性指标,因为对于这些指标,可以直接引用会计报表上的数据资料,或转换成相关比率来评价和衡量。财务指标当然是绩效评价中最重要的一类指标,常常必不可少。然而,在很多情况下非财务性指标也越来越重要。如在评价企业运营绩效时,产品质量、技术进步、生产效率、市场占有率等指标,对绩效评价是否全面、准确也非常关键。因此,在实际构建评价指标体系时要特别注意引入一些恰当的非财务指标,以保证绩效评价指标体系的全面性、完整性与科学性。

5. 动态与静态相结合的原则

评价指标体系在指标的内涵、指标的数量、体系的构成等方面均应有相对的稳定性。但是随着企业经营环境的变化,绩效评价体系也应做相应的变更。因此,绩效评价体系还具有明显的动态性特征。

6. 可比性与可操作性相结合的原则

所谓可比性,就是评价指标应具有普遍的统计意义,使评价结果能够实现纵向比较和不同评价对象间的横向比较。而可操作性是指在满足评价目的的前提下,应结合具体绩效评价实际情况,使所设计的评价指标体系概念清晰、表达方式简单易懂、数据易于收集。只有将这二者有机结合,才能设计出客观可行的评价指标体系。

四、设置评价标准

控制标准是所期望的最终绩效水平,它构成了控制过程的基础。绩效评价标准是控制标准在评价指标上的具体化,是评价工作的基本准绳,也是客观判断评价对象绩效优劣的具体参照物和对比尺度。设置评价指标实际上就是为评价标准体系中的各评价指标赋予标准值。评价标准在整个评价工作中占有重要地位,如果没有明确的评价标准,就无法实施具体评价。由此可见,设置评价标准是实施绩效评价的前提。绩效评价指标分为定量指标和定性指标,与此相应,需要分别为这两类绩效评价指标设置评价标准。

一般地,绩效评价指标的标准可以通过下列五种方法来设置。

1. 经验标准

凭经验来决定合适的标准。这类标准的客观性较差,易受评价人员的知识、经验、判断能力和对评价标准把握程度的影响。

2. 行业标准

采用行业标准为绩效评价的标准。由于不同行业间具有不同的生产经营特点,其投入产出水平往往会有较大差距。该类标准有助于客观分析企业绩效的实际水平和在同行业中所处的地位,进行横向分析和对比判断。但是,对初入行业的企业,不宜采用行业标准,而更适用历史标准。因为历史标准能够反映这些企业自身的成长情况,待市场份额稳定后,再与行业标准比较。

3. 计划标准

以预先确定的目标作为标准。计划标准是比较理想的评价标准之一,为很多企业普遍采用。但是,采用这类标准也存在明显的缺陷,即在实际评价工作之前已经进行了良好的准备。如进行目标管理将目标层层分解,通常需要全体员工的积极参与,以及上下级彼此间的充分沟通。再如编制预算要耗费时间与财力,成本很高,而且预算的合理性也常常受到未来不确定性的影响。

4. 历史标准

以评价对象的历史数据为标准,按基期的不同又可分为同比和环比两种。但是,在如下两种情况下不宜选择这类标准:在其后两个评价期内,影响评价对象实际绩效的各种内外条件发生较大变化;评价对象的历史绩效低得令人难以接受。

此外,历史标准往往与行业标准结合使用。如果仅仅使用历史标准,那么当基期标准过低时,易导致"无功受禄";而基期标准过高时,又易导致"鞭打快牛"。因此,同时采用行业标准,与同业平均水平比较是克服这些缺陷的理想辅助手段。

实际评价中具体选用哪种方法来确定评价指标标准,主要根据评价目的、评价环境和信息收集条件来确定,其中满足评价目的需要是评价标准制定方法选择的主要依据。但是,有效的绩效评价标准通常须具备下列几个特征:标准应该具有挑战性,经过努力应该可以实现;标准尽力量化,不能量化也应具体明确;标准既可作为评价与计划的基础,也可作为发现问题并适时改正的基础;标准应以客观绩效而不是主观判断为基础,应透明并广为人知,而且经被评价者认可;标准应能作为一种共同观念、共同语言和沟通工具。

五、衡量实际绩效

- 衡量实际绩效的主要内容就是收集有关评价对象的信息,确定评价指标体系中各项指标的实际值。评价者在衡量评价对象的实际绩效前,应该对收集哪些信息、如何收集、收集频度、由谁来收集等做出合理安排。

1. 信息的内容

明确需要收集哪些信息是衡量实际绩效中最为重要的方面。评价主体应该按照评价指标体系中各项指标所涉及的具体内涵,展开信息数据的收集工作。但是,实际中容易出现一种错误倾向,即信息收集仅侧重于那些易衡量的项目,而忽视那些不易衡量、较不明显却又相当重要的项目。这些错误将导致所收集的信息不能全面支持评价目的的实现,甚至徒劳无功。信息收集工作应该充分反映绩效评价各项指标的实际情况,能够为评价主体得出评价结论、撰写绩效评价报告提供事实依据。

2. 信息的来源

为客观全面地反映评价对象的实际绩效,可以通过多种方式来收集评价工作所需的信息。例如,当评价对象是企业中层管理者时,与该评价对象实际绩效有关的有效信息收集途径包括被评价者本人、同一层级的其他管理者、该评价对象的下属或其上级主管人员。在实际衡量中,评价主体可结合具体情况选用一种或多种信息源。选用多种信息源虽然有助于更加客观、全面、准确地衡量评价对象的实际绩效,但是,多种信息源加大了信息收集的工作量。此外,还须考虑不同来源信息在实际衡量中应占多大的权重比例。

3. 信息收集的方法

评价主体可以通过亲自观察、分析报表资料、召开会议和抽样调查等方法来收集与评价对象实际绩效有关的资料和信息。

(1)亲自观察。评价主体通过个人亲自观察,亲眼目睹工作现场的实际情况,能为评价主体提供有关实际工作的第一手的、未经他人过滤的信息。特别是对一些无法量化的评价指标,亲自观察则是收集实际绩效信息的重要方式,通过亲自观察到的某些现象推断组织中某些工作的好坏。比如,从员工的合理化建议增多或许可以推断企业的民主化管理有所加强,员工工作热情下降、迟到现象增多可能是分配不公所致,等等。走动式管理是亲自观察的典型形式。

走动式管理(Management by Walking Around,MBWA)

美国学者彼得斯(Thomas J. Peters)和奥斯汀(Nancy Austin)在《赢得优势》(1985年)一书中提出来的一种新型的领导方式和领导艺术。这种领导方式主张面对面地领导,领导者要深入基层,深入实际,到处走走看看,进而与顾客在一起,同销售商在一起,同自己的职工在一起,也就是同预兆新事物到来的第一次震动保持接触。

走动式管理的基本思想是领导者通过深入基层,自由接触员工,进而在企业内部建立起广泛、非正式的、公开的信息沟通网络,做到体察下情,沟通意见,共同为企业目标奋斗。目前,西方企业管理人员普遍认为,行动重于空谈,深入现场解决实际问题远比组织名目繁多的委员会和撰写冗长的研究报告更有意义。所以,一个运转有效的企业,其领导者很少坐在办公室里发号施令,而是深入现场和基层,发现问题,解决问题。这种新型的领导方式不仅会极大地提高管理的效率,而且会极大地促进上下级之间的思想交流和感情联系,有利于提高全体职工的士气,促进企业发展。

运用走动式管理,需要重点做好三件事。这三件事是:倾听、教育和促进。倾听是保持接触的基本要素,即从供应商、顾客、自己的职工那里获得第一手的、未被歪曲的真实情况。倾听必须建立在关心的基础之上。走动式管理的同时必须进行教育和促进。通过到处走走,领导者可以把价值观念面对面地传播给职工,可以为职工提供直接的帮助,进而教育职工,促进职工的发展。

但是,当评价指标体系庞大,衡量实际绩效所需的信息量很大时,这种方式的局限性就会显现出来。亲自观察不仅需要花费大量的时间和精力,而且易受个人偏见的影响,不同的观察者对同一事件可能会形成不同的印象。此外,这种方式如果不能被员工正确理解,则会被认为是对员工不信任的标志,从而招致员工的抵触。

(2)书面报表和报告。这是经由书面资料了解工作情况的常用方法。当前,计算机在组织中的广泛应用使得评价主体越来越依赖统计报告来收集衡量实际工作所需的信息。统计报告能提供大量的数据、图表,不仅一目了然而且能显示各项指标之间的相互关系,可以大大节省评价主体的时间。但是这种方法所提供的信息也是有限的,它只能为一些可以量化工作情况提供数字指示,而不能反映重要的定性因素。此外,信息的准确性在很大程度上取决于这些报表、报告的质量。

(3)召开会议。让评价对象口头或书面汇报各自的工作近况及遇到的问题,这既有助于评价主体对评价对象工作情况的了解,又有助于加强双方的沟通和协作。这种衡量实际工作方法的优缺点与亲自观察相似。虽然部分信息被过滤了,但这种方法较为快捷,能够带来实时反馈信息,并且能借助表情、声调、言语等加深评价主体对信息的理解。以前,口头报告的一个主要缺陷是难于制作成信息文件以备以后参考,然而随着技术水平的提高,口头报告也能像书面报告一样被永久记录下来。

(4)抽样调查。即从整批调查对象中抽取部分样本进行调查,并把结果看成是整批调查对象的近似代表,如随机抽取几件产品来检查成批产品质量,找几位同学谈话来了解整个班级的情况等都属于抽样调查。这种方法可节省调查成本及时间。

事实上,以上各种方法都有其优缺点,实际工作中,评价主体应对各种方法进行统筹规划基础上加以综合利用。既有助于精简信息收集工作,又可确保信息的数量和质量。

4.信息收集的频度

也即信息收集的次数或频率,通俗地说就是对评价对象的实际绩效间隔多长时间进行一次信息收集。每时、每日、每周,还是每月、每季或者每年?信息收集是定期的,还是不定期的?当然,对不同的评价对象,信息收集的频度可能不一样。

有效的信息收集工作要求确定适宜的频度。信息收集频度过高,不仅会增加费用,而且会引起评价对象及有关人员的不满,影响他们的工作态度,从而对整个组织目标的实现产生负面影响;但信息收集的次数过少,则可能造成信息准确性降低,许多重大的偏差不能被及时发现,不能及时采取纠正措施,从而影响组织目标和计划的完成。

适当的信息收集频度主要取决于评价主体的信息需求、评价对象的性质要求。例如,与产品质量好坏有关的信息常常需要以件或小时、日等较小的时间单位来进行收集,而对新产品开发活动的业绩信息则可能需要以月或更长的时间单位来进行收集。

六、撰写评价报告

绩效评价分析报告是绩效评价系统的输出信息,也是绩效评价系统的结论性文件。绩效评价人员以绩效评价对象为单位,通过会计信息系统及其他信息系统,获取与评价对象有关的信息,经过加工整理后得出绩效评价对象的评价指标数值或状况,将该评价对象的评价指数的数值与预先确定的评价标准进行对比,通过差异分析,找出产生差异的原因、责任及影响,得出评价对象绩效优劣的结论,形成绩效评价报告。

绩效评价报告是绩效评估工作最终成果的体现,其撰写有规定的格式和要求。评价报告主要由封面、正文和附录三部分组成。

封面要写明评价对象、评价委托机构和评价实施机构。

正文是绩效评价报告的主要组成部分,是反映评价对象绩效信息和评价工作成果的重要载体。正文的质量一定程度上体现了整个评价工作的质量。正文部分至少应包括以下主要内容:写明评价委托方、对评价对象基本情况的描述、评价的依据和过程(概述本次评价的评价方法、评价标准、数据信息的来源、评价实施的过程)、评价结果和结论。

附录包括评价对象的绩效分析报告、有关数据信息的核实确认及调整、评价工作人员名单等。限于篇幅,评价报告正文对评价对象实际绩效的分析不可能十分透彻,为深入分析评价对象的绩效现状,评价工作组需要撰写绩效分析报告。绩效分析报告除了对评价对象的有关基本情况给予更详细的介绍外,重点要分析绩效评价的结果。其分析方法主要有:比较分析法、结构分析法、趋势分析法、因素分析法等。最后在分析的基础上找出问题的本质,并有针对性地提出解决问题的相关建议。

绩效评价人员在对评价对象的实际绩效与评价标准进行对比分析时,为保证客观公正,需要注意将评价对象无法控制的因素所产生的影响尽量排除在外,如重大意外灾害、原材料价格变动、利率调整、汇率变动等。这就要求评价人员应具备明确划分可控制或不可控制因素的能力。例如,企业本身应注意而未注意或疏于管理防范所发生的火灾,不能归于不可控制因素;但因地震等不可抗拒因素而发生的事项,则属于不可控制范围。又如前任因盲目扩张所作的错误决策造成折旧及利息等相关费用,现在也属于不可控制因素之一。总之,绩效评价应以可控制范围为基准。

绩效评估部分撰写完毕后,还需要将报告反馈给评价对象,这可避免评价工作中的疏忽导致的评价结果失实、评价结论失当,而且有助于评价对象自身深刻认识目前存在的问题,并采取相应的改进措施。

第三节 质量管理

产品和服务是企业最主要的产出,也是企业竞争取胜的关键。因此,积极推进全面质量管理,建立质量保证体系,不断提高质量管理水平,保证为市场提供品质优良的产品,便成为企业管理的一项重要任务。而由产品质量控制所发展来的全面质量管理体现了控制的整合性,后来发展的ISO9000质量控制体系则体现了控制理论的规范化与科学性的趋势。

一、全面质量管理的概念与特征

全面质量管理是以组织全员参与为基础的质量管理形式,起源于美国,后来在其他一些工业发达国家开始推行,并且在实践运用中各有所长。特别是日本,在20世纪60年代以后推行全面质量管理并取得了丰硕成果,引起世界各国的瞩目。20世纪80年代后期以来,全面质量管理得到了进一步的扩展和深化,逐渐由早期的TQC(Total Quality Control)演化成为TQM(Total Quality Management),其含义远远超出了一般意义上的质量管理领域,成为一种综合、全面的经营管理方式和理念。

1994年版ISO9000族标准中对全面质量管理的定义为:一个组织以质量为中心,以全员参与为基础,目的在于通过让顾客满意和本组织所有成员及社会受益而达到长期成功的管理途径。它是一个系统化、整体化的体系。

全面质量管理为各组织的持续改进提供了一整套的理念。TQM哲学强调了统一性、整体性、系统性和全面性,全面质量管理需要通过组织从上到下,各个层次员工的积极参与,长期的投入以持续提高质量,满足并超出客户的期望。这种由最高管理层开始的宗旨被看作是一种组织生活的方式。全面质量管理的特征体现在以下几个方面。

1. 全面质量的管理

所谓全面质量就是指产品质量、过程质量和工作质量。全面质量管理不同于以前质量管理的一个特征,就是其工作对象是全面质量,而不仅仅局限于产品质量。全面质量管理认为应从抓好产品质量的保证入手,用优质的工作质量来保证产品质量,这样能有效地改善影响产品质量的因素,达到事半功倍的效果。

2. 全过程的质量管理

任何产品或服务的质量,都有一个产生、形成和实现的过程。要保证产品或服务的质量,要把质量形成全过程的各个环节或有关因素控制起来。不仅要搞好生产或作业过程的质量管理,还要搞好设计过程和使用过程的质量管理,形成一个综合性的质量管理体系。全过程的质量管理就意味着全面质量管理要"始于识别顾客的需要,终于满足顾客的需要"。

3. 全员的质量管理

传统的质量管理都是由组织中的质检部门单独操作的。在组织中安排一些检验人员,专门从事这方面的工作。在这样的组织中,生产者对于"质量"概念十分淡薄。这种质量管理方式严重阻碍了组织生产效率的提高,妨碍了组织有效的运转。

一个组织的有效运转,必须依靠其每一个组成部分的紧密配合,只有大家目标一致、行动一致时,组织才会有更好的发展前景。全面质量管理倡导的就是这样一种观点,它让每个人都参与到质量改进的活动中去,从而减少无效的行动,改变不断返工的现象。产品质量是企业各方面、各部门、各环节工作质量的综合反映。企业中任何一个环节,任何一个人的工作质量都会不同程度地直接或间接地影响着产品质量或服务质量。因此,在全面质量管理中,对于质量的管理决不仅仅局限于生产或操作领域中,而是一种全员行动。

4. 坚持以工作质量为重点

全面质量管理所控制的对象,如产品质量和服务均取决于工作质量,因此应以工作质量为重点,主张以零缺陷和一次成功作业作为企业的质量标准,检查出的缺陷越早,成本惩罚越低。除了这些可测量的成本外,缺陷产品还严重地损坏了企业形象。尤其对于服务性行业而言,它的绝大部分工作都是直接与外部顾客接触的,很少有内部纠正的余地,所以100%的成功对于他们的意义是更为重大的。由此可见,对产品的工作质量检查内部化、即时化、完全化是全面质量管理的显着特点。

德国人的规则 ①

最近读到一篇短文,是嘲笑循规蹈矩的德国人的:"中国的留德大学生见德国人做事刻板,不知变通,就存心捉弄他们一番。大学生们在相邻的两个电话亭上分别标上了"男""女"的字样,然后躲到暗处,看"死心眼"的德国人到底会怎么样做。结果他们发现,所有到电话亭打电话的人,都像是看到厕所标志那样,毫无怨言地进入自己该进的那个亭子。有一段时间,"女亭"闲置,"男亭"那边宁可排队也不往"女亭"这边移动。我们的大学生惊讶极了,不晓得何以"呆"到这份上。

面对大学生的疑问,德国人平静地耸耸肩说:"规则嘛,还不就是让人来遵守

---

① http://www.worlduc.com/blog2012.aspx?bid=3724977

的吗?"

感想——

德国人的刻板可以让我们开心地一连笑上3天,而他们看似有理的解释,也足以让某些一贯无视规则的"国产大能人"笑掉大牙。但是在开心之余,嘲笑之余,我们漠视规则已经多久了?我们总是聪明地认为,那些甘愿被规则约束的人不仅是"死心眼",简直是"缺心眼"。规则是死的可人是活的,活人为什么要被死规则套住呢?正是因为这样,我们才会落后人家好多年。SAP(SAP起源于Systems Applications and Products in Data Processing。SAP既是公司名称,又是其产品——企业管理解决方案的软件名称。SAP是目前全世界排名第一的企业资源计划软件,是德国人做的,在学习SAP的过程中,也感觉到他们的严谨,但是如果我们在以后的执行过程中,漠视制度,那么SAP在实际应用时会不会有障碍呢?

制度就是让人来遵守的!请大家牢记这一点!

二、全面质量管理的原则与内容

(一)全面质量管理的原则

1. 一切为用户服务

全面质量管理还将顾客的概念引入企业内部,实行全过程的质量管理,要求企业所有各个工作环节都必须树立为顾客服务的思想。内部顾客满意是外部顾客满意的基础。因此,在企业内部要树立"下道工序是顾客","努力为下道工序服务"的思想。只有每道工序在质量上都坚持高标准,都为下道工序着想,为下道工序提供最大的便利,企业才能目标一致地、协调地生产出符合规定要求,满足用户期望的产品。

2. 以预防为主

全面质量管理要求把管理工作的重点,从"事后把关"转移到"事前预防"上来;从管结果转变为管因素,实行"预防为主"的方针,使不合格品消失在形成过程之中,做到"防患于未然"。优良的产品质量是设计和生产制造出来的而不是靠事后检验决定的。事后检验面对的是已经既成事实的产品质量。当然,为了保证产品质量,防止不合格品出厂或流入下道工序,并把发现的问题及时反馈,防止再出现、再发生,加强质量检验在任何情况下都是必不可少的。强调预防为主、不断改进的思想,不仅不排斥质量检验,甚至要求其更加完善、更加科学。质量检验是全面质量管理的重要组成部分,企业内行之有效的质量检验制度必须坚持,并且要进一步使之科学化、完善化、规范化。

3.定量分析

全面质量管理强调一切以数据为依据,对质量问题要有定量分析,做到心中有数,掌握质量变化规律,通过调查分析,得到可靠的结论,以便采取有效措施。

4.持续改进

持续改进是改进组织产品和服务质量的一种愿望、一种策略和一种哲学。解决质量问题应坚持"PDCA"循环。PDCA循环由休哈特(Walter Shewhart)构想,随后被戴明(Edwards Deming)采纳、宣传,获得普及,所以它经常也被称为"休哈特环"或者"戴明环"。此概念的提出是为了持续改善产品质量的,随着全面质量管理理念的深入,该循环在质量管理领域得到广泛使用,取得良好效果。

PDCA循环将一个过程抽象为策划、实施、检查、措施四个阶段,每个阶段都有阶段任务和目标(如图12-1),第一个阶段称为策划阶段,又叫P阶段(Plan)。这个阶段的主要内容是通过市场调查、用户访问、国家计划指示等,摸清用户对产品质量的要求,确定质量政策、质量目标和质量计划等;第二个阶段为实施阶段,又称D阶段(Do)。这个阶段是实施P阶段所规定的内容,如根据质量标准进行产品设计、试制、试验,其中包括计划执行前的人员培训;第三个阶段为检查阶段,又称C阶段(Check)。这个阶段主要是在计划执行过程中或执行之后,检查执行情况,是否符合计划的预期结果;最后一个阶段为措施阶段,又称A阶段(Action)。主要是根据检查结果,采取相应的措施。

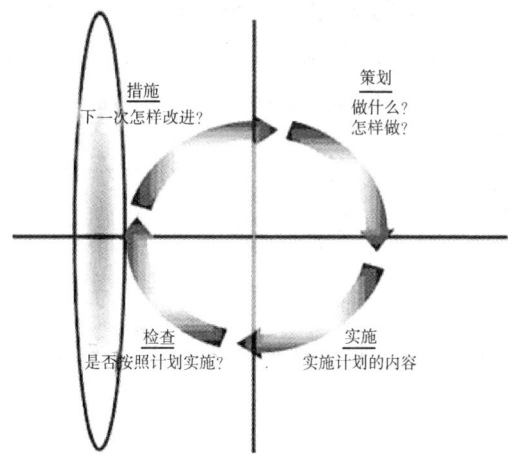

图 12-1 PDCA 循环示意图

四个阶段为一个循环,通过这样一个持续的循环,使过程的目标业绩持续改进(如图12-2)。

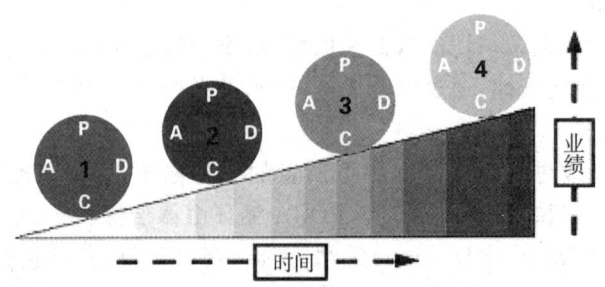

图 12-2　PDCA 循环持续改进示意图

(二)全面质量管理的内容

全面质量管理的内容主要包括设计、生产、辅助生产和使用这四个过程的质量管理。

1. 设计过程的质量管理

设计过程是确保产品质量的第一步,也是最关键的一步。因为产品的设计直接决定了产品质量的先天因素,对产品质量的形成起着决定性作用。只有优质的设计,才能制造出优质的产品。

2. 生产过程的质量管理

生产过程是产品质量的直接形成过程,这一过程管理的重点是建立一个能够稳定生产合格产品的管理网络,抓好每个环节上的质量保证和预防工作,即把影响产品质量的因素都管理起来,减少废品的产生。同时还要配以相应的一系列质量监控模式,加强对不合格品的控制。

3. 辅助生产过程的质量管理

企业辅助生产过程主要包括物资供应、工具供应、设备维修等后勤服务工作,辅助生产虽不直接参与产品的制造,但却对产品质量有着重要影响,所以不容忽视。

4. 使用过程的质量管理

产品实际质量的好坏,必须在使用过程中才能做出充分的评价。因此,企业的质量管理工作必须从生产过程延伸到使用过程,在使用过程中,产品实际质量才能得到真正的考验和评价。因此,我们应当改变传统质量管理仅局限于生产这一小范围内的概念,将质量管理工作进一步延伸到使用中去,而这一点正是全面质量管理与其他质量管理相区别的独特之处。

三、ISO9000 质量标准体系介绍

为了贯彻全面质量管理的思想,就必须有一套行之有效的组织管理机构和全面严格的规章制度,ISO9000 国际质量认证标准为实现全面质量管理提供了十分有效的手段。

ISO9000 系列质量标准是国际标准化组织(ISO)于 1987 年颁布的,其目的是最终实现质量管理和质量保证的国际化,使供方能够以最低造价确保长期、稳定地生产出质量好的产品,使需方建立起对供方的信任。ISO9000 标准的实施要求企业建立一套全面、完整、详尽、严格的有关质量管理和质量保障的规章制度和质量保障文件。这些规章制度和文件要求企业从组织机构、人员管理和培训、产品寿命周期等管理活动都必须适应质量管理的需要。

1.ISO9000 系列标准的主要内容

ISO9000 由以下六个标准组成:

ISO8402:质量——术语;ISO9000:质量管理和质量保证标准——选择和使用指南;ISO9001:质量体系——设计/开发、生产、安装和服务的质量保证模式;ISO9002:质量体系——生产、安装和服务的质量保证模式;ISO9003:质量体系——最终检验和试验的质量保证模式;ISO9004:质量管理和质量体系要素——指南。

在 2000 年版 ISO9000 标准中提出了质量管理八项原则,反映了全面质量管理的基本思想。这八项原则分别是:以顾客为关注焦点,领导作用,全员参与,过程方法,管理的系统方法,持续改进,以事实为基础进行决策,与供方互利的关系。ISO9000 系列国际标准是各国质量管理和质量保证经验的总结,是各国质量管理专家智慧的结晶。可以说,ISO9000 族国际标准是一本很好的质量管理教科书。

2.质量体系认证

质量体系是指为实施质量管理所需的组织结构程序、过程和资源。企业为实现其所规定的质量方针和质量目标,就需要分解其产品质量形成过程,设置必要的组织机构,明确责任制度,配备必要的设备和人员,并采取适当的控制办法,使影响产品质量的技术、管理和人员的各项因素都得到控制,以减少、清除、特别是预防质量缺陷的产生,所有这些项目的总和就是质量体系,或者说质量体系是所有这些项目的有机综合体。建立质量体系是全面质量管理的核心任务,离开质量体系,全面质量管理就成了一个空壳。由此看来,企业建立全面质量体系是必须的,是实现全面质量管理的根本保证。

质量管理的中心任务就是以质量为中心,以标准化建设为重点,建立和实施质量保证体系。那么,如何才能建立一个好的质量体系,从而实现企业的全面质量管理。企业必须保证质量体系建立过程的完善,一个完整的建立程序是建立有效质量体系的基本保证,质量体系是在一个动态的环境中稳定存在的,没有严格的制定程序作为保障就很难产生这样的体系,全面质量管理也就无从谈起。

第四节　平衡计分卡

下面是乘客与航班飞行员的一段对话。

乘客:我很惊讶你只用一部仪器来操纵这架飞机。它的功能是什么?

飞行员:衡量风速。我在这班飞机上其实只管风速这件事。

乘客:风速当然很重要,可是高度怎么办?有个测量高度的仪器会不会好一点?

飞行员:我在前几次航班上专门负责测量高度,技术已相当熟练,现在我必须专心学会掌握风速。

乘客:可是我看你连一个油量表都没有。有一个油量表会不会好一些?

飞行员:你说的不错,油量是十分重要。不过我没办法同时负责几件事。所以这一回我只专心看风速,等我能够熟练管理风速后,再学习油料消耗问题。

这段谈话后,乘客还敢搭乘本次航班吗?肯定不会,乘客肯定会夺门而逃,因为即使这位飞行员掌握风速的技术一流,他还是会担心飞机会不会撞山、油料会不会用尽。

显然上述对话纯属虚构,因为世界上没有一位飞行员会妄想只凭一部仪器操纵飞机这样复杂的交通工具,而能够平安无事地飞越高空。

在领航时,技术精湛的飞行员可以同时处理一大堆指标所提供的信息。而在当今领导一个组织穿越错综复杂的竞争环境,其难度绝不亚于驾驶一架飞机。公司管理阶层和飞行员一样,也必须借助仪器随时随地掌控环境和绩效因素,才能领导公司飞向光明的未来。

但是在20世纪大部分的时间里,公司管理层一直就像上述虚拟故事中的飞行员一样,只凭财务指标来为整个企业导航。在20世纪初的10年中,杜邦公司和通用汽车公司开发的投资回报模型被用作多部门公司的整合方案;20世纪中叶,多部门公司又把预算作为管理体系的核心;20世纪90年代,公司财务体系不断扩大,把与股东价值相关的财务测量方法包括进来,产生了基于价值和经济附加值(EVA)的管理模式。

然而,在今天基于知识的竞争环境中,即使最好的财务体系也无法涵盖绩效的全部动态特点。以财务指标为核心的绩效评价体系表现出了各种不足。

20世纪80年代以来,绩效评价体系一直努力脱离以单纯财务尺度评价的模式。由于很多公司认识到仅仅使用财务数字进行管理的局限性,所以它们把质量控制作为宣传口号和组织原则。很多公司竞相追逐国家质量奖,如美国的马尔科姆·鲍德里奇国家品质奖(Malcolm Baldrige)、日本的戴明奖(Deming Prize)以及欧洲的 EFOM 奖。还有很多公司纷纷效仿摩托罗拉公司、通用电气公司采取六个西格玛计划。

但是仅靠质量和仅靠财务指标一样都不能够全面反映企业绩效,一些获得国家质量奖的公司很快发现它们在财务上陷入了困境。管理过程必须产生持续而优异的业绩;而仅仅强调管理过程中的某一个方面实则鼓励次优化,最终会妨碍公司实现更大的目标。因此,在进行绩效评价时必须用一种全面的观点来代替任何具体、短期的评价尺度。

一、平衡计分卡基本理论

1990 年,时任诺朗诺顿研究所(Nolan Norton Institute)首席执行官的大卫·诺顿亲自主持了一项名为"未来组织绩效衡量方法"的研究计划,来自学术界的美国哈佛商学院教授罗伯特·卡普兰也参与其中。他们将这一研究的成果陆续发表于哈佛商业评论上,提出了新的绩效衡量理论和方法体系:平衡计分卡。

平衡计分卡(The Balanced Score Card,简称 BSC),就是根据企业组织的战略要求而精心设计的指标体系。按照卡普兰和诺顿的观点,"平衡计分卡是一种绩效管理的工具。它将企业战略目标逐层分解转化为各种具体的相互平衡的绩效考核指标体系,并对这些指标的实现状况进行不同时段的考核,从而为企业战略目标的完成建立起可靠的执行基础"。

由于平衡计分卡具有强有力的理论基础和便于操作的特点,20 世纪 90 年代初一经提出,便迅速在美国乃至整个发达国家的企业和政府得以推广应用。以美国为例,有关统计数字显示,到 1997 年,美国财富 500 强企业已有 60% 左右采用平衡计分卡,而在银行、保险公司等所谓财务服务行业,这一比例则更高。

二、平衡计分卡原理流程分析

平衡计分卡克服了单纯利用财务手段进行绩效管理的局限。财务报告传达的是已经呈现的结果、滞后于现实的指标,但是并没有传达未来业绩的推动要素是什么,以及如何通过对客户、供货商、员工、技术革新等方面的投资来创造新的价值。平衡计分卡从四个不同的视角,提供了一种考察价值创造的战略方法。

(1)财务视角。从股东角度来看,企业增长、利润率以及风险战略。

(2)顾客视角。从顾客角度来看,企业创造价值和差异化的战略。

(3)内部运作流程视角。使各种业务流程满足顾客和股东需求的优先战略。

(4)学习和成长视角。优先创造一种支持公司变化、革新和成长的气候。

BSC 是一套从四个方面对公司战略管理的绩效进行财务与非财务综合评价的评分卡片,不仅能有效克服传统的财务评估方法的滞后性、偏重短期利益和内部利益以及忽视无形资产收益等诸多缺陷,而且是一个科学的集公司战略管理控制与战略管理的绩效评估于一体的管理系统,其基本原理和流程简述如下。

(1)以组织的共同愿景与战略为内核,运用综合与平衡的哲学思想,依据组织结构,将公司的愿景与战略转化为下属各责任部门(如各事业部)在财务(Financial)、顾客(Customer)、内部流程(Internal Processes)、创新与学习(Innovation&Learning)等四个方面的系列具体目标(即成功的因素),并设置相应的四张计分卡,其基本框架图见图 12-3。

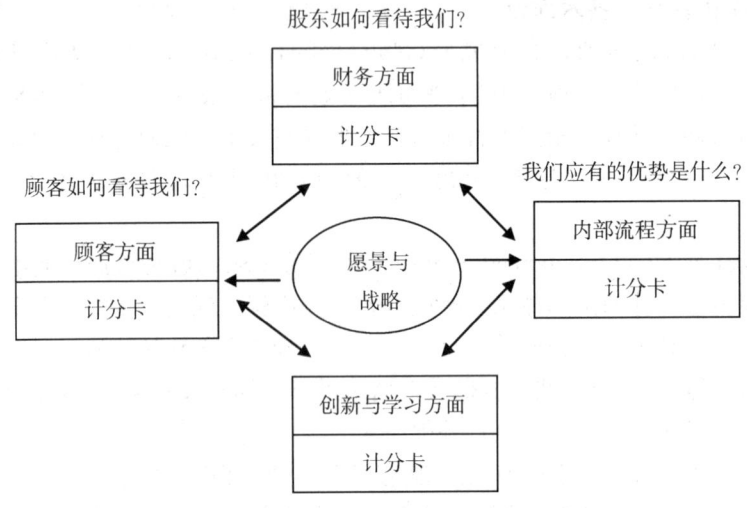

图 12-3 BSC 基本框架图

(2)依据各责任部门分别在财务、顾客、内部流程、创新与学习等四种计量可具体操作的目标,设置——对应的绩效评价指标体系,这些指标不仅与公司战略目标高度相关,而且是以先行(Leading)与滞后(Lagging)两种形式,同时兼顾和平衡公司长期和短期目标、内部与外部利益,综合反映战略管理绩效的财务与非财务信息。

(3)由各主管部门与责任部门共同商定各项指标的具体评分规则。一般是将各项指标的预算值与实际值进行比较,对应不同范围的差异率,设定不同的评分值。以综合评分的形式,定期(通常是一个季度)考核各责任部门在财务、顾客、内部流程、创新与学习等四个方面的目标执行情况,及时反馈,适时调整战略偏差,或修正原定目标和评价指标,确保公司战略得以顺利与正确地实行。BSC管理循环过程的框架见图12-4。

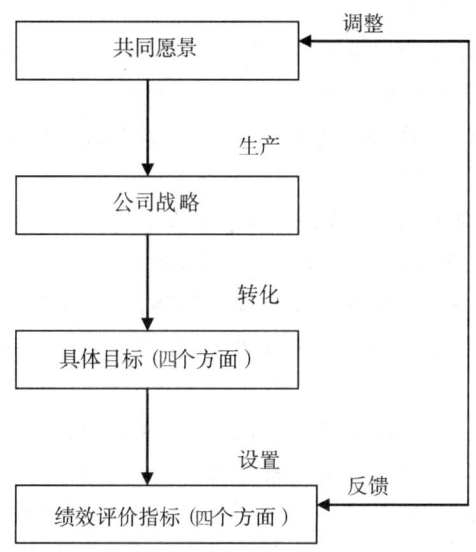

图 12-4 BSC 管理循环过程图

利用平衡计分卡,公司的管理人员现在可以测量自己的公司如何为当前以及未来的顾客创造价值了。在保持对财务业绩关注的同时,平衡计分卡清楚地表明了卓越而长期的价值和竞争业绩的驱动因素。

平衡计分卡也要求企业要取得下列的平衡,而非仅专注于某些绩效指标:
(1)短期指标与长期指标(学习与创新)的平衡;
(2)财务指标与非财务指标(客户满意、流程、学习与创新)的平衡;
(3)内部指标与外部指标(客户满意)的平衡;
(4)过去指标与未来指标(学习与创新)的平衡;
(5)落后指标与领先指标(客户满意、流程、学习与创新)的平衡。

平衡计分卡的应用[①]

五年前,F公司在国内油漆行业油漆销售一直领先,当时公司非常重视对销售人员销售指标考核,但对其他人员考核主要参考公司整体销售和利润完成情况和主观考核。在当时,以销售业绩指标考核的结果非常好,销售额在全国同行业首屈一指。但是两年前,销售指标完成情况越来越不好,总经理特别请来咨询

---

① 参见 http://www.chinahrd.net/hr_anli/hral_jt.asp? ArticleID=1273&Page=1

顾问帮助他分析原因出在哪里。通过分析诊断,公司发现:

(1)公司没有根据市场需要开发新产品,老产品在市场上的需求越来越小,造成销售萎缩;

(2)公司没有关注客户服务质量,产品质量不稳定,客户投诉上升,有些老客户重新选择别的厂家的产品,并造成市场份额下降;

(3)公司对员工没有提供必要的培训,使员工各种技能没有适应公司需要不断改进;

(4)公司没有规范的业绩管理体系,员工没有得到有效的激励。而销售人员的有效激励问题也成了公司进一步发展的瓶颈。

基于诊断结果,公司提出根据每个部门的职能,以平衡计分卡的四个方面考核员工,为考核的岗位制定具体的考核方案,全面反映员工的工作结果以及导致工作结果所做出的工作努力。例如,根据平衡计分卡,对销售人员从下面四个方面考核:关键业绩指标(KPI,包括销售额、毛利率等,由公司总的经营指标向下分解);管理制度建设(如内部销售报表管理制度);客户管理(包括老客户维持和新客户的开发);学习创新(大客户管理和如何提高销售技能)。四个方面中,关键业绩指标是结果,其他三个方面是导致这一重要结果所做的努力。这一方法,比较合理地衡量了员工之间的业绩差异,以此为依据对业绩优秀的销售人员进行的激励收到了良好的效果。

【本章小结】

绩效评价是企业管理控制系统的重要组成部分,为管理控制采取纠正措施提供了关键信息。进行绩效评价时,必须首先结合管理控制的需要确定评价的主要目的,并选择适当的评价对象、构建评价指标体系、设置评价标准,然后按照评价指标体系收集信息衡量实际绩效,通过实际绩效与预定标准的对比分析,撰写评价报告。随着环境的变化,应关注平衡计分卡等新的绩效评价体系。

关键名词:绩效评价　指标体系　评价标准　绩效评价报告　全面质量管理　平衡计分卡

【伦理专题】

CSR报告,不能只是"看上去很美"

时至今日,CSR(Corporate Social Responsibility)报告在中国已经不再是什么新鲜玩意了。在2010年里,中国企业已经发布了六百多份CSR报告。这一数字和2009年相比新增了一百多份。而2009年已经被称为中国企业CSR报告的"井喷之年"。这一年,五百多家中国企业发布了CSR报告,比2008年翻了近四倍。

中国企业CSR报告数量增长迅猛,这无疑是一件好事,至少有更多的企业站在CSR报告的角度去回顾和审视企业自身的责任表现和绩效。但是报告的质量却参差不齐。且不说内容如何,单从篇幅来说,最长的报告一百多页,最短的却仅有一两页。

对于优秀的CSR报告,企业的报告工作团队功不可没。每一份优秀的CSR报告背后无一不凝结着一个报告团队的辛勤汗水。但是这些团队也正面临着报告的困局。

很多企业已经完成了CSR报告的"处子秀",开始着手编制和发布企业的第二份、第三份甚至更多的报告了。如何将下一份报告编制得更加优秀,超越自己过往的报告,给利益相关方常读常新的感觉,避免编制出食之无味又弃之可惜的"鸡肋"报告,此谓超越自我。另一方面,如何使CSR报告充分展示本企业的社会责任表现和绩效,使其能够超过其他企业,特别是竞争对手,让报告成为责任竞争力的具体体现,此谓超越他人。

对于那些盘算着发布自己第一份CSR报告的企业,如何收集并提炼多年散落在企业各个角落里的社会责任表现,已经十分具有挑战性。更加严峻的挑战是:在已经有了每年六百多份报告的情况下,如何能使自己的第一份CSR报告脱颖而出,不至于淹没在众多的报告之中。毕竟,现在的CSR报告"处子秀"可比几年之前难度大得多。

知易行难,建立CSR指标和数据管理体系并非一个简单过程,不但需要对企业进行深入了解,而且要对企业的利益相关方进行深入了解,准确获知不同利益相关方的利益特征,从而有针对性地确立CSR指标,建立指标和数据收集系统,全面而准确地覆盖利益相关方的利益诉求。

讨论题:

1. 为什么那么多企业发布CSR报告?
2. 发布CSR报告对企业的运营有什么影响?是否会影响到对企业绩效的评价?
3. 你认为应该如何正确看待企业发布CSR报告?

【情景练习】

阅读下面有关雇员比较系统的几种评价方法,思考其优缺点?

大部分评估工具要求评定者依据某些优胜标准来评价雇员。然而,使用雇员比较系统,雇员的绩效是通过与其他雇员的绩效相对比较来评价的。换句话说,雇员比较系统是用排序,而不是评分。

1. 交替排序法

假设要评价20位雇员。针对你所要评价的每一种要素,将所有雇员的姓名都列举出来。将工作绩效评价最高的雇员姓中列在第1行的位置上,将评价最低的雇员姓名列在第20行的位置上。然后将次最好的雇员姓名列在第2行的位置上,将次最差的雇员姓名列在第19行的位置上。将这一交替排序继续下去,直到所有的雇员都被排列出来。

评价等级最高的雇员	
1. _____	11. _____
2. _____	12. _____
3. _____	13. _____
4. _____	14. _____
5. _____	15. _____
6. _____	16. _____
7. _____	17. _____
8. _____	18. _____
9. _____	19. _____
10. _____	20. _____
评价等级最低的雇员	

2. 配对比较法

配对比较法使得排序型的工作绩效评价法变得更为有效。其基本做法是,将每一位雇员按照所有的评价要素("工作数量"、"工作质量"等等)与所有其他雇员进行比较。

假定需要对5位雇员进行工作绩效评价,那么在运用配对比较法时,首先应当列出一张下面的表格来,其中要标明所有需要被评价的雇员姓名以及需要评价的所有工作要素。然后,将所有雇员根据某一类要素进行配对比较,然后用"+"(好)和"-"(差)标明谁好一些、谁差一些。最后,将每一位雇员得到了"好"的次数相加。在下表中,雇员王××的工作质量是最高的,而张××的创造性却是最强的。

就"工作质量"要素所做的评价						就"创造性"要素所做的评价					
被评价雇员姓名						被评价雇员姓名					
比较对象	A 张××	B 王××	C 李××	D 赵××	E 钱××	比较对象	A 张××	B 王××	C 李××	D 赵××	E 钱××
A 张××		+	+	−	−	A 张××		−	−	−	−
B 王××	−		−	−	−	B 王××	+		+	+	+
C 李××	−	+		+	−	C 李××	+	+		+	+
D 赵××	+	+	−		+	D 赵××	+	−	+		−
E 钱××	+	+	+	−		E 钱××	+	−	−	+	
在这里王××的评价等级最高						在这里张××的评价等级最高					

3.强制分布法

强制分布法意味着要提前确定准备按照一种什么样的比例将被评价者分别分布到每一个工作绩效等级上去。比如,你可能会按照下述比例原则来确定雇员的工作绩效分布情况:

绩效最高的,15%;绩效较高的,20%;绩效一般的,30%;绩效低于要求水平的,20%;绩效很低的,10%。

在实际操作的过程中,这种评价工具的使用方法通常是这样的:首先将准备评价的每一位雇员的姓名分别写在一张小卡片上;然后根据每一种评价要素来对雇员进行评价,最后根据评价结果将这些代表雇员的卡片放到相应的工作绩效等级上去。

思考题:

1. 对企业的不同利益相关者,绩效评价的重点有何不同?
2. 促进绩效评价不断发展的动力有哪些?
3. 如果你是一家企业的总经理,你认为绩效评价的主要目的有哪些?
4. 在绩效评价的六个步骤中,你认为对于绩效评价的成败哪一步最为关键?
5. 有哪些方法可用来选择评价对象?
6. 良好的绩效评价指标体系应具备哪些要求?
7. 可采取哪些措施使绩效评价报告准确客观?
8. 全面质量管理思想的主要内容是什么?
9. 与传统财务指标主导的绩效评价相比,平衡计分卡有哪些突破?

第十三章 组织变革与创新

本章导读

快速变化的商业环境要求组织不断地进行变革和创新。本章对组织变革的内容体系做了简要介绍,剖析了组织变革的动力和阻力,阐述了组织变革的基本过程。同时,在提出创新概念的基础上,分析了五种创新过程模式,最后,指出了促进组织变革和创新实践的两大核心任务:营造组织文化和培育学习能力。

问题导引

● 当企业的增长引擎变缓时,是继续坚持原有战略还是选择转型呢?

● 当企业选择组织变革时将会遇到哪些阻力呢?

● 在不确定性环境的背景下如何找寻创新的源泉呢?

● 创新的过程是一成不变的吗?

● 企业实施组织变革和组织创新实践时,管理者最应关注的问题是什么?

【全球化管理引例】

如何面对变革?

据中华企管网(www.qg.com.cn)报道:面对全球不稳定的局势,《财富》杂志集合了营业额超过 5 000 亿美元的全球 300 位大企业总裁,商讨如何面对不确定的未来。谈到未来企业变革,这些国际著名总裁的观点大致如下。

企业领导人应实际评估经济形势。索尼公司总裁出井伸之就认为,过去几年,一般预估网络带来的经济繁荣都太乐观,预期太高,因此跌得更重。

变革历程中,建立团队最重要。GE 前总裁杰克·韦尔奇说,

"当时我在任总裁的时候,75%的时间都花在挑选、评估、鼓励我的团队","我不会设计,也不会制造,我全要靠他们"。

加强沟通,其实员工并不畏惧改变。EDS总裁布朗说,大部分人喜欢改变,和管理专家所讲人性不喜改变相反,因为当他们回头看自己过去的改变,都认为是有益的。但是人最怕的是未知,因此领导人要变革时,要让员工知道,将把他们带往何处,不但要告诉他们可能的损失,也要告诉他们将来可能有的利益。不但要讲危机,也要讲成长及对个人的益处。而这一切的方法就是——"沟通,沟通,还是沟通"。

给部属诚实公正的评估,并大量投资开发部属潜能。韦尔奇认为,人力资源部门主管地位应该比财务主管高很多,可惜现在太多公司反其道而行。主管更应该给部属诚实公正的评估,淘汰不适应的员工,留下来的就得好好培植,让部属知道自己的所长、所短。公司提供训练,改进其短处,加强其专业技能。好部属离职,主管应该负责。

企业领导人应该定心自省。索尼公司总裁出井伸之认为,CEO太过自信,尤其是美国企业总裁,20世纪80年代忙着企业改造,流程重整,但90年代后开始只享受成果。在这波泡沫经济破灭后,企业领导人应该想想从中学到的教训,以及贪婪的后果,作为今后企业改革的起点。

现在是行动的时候。不管企业有无危机,都应该不断变革。韦尔奇认为,此时企业领导人更有无数工作待做:开发新市场、买公司、买技术,以加强公司实力,"你要走出舒适的大办公室,和员工接触,和市场接触"。戴尔电脑的创办人戴尔的答案更简单,就是"持续做公司比其他人都做得更好的那件事"。

在一个快速变化的商业环境下,任何一个组织试图一成不变地借鉴或采取过去的成功模式是不可能获得持久的竞争优势的。那些不善于采取变革和创新的组织,迟早将会失去竞争力,甚至被社会所淘汰。在未来社会里,组织变革和创新已经成为一种常态,如何对付变革或积极采取变革是每一位管理者工作的重要组成部分。

第一节 组织变革的内容与过程

组织变革是组织根据内外部环境的变化,及时对组织中的要素有计划地采取变革性手段,以适应未来组织发展要求的过程。组织变革的初始动因可能很多,包括提高生产率、进行市场扩张、鼓励组织创新等。

第十三章　组织变革与创新

一、组织变革的内容

根据组织变革的程度不同,组织变革可以分为两类:渐进式变革与剧烈式变革。

渐进式变革。这种变革类型中,组织的功能和员工的价值观念并没有发生重大变化,变革只是一系列的持续性的改进活动,发生在已建立的组织结构和流程之内,通常只能影响组织的一部分。

剧烈式变革。在这种类型的组织变革中,变革不再只是发生在组织局部的、个别部门的"风平浪静"式的,而是跨部门的、多层次的、激进式的非连续性过程。这种变革涉及组织结构的再造、工作流程的重新设计和员工观念的转变等。

而根据美国管理学家哈罗德·李维特(Harold J. Leavitt)的观点,组织是一个多变量的系统,在这一系统中,至少包括四个重要的变量,即任务、技术、人员和结构。虽然不同的组织进行变革的侧重点有所不同,同一组织在不同阶段的变革内容也可能不完全相似,但对于组织变革的内容,基本上仍可以从任务、技术、人员和结构四方面加以分析。

1. 对任务的变革

组织的任务是一个组织的运行目标和方向。在内外部环境发生变化的情况下,管理者可能对组织运行的目标和方向做出适当的调整,以保持组织的生存能力和竞争能力。在规模较大的、复杂的组织内,组织的任务可能是分层次、分部门的,存在着多种多样的任务,它们共同构成了组织的运行目标和方向。变革既可能是局部的任务变革,也可能是大范围的组织变革。如工作任务的丰富化、工作范围的扩大等。

2. 对技术的变革

组织中的技术系统包括设备、建筑物、工作方法、质量标准、管理控制手段等内容。对技术因素的变革,可以直接促进组织技术的升级换代、制造方法的改进和工作条件的改善,也可以间接地促进组织任务的改变,从而影响组织的效率和效益的变化。

3. 对人员的变革

员工的工作状态关系到组织成长的活力,不同类型的员工关系对组织的效率影响极其深刻。人员的变革是组织变革中最复杂的、最困难的活动,因为这种变革涉及组织成员的态度、动机、行为方式、职业道德水准、人际关系、组织文化的变化。一项卓有成效的组织变革可以激发起员工的工作热情,而一项糟糕的组织变革也可能引起优秀员工的大量流失。

4.对结构的变革

结构变革主要涉及组织职权系统、工作流程系统、协作系统、意见交流和信息反馈系统,其中贯穿于结构变革始终的是权力的分配。

上述四个方面的变革并非彼此孤立。任何一项变革的进程,都可能引发其他三项变革的发生。比如,采用一项新技术会要求员工素质的提高,而员工素质的提高又会反过来促进新一轮的技术变革;同时,还会促进结构优化和任务的调整以及运行方式的变化,这种变化最终将在一定程度上产生不断改变组织目标的压力(见图13-1)。所以,任何一个组织进行变革时,必须以一种系统性的眼光设计变革方案,不管是选择哪一项组织变革作为切入点,都应当对上述四项变动项目进行有计划、有步骤、分阶段的系统推进,任何盲目地单向推进变革的实践都有可能引发失败。

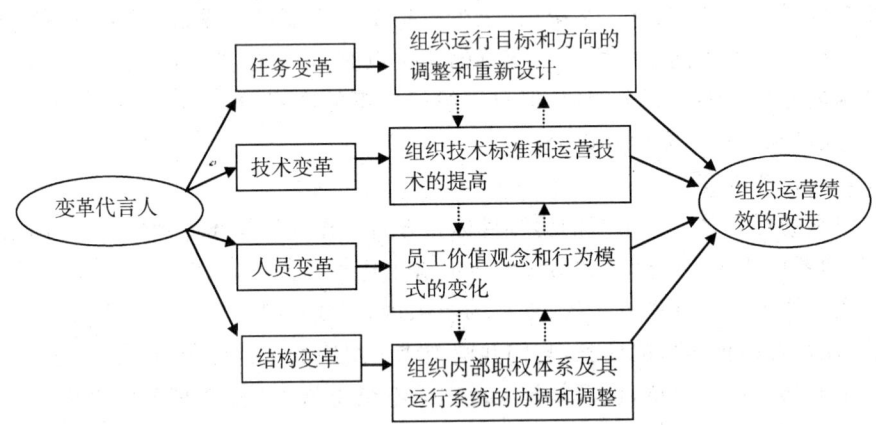

图13-1 组织变革的内容体系及其内在联系

二、组织变革的过程

组织变革是一个有计划的持续的过程。为了使组织变革能够顺利展开,并能达到预期的效果,必须对组织变革的基本过程有一个全面的认识,然后按照科学的程序组织实施。

1.库科·卢因(Kurt Lewin)的三阶段理论

库科·卢因把组织变革的基本过程分为三个阶段。

(1)解冻阶段(Unfreezing)

这是变革前的心理准备阶段,使变革的需要更为明显,以使个体、群体或组织能够看到并接受必须进行的变革。一般而言,成功的组织变革要求对现状进行解冻,然后通过变革进入一个新的阶段。在解冻阶段,管理者的中心任务是改变员工原有的观念和态度,组织必须通过积极的引导,以激励员工更新观念,接受改革并参与其中。

(2)变革阶段(Changing)

推动组织变革的核心成员领导个体、群体或整个组织,发现并利用新的态度、价值观和行为实施变革计划的过程。通过变革推动者向员工解释变革的理由、日程安排,对变革可能产生的影响做出分析,并积极鼓励员工参与变革活动。在此阶段,只有当新的观点、理念和行为在员工中得到接受或认同,组织变革的绩效才有可能得到改善。

(3)再冻结阶段(Freezing)

这是对变革后行为的强化阶段,旨在通过强化和支持机制,将一种新的行为模式纳入标准和规范。由于人们对传统习惯、价值观念、行为模式、心理特征等都是在长期的社会生活中逐渐形成的,并非一次能够改变,而且员工一遇到挫折,便会出现反复,渴望回到旧有的行为模式和体系中。所以,组织变革措施顺利实施后,还要采取种种手段对员工的心理状态、行为规范和模式进行巩固和强化。

2.约翰·科特的八阶段理论

虽然有的管理者也十分清醒地认识到变革的重要性,但却对组织变革过程缺乏足够的理解,总想一蹴而就,结果往往走向变革的失败。

约翰·科特的观点则更为详细地分析了组织变革的基本过程。他指出,组织变革应当包括相互关联的八个阶段(如图13-2),任何试图跨越多个阶段的努力往往导致失败的命运。

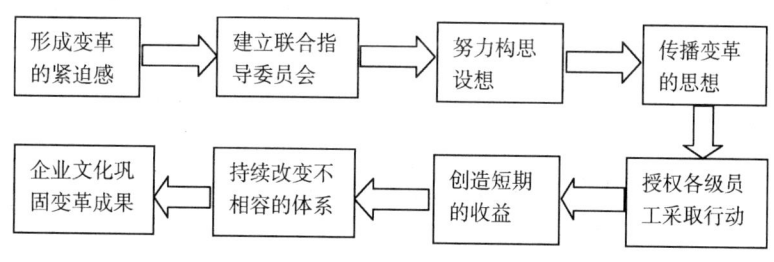

图13-2 约翰·科特的八阶段理论

(1)形成变革紧迫感。这一阶段的重点是研究市场状况和竞争激烈程度,发现现实的和潜在的危机,寻找机遇,并商量对策。

(2)建立联合指导委员会。建立一个强有力的组织变革联合指导委员会,使委员会齐心协力,成为变革的代言人。

(3)努力构思设想,制定相应的战略。确定组织变革的战略方案,明确组织变革的方向,制定具有可行性的行动方案。

(4)传播改革设想。组织应当利用一切可以利用的传媒不断传播新的设想和战略方案,联合指导委员会成员应当不断地向员工解释、宣传组织变革的意义、组织变革的具体方案,分析变革的压力及其变革的绩效预期。

(5)授权各级员工采取行动。组织变革必须得到各级员工的支持和配合,进行组织变革应当采取授权方式,及时解决变革中的困难,改变破坏变革和不利于变革的设想和体系,鼓励冒险和提出反传统的观念,采取不符合传统观念的行动。

(6)创造短期的收益。制定措施让组织尽快改善经营业绩和管理绩效,并对那些给企业带来收益增加的人给予必要的奖励。

(7)继续改变互不相容和不相符合变革设想的制度、结构和政策体系。雇用和提拔那些积极推进组织变革的人,让新计划、新观念进一步深入每一位组织员工的内心,获得更大范围的认同和支持。

(8)借助企业文化巩固组织变革的成果。加强领导,改善领导作风,通过更为有效的管理改善经营状况和提高组织绩效,明确新行为与组织成功之间的关系,并努力使变革成为组织文化的一部分。

第二节　组织变革的动力与阻力

变革的最终力量是由其动力和阻力相互作用后形成的合力。无论是组织外部环境,还是组织内部条件,都可以成为变革的动力,也都有可能形成阻力。所以,组织在开展组织变革时,应当科学地分析其动力和阻力,并努力做到因势利导,克服障碍,从而有效地推动组织变革。

一、组织变革的动力

组织变革的动力既可能产生于内部,也包括因受外部环境压力而造成的动力。具体表现在以下几个方面。

1.组织内生的动力

(1)竞争优势的获取。作为组织中的高层管理者,为了提高工作效率和改善组织竞争地位,他们会自觉地追求组织变革。因为他们深知,不进行变革,组织的竞争地位就会受到削弱,不进行变革,组织就很难获得领先优势。

(2)组织绩效提升的需求。作为组织内部的一员,总是希望自己所处的单位能够具有良好的经营业绩,具有积极进取的氛围,具有较高的社会影响力和美誉度。所以,组织内的员工也都渴望能够工作于一个成长型的组织,渴望组织绩效的提高,从而员工就自发地形成一种对传统习惯的背叛,要求采取一种组织变革模式,以获得组织绩效的改进。

(3)组织规模的扩张。当组织规模通过某种方式扩张到一定的地步,要求改变那种旧有的组织结构成为组织内高层管理者和员工的共同目标,从而产生组织变革的动力。

(4)组织创新意识的提升。组织内成员创新意识的提升,促使企业不仅仅关注维持企业的动态发展,还应关注环境的变化,根据内外部环境的变化,不断调整企业系统活动的内容和目标,以适应企业长久发展的要求。

2.外部环境所造成的动力

(1)全球经济一体化。全球经济一体化意味着组织所面临的压力不但来自国内,也包括来自国外。任何一个组织,无论是国家、社会团队,还是企事业单位,为了紧跟这种全球经济一体化的浪潮,利用全球经济一体化所带来的机会,规避全球经济一体化所造成的威胁,都会积极采取组织变革。

(2)技术进步。人类自进入21世纪以来,科学技术飞速发展,计算机控制取代了传统的直接监督,从而使管理者获取信息更为便捷,使管理者的管理宽度得以加大,传统的"金字塔型"的组织结构被一种扁平化的组织结构所代替。这种技术进步还表现在更为便利的交通设施、更为快速的信息网络、更为严谨的质量控制标准等。

(3)劳动力性质的变化。未来的竞争最终是人才的竞争,作为有眼光的组织,已经因为外部环境所造成的巨大压力而千方百计地考虑提高员工的整体素质。越来越多的组织开始认识到"物本时代"进化到"人本时代"已经成为现实,国内外有不少的学者甚至还提出未来社会已经开始出现从"人本时代"向"能本时代"快速变化的迹象。所以,许多组织开始加大员工培训的投资、采用诸如员工持股计划等组织变革措施。

(4)社会发展趋势。时代在变,组织所处的社会环境风云变幻,整个社会的主流价值取向、生活观念、行为模式也在悄然经历着变革,从而引发组织变革的动力。如年轻人对待婚姻的态度、离婚率的上升趋势、家庭结构的变化、全球老龄化时代的出现等趋势,由此引发的消费结构变化可能带给企业一定的商业机会,同时也带给传统的制造业和服务业一定的压力。基于这种外部环境背景,组织变革就成为了一种常态。

(5)环保意识的增强。"可持续发展"的概念在21世纪越来越深入人心,谋求经济和社会的和谐,谋求自然界和人类社会的和平相处,谋求经济效益和社会效益的共同增长是全社会共同的目标。基于环境意识的增强,政府制定政策时开始考虑环保因素,一些旨在保护环境的组织不断涌现,企事业单位也纷纷把环保因素纳入其长期的发展战略体系中。因此,那些不重视环境保护、忽视环境保护,甚至以牺牲环境为代价获取业绩增长的组织也不得不开采取组织变革活动。

(6)创新氛围的营造。政府部门通过对科技创新的投入以及有效的制度支持,通过建立引导和约束机制,刺激企业增加研发投入,发挥企业在整合全社会创新资源中的主导作用,继而提高全社会创新活动的整体强度。处于高涨创新氛围下的组织,往往偏好于利用创新手段变革组织,促进组织发展,营造核心竞争优势。

二、组织变革的阻力

当一项新的技术或商业模式促使需求和竞争产生剧变时,变革就出现了,但是当面对这些变革时,一些老牌著名品牌却走向衰落,究其原因是由于企业没有随着环境改变而及时更改战略和组织结构,存在着阻碍组织变革的个体及组织阻力。

1. 个体阻力

基于员工个体而产生的组织变革阻力,主要来自以下四个方面。

(1)行为惯性。组织变革意味着原有的平衡系统行将打破,要求组织成员调整或放弃过去的工作方式。然而,人类是有习惯性的动物,为了应付环境的不确定性,往往会采取某种已经习惯了的工作生活方式,惯用的行为或模式化了的做法往往就会成为组织变革的阻力。这种基于心理上的惯性往往表现为人们习惯留恋过去的方式,而且,在一个单位工作时间越长,所形成的行为惯性往往就越强,越加难以改变。

(2)对未知的恐惧感。变革通常在很长一段时期内,只能用模糊和不确定性代替已知的东西。对未知的恐惧主要源于这种不确定性。如采用电子商务系统意味着生产经营过程必须学习计算机网络知识的话,一些人就会产生恐惧感,一是担心是否能够学会这种技术,二是担心新技术的引进是否会导致自己或同事的下岗。所以,基于类似对未知的恐惧往往会导致人们拒绝变革。

(3)经济收益增长上的预期。组织变革能否带给员工经济收益上的增加是一个普遍关心的问题,然而,任何一项组织变革事先都没有办法保证让所有员工都能获得经济收益上增加。一般情况下,组织变革活动同时还会带来利益分配格局上的重新调整,部分员工利益的下降也是正常的现象。所以,当员工对未来经济收益增长预期偏低时,他们往往就会采取反对组织变革的行为。

(4)选择性的信息获取。个体通过知觉塑造自己认知的外部世界,而且这种对外部世界的认识框架一旦形成就很难改变。人们为了保持先前的知觉整体性,往往会有意识地对信息进行选择性的获取,他们只想听到对自己有利的言语,不想听到与自己先前所构建的世界形成挑战的说法。例如,组织变革的代言人在解释为什么要采用电子商务系统时,他们可能对采用电子商务系统的必要性并不表现出高度的关心。

2. 组织阻力

基于组织自身而产生的变革阻力,主要表现为以下四个方面。

(1) 组织结构惯性。组织结构就其本质来说是保守的,抵制变革。只要组织还在运行,哪怕明显地感觉到组织运行质量不如从前,只要这种组织运行的速度和质量还处在人们普遍可以接受的范围,组织一般会拒绝采取变革手段。

(2) 已有权力关系的破坏。任何组织变革必然伴随着权力关系的重新调整,尤其是决策权的重新分配,如果损害了部分员工或管理层业已建立并巩固的权力体系,拥有这部分权力的员工和管理层就会反对变革。

(3) 已有资源的重新分配。变革之前,许多部门控制着一定数量的资源,如果组织变革意味着从那些业已控制着资源的部门让出资源占有权、分配权或处置权,他们会认为这种组织变革对他们已经构成威胁。所以,他们往往会反对采取变革。

(4) 人际关系的调整。在组织中,如果人们已经友好地相处了很长一个时期,渐渐地就产生了感情。而组织变革,尤其是人员方面的变革活动,将使组织成员之间所形成的人际关系进入一个重新调整的时期。非正式组织的存在使得这种新旧人际关系的调整需要一个较长的过程。如果在一种新的人际关系尚未建立以前,组织成员之间很难合作共事,一旦发生利益冲突就会对变革的目标和变革的结果产生怀疑,他们甚至会对组织变革产生抵触情绪和采取抵触行为。

企业成长阵痛[①]

随着规模扩大,企业往往会出现种种成长阵痛,它们表明企业发展出了问题,这些症状特别容易出现在处于阶段型的公司,提醒它们需要向下一阶段转型。如果对组织成长阵痛的根源不及时加以处理,即使是成功的企业也难逃厄运,而要应对成长阵痛,企业必须识别它们,严阵以待。

企业最常见的十种成长阵痛:

员工感到时间不够用;

员工花太多时间来"灭火"——解决突发问题;

员工不清楚别人在做什么;

[①] 摘自:[美]埃里克·G.夫拉姆豪茨,伊冯·兰德尔著.黄震亚,董航译.企业成长之痛.清华大学出版社,2011

员工对公司的发展目标缺乏了解；

企业缺少优秀管理人员；

员工认为"要正确地完成这件工作,我必须自己干"；

大多数人认为开会是在浪费时间；

虽有计划,但罕有计划实施,以至于工作往往不能完成；

一些员工对自己在公司的职位有危机感；

公司销售额持续增长,但利润没有相应增加。

第三节 创新及其创新模式

乔布斯有句经典名言:领袖和跟风者的区别就在于是否创新。有一位企业家曾慨叹:在20年前技术驱动的年代,微软这类以技术为先导的公司把技术做得廉价,把技术做得很大众化,而乔布斯的思想已经跨越到20年后的消费驱动时代,他的精神和创造赋予了我们无限启迪。[①]

创新一词最广泛的含义来自拉丁语"Innovare",意思是"创造新事物"。创新是一个非常广泛的概念。创新和发明并不是一回事。发明是一个技术上的概念,其结果是发现一件新事物;创新则是将新事物、新思想付诸实践的过程。创新与发明之间并不存在某种必然的联系。创新过程可以开始于发明,如将某种发明运用于生产过程中,或将某种新的资源与现有的资源组合到一起,以便达到创新的预期目的。同时,创新过程也可以根本不依赖哪种特定的发明,而仅仅是对目前的活动进行新的组合,同样也能达到创新的目标。

一、创新的含义

20世纪30年代,美籍奥地利人、美国哈佛大学教授约瑟夫·熊彼特(Joseph A. Schumpeter)从经济学角度首次系统地提出了创新理论。熊彼特指出创新是"新的组合",是"建立一种新的生产函数,也就是说,是把一种从来没有过的关于生产要素和生产条件'新组合'引入生产体系"。创新包括下列五种情况:①采用一种新的产品,也就是消费者还不熟悉的产品,或一种产品的一种新的特征;②采用一种新的生产方法,也就是在制造部门中尚未通过检验的方法,这种

---

① 摘自中新网 www.Chinanews.com

新的方法不需要建立在科学新发现的基础之上,它可以存在于商业上处理一种产品的新的方式之中;③开辟一个新的市场,也就是有关国家的某一制造部门以前不曾进入的市场,不管这个市场以前是否存在过;④掠取或控制原材料或半成品的一种新的供应来源,也不问这种来源是已经存在的,还是第一次创造出来的;⑤实现任何一种工业的新的组织,比如造成一种垄断地位,或打破一种垄断地位。

管理大师彼得·德鲁克也极力倡导创新,在他的著作中,创新被解释为,使人力资源和物质资源拥有新的、更大的物质生产能力。这同约瑟夫·熊彼特的论述"用不同的方式去使用现有的资源,利用这些资源去做新的事情"基本上一致。彼得·德鲁克认为,创新是企业家的独特工具,企业家可利用创新工具来开发新的市场机会。我们可以把创新看作一门独立学科,对其开展研究,并投入实践。他将创新与企业家精神紧密联系起来,认为创新是企业家精神的特殊手段。

我们认为,创新是指个体或组织识别机会、利用机会并展望机会的能力。这一定义突出创新与机会的关系,"机会"对所有人是平等的,但不同的人对于机会的识能能力、利用能力和展望能力是有差异的,而且,虽然有的人能够识别机会,但并不一定就能巧妙地利用机会为组织创造财富。

二、创新模式

随着创新实践的发展,针对创新过程模式的研究也不断深入。将创新理解为一个过程,有助于形成尝试和管理创新的方法。

1. 技术推动的创新模式

早期对创新过程的解释基于这样一种观点,即研究开发是创新构思的主要来源。它认为,一项新发现引起了一系列事件,最终,发明得到了应用。具体地说,就是认为创新或多或少地是一种线形过程,这一过程起始于研究开发,经历工程和制造活动,最后是推向市场的产品或工艺。在这种观点下,市场只是被动地接受研究开发结果。图13-3展示了技术推动的创新过程模式。

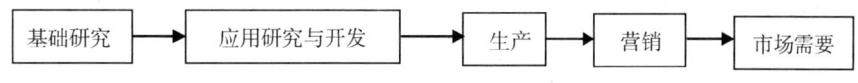

图13-3 技术推动的创新过程模式

2. 需求拉动的创新模式

20世纪60年代以来,市场需求在创新中的作用受到高度重视,使得需求拉动或市场拉动的创新过程模式得以流行。按照这种模式,创新是由企业感受到的且常常是能够清楚表达出来的市场需求所引发的。市场需求为产品创新创造了机会,这刺激了研究开发为之寻找可行的技术方案。从理论上讲,这种方法能让创新适合于某一特定的市场需要,但它毕竟只考虑了一种因素。将企业所有资源全部投向来自市场需求的项目而未考虑潜在的技术机会,这是不明智的。图 13-4 展示了需求拉动的创新过程模式。

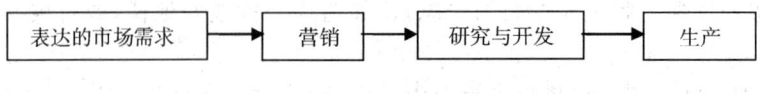

图 13-4 需求拉动的创新过程模式

20 世纪 70 年代至 80 年代初期,单纯的技术推动和需求拉动模式被当作是更为一般性的科学、技术和市场交互作用模式的极端和特例。理由是,前一个模式中,不一定越多的研究开发投入就会产生越多的创新;第二种情况下,由于过分强调市场需求,会产生技术渐进主义的机制,从而减少根本性创新。

3. 创新过程的交互作用模式

弗雷曼十分强调营销和技术因素对创新成功的重要性,构建了第三代创新过程模式的核心,该模式如图 13-5 所示。

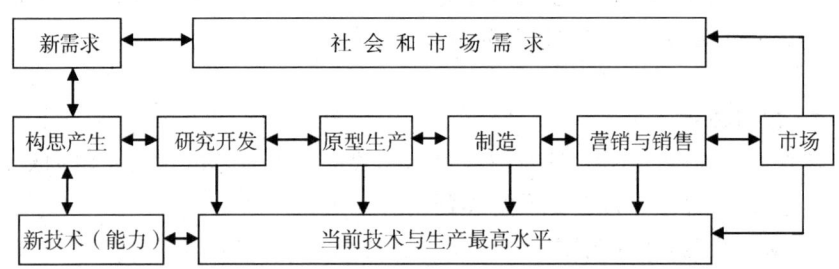

图 13-5 创新过程的交互作用模式

这一模式把创新过程分成一系列职能各不相同,但相互作用、相互独立的阶段,这些阶段虽然在过程上不一定连续,但逻辑上相继而起。创新过程的交互作用模式加强了技术推动和需求拉动模式中营销和技术的连接,它还意味着创新管理即是将市场需求和新技术能力相匹配。各种研究表明,将驱动创新决策的推动和拉动因素结合,能产生更大的创新,比单纯的需求拉动和技术推动,更利于创新构思的产生和创新的成功。

4. 一体化创新过程模式

20 世纪 80 年代出现的第四代创新过程模式标志着观念的转变,即将创新过程看作主要是序列式的从一个职能到另一个职能的开发活动过程,到将创新看作同时涉及 R&D(研究开发)、原型开发、制造、营销等因素的并行过程的转变。80 年代,创新管理活动极为强调 R&D 和制造的界面交融以及企业与供应商和关键用户之间的密切合作。同时,横向合作(合资企业、战略联合等)急剧增加,也使创新过程增添了新的内容。总的来说,这种一体化或并行模式表现为公司内部一体化,上游为关键供应商,下游为有需求的活跃的顾客,强调关系和联盟。

5. 系统集成与网络模式

第五代创新过程模式表示一体化模式的理想化发展,但又添加了一些别的特征,如要求公司内和公司间的更高层次的一体化。系统集成与网络模式最为显著的特征是它代表了创新的电子化和信息化过程,形成以IT技术为基础的网络模式。R&D使用专家系统和仿真模型技术,将供应商和用户之间的计算机辅助设计系统作为新产品合作开发过程的一部分,强调密切的电子化产品设计制造联系。该模式不仅将创新看成是交叉职能联结过程,还把它看作是多机构网络过程。一体化创新过程模式代表了从创新构思形成到创新实现的全方位合作,系统集成与网络模式则代表由概念生成导致创新实践结果的创新模式的未来发展趋势。

【信息化管理专栏】

云计算机会

中国企业在云计算时代,是否能跟上世界的步伐?云计算是IT产业继早年大型机、PC和互联网之后的第四次革新浪潮,"云计算"概念最早由谷歌提出,随后亚马逊、IBM、思科、惠普、甲骨文、EMC等众多巨头企业全部跟进。在世界IT、互联网、电信巨头之间,中国企业如何突出重围?

联想集团CEO杨元庆告诉记者:"联想的定位很清晰,就是做好云计算的终端设备提供商,为云计算提供更多的接入计算设备。"

在云计算应用创新问题上,全球最大的数据存储厂商EMC全球高级副总裁、大中华区总裁叶成辉也认为,中国企业的机会在云应用层面。叶成辉说:"什么叫做云服务?淘宝、网易的游戏算是云服务还是云应用?每个人都在用淘宝购物,这可能就是最成功的云服务。"

除了抓住云应用的机会,中国企业还需要进一步找准产业链的定位。用友集团董事长王文京告诉记者:"云计算是中国软件企业可以实现跨越式发展的战略机遇,可以加速成长出新的世界级IT服务提供商。"

赛迪顾问最近的研究报告分析,云计算将成为中国IT产业跨越升级的利器。王文京表示,中国IT服务业会迎来黄金十年。"我们已经在亚洲地区有了一定的业务基础,下一步也希望结合云计算模式,进一步拓展欧美市场"。

第四节 创新过程

一、创新的源泉

创新作为企业家精神的一种特殊手段,创新行为是指那些能够改变已有资源并具有创造潜力的行为。创新源于组织内部和外部一系列不同的机会,这些机会可能被特定的组织识别并有意识地加以利用。根据彼得·德鲁克的研究成果,我们把创新的七大源泉做简要的分析。

1. 意外之事

意外的成功不仅是创新的机遇,同时它也要求创新。虽然企业并未对它给予足够的关注,但它的确给企业带来了利润。企业应当慎重对待每一次意外的成功,同时也需注意意外的失败也能给企业带来创新的源泉。如果是经过精心设计、规划和小心执行后仍然失败,那么这种失败常常反映了隐藏的变化,以及随变化而来的机遇。比如,产品的精心设计如果失败,既可能是这种设计所依据的假设不成立,也可能是由于消费者消费需要、消费习惯或者消费偏好发生了变化,还可能是政府的政策倾向发生了变化造成的。如果能够正确地认识到导致失败的原因,我们完全可以据此进行产品创新。

2. 不协调

所谓的"不协调"是指事物的状态与事物的"应该"状态之间,或者事物的状态与人们假想的状态之间不一致、不合拍。能够带来企业创新的不协调表现为四种情形:①一个产业的经济现状之间存在的不协调;②一个产业的现状与设想之间存在的不协调;③一个为产业的付出与价值和客户的期望之间存在的不协调;④程序的节奏或逻辑的内部不协调。这些不协调既可能是已经发生了某些变化而造成的结果,也可能是某种将要发生的变化的前兆。

3. 过程改进的需要

这种源泉并不是始于环境中(无论是内部还是外部)的某件事,而是始于需要完成某件工作,与内部的生产经营过程相关。它以任务为中心,而不是以状况为中心。由这种需要而产生的创新是对已存在的过程(特别是工艺过程)进行改进,替换原有的薄弱环节,代之以利用新知识、新技术重新设计的新工艺、新方法,以提高工作效率、保证质量、降低成本。由于这种基于过程改进的需要是每个人都迫切渴望获得的,所以,一旦采用,人们便会产生一种理所当然或者早应该接受的感觉,因而,这种创新可能很快地被大多数组织接受,成为一种通行的标准。

4.产业和市场结构的变化

产业和市场结构有时候是十分脆弱的,稍受点冲击,它们就可能会瓦解,而且速度非常快。能够带来创新机遇的产业和市场结构变化迹象包括:①某一产业以超乎寻常的速度在增长时;②产业的产量迅速地翻了一番时;③产业与过去被视为截然不同的科技整合在一起时;④产业内的业务运营方式正在快速发生变化时。

5.人口结构的变化

人口因素对企业经营的影响是多方位的。作为一种经营资源,人口结构的变化反映了劳动力市场的供给,从而影响到经营成本;作为市场上的最终消费者,人口的数量决定着消费的规模总量,人口结构的变化趋势影响着企业生产经营结构。所以说,人口结构的变化也应被视为创新的重要源泉。

6.观念的改变

对事物的认知和观念决定着消费者的消费态度,消费态度决定着消费行为,消费态度决定着企业产品在市场上受欢迎的程度。所以,人们观念的改变,悄然地影响着产品的销路,从而为企业创新提供了源泉。

7.新知识的产生

一种新知识的出现,可以为企业创新提供丰富的创新机会,这种创新的机会是最受人们欢迎的。但是,基于知识的创新具有不同于前述六种创新源泉的特征,表现在:①基于知识的创新所需的间隔时间最长;②失败率高;③可预测性差;④它对企业家更富有挑战性。

二、创新的阶段

创新是创新主体在一定社会环境下围绕一定创新目标,利用一定的创新手段,运用一定的创新方法,进行的有积极意义的创造性活动,这种活动必然要经过一定的过程。创新过程是创新活动发生、发展和完成的过程,是创新主体发现问题、分析问题和解决问题的过程。创新过程具有流变性、顺序性、阶段性的特点,一个过程的结束往往是另一个过程的开始。

创新过程主要分为两个阶段:设想阶段和实施阶段。每一阶段又分为更小的阶段和步骤,形成创新过程的层次结构,见图 13-6。

1. 设想阶段

设想阶段是创新过程的第一阶段,是任何创新都必须经过的阶段。创新主体在从事创新活动时,总要动用头脑中的知识,调动一切智慧因素,经过想象、比较、分析、论证等环节,构思出行动方案,使创新得以进行。设想阶段又分为四个小阶段:发现问题、构建材料、明确问题、设计方案。

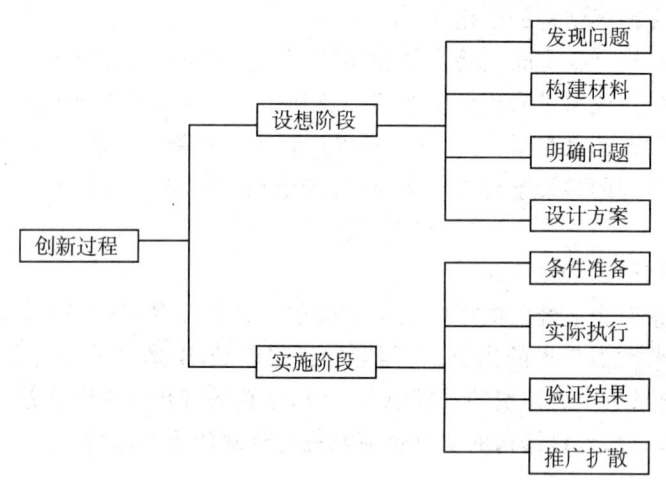

图 13-6 创新过程的层次结构

发现问题是创新的起始阶段。传统上认为,组织需要解决的问题往往来源于"绩效缺口"。绩效缺口指的是实际绩效与潜在绩效之间的差距。这可能以两种方式产生:一是组织意识到它的绩效不能令人满意,于是企图通过创新来弥合这个缺口;二是它意识到环境中的潜在创新,并且认为,通过引入这种创新就可以改善组织的绩效。对于企业组织来说,潜在创新的可能来源有:各种新的需求;其他研究活动所带来的新的机会;竞争对手的行为模式变化等。但并不是所有的创新都是由绩效缺口触发的,如组织的创新也可能是通过立法而强加给组织的。

构建材料是吸收、收集、积累材料的过程,也是对材料分析、取舍、重组的过程。创新主体有了创新的意图、创新的愿望,就要观察、记忆、收集各种相关的材料,并对材料进行初步加工处理、去粗取精、去伪存真。材料的收集与整理是统一的不可分割的,相互渗透,相互作用。

明确问题。由于最初发现的问题是模糊的不成熟的,处于不清晰的状态中,这就要求把问题明确起来,看看究竟是什么性质的问题,问题的关键在哪里,采用什么方法能解决这个问题等等。这就是对问题的分析和界定。通过明确问题,确定创新的目标,形成解决问题的正确思路。

制定方案是问题明确以后,围绕着创新目标,制定具体的计划,明确解决问题的方法,提出具体的行动步骤和措施的阶段。在这个阶段中,往往要提出多种方案进行比较,经过多次修改,假设各种有利条件和不利条件,提出不同的解决对策,预测在不同的条件下、不同的对策中会出现的不同结果。从而选择最佳的途径,采取最好的措施,追求最好的效果,确定最佳的方案。此外,还要制定备用方案和弥补措施,以防意外情况。

2. 实施阶段

实施是任何创新不可避免的阶段,是设想变成现实的决定性环节。实施本身又是一个复杂的阶段,它包括条件准备、实际执行、验证结果、推广扩散四个更小的阶段或步骤。这四个阶段是前后相继的,又是不可分割的,并且相互渗透,构成一个统一的以完成创新目标为任务的实施阶段。

条件准备是实施阶段的第一步,是设想阶段在实施阶段的延伸。任何创新方案的实施都需要一定的条件,有些条件是现有的,有些条件却不具备。这就需要创新主体为完成创新目标准备所需要的条件。创新所需条件分为硬条件和软条件。硬条件为物质方面的条件,如原料、能源、工具、基础设施和服务设施等;软条件包括知识、信息、技术、观念等。

实际执行是具体执行创新方案,是把设想变成现实的决定性步骤,是创新方案实现的关键环节。没有实际的执行过程,任何方案也只是纸上谈兵,不可能实现创新的目的。

验证结果是实施阶段的第三个步骤。经过比较、分析,考察创新方案的执行是不是符合预期的创新目标,以提出修改意见,并反馈到初始状态,调整原来的设想方案,重新进行操作、验证,多次反复,直至成功。

推广扩散是实施创新的最后阶段,也是创新目标的最终实现。例如,企业组织的创新成果的推广扩散表现在两个方面:推向外部市场,应用于组织内部。

一般来说,设想阶段和实施阶段是创新过程的主要阶段。金伯利(1981年)提出"后续创新过程"的概念,认为在创新过程中,组织在完成创新措施之后,可以在创新变得过时的时候允许采用新的创新措施,重新开始创新。后续创新过程对于处在动态复杂环境中的组织来说是必需的,也是创新的特点所决定的。罗斯韦尔和甘德勒也提出具有广泛影响的"再创新"方案:前一轮创新可以为下一轮创新循环提供新的动力。再创新建立于早期的成功创新基础之上,组织可以通过修正和重新定义创新成果的特征而展开下一轮创新。一些案例表明,组织完全有可能在原来创新的基础上展开长期持续的"再创新"。

这个阶段的主要要求是组织必须具有从完成的创新项目中学习的愿望。组织通常对创新项目进行总结和审核,但是这些总结经常停留在表面上,流于形式。组织要实现有效的学习,就必须有决心从成功和失败中获取宝贵的经验教训,并将这些经验教训融入下一个创新项目中。

当然,上述阶段只是一个基本的模式,不同的组织需要根据自身的实际情况不断对其进行调整,而且不同的创新类型也可能遵循不同的发展道路。但从本质上说创新活动的过程是基本一致的。

第五节 促进组织变革与创新

信息社会正在到来的今天,无论是组织变革还是创新实践,都没有一成不变的管理模式。要形成有利于组织变革和创新,以及能够有效实施过程管理的局面,应当加强两方面的管理工作:一方面,营造有利于组织变革和创新组织文化,对于培育组织持续创新所需的企业家精神,进而形成创新氛围也有积极意义。另一方面,组织学习能力至关重要,发生在个人、团队和组织里的学习将有助于推动组织变革和创新活动的顺利开展。

一、塑造有利于组织变革和创新的文化

组织文化是一个复杂的概念,它通常被看成是具有群体或组织特征的规范与价值观。在组织变革和创新进程中,依靠组织文化的力量将更有助于组织变革和创新的实践活动。由于创新包含着不可预知性、冒险和不规范的解决方法,这是一些正式控制机制很难管理的因素,因而有效的文化管理是营造有利于组织变革和创新的核心任务。有利于组织变革和创新的组织文化应当体现出两大特点:鼓励员工高度参与,支持冒险和容忍失败。

1. 鼓励员工的高度参与

尽管创新经常被看作主要是组织内某一(或某些)部门的职权,但实际上潜在的创造技能和解决问题的能力却是每个人都有的。如果组织中各个层次,尤其是基层的创新能力都受到关注,最终的创新潜力是巨大的。鼓励员工参与决策可以让员工在工作中行使一定的自主权,根据具体问题做出反应并提出可行的建议。当员工参加到了决策过程中的时候,他们将更轻松地面对组织运作的革新和组织结构的变化。

3M公司一直力求使创新纳入公司的主流,其非正式格言是"每个雇员都是科研人员"。3M并没有将某个部门隔离或保护起来,而是一有机会便让公司的制度充分发挥作用。公司经常将那些成功但害羞的创新人员"拖"出来,把他们"拖"到聚光灯下,使他们成为公司的"明星"。对于各个部门的雇员,公司都鼓励他们成为创新者,或者至少要支持创新。

虽然每个人通常只能是从事有限的、渐进的创新,但是这些作用之和可能有深远的影响。因为改进的建议在采用了一段时间后,可能就会成为组织发展的显著因素,甚至逐步积累成飞跃式创新。而且,成功创新的许多问题与组织的适应性有关,创新的高度参与使得组织的创新更容易被组织成员所接受,从而提供了使创新过程变得顺畅的方法。更为重要的是,这种创新的高度参与所带来的持续改进可以使组织的创新常规化,创新被组织的日常生活所吸收,直至它被接受成为社会现状的一部分。

2. 支持冒险和容忍失败

要激发创造性,人们必须在鼓励冒险并容忍失败上做好准备。杜邦公司的一位管理者回顾了其内部的一个小组曾经如何试图寻找一种解决某个问题的具有创新性的方法,然而却很不幸地失败了。但这位管理者并没有忽略这一失败,他决定召开一次表彰大会,并称这次失败是一次很好的尝试。同样,在联邦快递公司,英雄人物往往包括那些在努力满足顾客过程中的失败者。如果组织成员发现善意的失败不仅会得到宽容甚至可能受到表扬,此时,创造性必然会得到提高。当管理层强调不要犯错误,并且总是对那些犯了错误的人进行惩罚时,组织就会失去创造性。正如杰克·韦尔奇所说,"其诀窍不是对那些未达到要求的人进行惩罚。如果他们进行了改进,那你就应该奖励他——即使他们未实现目标。"

实际上,对组织来说,容忍失败说起来容易做起来难。当管理者说可以犯错误时,我们大多数人都会对此持怀疑态度。管理者可以通过让员工明确哪些类型的冒险和失败是允许的,来部分抵消这种怀疑,甚至是抵制。在强生公司,约翰逊(R. W. Johnson)的格言"失败是我们最重要的作品"一直留在人们的记忆中,但是强生公司的管理者在说明如何算作一次合理的失败这一问题上很谨慎。如果是建立在分析、有助于学习、影响不太大的基础上,或由此产生了某些积极的东西,那么这种失败应是允许的。对那些经过尝试但没有取得成功的人,必须给予继续支持。

二、培养有利于组织变革和创新的学习能力

组织学习是学习在组织中产生的方式,需要鼓励各层面的个体进行自主学习,当个体和团队在组织中通过探索来传播他们的知识时,组织学习便产生了。组织学习是一种有意识系统和持续的行为,因为任何组织都具有某种学习行为,但很多情况下是无意识的,而有意识比无意识具有很大的优越性,而且组织学习是一个系统的、持续的过程,包含多个方面的学习。组织学习越有效,组织就越能创新并发现创新。而且,越来越多的组织发现,大部分公司失败的原因在于,组织的学习能力障碍阻碍了组织的成长。所以说,20世纪90年代以来,最成功的公司将是那些基于学习型组织的公司。因为,"唯一持久的竞争优势是具备比你的竞争对手学习得更快的能力"。这便是目前学习型组织理论的核心观点。

培养有利于组织变革和创新的学习也就成为当务之急。

1. 培养员工的创新能力

企业在动态竞争和市场变化的过程中,需要进行组织变革和创新以获得竞争优势以便更好地生存和发展。组织创新的能力的提升是企业成功的重要因素。首先,组织的创新能力有助于增强企业资源整合能力和将创新性的知识转化为有价值的商业成果的能力;其次,企业不同的创新能力能够形成差异性的竞争优势,企业的产品创新和模式创新能力更有助于形成企业的短期竞争优势,而技术创新则更有利于形成企业的长期竞争优势。企业在通过创新驱动竞争优势的过程中应当选择适当的创新战略组合,以保证企业在获取短期利益的前提下不断推进企业长期竞争优势的形成,只有这样才能够使企业在风云变化莫测的市场中实现利益最大化,才能真正形成持续的竞争优势。从吸收能力对创新能力的影响作用可以发现,价值辨识、知识获取、知识同化、知识转移和知识利用对创新能力均有具有积极正面影响,并且各维度对创新能力的影响具有同等重要的作用。企业吸收能力的培养不是一蹴而就的,是一个有机的连续整体,忽视任一方面能力的培养都将不利于企业创新能力的形成,这表明当企业打造和培养创新能力时,应给予吸收能力各维度同等的重视。

2. 激发员工的学习热情

等级权力控制管理在工业经济时代前期发挥了有效的作用,它对生产、工作的有序进行和有效指挥具有积极意义。但是在工业经济后期,尤其是进入信息时代、知识经济时代之后,这种管理模式越来越不能适应企业在科技迅速发展、市场瞬息万变的形势下竞争取胜的需求。学习型组织管理理论就是在这样的大背景下产生的。

所谓"学习型"企业,这是以共同愿景为基础,以团队学习为特征,对顾客负责的扁平化的横向网络系统。它强调"学习加激励",不但使人勤奋工作,而且尤为注意使人"更聪明地工作",它以增强企业的学习力为核心,提高群体智商,使员工活出生命意义,自我超越,不断创新,进而活出组织的生命意义,以利于有效开展组织变革和创新活动,实现组织财富倍增、服务超值、工作高效的目标。

3. 强调学习与工作的结合

强调学习与工作不可分离性,包括两层含义:工作学习化和学习工作化。高度信息化的组织是一个学习机构,它的一个基本目的就是拓展知识——不是学术意义上的知识本身,而是使组织怎样更效率的核心。学习成为工作的核心。过去,员工一般坚持认为,工作是达到目的的手段,而现在越来越多地开始寻找工作的内在价值。人们对待工作的观念,正在由"工具性"工作观向"精神性"工作观转变。这是促使我们向学习型组织迈进的深层次的社会动力,也是推动组织变革和创新的巨大力量。

创业与企业家精神

近些年来,创业与企业家精神对社会经济发展的贡献越来越突出。目前,创业并不专指个体创建企业,而是当今社会发展所需要的普遍行为,是当今时代管理者应具备的一种思维方式和行为准则。全球创业观察GEM(Global Entrepreneurship Monitor)是英国伦敦商学院和美国百森商学院共同发起的研究项目,旨在研究全球创业活动的态势和变化,探讨不同国家创业活动的驱动力,分析和评估国家创业政策以及创业对经济增长的贡献程度。GEM把个人参与创业的类型分为两类:一是机会型创业,创业者把创业活动作为其职业生涯的一种选择;二是生存型创业,创业者把创业作为其迫不得已做出的选择。

关于创业的类型,还有一种较有代表性的观点是依照创业对市场和个人的影响程度,把创业分为四种基本类型,即复制型创业、模仿型创业、安家型创业和冒险型创业。复制型创业是在原有公司经营模式基础上简单复制,现实中这种复制型企业的例子特别多,但这种类型的创业模式,创新贡献较低,也缺乏创业精神的内涵,并不是创业管理研究的主流。模仿型创业虽然也很少给顾客带来新创造的价值,创新的成分并不算太高,但对创业者本身命运的改变还是较大的。安家型创业对创业者个人命运的改变并不大,他所从事的仍旧是原先熟悉的工作,但他的确不断地在为市场创造新的价值,为消费者带来实惠。冒险型创业将极大地改变个人命运,且从事一项全新的产品经营,个人前途的不确定性也很大;同时,由于是创造新价值的活动,将面临较高的失败可能性。尽管如此,因为这种创业预期的报酬较高,对那些充满创新精神的人来说仍富有诱惑力。

企业家精神,用英语表达为Entrepreneurship,也有人把它译为"创业精神",其本质着重在于一种创新,即创业者通过创新手段,更有效地进行资源配置,从而为市场提供新价值的行为过程。企业家精神可以分为两个层次,即个体的企业家精神和企业家团队精神。前者指的是以个人力量,在个人愿景的引导下,从事创新活动,进而创造一个新企业的活动过程。后者则是指在一个组织内,存在着这样的一种合作力量,团队内成员能够将个人愿景融于组织使命之中,从事创新活动,进而开创组织新局面的活动过程。企业家精神的核心是创新精神。正如著名管理学家德鲁克所预言,未来经济增长将不再以现有业务的增长为基础,而是以创新为动力。管理者不仅必须学会对创新业务的管理,还必须学会管理创新型组织。管理者将面对与曾经熟悉的经营环境完全不同的新形势,面对一个由创新和创业精神主导的新社会。

【本章小结】

组织变革是在快速变化的环境条件下司空见惯的现象。正确理解组织变革模式、组织变革基本过程对于指导管理实践很有价值。受多种变革动力和阻力的共同影响,组织变革活动并不可能一帆风顺地展开。另一方面,创新的活跃程度反映了一个特定地区或特定组织在快速变化的商业环境条件学会生存和发展的能力。

关键名词: 组织变革　变革动力　变革阻力　创新模式　创新过程　创新文化　学习能力

【伦理专题】

对工业文明的反思

近代以来,随着西方工业化进程及其成功,"走工业化道路"成为越来越多国家的选择。然而,这种以对自然资源的索取和消耗为基础或主要动力,创造社会财富和促进社会发展的模式,在给人类带来各种好处的同时,也使人类面临了日益严重的环境污染和生态破坏的负面后果,从而使人类陷入发展与环境的两难。20世纪30~60年代发生的一系列重大公害事件对经济社会发展造成严重影响,对人类现实生存构成严重威胁,最直接地刺激了人类对这种资源消耗型的经济发展模式的深刻反思,并进而演进为一场以"环境与发展"为主题的思想运动。在此背景下,环境和生态成为引发各种社会矛盾的核心问题,而围绕环境和生态问题的争论则引发了一系列重大的思想变革。

对工业文明的批判直接源于对自然资源限度的重新认识。所以,对生态和环境问题的根源分析,从一开始即具有对工业文明批判的性质。在《小的总是美好的》这部经典著作中,舒马赫明确指出,无论是生态问题还是环境问题,都是由人类工业文明的消费偏好、物质主义和与之相伴随的规模经济逻辑引起的必然后果;而人类对于自然资源的奢望所造成的生态和环境后果,除了人类在文化、价值上的迷失外,技术哲学的僵化和单一化是一个更为现实和直接的原因。与此同时,巴里·康芒纳在《封闭的循环》中指出,人们常常用人口与富裕这样两种增长因素作为污染加剧的原因,但是经济增长这个事实并不能告诉我们关于可能存在的环境后果,因此我们需要进一步理解经济是如何增长以及经济增长为什么会造成污染。为此,康芒纳考察了核污染、化肥、杀虫剂、洗涤剂、塑料、合成纤维、汽车和啤酒进入生物圈循环的例子,事实表明,新技术加剧了环境与经济利益之间的冲突;环境危机的主要原因是"二战"以来生产技术的空间变革。现在技术在生态上的失败就在于它在既定目标上的成功,由于现代人类不断膨胀的消费需求是一种建立在现在技术上的经济所保障的,因此所有这些"进步"都在极大地增加着对环境的影响。随着工业文明批判的深入,人们关于环境和生态危机的根源探究也从对工业技术的反思转向在观念和制度层面的全面反思,并且试图在社会层面上寻求解决生态环境问题的方法。

20世纪中叶,人口、资源和环境问题的尖锐化,促使生态学将其研究范围扩展到人类生活和社会活动的方面。与传统生态学不同,现代生态学把人类作为一个生物物种纳入生态系统之中,探讨人类在生态系统中的位置,以及人类活动与生活环境的相互关系。根据现代生态学的研究,人类在生态系统中处于杂食性消费者的生态位上,由于人类的消费是建立在一定的社会关系之中,并且是以改造自然为目的的高级消费,因此,人类的消费方式、方法和质量与其改造自然的方式、方法和结果有着直接的联系。在此基础上,生态学提出人与自然界的生态和谐问题,认为,人类作为生态系统的调控者和协同进化者而存在,因此,人类有责任在创造自己历史的过程中,维护全球健全的生态系统;并且对保持和提高生态系统维持生命的能力负责。

讨论题:
1. 生态环境的日益恶化给人类带来了哪些问题?
2. 企业应采取哪些措施应对环境危机问题?

【情景练习】

苹果公司的价值创新[①]

1976年,美国人斯蒂夫·乔布斯(Steve Jobs)和斯蒂夫·沃兹尼亚克(Steve Wozniak)在加利福尼亚的库比提诺合伙创建了一个在未来具有时代意义的公司——苹果公司。1980年,苹果公司首次招股,成为上市公司。三十一年后,苹果公司股价达到383.41美元,成为全球市值最高的上市公司。苹果公司发展至今,已成为全球最具创新企业和最具品牌价值的企业。苹果公司的优异绩效,正是基于顾客价值不断创新的结果,得益于其在价值创新战略逻辑下,强大的执行力。

顾客需求导向的创新管理

苹果公司的创始人乔布斯认为存在的意义就是为了改变世界。整个公司的口号就是 Switch,Switch,Switch,变革。这种变革,并不是为了变革而变革,不是以技术为主导,而是围绕顾客需求为中心进行,基于顾客价值进行创新。价值

---

① 改编自:张英华,李奕. 苹果公司的价值创新和执行力研究[J]. 华东经济管理,2012,(6)

创新战略逻辑要求企业不拘泥于产业和企业现有束缚进行不断的超越式开拓性创新,促使企业跳出竞争性红海区域进入广阔的蓝海领域。苹果深谙此道,在发展过程中,不断打破思维定式,求新求变,开拓市场,做市场领路人、引领者。每一重要产品完成之时,苹果便会从零开始,推倒现有产品的条条框框,退回最本源的思考,只去探寻"产品会给用户提供何种程度的便利"以及"产品会对用户有多重要"在此基础上持续创新。因此,苹果公司突破了传统意义上企业对产品生命周期和利润收益的思考,加快研发速度、缩小产品的生命周期,每一年度不同的产品线都会有不同的新的产品出现,引爆市场,引领市场潮流。苹果公司认为技术的先进性并不代表顾客的高需求,最适合的技术才能赢得市场;因此苹果公司的产品创新一直坚持的是从顾客价值出发,寻求满足顾客需求的操作简单、外形简洁时尚的产品。苹果所有产品,都是在考虑"消费者需要什么"、"消费者在用这些产品的时候有什么问题"。但是苹果公司不是简单地去向顾客询问要什么,并不像其他企业一样热衷于做大量的客户问卷调查;而是从顾客的消费心理、甚至从精神深处挖掘它的创新。从顾客角度出发,替顾客超前思考,解决顾客现在和未来的问题,在此基础上进行创新。同时,创新追求细节上的完美,从颜色、形状、材质,每一个细节入手,要求产品具有内涵、气质的美从灵魂深处打动顾客。

苹果的创新不受组织内部资源的限制、不受用户和产业传统思维模式的束缚,只围绕顾客价值进行,力求完美,是一种突破性创新。因此每每推出新产品,都令人称奇、称赞、供不应求。

创新的企业文化

苹果优越的绩效,来源于其持续不断的坚持基于顾客价值进行创新的创新精神,从根本上得益于它崇尚的精英文化、骨子里的特立独行。在人才的使用上,强调"精"和"简",认为一个精练的顶尖的团队足以发挥强大的力量。作为一个高科技企业,苹果首先着力打造精英科技团队。公司把团队分成A、B、C类,认为A+团队才是精英团队,领导者的核心工作之一就是不断地打造这样的精英团队,并淘汰普通团队。苹果公司认为在前沿和创造性领域,精英和普通员工的差异巨大,差异甚至可能达到几十倍的距离。苹果公司致力于寻找那些最优秀的且最适合苹果的优秀人才。除了高科技人才,苹果公司还开放性的引进高级管理人员,比如当年为了经营和推广,从百事可乐,请来了约翰·斯考利(John Sculley);2011年为了启动云计算市场,从微软公司挖来了凯文·狄文思(Kevin Timmons);同时,为了推动游戏和视频的发展和推广,从英国请来了任天堂前公关主管罗博·桑德斯(Rob Saunders)和知名的公关专家尼克·格兰杰(Nick Grange)。求得精英,苹果还力求最大程度上激励精英、并为精英发挥功效扫除一切障碍。最优秀的人员来到苹果公司后会给予股权激励,同时得到没有官僚作风制约的发挥自己创造力的工作氛围。公司内部不同职位和角色的工作人员能够在一起办公,一起解决各类问题。同时,苹果还允许"自由"、"个性",允许"以下犯上"。员工没有等级体系的拘束,可以我行我素、张扬个性,随时随地随便提出的新主意。当优秀的创意产生时,哪怕是在深夜,也可以立刻拨通所有人的电话,立刻将创意变成产品。

供应链的创新

价值创新强调企业不受自身资源的限制最大程度上的开发基于顾客价值的创新,这要求企业以创新顾客价值为核心设计、组织和优化它的供应链。苹果公司创新战略的成功执行,亦是如此。苹果绝不仅仅是依靠自身的资源,而是突破自身,网络组织,成功的执行对以顾客价值为核心的供应链网络的有效管理。所谓供应链是一个组织网络,包括从上游到下游的各类组织,这些组织相互影响在不同过程和活动中对交付给最终用户的产品或服务产生价值。苹果推出的不是单一的某个产品和服务,而是一条以客户为始点和终点的敏捷供应链,一个囊括了众多参与者的虚拟大企业,一个排他性的面向未来的强大联盟。苹果公司把庞大的消费类电子厂商、芯片制造商、软件公司、音乐公司、电脑厂商和零售商的力量整合在一起,形成一个排他性的联盟。

苹果的总裁乔布斯认为"苹果生活在一个生态系统中,在这个生态系统中需要相互帮助"。在这样的理念之下,苹果公司在它的生态圈中推崇"价值网"共赢模式。苹果公司的生态圈中"价值网"纵向包括供应商和苹果产品用户,横向包括附件生产商和内容提供商,苹果的合作者涵盖了各种各样的组织,包括微软、谷歌、耐克等等。苹果在这个生态圈中处于核心地位,便于其管理用户体验,同时保证了其对生态圈的掌控、调度,以及收益的提取。与此同时,价值网的其他合作者,也会随着整个生态圈的良性发展而获取利益。苹果正是借助了外部的智慧与力量,实现了它与众不同的创新与价值。

讨论题:

1. 苹果公司的成功之道是什么?
2. 与其他公司相比,苹果公司的创新有什么特色?
3. 在不确定环境下,公司内部应该采取哪些创新措施促进企业的发展?

思考题:

1. 在不确定环境下,企业应采取渐进式变革还是剧烈式变革?
2. 在企业的实际发展中会遇到哪些组织变革的动力和阻力?

3. 创新活动有没有内在的规律可以遵循?

4. 比较分析创新过程的几种不同模式,并就未来创新过程的发展方向谈谈你的观点。

5. 促进组织变革和创新活动中,最需要解决的问题是什么?

附录一

　　管理学是一门新兴学科,也是一门发展迅速的学科。系统地归纳管理学界比较成熟的、具有普遍应用性的管理理论,向广大读者介绍国内外最新管理研究成果,对提高我国管理教学水平,增强各行各业管理工作的效果,促进社会主义现代化事业的发展,具有重大意义。这也是编著本书的目的所在。

　　本书的内容由三部分构成:第一部分是导论部分,主要介绍管理学的特征、管理理论研究的侧重点及核心的管理观念和意识(如关注环境、科学决策)等,(即第一章到第四章的内容);第二部分(即第五章到第十四章的内容)是主体部分,该部分围绕着基本管理职能展开,包括计划(第五章和第六章)、组织(到第九章)、领导(第十章到第十二章)和控制(第十三章和第十四章);第三部分介绍学习型组织理论,即第十五章的内容,这部分不是讲授的重点,设计此部分内容的目的是让读者关注学习型组织理论,并从中认识到管理知识的学习是一个持续的过程,需要团队学习的方式,需要与工作和组织发展紧密结合起来。

　　"管理学"是工商管理专业的基础课程,本书在"现代管理书库·教材系列"中同样属于基础性教材,主要介绍适用于各种组织和各种专业管理需要的基本管理思想和管理原则、方法。因此,在编写过程中力求突出以下几方面的特色。

　　1.通俗、生动、易懂。管理的本质是管理人并由人来管理,所以在每个人的日常生活中应该而且可以看到管理原理和管理原则的影子。本书的绝大部分例子都来源于生活和近年来收集到的企业实例,以此增强本书的趣味性和可读性。

　　2.讨论为主,介绍为辅。本书对管理理论不仅仅局限在简单地介绍,而是更加注重管理理论的归纳、整理、讨论和延伸。如,对科学管理理论的介绍就不是仅仅介绍泰勒的各种管理方法,而是明确提出"提高生产效率是科学管理理论的出发点和归宿"、"经济人假设是科学管理理论的理论基础"等基本命题,并以此把科学管理理论贯穿起来;对管理思想的发展进程,突破以往按时间先后顺序排列的习惯,从效率、效果和人这三大主题予以概括和提炼,进而探询管理工作的侧重点。

3. 注重实践,强调应用。管理是一门应用性很强的学科,管理的目的在于追求成就。为此,本书及时将环境管理、群体决策、项目计划、组织变革、过程再造、领导效果改进的工具、控制系统构建等内容融合在各章节中。通过上述内容的论述,希望引发读者对"如何从被动适应环境转向主动管理环境"、"如何克服组织与战略'两张皮'的问题"、"如何提高组织效率"、"怎样选择控制点"等一系列与管理实践紧密相关的问题做出深入的思考。

4. 侧重于管理工作的科学性。管理学既是一门科学又是一门艺术,这是人们对管理学科特点所作的最为精练而准确的描述。作为专业基础教材,我们借鉴了国内外最新出版的大量管理学著作,特别重视管理程序和工具方法的介绍,倡导并力求管理工作的规范化。

5. 注重层次性,难易结合。本书的每一部分都循着由浅入深、由原理到应用的逻辑展开。每一部分前面的章节一般是介绍基本原理或基本的管理程序,后面的章节更侧重于管理理论与实践中的难点。

在这里我们要特别感谢美国北卡罗琳纳大学的罗伯特·霍纳德（Robert W. Hornaday）教授。1997年,霍纳德教授以高级富布莱特学者的身份在南开大学从事半年的讲学,为我们提供了大量最新的管理学教材和相关的论文资料。同时要感谢中国人民大学副教授王凤彬博士和东北财经大学高良谋副教授,这两位老师对本书的提纲提出了许多富有价值的建设性意见。狄温教授是本书的第一位耐心的读者,他审阅了书中每一个词句甚至标点符号,提出大量的富有建设性的修改意见。最后,要特别感谢南开大学出版社胡晓清先生,是他富有进取精神的创意和致力于出版管理教材的努力,才使我们有写作和出版本教材的机会。

尽管我们反复推敲全书的整体框架,利用各种机会向国内同行请教、交流,初稿成型后,又经过了多次修改,但由于知识和经验有限,缺点和错误仍在所难免。我们恳请使用本教材的教师与学员及其他读者提出意见和建议,以便此书将来修改时更正和补充。

编者

1998年6月于南开园

附录二

本教材1999年1月正式出版以来，承蒙广大读者厚爱，重印了8次，发行了40 000多册。目前，我国学者自行编写的管理学教材不下几十种，加上翻译教材估计有近百种之多，本教材能够得到读者的偏爱，这是对我们最大的激励。为了更好地梳理管理学理论的框架体系，及时反映管理理论的发展动态，我们组织使用过本教材的教师多次讨论修订方案，面向不同层次的学员开展座谈，了解他们的亲身感受和建议，不断完善修订方案，整个修订工作花了一年多的时间完成。

与第一版相比，我们保留了第一版教材以职能为主线，即突出管理工作过程的基本框架，保留甚至强化了通俗、生动、易懂的写作风格和注重实践、强调应用的特色。在此基础上，做了明显的调整，主要体现在以下几个方面。

第一，进一步突出了管理学课程在工商管理学科体系中的定位。作为一门新兴交叉学科，管理学科在20世纪以惊人的速度得到了发展。网上的一份资料将管理教育单位开设的管理类课程名称予以罗列，发现居然有近2 000门之多；尽管许多课程之间有交叉，但仍然让人深切地感受到管理学科知识体系的庞杂。管理学作为其中的一门课程，我们将其研究对象界定为研究各类组织、各种管理活动中的共性的基础性问题，并进一步将管理学理解为调动人的积极性以便正确地做正确的事情的一门学问。目的是为了突出管理学作为管理学科体系的基础性课程特点，更是为了使不同领域的读者能够从中获益。

第二，侧重强调目的和手段的区别。这是一个非常值得关注的问题。在教学中，我曾经组织学员做了一次"丛林逃生"的团队练习。该练习的情景是几个人因为飞机事故迫降于非洲的原始森林,身边有药箱、大砍刀等十四种有助于逃生的物品;让学员模拟当事人根据重要性或用途的大小将这些物品排序,先是排出个人顺序,然后集体讨论排出大家比较赞同的顺序,目的是让学员在团队活动中亲身感受到集体决策的好处。结果发现多个小组的集体排序与专家建议顺序间的差异远远大于小组中个人排序与专家建议顺序间的差异,这说明集体决策的效果比个人决策还差。剖析小组决策的过程,发现问题在于大家讨论的重点不是分析逃生工具的重要性,而是研究怎样排出顺序,最后顺序排出来了,但谁也没有从中吸收到别人关于逃生的经验和知识,把目标扭曲了。本教材以职能为主线展开,但职能是手段不是目的,不同的工作有不同的目标,在实现目标的过程中要灵活科学地使用这些职能,本教材在写作上充分注意并力求体现这样的指导思想。

第三,做到了内容的更新与扩展。本教材注重介绍简单但比较成熟的管理方法,同时注意吸收新的思路和方法,如标杆瞄准、团队管理、平衡计分卡等。对第一版中比较重要的问题,如宗旨与使命、群体决策、组织设计、控制系统等,予以细化并介绍了操作性强的分析解决问题程序。把组织学习、创新与变革等部分视为适应新环境的管理职能,相应增加了一些章节,进而使体系趋于完善。

第四,增加了情景案例和团队练习的内容。与第一版显著不同的是,本次修订的教材在每一章的开头增加了问题导引和开篇小故事,在中间增加了一些解释性的情景故事或阅读材料,在结尾部分增加了本章小结、关键名词、情景案例和团队练习。这些故事和案例多是我们根据事实亲自编写的,并在过去的教学实践中反复使用,经验证效果显著。相信这些内容能够增强读者阅读兴趣,引发思考,充分体现在做中学(Learning by Doing)的基本思想。限于篇幅,也为了体现基础课程教材的特点,我们没有选择篇幅较长的教学案例。激发读者对管理学科的兴趣是我们一直追求的目标,因为兴趣和好奇是进行科学研究的基本条件。

第五,提出了一些值得思考的问题。如环境的动态复杂性、管理工作职业化、管理理论与实践的"脱节"、决策活动中如何学习放弃、群体激励、绩效评估的准确性、管理职能的创业导向、管理工作的多元化趋势以及对传统管理思想与方法的挑战等等。这些问题有的直接体现在章节的内容中,有的隐含在情景案例和团队练习中。管理是一门不精确的学问,有很强的艺术性,其本质是成功的管理经验不能简单地被复制,往往也不能重复。管理学教材中的"定理"不多,对管理有兴趣的读者一定要在借鉴成功经验的基础上学习创新,要善于思考。我们希望做一些引导性的工作。

进入21世纪,社会转型与变革是每个人都能感受到的客观事实,全球化和信息技术等已经不再是一些时髦的概念,而是实实在在地影响着我们每一个人的生活,迫使组织管理者寻求新的竞争优势,适应新的竞争规则。管理学在20世纪得到了极大的繁荣和发展;工业社会是20世纪的主体,管理理论是对大企业(多为制造企业)管理实践的理论升华。工业社会追求的是稳定性和秩序,信息社会和知识经济时代突出的是创新和速度,这实质上是对管理工作提出的挑战,预示着管理理论的创新与变革。看看20世纪80年代以来的畅销管理著作可以清楚地发现这种事实:在80年代"卓越"是受到人们青睐的名词;90年代"变革"和"再造"成为人们的口头禅;进入新世纪"创业"与许多管理术语结合起来,创业管理、公司创业、创业营销等等越来越多。我们将进一步跟踪和研究理论界应对挑战的思路和方法,尽快对本教材予以修订、更新。

编写教材有时比撰写学术专著更困难,需要构建科学的框架体系,需要梳理学科领域的研究成果,总结具有规律性的思想和具有操作性的程序方法,需要关注读者的层次性。2003年,本人组织完成了教育部新世纪经济、法学、管理学类专业教育教学改革项目"重点大学工商管理类学科专业人才培养模式及层次性问题研究"的课题研究工作,其间我们比较研究了三十多家国内外著名商学院不同层次的教学计划,把管理学课程作为个案从教学目标、教学计划、教材、教学方法等多方面进行了深入研究,许多研究成果体现在本次修订工作中。

本教材的出版得到南开大学教材出版基金的资助。1998年,本人与南开大学出版社编审胡晓清先生共同策划"南开现代管理书库"的选题和出版工作,此后我们一直合作,胡晓清先生全程参加本教材修订计划的讨论,提出了不少宝贵的建议。1998年,本人被教育部学生司聘为全国MBA(工商管理硕士)入学考试管理学试题的命题专家,几年来总有机会与其他命题专家一起就"管理学"的知识体系和具体的管理问题进行深入研讨,受益良多。

南开大学出版社的赵文娇老师、吴中亚老师认真审核书稿,提出许多富有建设性的修改意见。本教材是团队工作的成果,参与修订工作的团队成员来自多所院校,大家紧密合作,相互启发,使得修订工作成为大家共同的一段愉悦的经历。作为主编,本人向为本教材建设做出贡献的所有的朋友表示诚挚的谢意,向广大读者表示感谢。

管理学科的艺术性很强,管理学理论随着时代的发展而发展,创新是管理学科发展的主旋律,这正是管理学科的魅力所在。及时跟踪管理理论的发展本身就是乐趣,我们将把对管理学教材的修订作为一项长久性的工作持续下去。

关于本书的两点特别说明

第一,本书的结构安排如下图所示:

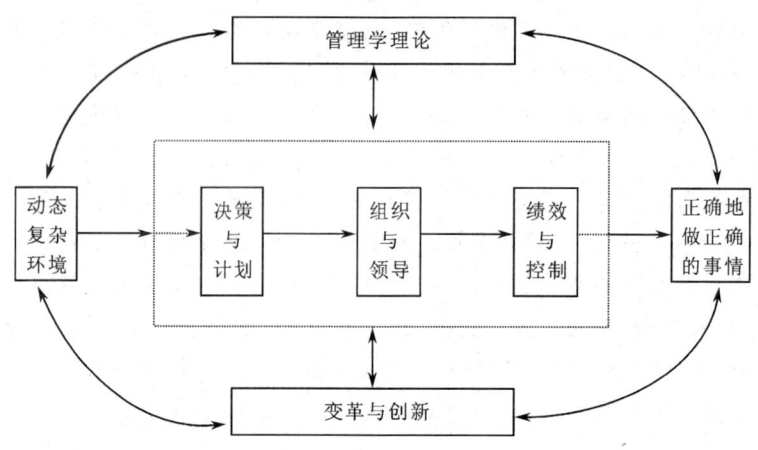

第二，为了更好地服务于读者，我们会配合教材开展辅助材料的编写工作，包括教学课件、每章情景和团队练习解析、阅读材料、案例讨论等，并将在南开大学创业管理研究中心网站（Http：//www.ebg.org.cn）上开辟专栏公布，欢迎读者朋友浏览，参与讨论。

张玉利

2003 年 12 月

南开大学出版社网址：http://www.nkup.com.cn

投稿电话及邮箱： 022-23504636　　QQ：1760493289
　　　　　　　　　　　　　　　　　QQ：2046170045(对外合作)
邮购部：　　　　022-23507092
发行部：　　　　022-23508339　　Fax：022-23508542

南开教育云：http://www.nkcloud.org

App：南开书店 app

南开教育云由南开大学出版社、国家数字出版基地、天津市多媒体教育技术研究会共同开发，主要包括数字出版、数字书店、数字图书馆、数字课堂及数字虚拟校园等内容平台。数字书店提供图书、电子音像产品的在线销售；虚拟校园提供 360 校园实景；数字课堂提供网络多媒体课程及课件、远程双向互动教室和网络会议系统。在线购书可免费使用学习平台，视频教室等扩展功能。